CW01656477

Origi

Come in, Number 9!

Jan Burchett and Sara Vogler ■ Jonatronix

OXFORD
UNIVERSITY PRESS

Previously…

In the story *A NASTI Surprise* the friends chase after a robot they find in the park.

The friends follow it and find three men in an underground room. They discover that the men have been using X-bots to watch them.

The men spot Max, Cat, Ant and Tiger, and send the X-bots after them.

Luckily the friends escape!

Chapter 1 – Hand over your watches!

It was a lovely summer's day and Max, Cat, Ant and Tiger had come to the park with Ant's mum. The lake shimmered in the distance, and boats and canoes were lined up on the bank.

"Let's hire a boat," suggested Max.

"Awesome!" said Ant.

"We could team up, Cat," said Tiger. "I'll show you how to row."

"In your dreams," Cat snorted. "It'll be me showing *you*."

A sign was displayed on the door of the boat hire hut.

"Closed for lunch," read Ant, disappointed.

"What a shame," said Ant's mum. "We'll have to try again later."

Suddenly a man popped his head round the side of the hut. He was tall and wore a cap, a life jacket and smart trousers. "Don't go! We're open again. It was a super-short lunch break. We had … erm … chips and fish. I mean fish and chips," he said, grinning nervously.

Another man appeared beside him. He was short and wore a bright yellow fisherman's coat and a woolly hat. "I always gobble my fish and chips … we're both fast eaters," he said.

"Err … great!" said Tiger. "Could we hire some boats please?"

"You certainly can, my young sir," said the tall man.

"Two boats for an hour, please," said Ant's mum, handing over some money.

"Now, please hand over your electronic devices, especially any super high-tech watches you may have," continued the tall man. "In case … er … they get wet."

The four friends looked at each other. This seemed like an odd request. They really didn't want to hand over their precious watches.

"It's OK, thanks," said Max. "We'll keep them. We'll be extra careful."

"Those are the rules," exclaimed the short man in a high-pitched voice, "and rules must be followed. Isn't that right, Socket … I mean, Mr Boatman?"

"Absolutely!" said the tall man.

"We have this super-special safe container for them," said the short man, holding out an empty cardboard box. "Yep … super-safe, that is."

"Come on," laughed Ant's mum. "I'm sure your watches will be perfectly safe. I'll watch you all from the bench over there."

Ant's mum left and, reluctantly, Max, Cat and Tiger put their watches into the box. Then they ran down to the boats, grabbing some life jackets on the way.

Ant hesitated.

"I'll keep my watch, thanks," he said, and ran off to join his friends before the men could stop him.

"Wait, young sir! Rules must be followed. Come back!" the short man called after him.

Ant was sure he'd seen the men somewhere before. He just couldn't think where.

Cat and Tiger were sitting in boat number four, ready to go. Max and Ant jumped in boat number nine.

"Race you to the island!" called Cat, grabbing the oars.

"You're on," cried Max.

"I'll time us," said Ant.

"You can't. You haven't got your watch," said Cat.

Ant grinned, holding up his wrist.

Before Cat could ask anything, Tiger gave a yell. "Ready, steady, row!"

They were off!

Back at the hut, the two men were arguing.

"You bungled that, Plug. You made that boy nervous," said Socket.

"It wasn't me! You were so super-polite – of course he thought there was something fishy going on," replied Plug. "What are we going to do? Dr X will be angry if we don't bring back all the watches."

"I have an idea …" said Socket, and he whispered into Plug's ear.

Chapter 2 – Danger!

Out on the lake, Max and Ant were already halfway to the island.

"We're losing, Cat," complained Tiger. "Let the expert take over."

"I bet you can't do any better," scoffed Cat, swapping places.

"Bet I can," boasted Tiger.

There were lots of boats on the lake now. Tiger had to concentrate hard to avoid bumping into them.

As they passed close to another boat, Cat noticed something strange. "I've just realized that the people in the other boats are all wearing their watches and have electronic devices."

Tiger looked around. "You're right," he said in surprise.

"I think maybe those men just wanted *our* watches," said Cat, looking worried. "We must tell Max and Ant. Quick, catch up with them!"

Tiger rowed as fast as he could, and they soon began to catch up with Max and Ant.

"Stop!" yelled Cat.

"You can't trick us," Ant yelled back. "If we stop, you'll overtake us."

"It's not a trick!" called Tiger.

Max didn't stop. He rowed even faster.

"COME IN, NUMBER NINE!" came a loud voice from a megaphone. It was one of the men on the bank.

"Our boat is number nine," said Ant to Max.

Max stopped rowing and Cat and Tiger pulled up beside them.

"Why are we being called in?" asked Ant. "We haven't had an hour yet."

"Don't go back!" exclaimed Cat. "This has something to do with our watches. I think we might be the only people who were asked to hand them over."

"And those men are strange, too," said Tiger.

"Yes, I'm sure I've seen them before …" said Ant, thinking. "I've got it! We saw them in that underground room!"

"You're right!" agreed Cat. "They were with the man in the purple suit – the man who sent the X-bots after us."

"Oh, no! Now they've got three of our watches," said Max, "and they're after the fourth one."

Chapter 3 – A clever plan

"There's no way those men are getting Ant's watch," said Tiger firmly.

"Too right," agreed Max. "We must get ours back as well."

"It won't be easy," said Ant, frowning. "The men will be guarding them."

"Leave it to Tiger and me," said Cat. "We'll head for shore to rescue the watches. Max, keep Ant well away from those men."

Back on the shore, the tall man, Socket, was worried.

"Number nine's not coming in," he said to Plug. "What should we do?"

"How about asking nicely?" said Plug. "Have you said *please*?"

"Don't be silly, Plug," said Socket. "I think we need to go and get those children."

"I can't go," said Plug nervously. "I hate the water … and boats … and ducks. Especially ducks."

"Pull yourself together, man," said Socket. "I'll deal with the ducks."

So Plug and Socket clambered into a canoe and headed straight for Max and Ant.

Max and Ant saw the men coming.

"There's only one thing to do," said Max, looking determined. "Row faster!"

Max was so busy rowing that he didn't notice the large *No Swimming* sign sticking out of the water behind him.

"Look out!" warned Ant.

It was too late. The boat hit the sign hard and spun around so that it was pointing in the wrong direction. While Max and Ant tried to get back on course, the two men quickly caught up with them.

"We need to take your watch, young sir," said Socket, pointing at Ant's wrist. "All electronic devices must be put in our box."

"Err … where is the super-special box?" asked Plug.

"I thought you had it," said Socket.

Plug looked back towards the shore.

"Oops," said Plug. "I must have left it at the hut."

"You're the worst sidekick ever," moaned Socket.

Cat and Tiger were heading for the shore, when they spotted their friends in danger.

"Time for a change of plan," said Cat. "Max and Ant need help."

As Cat and Tiger got near the two men's canoe, Tiger shouted, "Watch out! I'm a *hopeless* rower."

THUMP! He rammed the boat straight into the men's canoe.

"We'll get out of your way in just a minute," Tiger said to the men, pretending to be helpful. Then he wriggled his oar, churning up the water and splashing the men from head to foot.

“Argh!” wailed Plug. “I hate water!” He waved his arms around wildly in panic.

“Now’s our chance to escape,” Max muttered.

“When they realize we’ve gone, they’ll just come after us,” Ant replied in a low voice. Then he looked over at the island and his eyes lit up. “Unless …”

He whispered something to Max.

Max nodded and started to row towards the island.

Max and Ant reached the island quickly, and moored their boat behind the branches of a tree that hung over the water. Then Ant turned the dial on his watch and …

Cat and Tiger were still splashing about, but at last Plug and Socket managed to get away. They paddled towards the island. "We have to find the boy with the watch," hissed Socket.

"Look!" said Plug. "Boat number nine is over there, behind that tree!"

The men paddled up to boat number nine, but the boys were nowhere to be seen. Max was hiding in the shadows and Ant was micro-size. When the men weren't looking, Max placed the oar from their boat between the shore and the men's canoe. Then micro-sized Ant dashed along the slippery oar, onto the canoe.

Ant raced to the back of Plug and Socket's canoe and grabbed the rope that was tied on there. The rope was heavy but Ant dragged it after him as he climbed back onto the oar.

"The boys aren't here, Socket," whined Plug, "and I think I'm going to be sick."

"Not in the canoe, you're not!" yelled Socket. "Lean over the side!"

Plug leaned to one side so suddenly that the canoe nearly rolled over! As the canoe rolled, Max's oar flew up in the air, and Ant and the rope went with it.

"Whoa!" yelled Ant as he tumbled through the air.

Ant closed his eyes and waited for the splash, but to his surprise, he didn't hit the water. He landed on something hard instead.

Had he fallen into the clutches of the two men?

Chapter 4 – Race against time!

"Are you all right, Ant?"

It was Max! He'd caught Ant safely in his hands.

Max put Ant down on the bank while he quickly tied the end of the rope firmly round a sturdy tree branch.

"Cat! Tiger!" he yelled. "Our watches are back at the hut. You're safe to go!"

“Let’s row together,” Tiger said to Cat. “We’ll get there faster that way.”

“Agreed,” said Cat. They each seized an oar and set off as fast as they could.

“Stop!” Socket shrieked after them.

Plug dug the paddle deep into the water. The canoe jolted forward … but stopped.

It had come to the end of its rope. Socket yelped as the boat jolted, and he toppled into the water.

“What are you doing, Socket?” said Plug. “You can’t swim in there. It’s against the rules!”

"Be quiet, Plug," cried Socket. "I'll untie the rope, then we must get back to the hut. Help me get back in the canoe!"

Cat and Tiger were weaving carefully between the other boats on the lake, but the men barged straight through the other boats. They soon overtook Cat and Tiger.

"We did it, Socket. We did it!" shouted Plug, when they reached the shore first.

"Plug, you get out and grab the watches while I stop those two getting any closer," said Socket.

Plug climbed clumsily out of the canoe while Socket moored the canoe.

Suddenly, on the shore right in front of Plug, a group of ducks waddled along the bank.

"Help, Socket!" shouted Plug, standing as still as a statue. "I can't do it. All these ducks are staring at me. I'm sure they are plotting something. They're going to hurt me, I just know they are!"

While Plug and Socket had been distracted, Max and Ant had quietly rowed their boat up to the shore, moored it and tiptoed up to the boat hut.

Socket only noticed the two friends when they were sneaking away with the watches.

"After them!" Socket shouted to Plug.

"But … the ducks!" spluttered Plug, too terrified to move.

"Come on!" shouted Socket, pulling Plug behind him.

A minute later, Cat and Tiger were safely ashore. "I hope they haven't found Max and Ant," said Tiger as he and Cat looked for their friends.

"No chance," whispered a voice from a nearby bush.

It was Max! He and Ant had been hiding in the undergrowth. They had watched the men run past.

"Well done, everyone," said Max, handing the watches back to his friends. "That was great teamwork! I wonder when those two will realize they're not chasing anyone!"

CW01657652

CARTEA GESTURILOR

CES GESTES QUI VOUS TRAHISSENT
Joseph Messinger and **Caroline Messinger**
Copyright © 2013, Editions First-Gründ, Paris

CARTEA GESTURILOR
Joseph Messinger și **Caroline Messinger**
Copyright © 2014, 2015 Editura **ALL**

Descrierea CIP a Bibliotecii Naționale a României
MESSINGER, JOSEPH
Cartea gesturilor / Joseph Messinger, Caroline Messinger;
trad.: Liliana Urian. – București: ALL, 2014
ISBN 978-606-587-222-6

I. Messinger, Caroline
II. Urian, Liliana (trad.)

159.925

Toate drepturile rezervate Editurii **ALL.**
Nicio parte din acest volum nu poate fi copiată
fără permisiunea scrisă a Editurii **ALL.**
Drepturile de distribuție în străinătate aparțin editurii.

All rights reserved. The distribution of this book outside
Romania, without the written permission of **ALL**,
is strictly prohibited.
Copyright © 2014, 2015 by **ALL.**

Editura **ALL**:
Bd. Constructorilor nr. 20A, et. 3,
sector 6, cod 060512 – București
Tel.: 021 402 26 00
Fax: 021 402 26 10
Distribuție: 021 402 26 30;
021 402 26 33
Comenzi: comenzi@all.ro
www.all.ro

Redactare:	Elena Georgescu
Tehnoredactare:	Liviu Stoica
Corectură:	Martin Zick
Design copertă:	Alexandru Novac

JOSEPH ȘI CAROLINE MESSINGER

CARTEA GESTURILOR

Traducere de Liliana Urian

ALL

Joseph, eliberat de gesturi

Prefața acestei cărți trebuia să înceapă astfel:

Știința e o chestie serioasă! Da, dar știința fără o doză de umor nu e o chestie serioasă.

Cea mai bună educație începe printr-o vorbă de spirit și un zâmbet. Înainte de a face apel la rațiune, ea se fondează pe emoție. Iar pentru a provoca emoția, nimic nu este mai potrivit decât umorul și lirismul ascuns în proză pentru a da ritm textului citit.

Știința prea plină de ea însăși provoacă ulcer cerebral celor care invocă pe un ton doct zeii ce le vor servi drept pledoarie. Este o știință amară, teoretică și fără o perspectivă pragmatică favorabilă societății. Nu așa am vrut să vă prezint știința corpului în mișcare: gestualitatea. Am făcut slalom printre greșelile care ocupă ilegal cabinele de probă ale empirismului. E doar o alegorie!

După ce am rătăcit vreme de douăzeci de ani prin pădurile științei gesturilor, am ajuns la o concluzie fundamentală și am stabilit normele unei arte a observației intuitive. Ideea pe care o susțin este aceea că nu oamenii fac gesturile, ci gesturile îi fac pe oameni.

Bun! Această nouă ediție, a șasea, nu va fi o reluare a precedentei. Îmi pare rău! M-am hotărât să schimb totul, mai puțin materia de bază, evident. Și pentru a face asta...

Dar cea pe care a evocat-o uneori discret printre rânduri nu i-a dat răgazul să-și termine fraza.

Îl știți însă pe Joseph, nu s-a lăsat dus de nas. Doar n-avea să-l învețe ea pe un expert în gesturi de talia lui să se schimonosească de durere. Așa că i-a ținut piept. Până la capăt. Cu pasiunea lui de nestins, cu entuziasmul lui extraordinar și umorul incorigibil. Zău așa, cine se crede ea? Cine se crede ca să hotărască în locul lui, să intervină în planurile lui și să-l împiedice să le ducă la bun sfârșit? Cum îi este permis așa ceva? Ar fi trebuit să aștepte ca el să pună punct final acestui manuscris.

Dar ea a preluat controlul. Totul s-a petrecut foarte repede. Mult prea repede! Ea n-a vrut să audă nimic, nu-i păsa câtuși de puțin că manuscrisul nu va fi terminat. Și avea să-și câștige pariul.

Dragi cititori, în momentul în care scriu aceste rânduri, boala l-a răpus pe acest om excepțional. Pentru prima oară, cel cu care am scris o parte din scenariul vieții noastre comune n-a mai avut ultimul cuvânt. Mi-a încredințat însă mie cuvintele lui pentru a le transmite posterității.

Joseph a plecat dintre noi. S-a eliberat în sfârșit de gesturi....

Această a șasea ediție a fost zămislită din durere, dar și din pasiune, din nevoia de a transmite o știință pe cât de fabuloasă, pe atât de inventivă, pentru care Joseph se temea să nu se stingă odată cu el. Voia ca această ultimă versiune să fie un fel sinteză a tot ceea ce scrisese despre gesturi, însă eu rămân convinsă, astăzi mai mult ca niciodată, că un singur volum nu poate fi suficient. Veți vedea că rezultatul are un parfum de operă nedesăvârșită. Dar nu acesta este specificul naturii umane, de a trăi într-o permanentă nedesăvârșire?

Cum trebuie abordată această lucrare?

Una din dificultățile majore cu care ne-am confruntat întotdeauna a fost modul de clasificare a gesturilor. La fiecare publicare, revenea mereu ca un refren aceeași întrebare: cum să facem lectura mai ușoară, ca să puteți găsi fără dureri de cap gestul care v-a frapat?

Spre deosebire de edițiile precedente, am decis să aleg mai degrabă o clasificare anatomică decât una alfabetică. Motivul este simplu: toate gesturile asociate unei părți anatomice specifice sunt regrupate în mai multe rubrici, ceea ce evident nu era cazul în clasificarea alfabetică unde exista riscul de omisiune și de redundanță inerent acestui tip de clasament.

Vă invit așadar să (re)descoperiți continentul corpului vostru din punct de vedere al simbolisticii lui psiho-anatomice. Punctul de plecare al acestei lungi călătorii se situează la nivelul capului, care face obiectul primei părți a lucrării. De la craniu și până la bărbie, vă așteaptă numeroase escale până să ajungeți în regiunea gâtului, care face trecerea spre partea a doua a cărții, consacrată corpului propriu-zis, care vă va conduce de la bust la brațe, trecând prin degete, și va coborî apoi mai jos, înspre picioare. Așa cum probabil ați ghicit, veți călători pe tot continentul corpului de la nord la sud. Cât despre partea a treia a lucrării, ea abordează simbolistica acțiunilor văzute în afara oricăror referințe anatomice, precum și simbolistica pozițiilor corporale.

După cum a precizat de nenumărate ori Joseph, cu excepția refrenurilor gestuale, fie ele invariabile sau alternative, 80% dintre gesturile voastre își schimbă semnificația în funcție de contextul în care se produc, asta atunci când nu sunt doar niște gesticulații insignifiante. Ceea ce înseamnă că e nevoie de prudență atunci când trebuie să interpretăm un gest anume. Interpretările reluate în această nouă ediție au, ca și în precedentele, un caracter orientativ.

Caroline Messinger

Prolog

„Spunem cu ajutorul corpului ceea ce
nu putem spune prin cuvinte."
Christiane Olivier

Corpul sanctuar

Savanților nu le-au plăcut niciodată continentele virgine,
ei preferă să vorbească mai degrabă despre ceea ce cunosc
decât să-și pună întrebări despre ceea ce nu știu.

Studiul gesturilor sau al caracterelor morfologice variabile este o disciplină ale cărei norme nu sunt încă stabilite clar. Nu este nici o specialitate etnologică, nici o disciplină predată în școli. Ca și cum vizibilul a fost șters în favoarea invizibilului! Dar n-am de gând să fac aici epistemologia științelor. Totuși, trebuie să recunoaștem că psihismul este redus la manifestările sale comportamentale sau psihologice subiective. Corpul, eminamente obiectiv, este total absent din joc. Forma buzelor este considerată o achiziție morfologică prestabilită fără vreo legătură de cauzalitate cu evoluția psihică a subiectului. Studiul caracterelor evolutive ale morfologiei umane este văzut ca o divinație. Punct! Nu se merge mai departe. Cred că succesul lucrărilor lui Desmond Morris, cel al cărților mele și al scrierilor lui Paul Eckman în Statele Unite (pentru a nu-i cita decât pe ei) dovedesc că există un câmp de cunoaștere încă virgin care merită să fie exploatat mai mult decât în publicații destinate marelui public.

Corpul vostru, această masă în mișcare, merită mai mult decât considerații de genul „este frumos, nasol, gras, slab, înalt sau bondoc". Merită un „tu" afectuos, căci el conține mai mult decât câteva zeci de kilograme de carne și de oase. Corpul vostru nu este doar vitrina vanității umane, ci și sanctuarul sufletului vostru. Sufletul? Încă un concept fără consistență carnală. Și totuși, acest suflet există fără nicio dovadă științifică și, mai ales, dincolo de afirmațiile fanteziste ale religiilor. Dar asta este o altă discuție.

Corpul este un teritoriu în permanentă mișcare, o masă care se agită, un conglomerat de molecule care se exprimă printr-o explozie de gesturi diverse și variate, cea mai mare parte dintre ele fiind total insignifiante. Gesticulații care nu corespund decât nevoii de a oferi cuvântului un relief gestual dublat de un decor emoțional. Căci fiecare mișcare a corpului este expresia unei reacții emoționale fără ca această reacție să fie totuși semnificativă. Gestul devine limbaj atunci când se repetă în mod constant, mereu în același mod și într-un context identic. Corpul este terenul de joc al gestului și relieful cuvântului. El îi oferă acestuia o a treia dimensiune.

Ce este refrenul gestual?

Un refren gestual este un gest care se produce în mod sistematic în același fel sau în același sens: brațele încrucișate, de exemplu. Fiecare individ își încrucișează întotdeauna brațele în același fel, stângul peste dreptul în cazul subiecților defensivi și dreptul peste stângul în cazul subiecților ofensivi. Există astfel cam o sută de reflexe invariabile pe care le putem include în familia refrenurilor gestuale și care ne permit să realizăm un portret psiho-anatomic fiabil al subiectului observat. Refrenele gestuale invariabile se produc deci independent de context, ele sunt niște amplificatori ai temperamentului individului, închegat pentru totdeauna în personalitatea lui, spre deosebire de refrenele gestuale alternative, care sunt manifestarea unei reacții emoționale adaptate la un context anume. Nu este necesar să le treceți pe toate în revistă pentru a ști cu cine aveți de-a face. Este suficient, într-o primă fază, să identificați cele trei refrene gestuale de bază – încrucișarea brațelor, degetele încrucișate și urechea telefonică (urechea la care e dus telefonul mobil) – pentru a determina imediat profilul psiho-anatomic al unui interlocutor necunoscut și pentru a aprecia pe loc gradul vostru de compatibilitate cu acesta din urmă.

Vocabularul simbolic al psiho-anatomiei

Semiotica gestuală este fundamentul decriptării gestuale. Fiecare parte a corpului corespunde unei caracteristici psiho-comportamentale esențiale. Posturile complexe pe care le adoptăm pot fi interpretate combinând semnificațiile simbolice ale părților corporale respective. Semiotica postulează că sensul unui cuvânt sau al unui gest nu se captează la suprafața obiectelor pe care ele îl reprezintă, ci se construiește în funcție de contextul care îi justifică expresia. Dacă Jean-Édouard își pune mâna stângă pe bicepsul drept al lui Marjorie, iar aceasta își pune mâna dreaptă pe șoldul stâng al prietenului ei, analiza semantică a acestei duble ancorări se decodează în felul următor: „Simțul improvizației lui Jean-Édouard are nevoie de energia sau de dinamismul prietenei lui în timp ce siguranța lui Marjorie se hrănește cu orgoliul sau cu vanitatea de a fi reușit să-l seducă pe acest bărbat." Ce înseamnă asta? Că Jean-Édouard are nevoie de energia de îndrăgostită a lui Marjorie pentru a-și ridica moralul. Cât despre Marjorie, ea este mândră de... cucerirea ei. De aici se poate deduce că Jean-Édouard este depresiv și că prietena lui este narcisistă.

Evident, orice stabilire a profilului ține seama de context. Principiul decriptării, așa cum îl preconizez eu, depinde de interpretarea psiho-anatomică a combinațiilor gestuale. Bineînțeles, trebuie să fiți de acord *a priori* cu viziunea psiho-anatomică pe care o propun. Ea este rezultatul a trei decenii de observație, de curiozitate activă și de cercetări empirice în interiorul unui continent uitat care abia cum începe să stârnească interesul publicului.

Fără această viziune „semantică" a mișcărilor recurente ale corpului, limbajul gesturilor n-ar fi decât o digresiune plăcută, dar fără fundament psiho-anatomic. Niște speculații, dintre care unele se dovedesc juste, amestecate cu interpretări fanteziste la care am aderat la începutul cercetărilor mele.

De exemplu, dacă subiectul vostru are mâinile încătușate, deși contextul poate modifica interpretarea generică, știind că încheieturile mâinilor reprezintă simbolic mecanismele de decizie sau de alegere, se poate afirma cu certitudine că mâinile încătușate pot indica fie o indecizie, fie incapacitatea de a face o alegere. „Are mâinile legate", cum se spune de obicei.

Mai rămâne totuși un element legat de context. Este indecis sau refuză să facă o alegere?

Alt exemplu contextualizat: un ministru afirmă verbal că dorește o schimbare în privința unui punct de litigiu cu colegii săi din guvern. În timp ce-și exprimă dorința, lasă pleoapele în jos pentru o clipă. Ce legătură poate exista între expresia abia perceptibilă și conținutul discursului? Pleoapele reprezintă granița dintre adevăr și vis. Ministrul dorește, dar știe deja că dorința lui nu este decât o promisiune irealizabilă sau o minciună pioasă.

Exercițiile de interpretare gestuală fondate pe baze psiho-anatomice sunt piatra unghiulară a sistemului pe care l-am pus la punct și care face din semiotica gestuală un embrion de limbaj inteligibil.

Când alesul inimii voastre își pișcă lobul urechii stângi tot timpul, apucându-l între degetul mare și arătător (de la mâna stângă, evident), are o fantasmă din care faceți parte. Plăcerea (degetul mare stâng) de a vă poseda (arătătorul stâng) este deja prezentă virtual în mintea lui sub forma unei fantasme (lobul stâng). Evident, contextul influențează interpretarea acestei scene. Dacă același gest este făcut de un client pe care încercați să-l convingeți, nu vă gândiți la cine știe chestii, acesta își imaginează ce-o să facă pentru a vă obliga să mai lăsați din... preț, iar fantasma lui se referă la beneficiul pe care o să-l aibă. Cunoscând interpretarea acestei secvențe gestuale pe care el o reproduce sub ochii voștri de o jumătate de oră, sunteți în avantaj.

Când vă încrucișați brațele, acestea vă blochează libertatea de acțiune și/sau libertatea de gândire.

Când un instructor este în fața unui grup de indivizi care își încrucișează brațele în permanență, mesajul lui nu ajunge până la ei.

Degetele întrepătrunse (încrucișate) indică un individ plin de compasiune, dar și o persoană a cărei creativitate este inhibată, dacă ea reproduce acest cod încontinuu.

Când un individ ține telefonul mobil cu mâna stângă la urechea dreaptă pentru a asculta ce-i spune interlocutorul său, el își trădează latura de improvizator și/sau refuzul de a se conforma sau de a respecta regulile jocului. Situația inversă trădează o lipsă de pragmatism (mâna dreaptă motrice este simbolul abilității) și pretenții egocentriste, ba chiar un egoism care se face auzit pe parcursul discursului său verbal.

Toate aceste interpretări se sprijină pe vocabularul psiho-anatomic de bază.

Ergonomia gestuală

Cercetarea ergonomiei gestuale este o modalitate originală de a influența în mod pozitiv psihismul sau de a restructura o personalitate fragilizată. Vă puteți simți confortabil sau nu în corpul vostru, asta depinde de gradul de conștientizare a funcționării lui. Dar corpul vostru v-o ia înainte, vă însoțește sau vă protejează discursul de propriile lui abuzuri. Gesturile decalate alternează cu atitudinile ergonomice în funcție de context. Acest lucru este și un mod creativ de a învăța să comunici mai eficace. Este suficient să vă puneți o întrebare elementară: Corpul meu este destins sau încordat? Și atunci, picioarele pe care vi le-ați ascuns sub scaun vor înainta automat în poziția cea mai ergonomică, spatele curbat se va îndrepta, brațele se vor descrucișa pentru a vă elibera pieptul etc. Conștientizarea poziției propriului corp în spațiu este o gimnastică mentală cam neplăcută, dar foarte profitabilă, dacă faceți efortul de a vă pune această întrebare de câteva zeci de ori pe zi. Cu cât vă dați seama mai bine de posturile ergonomice care vă convin, cu atât vă veți simți mai în armonie cu voi înșivă. Corpul vostru vă este aliatul cel mai apropiat.

Dar, dacă gesturile pe care le faceți vă par lipsite de importanță, lăsați-vă corpul la vestiar și spuneți-i spiritului vostru să intre în scenă. Poate e mai bine așa, căci, dacă trupul nu vă iubește, gesturile vă vor trăda cu prima ocazie. Uneori, e de ajuns un gest decalat pentru a distruge o fortăreață de cuvinte foarte bine construită.

Prima parte

Capul

CAPUL

- **Craniul**
- **Creierul**
- **Părul**
- **Fața**
  - Fruntea
  - Tâmplele
  - Sprâncenele
  - Urechile
    - *Lobii*
    - *Urechea telefonică*
  - Obrajii
    - *Pomeții*
    - *Gropițele*
  - Ochii
    - *Genele*
    - *Pleoapele*
    - *Pupilele*
    - *Ocheadele*
    - *Privirea*
  - Nasul
    - *Nările*
  - Gura
    - *Buzele*
    - *Dinții*
    - *Limba*
    - *Fălcile*
    - *Cerul gurii*
    - *Mustățile*
    - *Favoriții*
  - Bărbia
    - *Barba*

GÂTUL

- **Ceafa**
- **Gâtul propriu-zis**

Capul

Capul nu înseamnă fața. Din punct de vedere anatomic, capul corespunde ansamblului frunte-păr-occipit. Mișcările făcute cu capul de către un individ sunt foarte elocvente în măsura în care ele se repetă în același fel de la un capăt la altul al vieții acestuia. Ele fac parte din personalitatea lui gestuală inalterabilă.

Sensul rotirii capului: campion sau challenger

Rotirea laterală a capului, cu păstrarea privirii pe aceeași axă, este un refren gestual invariabil. Este un criteriu de gestionare a teritoriului, ca și încrucișarea brațelor. Acestui reflex gestual particular îi sunt asociate două atitudini distincte în funcție de modul de reacție la invadarea teritoriului – neîncrederea sau sfidarea –, și două portrete: cel al campionului potențial sau cel al challengerului.

Neîncrederea, sau rotirea capului spre stânga

„Nu știu dacă trebuie să te cred", obiectează el rotindu-și capul spre stânga.

Rotirea capului *spre stânga* deplasează vigilența binoculară pe ochiul drept. Iar acesta din urmă depinde de jumătatea stângă a creierului sau creierul cognitiv. Această rotire corespunde neîncrederii sau fugii simulate și este asociată cu portretul challengerului. Challengerii își pregătesc întotdeauna o ieșire de urgență în caz de eșec anunțat. Ei știu că, dacă doresc, pot evita să-și suporte interlocutorul, eschivându-se. Fugim întotdeauna prin stânga pentru că simțul spațiului, sau facultatea spațială, se situează în aria cerebrală dreaptă, care comandă partea stângă a corpului. Extrapolând, putem presupune că rotirea capului spre stânga indică nevoia de a fugi sau de a se debarasa în mod virtual de un inoportun. Rotirea capului *spre stânga* denotă un individ mai puțin dinamic sau mai puțin tonic decât alter ego-ul său, campionul. El este mereu gata să pornească în cursă atunci când e vorba să participe, dar va da bir cu fugiții dacă este constrâns să intre în competiție cu cineva mai puternic decât el. Rotirea capului spre stânga este o reacție preponderent masculină.

Sfidarea, sau rotirea capului spre dreapta

> *„Nu te cred", zise el cu o ușoară mișcare de rotație a capului spre dreapta. Discurs opozițional și reacție de dispreț!*

Rotirea *capului spre dreapta* deplasează vigilența binoculară pe ochiul stâng, care depinde de jumătatea dreaptă a creierului sau creierul afectiv. Această rotire corespunde disprețului, reacție provenind de la un subiect mai impulsiv. Rotirea capului spre dreapta este o reacție de dispreț care indică în mod paradoxal o certă flexibilitate relațională. Asociată cu profilul campionului, rotirea capului *spre dreapta* este gata să scoată în evidență toate sfidările, așa că nu vă încredeți în el sau în ea, mai ales dacă nu par a fi ceea ce sunt. De cele mai multe ori, sunt niște *outsideri* care se dovedesc redutabili atunci când e prea târziu pentru a riposta. Această rotire este preponderent feminină.

Sensul înclinării capului: imagine de sine sau imagine publică

Capul înclinat într-o parte expune gâtul, făcând într-adevăr subiectul mai puțin amenințător și exprimând astfel o atitudine de supunere. Capul se apleacă într-o parte și rămâne în această poziție. Această mișcare repetată la intervale scurte, ba chiar imediat, derivă din cea prin care copilul caută mângâiere, sprijinindu-și capul pe pieptul tatălui sau al mamei. Când un adult își pleacă astfel capul e ca și cum și l-ar sprijini de pieptul unui protector imaginar. Această atitudine de „copilaș" este contrazisă de semnalele sexuale emise de corpul adultului care o adoptă, conferind gestului o notă de timiditate. Înclinarea capului este folosită ca element de seducție sau, dimpotrivă, ca un act de supunere. Voi în ce parte vă plecați capul? Căci el se înclină fără știrea voastră. Și mereu în aceeași parte. De fiecare dată când vă confruntați cu cineva, una din cele două imagini se trezește și face ca balanța să se încline în partea care trebuie.

Imaginea publică

Imaginea publică este o imagine construită plecând de la un statut, de la o funcție sau de la o reputație dobândită. În unele profesii, această imagine este un capital indispensabil. Ea corespunde rareori imaginii de sine, în măsura în care este destinată să protejeze intimitatea sau viața privată. Imaginea publică este cât se poate de ideală și îndepărtată de imaginea din realitate.

Imaginea de sine

E vorba de o imagine interoceptivă (percepută din interior) a unui „eu ideal" la o vârstă ideală care n-are nicio legătură cu vârsta reală. Acest „eu ideal" este o imagine de sine despuiată de toate complexele, tulburările sau defectele ei. Un soi de supererou introspectiv!

În calitatea ei de vector „imagine" de comunicare ce însoțește indivizii, imaginea publică este primordială sau secundară. Înclinarea capului este un bun indicator al modului în care subiectul afișează această dublă imagine. Când capul este *înclinat la dreapta*, imaginea publică primează asupra imaginii de sine. Când capul este *înclinat la stânga*, imaginea de sine primează asupra imaginii publice.

Înclinarea capului la dreapta este comandată de creierul cognitiv (emisfera stângă). Ea corespunde imaginii publice, în sensul că desemnează un individ preocupat de impresia pe care o face celorlalți în detrimentul expresiei de sine. Un asemenea subiect este mai puțin autentic, prea identificat cu imaginea reconstruită, ba chiar travestită, pe care vrea s-o transmită. Extratensivii își proiectează imaginea de sine spre exterior, ea confundându-se cu imaginea publică pe care doresc s-o ofere anturajului lor. Aceștia comunică prin intermediul imaginii lor publice originale, dar și prin intermediul discursului verbal și al unei gestualități mai mobile decât aceea a introspectivului. Ei au nevoie să capteze atenția vizuală și auditivă a interlocutorilor pentru a exista în proprii lor ochi. A nu se confunda individul extratensiv cu cel extrovertit! Primul este preocupat de imaginea lui publică, iar al doilea de nevoia de comunicare cu ceilalți.

Dacă încercați să vă plecați capul la dreapta după ce ați testat efectul invers, veți constata că simțiți ceva cu totul diferit față de situația în care îl înclinați la stânga. Zâmbetul pe care îl exprimați este lipsit de căldura umană sau seamănă mai mult cu o grimasă decât cu un zâmbet. Sentimentul care însoțește această înclinare la dreapta a capului o să vă pară mai mult ostil decât plăcut. Asta deși sunteți dreptaci, evident. Această înclinare exprimă mai degrabă o gelozie mascată pe un fond de ironie decât nevoia de a seduce.

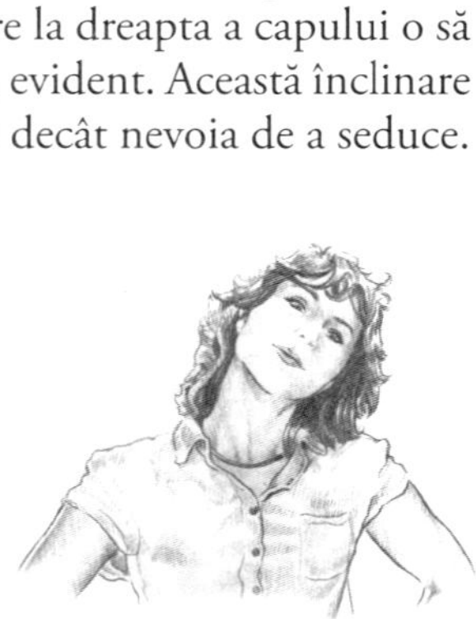

Înclinarea capului spre stânga depinde de creierul afectiv (emisfera dreaptă). Ea exprimă emoția și nevoia de autenticitate a unei imagini de sine fondate pe introspecție. Introspectivii nu acordă o foarte mare importanță imaginii lor publice. Discursul lor este mai puțin fluent și uneori se întâmplă să aibă dificultăți în a comunica clar. Ei sunt adesea mai profunzi și mai inteligenți decât extratensivii, dar se simt câteodată inadaptați într-o societate care privilegiază virtualul în detrimentul realului. Din punct de vedere profesional, introspectivii se simt bine în sectoare de activitate sau în funcții în care contactele cu exteriorul sunt limitate. A nu se confunda individul introspectiv cu cel introvertit! Introspectivul este preocupat de imaginea de sine, iar introvertitul se face cunoscut altora prin intermediul „eului“ său.

Este știut faptul că înclinarea capului spre stânga este marca unui individ psihoflexibil, cu o imaginație uneori nestăvilită, în timp ce capul care se apleacă de obicei spre dreapta este marca unui individ psihorigid.

Capul în defensivă

Un cap hipermobil este un semn de surmenaj sau de stres permanent. Capul se agită la fel în cazul unui subiect aflat în situația de a-și apăra teritoriul mental. Capul hipermobil aparține în general indivizilor care și-au pierdut încrederea în ei și își împiedică mâinile (zonele cerebrale) să se elibereze. Acești indivizi nu mai cred nici în ei înșiși, nici în ceilalți. Mobilitatea capului nu împiedică în mod obligatoriu intervenția foarte punctuală a uneia sau alteia dintre mâini, dar, în urma observației, s-a constatat că această intervenție este puțin semnificativă. Mâna este rechemată la ordine și capul își continuă turbulențele. Dacă vă aflați în prezența unor persoane care corespund acestui profil, luați distanță ca să nu vă lăsați acaparați, sunt adesea niște paraziți care vă consumă energia.

Capul în acțiune

Subiectul observat își bagă capul între umeri, apoi îl scoate precum capul unei marionete.

Teama de lovituri îi provoacă unui copil bătut o tensiune dorsală repetată. Mai târziu, el va avea tendința să-și bage capul între umeri de câte ori se va simți amenințat în mod direct sau nu. Așa cum face clientul care își bagă capul între umeri când vânzătorul îi anunță cu mândrie prețul *full options* al modelului pe care și-l dorește.

Clientul acceptă să semneze bonul de comandă în timp ce clatină dezaprobator din cap de la stânga la dreapta.

Nu fiți surprinși dacă-și anulează comanda la scurt timp sau dacă refuză livrarea. Acest tic gestual poate fi remarcat îndeosebi în dezbaterile televizate. Invitații își exprimă crezul în timp ce clatină din cap de la stânga la dreapta sau invers. Le e teamă de afirmațiile lor? Se pare că da, altfel n-ar avea nevoie să-și cenzureze gestual cuvintele dacă acestea ar fi în concordanță cu ei înșiși. Există un echivalent verbal al acestei atitudini pe care îl cunoaștem cu toții: acel „da, dar nu..." care trădează un spirit contradictoriu.

Subiectul observat își punctează discursul cu o mișcare repetitivă a capului de sus în jos.

Această secvență gestuală este un adevărat tic tipic persoanelor care pun pe primul plan spiritul logic în detrimentul oricărei creativități sau al oricărei expresii a imaginației lor. Aceste persoane își folosesc foarte puțin mâinile pentru a-și accentua discursul, de unde lipsa lor de creativitate verbală sau pedagogică.

Interlocutorul vostru dă întruna din cap când îi vorbiți, seamănă cu o marionetă care aprocă mecanic tot ce spuneți.

Subiectul care încuviințează dând din cap mecanic ascultă foarte rar, ba chiar niciodată, ceea ce i se spune. O secvență gestuală observată frecvent la oamenii timizi care se străduiesc să-și asculte interlocutorul dincolo de limitele pe care sunt în stare să le suporte. Cu cât depășesc mai mult aceste limite, cu atât își agită capul mai tare până când găsesc puterea de a pleca.

Datul din cap este însoțit la unii indivizi de interjecții sau de onomatopee pe cât de variate, pe atât de bizare, ba chiar de ecolalii, repetare involuntară a unor cuvinte sau finaluri de fraze. Această nevoie de a aproba interlocutorul este un semn de anxietate majoră care aparține tabloului clinic al nevrozei provocate de angoasă.

Dacă vă surprindeți dând din cap în mod sacadat, să știți că este vorba de un avertisment postural al inconștientului vostru. Sunteți blocat într-o discuție sterilă. Aprobarea voastră gestuală este o eschivă stereotipă.

Șeful departamentului în care lucrați dă din cap ca să vă semnaleze că v-a văzut.

Această manieră deosebită de a saluta un colaborator denotă caracterul vanitos al individului pătruns de puterea ierarhică pe care o are în cadrul companiei.

Interlocutorul clatină încet din cap de la stânga la dreapta în semn de negare, fără să se opună totuși verbal argumentelor voastre.

Își bate joc de voi. Vă arată astfel că vă pierdeți timpul și vă obosiți degeaba să-i povestiți ceea ce el consideră a fi niște baliverne.

Interlocutorul se scarpină constant în cap în timp ce vă ascultă argumentele.

Reproducerea acestei secvențe gestuale este un semn de perplexitate. În mod evident, interlocutorul nu reușește să ia o decizie. Trebuie să faceți concesii.

Interlocutorul vi se adresează cu capul ușor întors într-o parte.

Se prezintă în fața voastră cu profilul său cel mai bun. Dacă vreți să-i seduceți – în sensul cel mai larg al cuvântului – pe interlocutorii voștri, trebuie să le arătați întotdeauna profilul care vă avantajează cel mai mult, efectuând trei sferturi de rotație spre stânga sau spre dreapta.

Din spatele ghișeului ei, interlocutoarea vi se adresează cu capul plecat, cu fruntea proiectată înainte și cu o privire neîncrezătoare.

Secvența gestuală este caracteristică temperamentului critic, ironic, este o atitudine de frondă...

Interlocutorul își dă capul pe spate de mai multe ori în timpul conversației pe care o purtați.

Subiectul își dă capul pe spate atunci când este indispus de o situație pe care o percepe ca fiind deosebit de delicată pentru el.

Subiectul supus observației urlă, dând din cap în de mai multe ori în direcția interlocutorului său.

E vorba de un semn de agresivitate manifestă. Subiectul este gata să sară la bătaie.

Stând așezat, interlocutorul își pune un braț în echilibru de-a curmezișul craniului.

Această secvență gestuală cel puțin curioasă este o reiterare a gestului de apărare al băiatului bătut. Interlocutorul speră că veți fi rentabil în scurt timp sau că va trage rapid foloase din ajutorul pe care ar putea să vi-l dea, dar se teme „să nu cadă cerul pe el" dacă se înșală.

Interlocutorul se scarpină în cap cu stiloul, creionul, rigla sau cu un obiect oarecare pe care îl găsește la îndemână.

Oricare ar fi el, obiectul apucat de interlocutor este o armă simbolică cu care și-ar dori să vă „ucidă".

Și asta mai ales fiindcă nu-i place să se lase tras pe sfoară de unul pe care îl consideră mai prost decât el. Adică dumneavoastră, în cazul de față...

Interlocutorul stă sprijinit în cot, iar falangele mâinii pe jumătate închise îi susțin capul.

Poziția este cam inconfortabilă. Ea trădează un climat mental tensionat. Acest tip de cod gestual aparține în general indivizilor ranchiunoși.

Interlocutorul întoarce capul în altă parte de mai multe ori.

În principiu, întoarcem capul în altă parte pentru a ne debarasa de un adevăr denaturat sau atunci când nu suntem siguri pe noi. Decalajul între devierea privirii și unghiul de rotație al capului este un semn evident de dublă constrângere!

Interlocutorul întoarce adesea capul spre dreapta înainte de a vă răspunde.

Acesta refuză sau respinge afirmațiile sau argumentele. Rotirea recurentă a capului spre dreapta este o reacție tipică de luptă. Întotdeauna ne rotim ușor capul înainte de a-i da un pumn adversarului.

Interlocutorul întoarce adesea capul spre stânga înainte de a vă răspunde.

Interlocutorul vă face cunoscut prin acest gest că fuge de confruntare. Corpul dreptaciului, vă reamintesc, face în mod natural jumătate de întoarcere spre stânga pentru a scăpa de pericol.

Sprijinit în cot, interlocutorul își susține capul între degetul mare și arătător, cu mâna larg deschisă.

Această secvență gestuală din familia puterii denotă o atitudine castratoare. Postura presupune un simț al echilibrului digital și un cap relativ gol. Încercați să adoptați acest gen de atitudine și veți simți disconfortul gestului, în afară de cazul în care funcționați ca cel care îl preferă.

De reținut:

În psiho-anatomie, capul reprezintă sediul simbolic al contestației.

CRANIUL

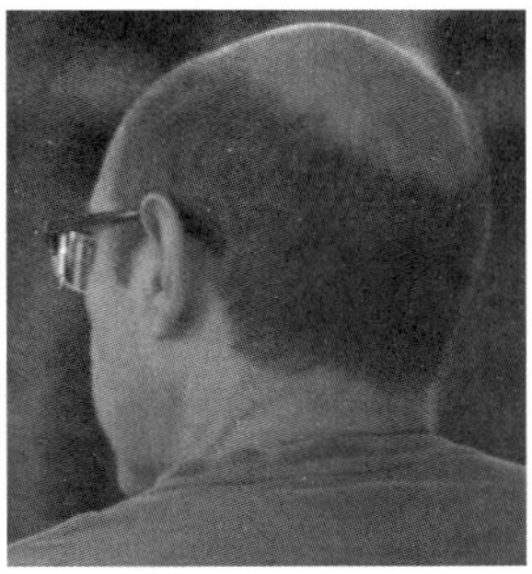

Regiunea occipitală a craniului este sediul îndoielii.

Știați că incapacitatea sau dificultatea de a lua o decizie este adesea la originea unei artroze cervicale dureroase? Parte occipitală a craniului, cerebelul este sediul automatismelor care ușurează schemele voluntare. El este situat în spatele craniului. Faptul de a-ți scărpina occiputul indică un climat mental cuprins de îndoială. Acest cod gestual însoțește de asemenea calculul mental sau procesul de reamintire desfășurate într-o stare de tensiune. La fel stau lucrurile cu interlocutorul care se scarpină în cap cu stiloul în semn de perplexitate. „Oare am făcut bine calculul? Ia să vedem!“

Zonele parietale ale craniului sunt sediul doliului. Tristețea și melancolia își fac cuibul aici. Simplul fapt de a-ți susține capul la acest nivel denotă un mental lipsit de motivație, ba chiar resemnat.

Atitudinea care constă în a-ți cuprinde craniul cu amândouă mâinile privește și zonele parietale. Este gestul pe care-l putem vedea la supraviețuitorii unei catastrofe. Am observat adesea acest gest în tribunale. Persoanele stau așezate pe niște banchete de lemn, cu coatele sprijinite pe coapse, cu mâinile lipite pe craniu. Parc-ar purta toată nenorocirea lumii pe capul lor. Nevoia de a-ți pune mâinile pe zonele parietale răspunde uneori unui act de pocăință.

În regiunea frontală a craniului își are sediul, printre altele, concentrarea.

Când îți pui palma pe regiunea frontală, ca un soi de cataplasmă, există un pericol acolo, înăuntru. Inteligența deviază, logica o ia razna și ușile de ieșire sunt ferecate. Moralul este în bernă și concentrarea se risipește în cele patru vânturi. Te lovești cu palma peste frunte pentru a-ți aduna ideile. „Asta e, bineînțeles!“ Vedeți cele scrise la capitolul despre frunte.

Vertexul (sau creștetul craniului) este sediul sentimentului de superioritate al omului, al sentimentului de umanitate și al unei anumite idei despre divinitate – prin extindere, este sediul superstiției. Bateți în lemn!

Craniul în acțiune

Interlocutorul își acoperă creștetul craniului cu palma, sprijinindu-și cotul pe masa la care s-a refugiat.

Vertexul este sediul sufletului omenesc în toate religiile. Indiferent de credință, binecuvântarea naturală presupune punerea mâinilor unuia pe capul celuilalt. Sufletul trebuie să rămână în casa lui. Obiect imaterial, sufletul există fără nicio dovadă. Și asta pentru că omul are nevoie să creadă în el. Moartea nu poate fi sfârșitul întregii lui existențe, trebuie să-i dăm o continuare logică, o speranță de a-și supraviețui. Acesta este rolul rezervat sufletului.

Interlocutorul își pune mâna dreaptă ca o calotă pe craniu.

Asta înseamnă că încearcă să-și repună ideile în ordine. Dacă repetă acest cod pe toată durata întrevederii, aveți tot interesul să amânați discuția pe altă dată, în măsura în care este vorba de o întâlnire profesională. Interlocutorul vostru este în mod clar tulburat din cauza unei griji care n-are nimic de-a face cu voi.

Interlocutorul vostru își duce mâna cu regularitate pe creștetul craniului.

Această secvență gestuală trădează un oarecare grad de superstiție din partea subiectului observat.

Corpul omenesc este o mașină perfectă, astfel încât e greu de crezut că nu e decât consecința unui accident al naturii. Dar mai ales este insuportabil să-l consideri ca finit, unic depozitar al vieții. Există în mod obligatoriu un suflet care trebuie să-i supraviețuiască. De unde importanța superstiției și îndeosebi a religiilor!

CREIERUL

Emisfera stângă a creierului controlează jumătatea dreaptă a corpului în timp ce *emisfera dreaptă* a creierului controlează jumătatea stângă a corpului. De partea stângă depinde cuvântul. Este creierul rațional, funcțional și practic. Creierul din partea stângă (numit „cognitiv") este așadar dreptaci. Cât despre creierul din partea dreaptă, acesta este considerat ca fiind sediul intuițiilor, al simțului spațial, temporal, al imaginației și al simțului creativ. Este numit „creierul afectiv" și comandă partea stângă a corpului.

Adam Smith consideră că fiecare cultură din lume a pus în evidență, pe baze fiziologice sau nu, această separare fundamentală a lucrurilor. Rețineți că „dreptul" este legea și ordinea, în timp ce un moștenitor „al mâinii stângi" este un moștenitor nelegitim. Aborigenii australieni poartă un toiag „mascul" în mâna dreaptă și un toiag „femelă" în mâna stângă. Partea dreaptă reprezintă tatăl și activitatea, în timp ce stânga reprezintă mama, aspectul pasiv, la numeroase triburi primitive, fie că e vorba de indieni mohave, beduini, africani bantu...

Plecând, între altele, de la aceste constatări, am emis următoarea ipoteză: partea dreaptă a corpului unui subiect masculin dreptaci aparține unei imagini paterne integrate în „supraeul" său. Partea stângă, în schimb, este simbolul imaginii materne. Bărbatul dreptaci care se identifică cu imaginea paternă, în măsura în care este un bărbat, ca tatăl său, își va integra energiile atractive în partea dreaptă a corpului său și energiile repulsive în partea stângă. În schimb, femeia dreptace își va integra energiile atractive în partea stângă a corpului său. Nu este o femeie, ca și mama ei? Pentru bărbații stângaci, imaginile parentale trebuie să fie inversate: imaginea tatălui se va situa la stânga și cea a mamei la dreapta. La femeile stângace regăsim același tip de inversiune.

Din acest postulat, rezultă următoarele reguli gestuale:

Pentru bărbați, încrucișarea picioarelor cu dreptul pus peste stângul (atitudine atractivă) corespunde unei deschideri constructive pe planul comunicării. Dar, dacă piciorul stâng este pus peste piciorul drept (atitudine repulsivă), subiectul se închide în sine, nu mai este receptiv la propunerile făcute. Pentru subiecții masculini stângaci, e suficientă inversarea raporturilor. Pentru femei, încrucișarea picioarelor cu stângul peste dreptul indică un climat mental receptiv (atitudine atractivă). Dar, dacă piciorul drept este pus peste cel stâng, atitudinea devine repulsivă, iar dispoziția interlocutoarei voastre în ceea ce vă privește este inversată.

Creierul afectiv și creierul cognitiv sunt în același timp opuse și complementare. Ele dirijează gesturile și mișcările corpului, oferindu-ne totodată o primă abordare logică a decriptării nonverbale.

Dacă îmi frec nasul cu mâna dreaptă, creierul cognitiv e cel care comandă acest gest de toaletare. Dacă mă scarpin pe gât cu mâna stângă, creierul afectiv preia conducerea operațiunii. Acțiunea mâinii drepte indică o atitudine mentală axată pe reflecție, în vreme ce acțiunea mâinii stângi trădează un climat mental supus emoțiilor.

PĂRUL

Sediu al narcisismului, al imaginii de sine publice care poate fi revalorizată de câte ori vrem prin vizite frecvente la coafor, părul participă activ la aspectul estetic al feței, oferindu-i un cadru susceptibil de a-i șterge defectele și de a-i pune în valoare avantajele. Bărbatul are pielea capului ornată cu circa 100 000 de fire. Părul deschis la culoare e mai des decât părul de culoare închisă. După Desmond Morris, un blond are în medie 140 000 de fire de păr, un brunet 108 000 și un roșcat 90 000, ceea ce reprezintă totuși cu 36% mai puțin decât la bărbații blonzi.

Există oare o explicație științifică a acestei diferențe?

Părul crește într-un ritm de aproape treisprezece centimetri pe an, fiecare fir trăiește în medie șase ani, după care cade și este înlocuit. Dacă nu e tăiat, părul ajunge așadar aproximativ până la șolduri, ceea ce trebuie că-i dădea omului primitiv – care nu mergea la coafor – o înfățișare extraordinară în mijlocul celorlalte specii de primate.

Părul în doliu

Când s-a despărțit de soțul ei, s-a dus la coafor și și-a tuns părul foarte scurt, ca un tip, îți dai seama? Și ce păr lung și frumos avea.

O femeie renunță la părul ei lung atunci când o perioadă din viața ei se termină, când se încheie un capitol. Când „trece de un hop". Unele femei cantonate în adolescență nu reușesc să facă asta. Ele au nevoie să se simtă tinere până la moarte.

Schimbarea coafurii este un mod de a te schimba radical. Bărbatul își lasă barba să crească sau își rade mustața pe care o poartă de când s-a căsătorit. După o despărțire, fiecare ține doliu în felul lui.

Părul în acțiune

Sprijinită în coate de masa rotundă a terasei unui restaurant, femeia soarbe o cafea cu frișcă. Cu privirea pierdută, își înfășoară mecanic o șuviță de păr pe unul din degetele arătătoare.

Această secvență gestuală arată că interlocutoarea voastră a părăsit prezentul pentru a se proiecta într-un viitor virtual. Din când în când, vă spionează prin perdeaua părului. Atitudinea este visătoare, introvertită. Femeia se cufundă în contemplarea unei lungi șuvițe de păr pe care o frământă la câtiva centimetri de fața ei; iată o manieră foarte feminină de a crea o distanță focală propice instalării unei bariere între ea și restul lumii. Sau poate că ați impresionat-o, și asta e posibil!

Interlocutoarea voastră e pierdută în gândurile ei sau într-o versiune imaginară a unei realități viitoare.

Sunt asociați de zece ani. Prietenia lor a rezistat dificultăților din anii de început. Astăzi, firma lor de media-training merge bine. Atmosfera e de bună dispoziție. Trecând prin spatele biroului asociatului său, el îi ciufulește părul cu un gest ștrengăresc.

Ciufulim părul unui copil pentru a ne arăta afecțiunea față de el. Acest gest are în cazul de față aceeași semnificație. El arată gradul de prietenie sau de complicitate dintre două persoane.

Interlocutorul își trece cu regularitate mâna peste craniul chel, ca și cum și-ar netezi părul defunct.

Trăiește clipa și ia decizii prin tragere la sorți. Acest gest este tipic pentru un individ care nu are conștiința împăcată. El trădează un temperament de jucător de poker care n-are nici măcar o pereche de cărți bune. Un temperament fraudulos.

Subiectul observat își masează în mod constant craniul acoperit cu păr.

Această secvență aparține vocabularului gestual al perdanților. Gestul evocă un cucui virtual a cărui durere, la fel de virtuală precum cucuiul, interlocutorul încearcă s-o aline. El acționează după principiul: Dumnezeu pentru toți, fiecare pentru sine.

Încă de la începutul întrevederii, interlocutorul vostru, aflat de partea cealaltă a biroului, își dă întruna capul pe spate pentru a pune la locul ei o șuviță de păr rebelă.

Și totuși, n-o să-i dea prin cap să-și taie șuvița când se duce la frizer, ca și cum ticul ăsta i-ar completa o imagine publică liniștitoare. Această manie trădează un individ care nu renunță la prejudecățile lui și a cărui conduită standardizată n-ar trebui să vă scape.

Absorbit de lectura ziarului, bărbatul suflă regulat într-o șuviță de păr care îi cade peste ochi.

Această manie trădează un personaj dezordonat ce se ascunde în spatele unei șuvițe de păr rebele.

Interlocutorul vostru își trece întruna mâna prin păr.

Narcisist, își rearanjează imaginea publică sau moralul. Este mai îndrăgostit de propria-i imagine decât interesat de prezența voastră în fața lui. Orgolios, vanitos, mândru de originile lui; are în realitate doar un „sine fals“ (individ prefăcut) și un discurs convențional care se gândește doar la interesele lui, în tot ceea ce face.

Femeia își trece degetele prin păr minute în șir, ca și cum și-ar reface coafura.

Cu cât un individ acordă, din punct de vedere gestual, importanță mai mare părului său – fie atingându-l constant, fie rearanjându-l încontinuu –, cu atât aparține mai mult profilului epidermic, înscriindu-se într-o categorie de persoane a căror sensibilitate este exacerbată.

Atitudinea la care fac referire este visătoare și introvertită. Privirea este lăsată în jos și nu îndreptată spre cei din anturaj. Dar, atunci când e vorba de o femeie, se mai întâmplă și ca acest gest să fie făcut pentru a-i transmite bărbatului din fața ei un mesaj de seducție, un soi de cerere de mângâiere mascată.

Dar cu ce mână își rearanjează părul, presupunând că este dreptace?

Cu stânga: Mâna „spațiului" reface respectul de sine cu o oarecare senzualitate în gesturi.

Cu dreapta: Mâna „timpului" răvășește părul cu nerăbdare. Manie foarte frecventă la persoanele neliniștite ori la subiecții isterici.

Ea trântește telefonul în furcă și, cu un gest brusc, își dă la o parte de pe față o șuviță de păr rebelă.

Este o chemare gestuală la ordine. Gestul echivalează cu o palmă.

Hipnotizată de ecranul televizorului, ea se uită la un film pentru a se deconecta în timp ce-și suge o șuviță de păr.

Nevoia de a suge părul ar putea fi un gest deviat sau gest-relicvă. La vârsta adultă, este într-adevăr imatur să-ți sugi degetul. În consecință, putem considera această manie gestuală un soi de remediu antistres natural.

Înainte de a lua cuvântul, ea își rearanjează părul.

Sediu simbolic al narcisismului și al respectului de sine, părul reprezintă cortina care ascunde scena teatrului vieții. Îl rearanjăm înainte de a lua cuvântul ca și cum am deschide niște ghilimele, ca pentru a căpăta siguranță. Este un tic gestual social foarte folosit de toți cei care încearcă să fie credibili prin ceea ce spun.

Pieptănarea părului cu cărare

Cărarea care vă împarte părul în două părți inegale își are originea în prima copilărie. Părintele care își piaptănă copilul este cel care îi impune acestuia partea cărării. Așa stând lucrurile, el își proiectează propriul mod de seducție asupra moștenitorului. Uneori se întâmplă însă ca această cărare să-și traseze singură drumul, fără nici cea mai mică influență parentală. Orientarea unei cărări oblice, adică în diagonală spre stânga sau spre dreapta, își are originea într-o modificare involuntară a topografiei cărării naturale. În mod ciudat, cărarea își schimbă locul după capriciile diferitelor vârste ale vieții. Degeaba vă veți strădui s-o deplasați în mod intenționat, ea va reveni la locul inițial. Și apoi, într-o bună zi, o să vă treziți, de exemplu, cu o cărare în dreapta doar fiindcă ați hotărât să luați taurul de coarne în loc să stați nepăsător.

Cărarea pe mijloc

Pieptănarea părului cu cărare pe mijlocul capului dezvăluie un personaj cu sensibilitate parțială, ceea ce înseamnă că nu se lasă cuprins de emoție decât în anumite împrejurări, cele care îl privesc în exclusivitate, evident. Individul nu e niciodată întreg sau autentic. Cărarea pe centru este o cărare impusă în mod artificial. Cel care corespunde profilului poate fi un tip șarmant, dar nu seducător, mai degrabă influențabil, ba chiar hipersensibil, care se străduiește să placă, dar nu să seducă.

Cărarea pe partea dreaptă

Cărarea pe dreapta denotă, în general, un caracter energic. Ea este caracteristică unui individ combativ. Un challenger căruia îi plac competiția, examenele și toate probele care îi permit să se măsoare cu ceilalți. Nevoia de a se convinge de talentele lui este viscerală la el și n-are nicio legătură cu nevoia de a-și flata orgoliul. Are o capacitate de adaptare excelentă. Este o adaptare a atitudinii mentale la experiențe noi, la circumstanțe sau evenimente care vin să bulverseze cunoștințele dobândite. Cei care se piaptănă cu cărarea pe partea dreaptă sunt minoritari.

Cărarea pe partea stângă

Ca femeie, încercați fără îndoială să vă accentuați latura feminină care vă conferă grația atât de deosebită și originalitatea. Sunteți femeie până în vârful firului de păr.

Ca regulă generală, cărarea pe stânga trădează un individ mai sensibil, mai creativ și mai feminin în viziunea sa despre lume decât ar da de înțeles conduita lui, mai ales dacă este vorba de un bărbat. Feminin nu vrea să spună efeminat. Dar cărarea pe stânga evidențiază și un temperament de seducător. Căci toți indivizii sensibili simt nevoia să-și construiască sisteme de apărare pentru a-și proteja vulnerabilitatea. Iar seducția este un sistem de apărare prin excelență!

Majoritatea actorilor au o cărare pe stânga sau pe centru.

Fără cărare

Părul este dat pe spate sau zbârlit. Dovadă de consensualitate și de jovialitate! Nici susceptibil, nici mare seducător, individul fără cărare este doar dotat cu un spirit de adaptare care îi ușurează viața și îi permite să se facă acceptat peste tot fără nicio dificultate. Această definiție se bazează pe observarea comportamentelor indivizilor cu părul ondulat, foarte bogat și fără frontiere.

De reținut:

În psiho-anatomie, părul este sediul simbolic al narcisismului, al imaginii și stimei de sine.

FAȚA

Fața este primul loc anatomic pe care îl vedem la un individ atunci când îl abordăm. Fiecare față are detalii seducătoare puse în valoare sau nu de un machiaj adecvat, o barbă îngrijită, un zâmbet sincer sau o privire luminoasă. Dar criteriul care oferă feței întreaga ei frumusețe provine înainte de toate din registrul expresiilor faciale.

„Avem musculatura facială cea mai dezvoltată și mai complexă din întreaga grupă a primatelor. La drept vorbind, avem chiar sistemul de expresii faciale cel mai subtil și mai complex dintre toate ființele vii. Grație unor infime mișcări ale pielii din jurul gurii, nasului, ochilor, sprâncenelor și frunții și recombinării acestor mișcări în cele mai diverse moduri, reușim să redăm o întreagă gamă de schimbări de dispoziție complexe."[1]

Masca de fier

Fața nu poate exprima liber sentimentele care animă psihismul individului dacă acesta nu devine conștient de masca de fier care menține sărăcia expresivă a chipului

[1] Desmond Morris, *Maimuța goală*. (N. a.)

său. Prizonieră a fricii de a-și expune sentimentele, fața se ofilește, se ridează, se lasă din lipsă de exerciții tonice musculare și îmbătrânește.

Programul de îmbătrânire a feței

30-40 de ani: pleoapele superioare încep să se lase, apar riduri în jurul ochilor, iar șanțurile nazolabiale se conturează chiar și în absența zâmbetului.

40-50 de ani: pleoapele inferioare și superioare se lasă, încrețiturile de la colțul ochilor (laba gâștii) se accentuează, ridurile se adâncesc.

50-60 de ani: apar pungi sub ochi, bărbia se îngroașă, lăsarea frunții o antrenează pe cea a sprâncenelor, obrajii încep să-și piardă fermitatea și vârful nasului se înclină. Topirea țesuturilor adipoase amplifică efectele greutății asupra contururilor.

După 60 de ani: pielea și-a pierdut elasticitatea, apar riduri mici în jurul gurii, gâtul se încrețește și obrajii se lasă...

„Alo, mamă, am buba, mamă, cum m-ai făcut, nu-s frumos..."[1]

Fețele cu adevărat hidoase și respingătoare sunt puțin frecvente. Ceea ce face din ele o realitate banală, puțin seducătoare, ba chiar dizgrațioasă, sunt gândurile pe care le aveți. Un climat mental pesimist va întreține mereu o secătuire a bogăției mimicii faciale. Analizați atmosfera care domnește în mintea voastră, conștientizând totodată limitele corporale ale feței, și veți constata foarte rapid că liniile ei sunt mai tonice sau, invers, mai rigide, în funcție de calitatea climatului care domnește în mintea voastră.

Vreți să vă recăpătați frumusețea originară a feței? Regula jocului pe care vi-l propun e simplă: plecați de la principiul că *ceea ce vedeți este fals și ceea ce simțiți este adevărat*. Favorizând simțirea în detrimentul vizualului, o să vă îmbogățiți treptat registrul expresiilor faciale. Adevărata frumusețe nu este nici plastică, nici statică. Fiică a mișcării, frumusețea naturală autentică izvorăște din mobilitate. Începeți așadar prin a simți această frumusețe interioară în fiecare fibră musculară a feței. Mușchii faciali stratificați se vor trezi dintr-un lung somn impus de alaiul gândurilor parazite. Când îi veți permite feței să se miște liber, vă veți recăpăta frumusețea originară. Un zâmbet sau o grimasă pot face diferența.

Înfrumusețați-vă chipul prin programare neuro-gestuală

Fața este cartea de vizită pe care o remarcăm prima dată la un individ. Din păcate, expresiile pe care le oferă nu-l avantajează întotdeauna. Frumos în fotografii, îngrozitor în realitate sau viceversa! Fața este oglinda climatului mental sau martorul fericirilor voastre trecătoare. Gândurile și sentimentele pe care le încercați sculptează masca socială în spatele căreia vă ascundeți. Este greu să-ți imaginezi că fața poate să

[1] Refrenul unei celebre melodii a lui Alain Souchon, *Allô maman bobo*, de pe albumul *Jamais content* (Niciodată mulțumit), 1977. (N. tr.)

se anime fără știrea conștiinței, că poate face tot felul de grimase fără ca voința conștientă să se opună. Și totuși!

Patru situri anatomice strategice sunt capabile să vă înfrumusețeze chipul: nasul, gura, sprâncenele și ridurile de expresie ale frunții. Puteți să deveniți conștienți de mișcările sau de imobilitatea lor și să învățați să le eliberați în cadrul unor ședințe de PNG (programare neuro-gestuală), prin intermediul descărcărilor ideomotoare[1].

Imaginați-vă că fața își poate recăpăta firesc libertatea totală de a se exprima fără voia dumneavoastră. Cu alte cuvinte, că începe să se strâmbe fără să vă fi cerut permisiunea. Descărcarea feței prin programare neuro-gestuală este o eliberare involuntară a mușchilor faciali a căror psihorigiditate duce în mod inevitabil la o respingere socială și neutralizează orice sentiment de simpatie spontană. Descărcarea ideomotoare a feței este un excelent exercițiu antistres natural, cu un efect fortifiant deloc neglijabil asupra tonicității pielii. Pe lângă faptul că-și recapătă mobilitatea, fața voastră va deveni mai frumoasă, căci, practicată regulat, descărcarea ideomotoare duce la dispariția micilor riduri prost plasate care vă întristează. O față mobilă te seduce întotdeauna, chiar dacă nu este atrăgătoare. Și știți ce? O față atrăgătoare îmbătrânește urât, spre deosebire de fața seducătoare care arată mai bine odată cu vârsta.

Fața în acțiune

Sprijinindu-se în coate, interlocutorul își încrucișează orizontal degetele întinse sub bărbie, cu palmele orientate spre sol.

Această secvență gestuală dezvăluie un temperament instabil, ba chiar iresponsabil. Divulgați-i o informație confidențială interlocutorului vostru și puteți fi sigur că toți cei care n-ar trebuie s-o afle vor fi puși la curent în cel mai scurt timp. Limba îi e la fel de sprintenă pe cât de relativă îi e discreția.

Noua dumneavoastră cucerire își mângâie fața încontinuu, sorbindu-vă cuvintele.

[1] Declanșarea unei acțiuni (act motric) printr-o reprezentare mentală. (N. tr.)

Mângâierea este prima dintre toate mărcile stimei sau ale iubirii pe care fiecare individ le integrează în cadrul său de referințe, încă de la naștere. Automângâierea este un veritabil avans discret făcut partenerului îndrăgostit, orb prin definiție. Este și un puternic semnal de deschidere într-un context de seducție care se înfiripă între doi indivizi ce tocmai s-au cunoscut.

Ce mână preferă pentru a-și mângâia sau scărpina fața?

Dacă își mângâie fața cu mâna stângă, este în căutare de senzualitate. Mângâierea și creativitatea sunt strâns legate în inconștient. Prima declanșează procesul care o trezește pe cea de-a doua. Or, de la creativitate la senzualitate nu e decât un pas, care e făcut rapid. Dacă preferă mâna dreaptă, senzualitatea îi lipsește cu desăvârșire.

Subiectul observat își scarpină fața în repetate rânduri.

Această manie exprimă adesea un sentiment de culpabilitate. Subiectul respectiv este victima unui stres cam ciudat, care provine din nevoia lui viscerală de „a ieși în față". După cum fără îndoială știți deja, există patru tipuri de indivizi în societatea noastră: cei care sunt, cei care fac, cei care au și cei care nu sunt, nu fac, nu au, dar ocupă ilegal scena, ieșind permanent în față. Sunt numiți uneori „vedete". Acestei ultime categorii îi aparține subiectul observat.

Interlocutorul își prinde strâns bărbia între degetul mare și arătător.

Această secvență gestuală este tipică celui care joacă teatru. Ea trădează un temperament de prefăcut.

Sprijinindu-se în coate, interlocutoarea își încadrează fața cu amândouă mâinile sau le folosește ca suport.

Gest sublim, care exprimă temperamentul intuitiv al unui vizionar. Individul proactiv își trăiește viața într-o proiecție continuă asupra viitorului său. El acționează pentru a nu fi nevoit să reacționeze atunci când este deja prea târziu. Este dotat cu o imaginație bogată și cu un simț dezvoltat al anticipării. Discipol al lui Aristotel, care susținea că nu există nimic în inteligența noastră care să nu treacă prin simțuri, el o să vă fie de mare ajutor. „Corpul găsește în mod firesc gestul potrivit dacă mintea nu-i blochează drumul", spunea Gallwey, un filosof englez.

Interlocutorul își susține bărbia cu degetul mare și își sprijină capul cu două degete întinse.

Există o mie și una de modalități de a pune în valoare fața, și ele n-au altă semnificație decât de a-i evidenția frumusețea.

De reținut:

În psiho-anatomie, fața reprezintă sediul simbolic al imaginii de sine.

FRUNTEA

Cimpanzeul are un creier de aproximativ 400 cm^3, omul de azi unul de 1350 cm^3, adică de peste trei ori volumul creierului celor mai apropiați veri ai noștri. Dezvoltarea creierului, mai ales în zona lui frontală, ne-a dat această frunte foarte deosebită printre primate, o frunte a cărei frumusețe le scapă multor oameni care nu văd decât sprâncenele ce o decorează sau ridurile de expresie care o brăzdează.

Timpul și spațiul!

Ce impresionant este domnul Arnold cu trupul lui slăbănog și ochii albaștri imenși. De sub părul argintiu, iese la iveală o față lungă și colțuroasă care seamănă cu paginile mototolite ale unei cărți. Poți citi pe ea bucuria, durerea, oboseala ori blândețea. Când domnul Arnold ridică din sprâncene, ai zice că o suită interminabilă de valuri eșuează pe fruntea lui. Și în încâlceala de linii care-i brăzdează fața îi descoperi privirea. O privire pătrunzătoare, căreia nu-i scapă nimic...

Să pornim de la următoarea ipoteză: numărul de riduri care brăzdează fruntea echivalează cu numărul vieților trăite. Spațiul unei existențe se bazează pe simbolismul frunții luate ca o entitate indivizibilă raportată la timp și la spațiu.

Când suntem îngrijorați, fruntea se încrețește spre interior; când mirarea se înscrie pe chip, ridurile apar în partea de sus. Riduri care se incrustează definitiv odată cu vârsta. Dar ridurile sunt și straturile succesive ale vieților trăite într-o singură existență. Un anumit număr de vieți, care nu e stabilit dinainte. Putem număra de la una la patru, cinci vieți distincte în spațiul unei singure existențe. Viața impregnează fața și ridurile frunții nu s-ar forma dacă ar fi neînsemnate. Ca și liniile din palmă, de altfel!

Fruntea este sediul timpului, și cine spune „timp" spune „spațiu", căci aceste două noțiuni sunt inseparabile și esențiale pentru modul în care percepem viața.

Timpul își are sediul în lobul frontal drept (care depinde de creierul cognitiv), iar spațiul în lobul frontal stâng (care depinde de creierul afectiv). Plecând de la aceste informații, mai rămâne de văzut care este cotul de sprijin pe care-l folosiți. În funcție de cotul pe care-l preferați pentru a vă sprijini capul, fruntea, obrazul sau bărbia, aparțineți *de facto* uneia dintre cele două tabere. Dacă, de obicei, apelați la cotul stâng ca să vă sprijiniți, înseamnă că sunteți mai interesați de spațiu decât de timp; în caz contrar, dacă folosiți cotul drept ca sprijin, sunteți mai degrabă stăpâni sau sclavi ai timpului.

Vă propun totodată să situăm spiritul logic și imaginarul. E bine de știut că logica își are sediul la nivelul lobului frontal drept, iar imaginarul la nivelul lobului frontal stâng. Epifiza, sau centrul frunții, situată chiar între sprâncene, deasupra rădăcinii nasului, este sediul simbolic al concentrării. Indivizii marcați cu așa-numitul rid „al leului" (riduri verticale, deasupra nasului, între ochi) sunt neliniștiți și prudenți.

Lobii prefrontali

Principala comandă prin care se poate „stinge" o emoție dureroasă pare să se afle în lobul prefrontal stâng. Acesta are rolul unui termostat neuronal, temperând emoțiile neplăcute.

Lobul prefrontal drept este sediul sentimentelor negative precum frica sau agresivitatea. Să amintim de cazul „soțului fericit", un bărbat care a suferit extirparea parțială a lobului prefrontal drept. După operație, soția i-a mărturisit medicului că personalitatea lui s-a schimbat radical: se supăra mai greu și era mai iubitor, ceea ce o încânta.

Cortexul prefrontal este regiunea creierului responsabilă de memoria activă. Dar existența de circuite între creierul limbic și lobii prefrontali are drept consecință faptul că semnalele declanșate de o emoție puternică – angoasă, furie etc. – pot provoca o paralizie neuronală, sabotând capacitatea lobului prefrontal de a întreține memoria activă. Este motivul pentru care, atunci când ne supără ceva, spunem că suntem „incapabili să ne concentrăm", și de aceea tulburările afective constante afectează facultățile intelectuale ale unui copil și îl împiedică să învețe satisfăcător.

Fruntea tribunului

Există un loc în mentalul nostru în care spațiul și timpul se întâlnesc și se confundă. Îl numim „prezentul absolut". Nu există o modalitate mai bună de a-ți gestiona timpul decât conjugându-l la prezentul indicativului.

Oamenii grăbiți să reușească în viață sunt candidați ai migrenei frontale și gestionari execrabili ai timpului lor. Nu au prezent, iar viitorul lor este deja răsucit, asemenea unui fir de telefon.

Când oratorul își sprijină fruntea cu mâna dreaptă, înseamnă că îi lipsește timpul de a duce acțiunea până la capăt.

Când își sprijină fruntea cu mâna stângă, timpul se oprește și spațiul mental crește, căci rezultatul esențial se situează în prezentul acțiunii întreprinse, ceea ce echivalează cu disponibilitatea. Un gest carismatic prin excelență. Fruntea se sprijină pe palmă.

Dacă suferiți de dureri de cap punctuale în partea stângă a frunții, este posibil să fiți indisponibili.

În cazul unei nevralgii punctuale în partea dreaptă a frunții, e posibil să fi ratat niște oportunități foarte importante. Durere pe toată fruntea? Inteligența voastră emoțională (intuiția voastră) este „în pană".

Aceste trei cazuri sunt niște ipoteze de lucru, evident.

Fruntea în acțiune

Cu cotul sprijinit de marginea mesei, bărbatul așezat la masa vecină își pune palma pe frunte, cu degete îndreptate spre creștetul capului.

Atunci când este făcut în fața unui martor, acest gest denotă un sentiment de disperare sau de tristețe. Poziția este adoptată uneori de studenții cuprinși de disperare atunci când citesc o lucrare foarte complicată, ba chiar de neînțeles.

Rezemat în cot, oaspetele dumneavoastră își pune mâna streașină pe frunte, cu degetul mare sprijinit de obraz.

Această secvență reprodusă de interlocutorul vostru denotă o stânjeneală cu totul falsă din partea unui individ zeflemitor. Subiectul nu se pricepe decât la două lucruri: să bârfească și să bage strâmbe. Va fi mereu convins că încercați să-l înșelați. Dacă faceți acest gest atunci când sunteți singuri, înseamnă că sunteți cufundați în gânduri. Și amintiți-vă regula esențială în materie de semiotică gestuală: acțiunea de a ascunde exprimă întotdeauna un temperament simulator sau un discurs fraudulos.

Rezemat în cot, interlocutorul își sprijină fruntea pe trei degete reunite – degetul mare, arătătorul și mijlociul – de la mâna dreaptă sau stângă, inelarul și degetul mic fiind îndoite.

O secvență gestuală curentă la persoanele cu putere de decizie sau la antreprenorii care au obligația de a face o alegere.

Interlocutorul își găsește inspirația în buricul celor trei degete reunite. Dacă recurge des la acest gest, vă sfătuiesc să vă deschideți inima față de el. Este un bărbat obișnuit cu compromisurile, o ființă dezinteresată care n-o să se supere niciodată că l-ați uitat atunci când veți fi reușit în viață. Cunoaște foarte bine micile meschinării din care este făcută prietenia dintre bărbați.

Sprijinit în cot, interlocutorul dumneavoastră își pune una din mâini pe frunte.

Palma lipită orizontal pe frunte simbolizează mâna care lovește pentru a chema la ordine ideile dezordonate. Este și un cod gestual care ajută la concentrare.

Tot rezemat în cot, interlocutorul își sprijină de frunte pumnul drept închis, cu degetele ușor distanțate.

Este o secvență gestuală de evaluare. Tot nașul își are naș! Riscați să cădeți singur în capcană dacă nu aveți grijă. Interlocutorul n-o să vă acorde credit decât dacă îi dovediți ceea ce știți să faceți și nu capacitatea de a face cunoscut ceea ce poate nu știți.

Rezemat în cot, interlocutorul dumneavoastră își sprijină fruntea cu arătător întins și cu degetul mare proptit pe obraz, într-o atitudine de reflecție. Celelalte degete sunt îndoite.

Atitudinea dezvăluie un spirit înclinat spre reflecția stereotipă și hrănit exclusiv cu prejudecăți. Ați dat peste un maestru în arta de a gândi fără a acționa, mare orator în fața lui Dumnezeu, cu mintea plină de o grămadă de idei preconcepute. Postura lui poate crea o impresie falsă.

Interlocutorul vostru își încrețește pielea frunții spre rădăcina părului.

Este un pesimist, nu veți reuși niciodată să-l prindeți pe picior greșit. Îi e mult prea frică să fie criticat. Tot ceea ce e nou îi dă amețeli, iar suferințele patafizice îl demotivează.

Interlocutorul dumneavoastră își încrețește pielea frunții între sprâncene.

Sprâncenele care se încruntă imperceptibil denotă un temperament grijuliu. Interlocutorul are fruntea foarte ridată atunci când își ridică sprâncenele pentru a-și puncta frazele. Individul grijuliu cu fruntea brăzdată de riduri este un tip care și-ar dori să scape din situația în care se află, dar care, dintr-un motiv oarecare, nu poate s-o facă. În plus, când râde, are fruntea tot încrețită, ceea ce înseamnă că e la fel de îngrijorat.

De reținut:

În psiho-anatomie, fruntea este sediul simbolic al spațiului și al timpului.
Partea stângă a frunții este simbolul disponibilității.
Partea dreaptă a frunții este simbolul oportunismului.
Centrul frunții este unul dintre sediile intuiției (al treilea ochi), dar și al flexibilității intelectuale.

TÂMPLELE

În psiho-anatomie, tâmplele reprezintă unul dintre sediile intuiției. Tâmplele sunt un loc anatomic foarte solicitat de vizionari (orbi prin definiție) sau de subiecții care își imaginează în loc să privească lucrurile în mod rațional.

Ticul gestual care constă în frecarea tâmplelor aparține indivizilor care acordă importanță empatiei lor, și deci simțirii. Ei își bazează comunicarea pe emoțiile pe care le transmit în principal prin cuvânt.

Tâmplele în acțiune

Rezemat în cot, interlocutorul își sprijină arătătorul de tâmpla corespunzătoare, ținând restul degetelor îndoite.

Dacă tâmplele sunt sediul intuiției, ele sunt, prin extensie, și cel al sensibilității umane. Solicitarea uneia sau alteia dintre tâmple dezvăluie întotdeauna un temperament intuitiv și un fler deosebit de dezvoltat. Prin acest gest, interlocutorul vă cere un răgaz pentru a reflecta la proiectul vostru. Aveți tot interesul să i-l acordați, căci, dacă se gândește la el, înseamnă că îl interesează.

Interlocutorul își masează în mod fățiș tâmplele de mai multe ori.

Îi tulburați intuiția. Dacă vă privește ca și cum ați fi un invadator, aveți de-a face cu un individ care a căzut pradă unei duble constrângeri. E vorba de un soi de blocare psihologică între două alegeri care nu-i aduc o soluție eliberatoare, ci amândouă conduc la o situație de conflict insolubil pe care l-ați declanșat probabil fără s-o știți.

De reținut:

În psiho-anatomie, tâmpla stângă reprezintă sediul simbolic al intuiției.
Tâmpla dreaptă reprezintă sediul simbolic al speculației.
Împreună, tâmplele simbolizează divinația.

SPRÂNCENELE

Sprâncenele, semaforul chipului

Dacă fruntea ar fi un gând, sprâncenele ar fi parantezele lui. Paranteze între care figurează emoțiile noastre și schimbările de dispoziție, chiar dacă se presupune că funcția anatomică primară a sprâncenelor constă în a ne proteja ochii de sudoarea care se scurge de pe frunte. În vocabularul psiho-anatomic, partea de jos a frunții este sediul inspirației și al creativității cu care sunt asociate sprâncenele. În limba franceză, termenul *sourcil* („sprânceană") conține cuvântul *source* („sursă", „izvor"). Am putea deduce din asta că sprâncenele foarte mobile sunt o dovadă kinestezică a predominanței acestor două calități, dar să nu ne pripim cu concluziile. Nu este mai puțin adevărat că funcția de bază a sprâncenelor este semnalarea schimbărilor de dispoziție. Frica sau surpriza vă face să ridicați sprâncenele, furia să le coborâți, îngrijorarea le apropie, interogația le întinde. Sprâncenele exprimă în principal două aspecte ale climatului mental: uimirea sau suspiciunea. De aceea sunt atât de folosite atunci când vine vorba de reproșuri.

Sprâncenele seducătoare

Dacă, la oameni, coborârea sprâncenelor marchează o atitudine dominatoare sau agresivă, ridicarea lor este un semn de supunere. Atunci când își epilează sprâncenele și le redesenează mai sus pe frunte, femeile își accentuează expresia de supunere, despre care știu – inconștient sau chiar conștient – că îi atrage pe bărbați. Sprâncenele femeilor sunt în mod natural mai puțin stufoase decât cele ale bărbaților. O diferență pe care ele o amplifică epilându-și-le pentru a le redesena, trasând o linie mai subțire cu dermatograful. Punerea în valoare a fineței sprâncenelor femeilor este considerată un semn de feminitate. Metoda se practică de secole, cu ajutorul a diverse tehnici: ras, machiat sau epilare. La bărbați, sprâncenele stufoase au fost întotdeauna acceptate ca semne ale șarmului masculin. În schimb, atunci când sprâncenele groase ale unui bărbat se împreunează deasupra nasului, lucrurile stau cu totul altfel. Un vechi dicton spune că nu trebuie să ai încredere într-un asemenea bărbat. Sprâncenele acestea sunt demonice! După cum vedeți, discriminarea e la tot pasul.

Sprâncenele „creative"

Dacă observați sprâncenele interlocutorilor voștri sau ale indivizilor care monopolizează micul ecran, veți constata foarte repede concordanța între lipsa de creativitate a persoanelor cu sprâncene imobile și preaplinul de creativitate al celor care își mișcă întruna sprâncenele.

După cum există o gimnastică a nasului, tot așa vă puteți învăța sprâncenele să se miște atunci când vă exprimați. E suficient să deveniți conștienți de mișcările lor. Citiți un articol de ziar cu voce tare și concentrați-vă pe mișcarea sprâncenelor. Dacă rămân imobile, faceți-le să se miște dramatizând în mod exagerat lectura. Este un exercițiu foarte simplu. E suficient să-l repetați în fiecare zi pentru a vă elibera inspirația sau creativitatea. Nimic nu vă obligă să mă credeți pe cuvânt, dar nimeni nu vă împiedică să încercați!

Sprâncenele încruntate

Interlocutorul meu încruntă încontinuu sprâncenele, apropiindu-le de rădăcina nasului. E ceva hipnotic. Sunt atât de subjugat de mimica lui, încât nu mai înțeleg ce-mi spune.

Faptul de a încrunta sprâncenele este o modalitate cam teatrală de a-ți chestiona interlocutorul fără a rosti întrebarea sau un mod de a-ți afișa suspiciunea. Individul cu sprâncene încruntate aparține genului subversiv. El se ceartă ușor cu toată lumea, căci are o nevoie viscerală de a fi brutalizat și detestat de anturajul său profesional, de prieteni și apropiați. Fără asta, viața i s-ar scurge ca un lung fluviu pe cât de liniștit, pe atât de plictisitor. Sprâncenele care se apropie frecvent se observă îndeosebi la persoanele care suferă de ulcer la stomac. Sprâncenele încruntate mai pot exprima îndoiala ce minează încrederea în sine a unui individ care nu e câtuși de puțin subversiv.

Sprâncenele marionete

Sprâncenele mobile sunt niște sprâncene marionete. Ele se mișcă de la baza frunții în sus în ritmul cuvintelor-cheie. Participă la discurs, ridicându-se în mod regulat pentru a puncta cuvintele vorbitorului, trădând prin asta chiar nevoia lui de a acredita mesajul pe care caută să-l transmită. E vorba de un banal dispozitiv hipnotizator, moștenit din copilărie și destinat să credibilizeze vorbele adultului în mintea copilului. Deși se consideră că exprimă uimirea, sprâncenele marionete reprezintă mai mult o atitudine de fugă reprodusă în mod sacadat de un subiect pe care e de preferat să nu contezi. În schimb, posesorul sprâncenelor marionete este un personaj care ține morțiș să-i informeze pe cei din anturajul său întocmai ca un învățător de altădată. El are misiunea să le deschidă ochii și sugerează acest lucru ridicând din sprâncene. Cel care adoptă această secvență gestuală va face tot ce-i stă în putință pentru a vă convinge că ați greșit și că el are dreptate, mai ales dacă el a greșit și știe sigur că dumneavoastră aveți dreptate.

Piercingul în sprâncene

Un piercing în sprânceana dreaptă poate fi asociat cu un temperament capricios, cu o atitudine de „star dependent de frivolități". Dar poate fi și expresia unei nevoi de a te maturiza, de a-ți valoriza imaginea publică și de a dobândi o bună imagine de sine la final.

Un piercing în sprânceana stângă dezvăluie un temperament contestatar de tipul „eu sunt împotrivă din moment ce tu ești pentru". Dar ceea ce nu știe această persoană este că, purtând acest piercing în sprânceana stângă, favorizează conduită progresistă și respingerea mediocrității pe care o apără uneori cu înverșunare. Pe scurt, se tratează fără să vrea de sindromul contestației.

Sprâncenele în acțiune

Așezat la biroul său și sprijinindu-se în cot, interlocutorul își scarpină sprâncenele cu vârful degetului arătător...

Faptul de a-ți scărpina sprâncenele poate fi interpretat în două feluri complementare. Să începem cu cel negativ. Subiectul care stă în fața dumneavoastră este versatil și foarte capricios, un demn reprezentant al acelei așa-zise *nomenclaturi* foarte răspândite, mă refer la oamenii puterii cu atitudini schimbătoare și responsabilitate relativă. Aș putea să dau multe exemple numai din „șeptelul politic"; e de ajuns să vă uitați la dezbaterile din Parlament, căci e vorba de un tic care aparține de drept vocabularului gestual al guvernanților.

Dar există și o viziune pozitivă asupra acestei secvențe gestuale. Trebuie să recunoaștem că scărpinatul sprâncenei stângi poate exprima și un spirit creativ, nu contează dacă persoana respectivă e politician sau nu. Dacă interlocutorul vostru își scarpină frecvent sprânceana, este atras de politică și victimă a unei creativități tiranice. Sprâncenele îi inspiră pe cei care și le scarpină întruna, ceea ce nu-i împiedică să fie uneori versatili, ca toți oamenii creativi.

În cadrul unei conversații, dacă interlocutorul începe brusc să-și scarpine sprânceana, să știți că tocmai și-a schimbat părerea în ceea ce vă privește. Ați făcut un pas greșit sau l-ați vexat fără să vreți. Cei cu sprâncenele irascibile sunt totodată niște indivizi foarte susceptibili. Să nu spuneți că nu v-am prevenit!

Interlocutorul dumneavoastră își linge extremitatea degetelor pentru a-și netezi sprâncenele foarte stufoase.

Această secvență gestuală este una clasică în vocabularul gestual al indivizilor care se consideră niște guru. Cel care o face va afișa un zâmbet misterios în colțul buzelor și vă va sfătui să alegeți soluția cea mai proastă, apoi vă va reproșa că n-ați ales-o pe cea mai bună. Cel care reproduce acest tic gestual este incapabil să țină un discurs sincer, totul în el este înșelător, fals, denaturat, deformat, deghizat, corupt, trucat etc.

Interlocutorul încruntă sprâncenele de mai multe ori în timpul conversației.

În principiu, strângem și încrețim sprâncenele în două tipuri de situații, pe care le putem califica în mod schematic drept agresive ori defensive. Profunzimea ridurilor dintre sprâncenele „în repaus" ne arată destul de bine cât de des le-a încruntat persoana observată de-a lungul vieții. În același fel încrețim și ochii atunci când plângem ori pentru a exprima o aversiune profundă.

Interlocutorul ține sprâncenele în poziții opuse, una lăsată și cealaltă ridicată, în timp ce vă vorbește.

Această secvență gestuală este o combinație de două secvențe, una cu o sprânceană lăsată în jos și alta cu o sprânceană ridicată. Mesajul transmis este dublu, ca și expresia propriu-zisă.

O jumătate a feței pare agresivă și cealaltă înspăimântată. Sentimentul exprimat este în general scepticismul. Sprânceana ridicată pare un semn de întrebare în raport cu celălalt ochi, fix și larg deschis.

Subiectul observat afișează o figură îngrijorată marcată prin sprâncenele lui strânse.

Sprâncenele strânse sunt asociate cu o anxietate puternică și cu o mare supărare. Ele se observă și în unele cazuri de durere cronică. Durerile ascuțite și bruște provoacă, dimpotrivă, o reacție de încrețire a întregii fețe odată cu sprâncenele încruntate, dar o durere surdă și prelungită va determina mai mult ca sigur această reacție de sprâncene strânse. Este atitudinea caracteristică prezentată în reclamele la medicamentele pentru dureri de cap. Teoretic, s-ar putea stabili necazurile suferite de un individ după aptitudinea lui de a-și poziționa oblic sprâncenele.

Sprâncenele subiectului observat se ridică și se lasă în jos într-o fracțiune de secundă.

Această scurtă „clipire" a sprâncenelor este un semnal de întâmpinare important și, după toate aparențele, specific speței umane. Respectiva „clipire" este în general practicată la distanță, la începutul unei întâlniri, și nu se integrează în manifestările de apropiere precum strângerea de mână, sărutul sau îmbrățișarea. Se impune să fiți prudenți în fața celui care reproduce o asemenea secvență gestuală, căci genul acesta de reacție nu prevestește o întâlnire plasată sub auspicii favorabile. Dacă mișcarea este repetată de mai multe ori în succesiuni rapide, adică dacă sprâncenele se ridică și se lasă în jos repede, atunci ea devine un semnal de întâmpinare exagerat, adesea pseudo-erotic. Acest tip de semnal gestual este preferat de bărbații care au sprâncenele foarte stufoase și doresc să atragă atenția asupra acestei caracteristici anatomice și asupra mesajului pe care ea îl transmite pe plan erotic. Toți bărbații care au sprâncene „demonice" sunt numiți pentru sexualitatea lor sado-masochistă foarte performantă. O afirmație care rămâne să fie demonstrată!

Interlocutorul dumneavoastră ridică în mai multe rânduri sprâncenele în timp ce își expune argumentația.

Ridicarea sprâncenelor acompaniază discursul. Subiectul care vorbește cu însuflețire are tendința să-și susțină cuvintele prin subtile mișcări ale corpului. Interlocutorul dumneavoastră ridică sprâncenele în ritmul punctelor speciale pe care insistă. Este una dintre caracteristicile discursului „celui care se plânge tot timpul" și care pare mereu uimit de vicisitudinile existenței. Acest reflex este un veritabil dispozitiv seducător pe care unii oratori îl adoptă în fața unei camere de filmat sau atunci când se adresează unui număr foarte mic de oameni.

De menționat că unii indivizi sunt capabili să ridice doar o singură sprânceană. Stânga atunci când sunt emoționați, dreapta atunci când nu au încredere. Le vor ridica pe amândouă atunci când mint.

Importanța sprâncenelor este indiscutabil legată de expresiile feței. De câte ori dispoziția vi se schimbă imperceptibil sau nu, poziția sprâncenelor variază și ea.

De reținut:
În psiho-anatomie, sprânceana stângă este sediul simbolic al inspirației.
Sprânceana dreaptă este sediul simbolic al spiritului de analiză.
În ansamblu, sprâncenele simbolizează creativitatea.

URECHILE

Până la ce vârstă cresc urechile?
Până la 7-8 ani, vârstă de la care pot fi corectate prin otoplastie[1].

Urechile nu sunt întotdeauna un atu estetic, dar se întâmplă rar să facem mare caz de ele considerându-le un criteriu de frumusețe. Unele creaturi splendide au urechile decolate (clăpăuge) fără ca cineva să-și dea seama. Urechile sunt purtătoare ale cerceilor care se agăță de ele pentru a pune în valoare chipul. Femeia drăguță pe care o spionați cu coada ochiului poartă niște cercei rotunzi foarte mari, atârnați de lobii

[1] Revista *Ça m'interéresse*, nr. 8, ianuarie 1981, p. 41. (N. a.)

urechilor... Cu cât cerceii de la urechi sunt mai mari, cu atât trădează o frustrare afectivă, ba chiar sexuală, mai mare. Dorința este prezentă, dar plăcerea lipsește într-o oarecare măsură. Îmi pare rău că vă decepționez! Dacă îi puneți direct întrebarea, femeia cu cercei rotunzi o să vă răspundă că este pe deplin satisfăcută de viața ei amoroasă. Unele lucruri nu sunt ușor de mărturisit.

De-a lungul anilor de practică psihoterapeutică, am descoperit o legătură de cauzalitate între anorgasmie (incapacitatea de a atinge orgasmul) și tendința de a purta la ureche cercei rotunzi din ce în ce mai mari.

Cerceii lungi semnifică și ei o dorință ascunsă de penetrare sexuală. După cum vedeți, cerceii nu sunt niște flecuștețe inocente. Mi s-a întâmplat să fiu invitat la o emisiune de televiziune și să constat că prezentatoarea purta exact astfel de cercei lungi. Era prevăzut în desfășurător să mă întrebe despre acest detaliu „jenant", dar a evitat cu prudență discuția. Cerceii rotunzi, în formă de inel, și cei lungi sunt singurii care au într-adevăr anumite semnificații.

Urechile găurite

Urechile sunt de departe partea anatomică cea mai găurită în mod obișnuit. Fetițelor li se găuresc urechile încă de la cea mai fragedă vârstă pentru a li se face pe plac bunicuțelor și mătușilor care le lasă „moștenire" faimoșii cercei din aur, care se dovedesc a fi mai degrabă niște kitsch-uri oribile. Urechile sunt un simbol subtil al puterii de seducție. Chiar dacă le aveți clăpăuge, greșiți ascunzându-le sub păr, căci, dacă nu vă plac, le puteți împodobi cu bijuterii care sunt tot atâtea podoabe atrăgătoare.

Urechea dreaptă este sediul alocentrismului[1] și al extraversiunii[2]. Un cercel unic rotund, în formă de inel, purtat la urechea dreaptă indică o bună deschidere socială sau sexuală. Totul depinde de context.

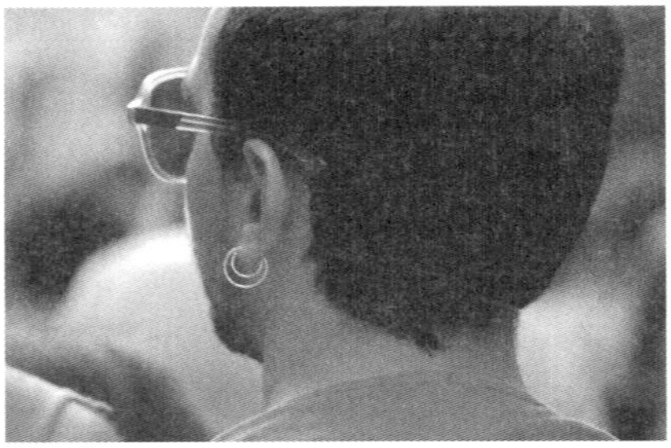

Urechea stângă este sediul egocentrismului. Un cercel unic rotund, în formă de inel, purtat la urechea stângă trădează generozitatea redusă a personajului. Îmi pare rău pentru cei care poartă asemenea cercei. Vă amintesc distincția între egoist și

[1] Tendință de focalizare a interesului personal mai mult pe ceilalți decât pe sine. (N. tr.)
[2] Înclinație psihologică spre lucrurile din afara propriului eu. (N. tr.)

egocentric. Egoistul manifestă o iubire excesivă față de propria-i persoană și pune întotdeauna interesul său mai presus de interesul vostru, în timp ce egocentricul privește lucrurile prin prisma egoului său, dar se poate arăta generos.

În materie de seducție, simbolismul urechilor este dominat de sexualitate. Urechea stângă devine sediul simbolic al fantasmei. Urechea dreaptă se metamorfozează în sediu al erotismului.

Urechile în acțiune

Subiectul observat își mângâie rotunjimea urechii cu vârful degetelor.

Secvența gestuală indică o atitudine ezitantă față de situația respectivă. Interlocutorul vostru se întreabă dacă poate avea încredere în voi, gândindu-se că, dacă încercați să-i alungați suspiciunea, înseamnă că faceți parte dintre aceia cu care va evita să colaboreze.

Interlocutorul se apleacă de mai multe ori spre dumneavoastră pentru a vă șopti ceva la ureche.

E ciudat. Cei care preferă să facă destăinuiri la ureche sunt adesea regii indiscreției. Această conduită trădează nevoia de a viola teritoriul celorlalți. Ceea ce înseamnă că cel care reproduce această atitudine frecvent nu respectă teritoriul altuia. Dacă aș fi în locul vostru, n-aș trece repede peste glumele lui deocheate. E adevărat, comportamentul său familiar ar putea să vă păcălească. Umorul lui *mezzo voce* nu merită nici măcar zâmbetul pe care acceptați să i-l adresați din politețe.

Sprijinindu-și coatele pe coapse, subiectul observat își acoperă urechile cu mâinile.

Refuză să asculte ceea ce ați putea avea să-i spuneți. Simplul fapt de a se sprijini pe coapse pentru a face acest gest îi schimbă sensul inițial. Corpul se chircește, imitând poziția fătului. Începeți să-l agasați cu vorbăria. Deziluziile iau încet-încet locul iluziilor pe care și le făcea în privința voastră.

Interlocutorul dumneavoastră se scobește în urechea dreaptă sau stângă cu degetul arătător corespunzător.

Interlocutorul este frustrat și devine frustrant pentru toți cei care se apropie de el dacă repetă acest gest mecanic toată ziua, folosindu-și în special degetul arătător.

Interlocutorul dumneavoastră se scobește în urechea stângă sau dreaptă cu degetul mic corespunzător.

Degetele mici sunt sediile simbolice ale copilăriei (stângul) și ale viitorului (dreptul). A te scobi în ureche cu degetul mic este un mod de a trăi în trecut sau de a te proiecta într-un viitor posibil fără a te ancora niciodată în prezent.

Sprijinindu-se în coate, subiectul observat apasă cu palmele pe urechi.

Se debarasează de angoase înainte de a porni din nou la atac. Postura este înșelătoare. Individul e mereu cu degetul pe trăgaci, cum ar zice americanii. Este un profil auditiv care are nevoie de liniște ca de un blocstart pentru a fi eficace. O să vă dea mereu impresia că-l faceți să-și piardă timpul, dar, dacă propunerile voastre îl măgulesc, va deveni tot atât de eficace, pe cât de împrăștiat, neglijent și dezordonat se arată. Demarările lui sunt fulgerătoare. Aveți tot interesul să vă prindeți centura de siguranță.

Colegul de birou se scarpină cu putere în spatele urechii drepte sau stângi.

Colegul caută în mod evident un mod discret de a se eschiva. Poate că, în definitiv, îl intimidați.

Cu cotul sprijinit pe birou, șeful își ține una dintre urechi lipită de palma mâinii corespunzătoare, înclinându-și capul într-o parte.

Simplul fapt de a-și înclina capul este în sine o atitudine de seducție. Superiorul dumneavoastră vă apreciază. Reduceți durata discuției, pentru ca el să păstreze aceeași atitudine mentală până la sfârșit.

Sprijinit în coate, interlocutorul dumneavoastră își lasă în jos pavilionul urechii.

Dacă ar putea, și-ar astupa amândouă urechile.

Introvertit, sedentar și conservator prin vocație, interlocutorul nu are încredere în niciun fel de progres și se va arăta puțin cooperant dacă îi cereți să colaboreze la realizarea unui nou proiect.

Ne astupăm urechile sau nasul atunci când ne îndoim de ceva sau când dorim să ne detașăm de mediul înconjurător sau de „mirosurile lui urâte“ simbolice.

Subiectul observat își plimbă degetul pe marginea îndoită a pavilionului unei urechi, apoi o apleacă în jos.

O secvență gestuală care evocă un oarecare spirit gregar și mediocritate intelectuală. Un fals profet se laudă întotdeauna cu adevărul predicțiilor sale. Interlocutorul vostru se identifică în mod ideal cu genul ăsta de Casandră ale cărei sfaturi îi costă mult pe toți credulii care o ascultă cu atenție, fără a fi destul de critici.

Interlocutorul își scarpină pe furiș urechea dreaptă.

O secvență gestuală care se produce atunci când subiectul se simte stânjenit în fața unei situații de respingere pe care n-o mai stăpânește sau când își sprijină argumentele pe informații neverificate.

De reținut:

În psiho-anatomie, urechea dreaptă este sediul simbolic al alocentrismului sau al extraversiunii.
Urechea stângă este sediul simbolic al egocentrismului, introversiunii sau al revendicării.
Luate împreună, urechile sunt sediul capacității de recul.

LOBII

Când persoana iubită își pișcă lobul urechii stângi în permanență, apucându-l între degetul mare și arătător, are o fantasmă din care faceți parte. Plăcerea (degetul mare stâng) de a vă poseda (arătătorul stâng) este deja prezentă virtual în mintea ei sub forma unei fantasme (lobul stâng). Evident, contextul influențează interpretarea acestei scene. Dacă același gest este făcut de un client pe care încercați să-l convingeți, nu vă gândiți la cine știe chestii, acesta își imaginează cum o să facă să vă oblige să mai lăsați din... preț, iar fantasma lui se referă la beneficiul pe care o să-l aibă.

Ne frecăm lobii urechilor sau ne tragem de ei atunci când suntem nehotărâți și nu mai știm ce să spunem.

Mici sau mari, liberi sau lipiți, lobii precizează sensul simbolic al fiecărei urechi. Lobul stâng reprezintă fantasma, dar și sentimentul de culpabilitate.

Fantasma nu este o simplă vizualizare sau câteva imagini neclare îngrămădite una peste alta, ci poartă în sine o energie amplificată de obiectul ei sexual. Puterea fantasmei este foarte impresionantă. Ea poate să reducă realitatea la rang de ficțiune proastă și să provoace juisarea orgasmică ce a înnobilat hedonismul.

Un cercel unic rotund, în formă de inel, la urechea stângă trădează un subiect nehotărât și căruia îi place să fantasmeze.

Lobul drept este sinonim cu erotismul.

Fără erotism, sexualitatea ar fi la fel de tentantă ca o lingură cu ulei de ricin. Un cercel unic rotund, în formă de inel, la urechea dreaptă trădează un temperament libertin. Lobul drept este totodată și sediul oportunismului.

Luați împreună, lobii reprezintă sediul senzualității, al tuturor formelor de sensibilitate, inclusiv excitabilitatea erotică.

Desmond Morris relatează că s-au înregistrat cazuri de bărbați și de femei care ajung efectiv la orgasm ca urmare a stimulării lobului urechii. Explicația este că, în timpul momentelor de excitație intensă, lobii se umflă și se umplu cu sânge. Un aflux sanguin care îi face evident foarte sensibili la atingere.

În aceeași ordine de idei, dacă interlocutoarea dumneavoastră își mângâie distrată lobul urechii ținându-l între degetul mare și arătător... vă mărturisește viciul ei preferat: masturbarea liber consimțită. Când un bărbat reproduce același gest într-un context de seducție, el își evaluează șansele pe care le are de a vă seduce.

Dacă iubita vă mușcă ușor lobul urechii drepte, va trebui să luați inițiativa de a trece la lucruri serioase. Dacă vă mușcă ușor lobul urechii stângi, nu vă împotriviți, cedați farmecelor ei dacă asta vă doriți.

Asociatul dumneavoastră își palpează lobul urechii stângi sau drepte între degetul mare și arătător.

Face apel la imaginație pentru a vă contracara argumentele. Propunerile pe care i le faceți nu-l motivează deloc. În orice caz, ele n-au niciun ecou în mintea lui. S-ar putea de asemenea să-l fi pus într-o postură neplăcută.

Subiectul observat se trage constant de lobul urechii drepte sau stângi.

Este vorba de o solicitare simbolică a imaginarului. E genul de persoană care știe perfect ceea ce dumneavoastră n-o să știți niciodată, chiar dacă v-ați reîncarna de nu știu câte ori. În afară de aceste remarcabile competențe, vă faceți adesea multe iluzii în privința lui până când să vă dați seama cu ce gafist aveți de-a face. Fără a mai socoti că uneori vă bagă-n ceață și trebuie să aprindeți „farurile" pentru a-i urmări raționamentele.

Interlocutorul dumneavoastră își freacă fără încetare lobul urechii drepte în timp ce vă privește.

Ținând seama de context, individul care stă în fața dumneavoastră este pe cale de a născoci un răspuns sau de a-și pregăti argumentele pentru a vă prinde în plasă.

Interlocutoarea își palpează din când în când lobul urechii stângi în timp ce se uită pe fereastră.

Se simte vinovată de ceva; de ce anume?

De reținut:

În psiho-anatomie, lobul drept este sediul simbolic al erotismului și oportunismului.
Lobul stâng este sediul simbolic al fantasmei și culpabilității.
Luați împreună, cei doi lobi simbolizează senzualitatea.

URECHEA TELEFONICĂ

Urechea telefonică este unul dintre cele trei refrene gestuale de bază, prezentate pe larg în precedentele mele cărți, mai ales în *Gramatica gesturilor*. Vă reamintesc esențialul.

Modul vostru de comunicare depinde înainte de toate de „urechea care ascultă la telefon". Regula este simplă: urechea dreaptă este rațională, fiindcă depinde de creierul cognitiv (partea stângă). Ascultarea telefonului cu urechea dreaptă va fi o ascultare obiectivă și rațională bazată pe nevoia de a schimba informații, deci de a acorda celuilalt un timp de vorbire nebruiat. Urechea stângă este emoțională, fiindcă ea depinde de creierul afectiv (partea dreaptă). Ascultarea telefonului cu urechea stângă este o ascultare impregnată cu emoții, implicată afectiv și puternic centrată pe „eul" subiectului care se proiectează asupra interlocutorului său invizibil.

Urechea receptoare dreaptă identifică un individ a cărui comunicare este „extravertită". Urechea receptoare stângă identifică un individ a cărui comunicare este „introvertită".

Modul de comunicare al introvertitului

Introvertitul se comunică pe sine celuilalt, el împrumută canalul propriului său ego pentru a-și transmite informațiile. Este „eu" înainte de a fi „tu"! El afirmă mai mult decât chestionează. Introvertitul poate și el să pună întrebări, dar egoul său filtrează orice considerații care nu se potrivesc cu convingerile sale. Introvertitul își proiectează dorințele asupra mediului înconjurător prin intermediul unei conștiințe impregnate puternic cu „eul" său. Introvertitul este centrat pe el însuși. Nu-i percepe pe ceilalți decât prin filtrul egoului său, care îl protejează în mod eficient de toate frustrările existenței. Introvertiții trăiesc în general mai mult decât extravertiții, pentru că sunt mai egoiști. Este principiul conservării speciei proclamat de Darwin în teoria lui evoluționistă.

Modul de comunicare al extravertitului

După cum am spus deja, extravertitul comunică cu celălalt, este „tu" înainte de a fi „eu"! El chestionează mai mult decât afirmă. Deschiderea sa către ceilalți este o bogăție care are un cost energetic! Extravertiții cheltuiesc multă energie ca să asculte lumea. Ei preferă adeseori să asiste la spectacol decât să facă parte din el.

Ceea ce nu înseamnă totuși că-și neglijează cariera. Diferența față de introvertit este că extravertitul care reușește în acțiunile lui o face adesea grație celorlalți. Extravertitul cultivă prieteniile în detrimentul oportunităților. Ăsta-i tot secretul lui!

În concluzie, orice comunicare verbală este o transmisiune de informații care au nevoie de un canal pentru a fi vehiculate. Nu există decât două canale posibile: cel care trece prin egoul locutorului și cel care trece prin egoul interlocutorului. Transmisiunea introvertită distilează o informație filtrată prin egoul subiectului. Ea este subiectivă. Transmisiunea extravertită definește un individ care îl ascultă pe celălalt fără a simți nevoia să facă referire la propria sa experiență. Este deci obiectivă. El înregistrează în mod obiectiv faptele care îi sunt aduse la cunoștință fără a se proiecta asupra celuilalt.

OBRAJII

Obrajii reprezintă locul unde sunt depuse palmele ori sărutările. Obrazul drept reprezintă curajul. Este obrazul pe care trebuie să i-l întindeți adversarului pentru a-l sfida. Mai ales dacă adversarul este dreptaci și, în mod logic, ar trebui să vă pălmuiască obrazul stâng. Dar obrazul stâng simbolizează generozitatea. Rotindu-vă ușor obrazul stâng pentru a vă prezenta profilul, împiedicați intenția agresivă a celuilalt. Nu-i mai rămâne decât să vă pălmuiască eventual obrazul drept cu dosul mâinii drepte.

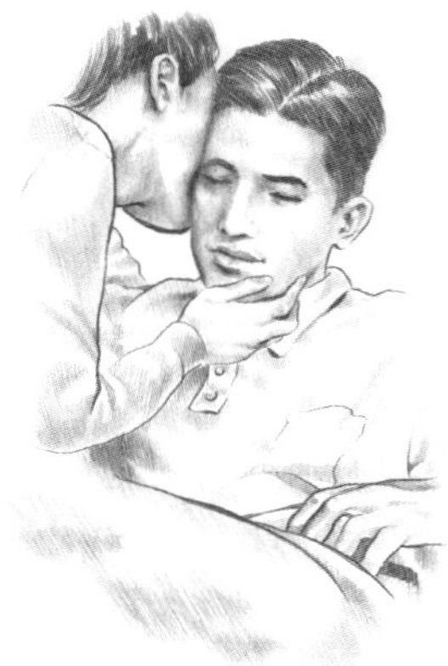

Când un bărbat vă întinde obrazul drept ca să i-l sărutați, trădează o atitudine nu prea afectuoasă, ba chiar indiferentă față de sentimentele dumneavoastră. Sărutul pe obrazul drept este un act social fără conținut emoțional, un soi de tic relațional. În schimb, când un bărbat vă sărută pe obrazul stâng, vă semnalează gestual că afecțiunea este prezentă, iar emoțiile sale sunt pe măsură. Cu siguranță, îi plăceți mai mult decât ar îndrăzni s-o mărturisească limpede și cu voce tare.

Mâinilor și obrajilor le place să se întâlnească de mai multe ori pe zi. Mai ales când viața este ingrată și mângâierile lipsesc. Atunci când subiectul observat stă sprijinit într-unul sau în ambele coate, notați locul în care își pune palmele sau mâinile. Dacă și le pune pe obraji, aveți de-a face cu un cerșetor afectiv. Are nevoie de iubire. Nevoie de iubire într-o societatea care își clamează fericirea pe micul ecran prin reclame la detergent Bonux. Nevoie de iubire în fața revistelor care nu trăiesc decât din indiscreții și infidelități amoroase. Nevoie de iubire într-o societate terorizată de amenințările cu atentate teroriste, o societate care se urăște fiindcă nu mai știe să se iubească.

Singurul sărut cu adevărat tandru este cel care însoțește mâna pusă pe obrazul celui pe care îl sărutăm.

Aceste săruturi sunt foarte rare, căci ele dovedesc sinceritatea relațiilor sau afecțiunea pentru celălalt. Acesta să fie motivul pentru care obrazul este și locul preferat al palmei? Un semn de rănire afectivă profundă din partea celui care o dă, și nu din partea celui care o primește!

Obrajii în acțiune

Nu reușește să-și impună părerile de bun tată de familie ce este. Ridică tonul, nu e de acord cu deciziile luate de ambițiosul de fiu-său. Acesta îi întinde cu ostentație obrazul, invitându-l să-l lovească.

Faptul de a întinde obrazul celui care vrea să vă cârpească o palmă este un semn de curaj, și nu de compasiune sau de milă creștină. Căci, în asemenea cazuri, întindem întotdeauna obrazul drept și-l privim în față!

Interlocutorul își mângâie obrajii cu palma.

Acesta se întreabă cum ar putea proceda pentru a vă determina să jucați după regulile lui. Aveți de-a face, fără îndoială, cu un tip de rea-credință care vă manipulează. O să vă hărțuiască până când o să-i dați ce vrea.

Interlocutorul dumneavoastră își sprijină unul din obraji pe mâna corespunzătoare, cu palma deschisă.

O secvență gestuală care exprimă curiozitatea interlocutorului sau nevoia de a ști mai mult pentru a lua o decizie în consecință.

Subiectul pe care îl observați își mușcă ușor interiorul obrajilor.

Acest tic gestual este manifestarea tipică a unei reacții anxioase. Prezența voastră îl face pe interlocutor să se simtă stânjenit. Poate consideră că vorbiți mult și nu spuneți mare lucru.

Colegul dă zgomotos afară aerul din obraji, imitând sunetul unui trombon.

Se poate spune că omul nu acționează pe față. Se teme în mod evident de rivalitățile profesionale sau intelectuale. Din aceste motive, are întotdeauna relații cu oameni care sunt cu mult sub nivelul IQ-ului său. Dacă vă spune că vă găsește genial, înseamnă că vă consideră o nulitate. De altfel, n-are decât prieteni care îi sunt devotați sau care depind de generozitatea sau promisiunile lui.

Rezemându-se în cot, interlocutoarea își sprijină obrazul de dosul mâinii, cu capul ușor înclinat spre stânga.

Un cap înclinat este întotdeauna mai seducător decât un cap care stă țeapăn. Dosul mâinii prefigurează umărul pe care ea visează că poate să-și pună capul. Gestul este o chemare la tandrețe.

Subiectul își freacă obrazul cu palma (de sus în jos), ridicând capul.

Frecarea înlocuiește palma pe care ar fi putut să v-o dea ca să vă facă să tăceți din gură sau ca să vă pună la locul vostru, acela pe care consideră că-l aveți. Secvența gestuală denotă o agresivitate latentă. Aveți de-a face cu un individ a cărui cea mai de temut armă este reaua-credință.

Rezemându-se în cot, interlocutoarea își sprijină unul dintre obraji pe mâna corespunzătoare, cu palma deschisă și degetele răsfirate.

Această secvență gestuală indică disponibilitatea mentală a interlocutoarei. Dacă recurge des la această poziție în timp ce vă ascultă, ați câștigat practic prima manșă.

Interlocutorul vostru își umflă obrajii fără motiv, în timp ce îi prezentați obiectivele.

Dubiile pe care le are îl umplu de amărăciune, dar nu va îndrăzni niciodată să vi le spună. Este prea politicos.

Rezemat în cot, interlocutorul vostru își îndoaie brațul, cu mâna la înălțimea umărului, sprijinindu-și obrazul pe dosul mâinii.

Această secvență gestuală complexă este foarte apreciată de cei care se poartă ca niște despoți în familie. Machiavelismul persoanei din fața voastră este transparent.

Interlocutorul vostru își mângâie obrajii cu vârful degetelor.

Mângâierea făcută cu buricul degetelor este un gest delicat care trădează satisfacția. Interlocutorul vostru se felicită dinainte. În mod evident, sunteți în prezența unui manipulator a cărui armă preferată este reaua-credință. Rentabilitatea voastră îi este clară. Dar nu uitați că este genul de individ care va încerca să vă tragă pe sfoară, răsplătindu-vă cu promisiuni care nu vă obligă decât pe dumneavoastră.

Subiectul observat își împinge limba în interiorul obrazului cu un zâmbet abia schițat.

Mimica este ironică, dar complice și nu lipsită de simpatie pentru interlocutor.

Sprijindu-și cotul pe birou, interloctorul vostru își înfige degetul arătător, sau pe cel mijlociu, în obraz pentru a-și susține capul.

Această secvență gestuală deosebită prefigurează gestul zeflemitor convențional al arătătorului care bate obrazul. Dacă așteptați de la interlocutorul dumneavoastră să vă deschidă portofelul sau să vă acorde o mică suplimentare de buget, n-ați bătut la ușa care trebuie. Acest gest spune clar: „Caută-mă pe-afară!"

Interlocutoarea dumneavoastră își umflă unul dintre obraji și apasă pe el cu degetul arătător corespunzător.

Gestul mimat fără premeditare de interlocutoare o trădează fără să știe. Este ferm convinsă că scepticismul este calitatea primordială a omului inteligent, a ei în cazul de față.

Rezemându-se în cot, persoana care stă în fața dumneavoastră își sprijină obrazul pe arătător și pe degetul mijlociu, în timp ce degetul mare susține bărbia.

Acest gest foarte studiat, făcut de un subiect foarte afectat, traduce temperamentul de câștigător al celui care știe încotro merge și ce vrea. Interlocutorul vostru este dispus să vă asculte, fără prejudecăți. Dacă e vorba de un superior ierarhic sau de un client, aveți de-a face cu un creator. Vedeți și poziția trepiedului în capitolul despre degete.

Vă scărpinați obrazul drept în fața partenerei voastre.

Obrazul stâng este sediul tandreții, dreptul este cel al curajului. Când vă scărpinați obrazul stâng în fața iubitei, asta îi dă de înțeles că vă lipsește tandrețea. Un mesaj gestual care va fi primit 100% de subconștientul ei și ignorat cu totul de conștiința ei. Dacă vă scărpinați obrazul drept, vă lipsește curajul de a înfrunta situația. Adică de a-i spune că relația nu vă satisface decât pe jumătate sau că vreți să luați o mică pauză pentru a reflecta în voie în brațele alteia.

Nu sunteți obligat să spuneți tot adevărul, numai adevărul, și să vă încălcați jurământul.

De reținut:

În psiho-anatomie, obrazul drept este sediul simbolic al curajului, al sfidării.
Obrazul stâng este sediul simbolic al generozității.
Obrajii simbolizează tandrețea.

POMEȚII

Proeminenți la unii, pomeții, aceste părți ale obrajilor ieșite mai în afară și situate sub unghiul exterior al ochilor, sunt abia vizibili la alții. Punerea lor în valoare prin intermediul machiajului exprimă adesea o „posibilă ambiție" la o femeie. Vă sfătuiesc să vă uitați cu atenție unde puneți piciorul dacă vă numărați printre colegii ei apropiați. Pomeții roșiatici sunt destul de agresivi în felul lor. Nu trageți totuți concluzia că roșeața naturală a unei femei timide este un semn de carierism. Este interesant de observat că reproducerea artificială a acestor pete roșietice, care apar pe obrajii sau pe pomeții adolescentelor, poate avea altă semnificație atunci când apare într-un context profesional.

Istoricii menționează că tinerele vândute pentru haremuri în piețele de sclavi se vindeau mai scump dacă roșeau. Bărbații considerau înroșirea obrajilor un semn de atu sexual. Există într-adevăr un raport indirect între capacitatea de a roși cu ușurință și lubrifierea vaginului. Au fost observate două feluri de lubrifieri: lubrifierea apoasă și lubrifierea vâscoasă. Tinerele timide, victime ale înroșirii rapide, au o lubrifiere vâscoasă a vaginului, mult mai excitantă decât lubrifierea apoasă a celor care nu roșesc niciodată sau aproape niciodată. Numai experiența vă va permite să confirmați genul acesta de detaliu intim; evident, dacă jocul vă tentează.

GROPIȚELE

Amprenta degetului lui Dumnezeu

Gropițele din obraji, sau „amprenta degetului lui Dumnezeu", sunt moștenite de cei care se trag dintr-un neam de glumeți sau de farsori? Fenomenul este o raritate căreia nu i se cunoaște originea anatomică sau eventuala utilitate. Putem enunța mai multe ipoteze:
a) Apare la toți descendenții dintr-un trunchi comun, un trib, un strămoș care a răspândit acest semn distinctiv. Mai există și altele, precum perechile de alunițe situate de-o parte și de alta a gurii, semnele din naștere originale prin amplasarea lor, gropița din bărbie, dinții cu strungăreață, urechile mobile etc.
b) Majoritatea gropițelor apar atunci când fața este zâmbitoare sau când subiectul este gata să izbucnească în râs. De unde ideea unor descendenți din glumeți sau farsori. Din cauza râsului, obrajii au păstrat acest semn de bună-dispoziție permanentă.
c) Motivul anatomic. E vorba de mușchiul rizorius, numit și „risorius Santorini", inserat în mod normal în colțul buzei și moștenit de unii descendenți din motive necunoscute. O parte a acestuia poate să se fixeze pe obraz, unde sapă o gropiță.

Aveți o singură gropiță în partea dreaptă?
Obrazul drept este sediul simbolic al curajului. Gropița dreaptă va trăda un simț al umorului ironic.
Aveți o singură gropiță în stânga?
Simțul umorului va fi impregnat cu o oarecare tandrețe și cu tendința de a zâmbi mai mult decât de a râde.
Aveți câte o gropiță pe fiecare obraz?
Râdeți din orice și ar trebui să obțineți bilete gratuite la toate spectacolele umoristice.

Credeți că fericirea este accesibilă tuturor, asemenea asigurărilor sociale?
Și dacă accesul la fericire ar fi înscris în patrimoniul ereditar al anumitor familii binecuvântate de zei? Poate că există niște indivizi pe care neșansa îi evită de parc-ar fi ciumați pentru a nu-i contamina cu praful stelar...
Potrivit unor legende, gropițele care însoțesc zâmbetul sunt „amprenta degetului lui Dumnezeu". Ele nu sunt foarte răspândite; raritatea lor poate explica superstițiile pe care le-au suscitat în trecut. De exemplu, gropița din bărbie la un bărbat arăta că va fi „tată de fete". Gropița solitară pe obrazul drept trăda o fetiță seducătoare, iar pe obrazul stâng, o fetiță romantică. Două gropițe, câte una pe fiecare obraz, ar fi un semn de hiper-sexualitate. Cine știe?! Această constatare mi se pare foarte tendențioasă, ba chiar freudiană.

„Supercalifragilisticexpialidocious“[1]

Abia ieșit din adolescență, pare cam fragil. Are un zâmbet în colțul gurii și o gropiță care confirmă că Dumnezeu și-a pus degetul pe leagănul lui, când s-a născut. Această gropiță foarte evidentă este un atu binecunoscut al inconștientului colectiv. Ea confirmă un genotip marcat cu pecetea reușitei. Dacă sunteți dotați cu așa ceva, aveți mare noroc. Este latura magică a genelor pe care ni le transmit strămoșii noștri. Omul nu e chiar atât de rău!

OCHII

Există numeroase expresii care dovedesc importanța ochilor în comunicarea interpersonală și care pun în evidență impactul privirii: „a fulgera cu privirea“, „a arunca o privire ucigătoare“, „a nu scăpa din ochi pe cineva“, „a face ochi dulci“, „a face cu ochiul“, „a arunca o privire urâtă“ etc.

Ochii anatomici

Ochiul omenesc are un diametru de doar 2,5 cm, și totuși, pe lângă el, cea mai perfecționată cameră de televiziune pare din epoca de piatră. Retina, tunică externă a ochiului sensibil la lumină, conține 137 de milioane de celule care trimit mesaje creierului pentru a-l informa despre ceea ce ne înconjoară. 130 de milioane dintre aceste celule sunt cu bastonașe și asigură vederea în alb și negru. Restul de 7 milioane sunt cu conuri și fac posibilă vederea colorată. În orice moment, aceste celule pot purta un milion și jumătate de informații simultane. Din cauza complexității sale, nu e deloc surprinzător faptul că ochiul este partea corpului care se dezvoltă cel mai puțin de la naștere și până la vârsta adultă. Până și creierul se dezvoltă mai mult ca el.

Ochii au funcția de a alimenta capacitatea de a percepe diverse informații, motivația sau producerea dorințelor, simțul comunicării – în sens larg –, de a dezvolta îndemânarea și creativitatea manuală. În sfârșit, ochii sunt unealta principală a inteligenței logice și a simțului critic care e asociat cu aceasta. Ceea ce arată cât de mult intervine vederea în registre diferite, permițând omului să evolueze în lumea ostilă care îl înconjoară și să evalueze pericolele din câteva clipiri ale pleoapelor. Ne permit oare ochii să observăm lumea înconjurătoare? Din păcate, cei mai mulți dintre noi se mulțumesc să-i vadă pe oamenii cu care au relații fără să-i privească niciodată cu adevărat. M-am amuzat întrebând câteva zeci de persoane dacă știu ce culoare au ochii colegilor lor. Gradul de eroare a fost ridicol. Mai puțin de 10% dintre subiecți mi-au dat răspunsuri bune.

---

[1] Titlul unui cântec din musicalul *Mary Popppins* (1964); cuvântul are puterea magică de a-i ajuta pe oameni să iasă dintr-o situație dificilă. (N. tr.)

Ochiul drept este comandat de partea stângă a creierului, fiind asociat cu imaginea paternă și cu viziunea masculină asupra lumii.

Ochiul stâng este comandat de partea dreaptă a creierului, fiind asociat cu imaginea maternă și cu viziunea feminină asupra lumii.

Frumusețea ochilor

Oricare ar fi forma și culoarea pe care ochii le-au moștenit, frumusețea unei priviri nu vine nici din machiaj, care poate să schimbe forma, nici din lentilele de contact, care pot să modifice culoarea, ci vine înainte de toate din luminozitate. Niște ochi fascinanți cum erau cei ai lui Simone Signoret sau ai lui Michèle Morgan nu se compară, în materie de seducție, cu o privire încețoșată de pupile dilatate la maximum. Vă invit să citiți capitolul consacrat acestei părți anatomice.

Secretul clipirii din ochi

O persoană relaxată clipește din ochi de șase-opt ori pe minut și închiderea pleoapelor ei nu durează decât o fracțiune de secundă. Dacă suntem tensionați – ca atunci când spunem o minciună –, clipirile se pot prelungi în proporții spectaculoase. Clipirea prelungită rezultă dintr-o tentativă cerebrală inconștientă a subiectului de a nu-l mai vedea pe interlocutor, despre care a înțeles că se plictisește, că este ostil sau că se simte superior. Totul se petrece ca și cum creierul n-ar mai suporta întrevederea particulară și ar încerca să suprime vederea celuilalt, să-l uite atâta timp cât ține pleoapele lăsate.

Ochii în acțiune

Subiectul observat își pleacă ochii frecvent, ca și cum ar evita cu orice preț să-și încrucișeze privirea cu cea a interlocutorului său.

Coborârea ochilor este uneori un semn de modestie. Acest comportament seamănă cu cel al subordonaților care nu îndrăznesc să-și privească superiorii; dar ei privesc mai degrabă în lateral decât în jos. Tânăra „modestă și îmbujorată" nu aruncă priviri la stânga sau la dreapta, ci se uită în pământ. Există în această postură schițarea unui gest de reverență sau de înclinare a capului în semn de supunere.

Părul noii angajate așezate în fața dumneavoastră îi acoperă o parte a feței, ascunzându-i incontinuu ochiul drept.

După cum am spus, ochiul drept este comandat de așa-numitul creier cognitiv. Ascunderea acestui ochi înseamnă dezactivarea simțului său critic în favoarea părții drepte a creierului, cea care controlează sentimentele și afectele. Mesajul transmis este așadar foarte ușor de decriptat. Persoana din fața dumneavoastră vă face cunoscută disponibilitatea ei sentimentală.

Sprijinit în cot, colegul pare să se joace de-a baba oarba, ascunzându-și ochii cu una din mâini.

Această secvență gestuală frecvent observată trădează în majoritatea timpului un grad înalt de scepticism. Dacă cel care face gestul preferă mâna stângă, atunci se întreabă cum va putea să scape de prezența dumneavoastră sau de sprijinul dumneavoastră deplasat. Dacă preferă mâna dreaptă, atunci încearcă să înțeleagă de ce s-a lăsat târât în acea conversație, acel proiect sau acea inițiativă. Indiferent de caz, vă sfătuiesc să nu căutați sprijinul persoanei care are prea des o asemenea atitudine.

Sprijinit în cot, prietenul dumneavoastră se freacă frecvent la ochi cu dosul degetului arătător îndoit.

„Nu-mi vine să-mi cred ochilor" e sensul ascuns al acestei secvențe gestuale destinate să slăbească motivațiile interlocutorului.

De ce se freacă la ochi în felul acesta și nu cu ultima falangă a degetului arătător, pe partea cu palma? Fiindcă dosul mâinii este mai puțin murdar decât palma? Poate. Dar mai ales fiindcă interlocutorul dumneavoastră caută un mod de a vă șterge din câmpul său vizual.

Dacă preferă arătătorul drept îndoit pentru a se freca la ambii ochi, caută o scuză logică de a pune capăt confruntării.

Dacă preferă arătătorul stâng îndoit pentru a se freca la amândoi ochii, subiectul face apel la inspirația lui pentru a vă da afară.

Dacă preferă un arătător anume îndoit pentru a se freca la ochiul corespunzător înseamnă că îl obosiți; o să plece imediat sau o să pună capăt discuției.

În timp ce vorbește, interlocutorul dumneavoastră își dă adeseori ochii peste cap, fără a închide pleoapele.

Această secvență gestuală dezvăluie un temperament veleitar și conduite catastrofale. Interlocutorul poartă ghinion tuturor colaboratorilor săi. Și asta fiindcă flirtează în permanență cu depresia nervoasă. Este la capătul puterilor, dar nu se va prăbuși niciodată în fața unui martor.

De reținut:

În psiho-anatomie, ochiul stâng este evaluator. El simbolizează oportunismul și impulsivitatea.
Ochiul drept este reglator. Este sediul simbolic al sângelui rece, al ezitării, indeciziei și prudenței.
Cei doi ochi reprezintă simbolic oglinda sufletului.

GENELE

Interlocutorul dumneavoastră vorbește fără să clipească din ochi, cu privirea posomorâtă și glacială.

În absența mișcărilor pleoapelor, această privire spune multe despre indiferența afectivă a individului respectiv. În psiho-anatomie, genele reprezintă sediul compasiunii.

În urma mai multor observații, am constatat că un individ cu o frecvență ridicată a clipirii pleoapelor (și, inevitabil, a genelor) este mai compătimitor decât unul cu o frecvență slabă a clipirilor. Funcționalitatea genelor ar fi deci un semn de compasiune. Genele ar servi la stăpânirea lacrimilor, oferind astfel privirii umane o umiditate compătimitoare. O funcție de apărare menită să declanșeze un sentiment de milă la agresorul potențial? De ce nu?

De reținut:

În psiho-anatomie, genele sunt sediul compasiunii.

PLEOAPELE

Le-am propus într-o zi membrilor unui grup de indivizi să-i învăț să obțină o blocare reflexă a pleoapelor, adică o incapacitate voluntară de a redeschide ochii după ce i-au închis. Era vorba de o conferință despre autohipnoză, o disciplină pe care am practicat-o și am predat-o pe parcursul a numeroși ani. Blocarea pleoapelor este stadiul frust al unei stări de conștiință marginală. Subiectul rămâne conștient de ceea ce se petrece în jurul lui, dar practic nu este capabil să deschidă ochii decât în caz de pericol. Toți membrii grupului au acceptat să se supună experienței, chiar și cei mai refractari verbal. Mi-au trebuit mai puțin de zece minute ca să induc starea de hipnoză în cazul a 60% dintre persoanele prezente. Șase persoane din zece au atins așa-zisul stadiu de „blocare oculară involuntară". Le-am sugerat așadar fiecăruia să accepte cheia blocării și a deblocării sub forma unor succesiuni de numere: 1-2-3 pentru a bloca, 3-2-1-0 pentru a debloca. Deblocarea a funcționat cu toată lumea, cu excepția unei tinere al cărei blocaj ocular s-a menținut.

„Ce simțiți?" am întrebat-o imediat. Se simțea perfect, ruptă de lume și de numeroasele probleme care îi făceau viața grea. În cele din urmă, a mărturisit de față cu toată lumea că își dorește ca pleoapele să nu i se mai deschidă. „E o adevărată fericire să nu mai trebuiască să înfrunt privirea celorlalți", a mărturisit ea fără să roșească. „Dacă ați ști ce efort a trebuit să fac ca să vin la conferința dumneavoastră." În cele din urmă, ochii i s-au deschis spontan după douăzeci de minute. Blocarea oculară o transfigurase.

Și-a explicat acest lucru după aceea, în cadrul unui stagiu: „Coborârea pleoapelor nu este o simplă închidere a ochilor, ci un blocaj reflex care îmi dă sentimentul că sunt ruptă de lume. Mă simt protejată ca un struț care își ascunde capul în nisip. Știu bine că nu sunt invizibilă, dar acest blocaj ocular îmi dă senzația unei cufundări în siguranță în interiorul eului meu. Iar pentru mine, acest sentiment de siguranță este o formă de fericire. Pleoapele mă protejează de agresiunea imaginilor exterioare, de urâțenia lumii... și de răutatea adulților."

Cazul acesta era uimitor, dar tânăra a rezumat destul de bine rolul pleoapelor, de care nu ne preocupăm niciodată. Ele funcționează fără cusur până la sfârșitul vieții, asigurând adevărata fericire, pe care o numim uneori „vis" și „somn".

Pleoapele închise sfidează timpul care trece. De cum le coborâm, orologiul biologic intern se fixează pe timpul universului intern și nu pe cel al ceasului sau universului extern. Dacă timpul se accelerează sau încetinește în funcție de modul în care îl gestionăm, atunci când închidem ochii, el dispare în beneficiul unei expansiuni imediate a spațiilor mentalului: cel al simțirii, al visului sau al imaginarului. Adevărata fericire crește aici! La adăpostul pleoapelor închise. Când pronunțăm cuvântul *bonheur* („fericire"), putem auzi *bonne heure* („ceasul bun"/„momentul potrivit"). Ceea ce dovedește că acest sentiment foarte apreciat, dar puțin cunoscut, nu poate fi trăit decât la timpul prezent.

Pleoapele, al căror rol este de a proteja globii oculari de agresiunile care vin din exterior, dar și de a curăța ochiul de praf, sunt sediile simbolice ale identificărilor parentale. Pleoapa dreaptă este asociată cu imaginea tatălui, iar pleoapa stângă cu imaginea maternă. Sentimentul de fericire ne vine de departe. L-am trăit toți, sau aproape toți, în brațele mângâietoare ale mamei noastre sau ale tatălui nostru când eram atât de mici, încât nici nu ne mai amintim. Dar cel mai mare mister este că un pic din pulberea acestei fericiri protoistorice a rămas pe pleoape.

Pleoapele în acțiune

O interlocutoare clipește din ochi în mod repetat și foarte des.

Gradul de compasiune al unui individ se stabilește după frecvența clipirilor pleoapelor. Cu cât frecvența este mai mare, cu atât subiectul este mai compătimitor. Clipirile cu repetiție sunt declanșate se pare de o tulburare emoțională sau afectivă. O reacție observată la indivizii șocați de primirea unei vești impresionante, fie că e foarte bună sau foarte proastră. Ea se manifestă uneori și la femeile aflate în situație de seducție amoroasă. La extrema cealaltă, absența clipirii din pleoape evidențiază o indiferență afectivă.

Interlocutorul clipește din pleoape de câte ori vrea să vă aprobe.

Aprobarea din pleoape este paternă. Lăsați-i timp pentru o digestie confortabilă și vă va oferi sprijinul său.

Interlocutoarea clipește din pleoape apăsat și regulat atunci când are cuvântul sau când își îmbrățișează invitații.

Clipitul pleoapelor nu este cu adevărat semnificativ decât atunci când este apăsat. În toate celelalte cazuri nu este decât un fenomen gesticulatoriu. Nevoia de a plăcea sau de a-l satisface pe celălalt este una dintre calitățile principale ale celui care reproduce acest gest. Este genul de persoană care are nevoie de un ghid profesional, spiritual sau afectiv pentru a compensa absența unei imagini parentale prost integrate în construirea personalității sale acceptate. Este tipul de individ care n-o să vă urmeze decât dacă aveți o putere de influență suficientă și dacă nu e deja supus altui șef sau altui guru. Acesta este ticul preferat al prefăcuților emeriți. Clipitul apăsat din pleoape poate fi totodată efectul unor tulburări de concentrare. Închidem în general ochii pentru a ne face ordine în gânduri. Închiderea apăsată a pleoapelor este în anumite cazuri semnul clar al unui temperament hiperactiv.

În timpul discuției, colegul dumneavoastră își dă ochii peste cap de mai multe ori.

Revulsia oculară este o altă manifestare echivalentă cu clipitul apăsat al pleoapelor. Acest tic gestual semnalează că subiectul nu spune ce gândește și nu gândește ce spune, fie de teamă să nu-și iasă din mână, fie pentru că situația pe care o trăiește este fără precedent și e constrâns să se adapteze la ea fără să-și fi luat măsuri de siguranță.

Interlocutorul își freacă des pleoapele.

Sparge tot ce atinge, nu-l lăsați să se joace cu proiectul dumneavoastră! Colac peste pupăză, este probabil la fel de „capricios ca o starletă".

Sprijinit în cot, interloctorul vostru își astupă una dintre pleoape cu vârful degetelor.

Obturarea pleoapelor trezește împotrivirea individului care solicită această mișcare. Dacă o dați în bară, o să vă consoleze cu multă însuflețire și o să vă ajute eventual să vă ridicați. Dacă reușiți, o să vă ajute s-o dați în bară.

Interlocutorul dumneavoastră strânge din pleoape în repetate rânduri, prefăcându-se că închide ochii.

Încearcă să șteargă literalmente imaginea dumneavoastră. Așteptați-vă la un refuz categoric și ziceți mersi c-ați scăpat ieftin, dacă asta vă poate consola. În unele cazuri, răutatea poate atinge, ba chiar depăși, culmea experienței mistice!

Sprijinit în coate, interlocutorul trage de pleoapa dreaptă sau stângă.

Această atitudine trădează un temperament egotist. Adept necondiționat al *star-systemului* în cel mai pur stil „eu, eu, eu... și alții... dacă mai rămâne un pic de loc". Observați-l și ascultați-l atunci când se delectează cu pseudo-succesele lui și cu sferturile de reușită în fața unui areopag de colegi aleși întotdeauna dintre cei mai idioți.

De reținut:

În psiho-anatomie, pleoapa dreaptă este sediul simbolic al imaginii tatălui ideal.
Pleoapa stângă este sediul simbolic al imaginii mamei ideale.
Pleoapele simbolizează cheia fericirii, dar și frontiera dintre realitate și vis.

PUPILELE

În centrul ochiului se găsește această pată întunecată pe care o numim „pupilă", orificiul prin care trec razele luminoase care se așază pe retină. Pupila se dilată în timpul unei iluminări slabe și se contractă în timpul unei iluminări intense sau orbitoare, controlând astfel cantitatea de lumină care atinge retina. Din cauza acestui mod de funcționare, ochiul acționează ca un aparat de fotografiat echipat cu o diafragmă reglabilă, dar posedă și un sistem ciudat de selecție, care îi este propriu. Când ochiul privește ceva plăcut, pupila se dilată puțin mai mult decât normal, iar în caz contrar, se reduce la dimensiunile unei gămălii de ac. Această din urmă reacție este ușor de înțeles, căci pupila, contractându-se, diminuează luminarea retinei și camuflează într-o oarecare măsură imaginea neplăcută. În schimb, dilatarea crescută a pupilei, în cazul în care ochiul vede ceva plăcut, este mai greu de explicat, deși expresia populară „a umple ochii (de desfătare)" își are justificare în ea. Într-adevăr, acest fenomen dăunează acuității vizuale, lăsând să pătrundă prea multă lumină pe retină, și rezultatul seamănă mai mult cu o licărire vagă decât cu o imagine clară și echilibrată.

În principiu, este imposibil să controlezi dimensiunea pupilelor. De aceea acestea sunt indicatori prețioși ai răspunsurilor emoționale la imaginile vizuale. Pupilele nu pot minți. Practic, există totuși o modalitate: observați-vă cu atenție pupilele într-o oglindă de buzunar în timp ce contemplați o femeie frumoasă – sau un bărbat șarmant – sau când vizualizați pe ecranul voastru mental imaginea persoanei care vă place; veți constata că pupilele se dilată ușor. Acesta este un avantaj pentru îndrăgostiții care se privesc în albul ochilor cu pupilele dilatate. Fenomenul le oferă o imagine a celuilalt puțin încețoșată, scăldată într-un halou de lumină. Micile defecte ale feței dispar. Ceea ce e dizgrațios devine neglijabil, ceea ce e banal devine frumos, ceea ce frumos devine sublim.

Reprezentanți ai emoțiilor și ferestre ale sufletului, ochii pot face multe pentru cei care știu să-i folosească. Ei intervin în permanență în registrul comunicării interindividuale. Totuși, nu este mereu ușor să exprimi prin cuvinte unele dintre atitudinile lor. În schimb, reacțiile pupilelor noastre sunt uimitoare.

Dilatarea pupilelor

Decodarea dilatării pupilei este integrată în creier și se produce în mod inconștient. Pupilele femeilor se dilată mai rapid decât cele ale bărbaților. Eckhard Hess a testat reacțiile pupilelor cerând participanților la studiul său să privească cinci fotografii: o femeie goală, un bărbat gol, un bebeluș singur, un bebeluș împreună cu mama lui, un peisaj. După cum probabil se aștepta, pupilele bărbaților s-au dilatat la maximum în fața nudului feminin – în fața nudului masculin în cazul homosexualilor. La femei, dilatarea cea mai puternică a apărut la fotografia cu mama și copilul – înaintea celei cu bărbatul gol.

Pupile zen sau stres?

La unii indivizi, pupilele se dilată mai ușor decât la alții în lumină constantă. Această dilatare se numește midriază și corespunde în mod normal acomodării ochiului cu întunericul sau cu distanța.

Contrariul ei se numește mioză și indică o contractare a pupilei atunci când ochiul este izbit de o lumină puternică. Dar variațiile de lumină nu sunt singurele motive care provoacă dilatarea sau contractare pupilelor.

Profilul individului cu midriază

Persoanele care trăiesc mai mult în prezent („aici și acum") sunt ușor de recunoscut după dimensiunea pupilelor. Sunt indivizi care se motivează cu ușurință atunci când le place o acțiune sau un proiect. Nu sunt ambițioși în adevăratul sens al cuvântului, ci motivați de plăcerea pe care o pot obține din actele sau inițiativele lor. Ei „se joacă" de-a viața ca niște copii și se bucură de succesul lor fără să ia în seamă eșecurile. Dilatarea curentă a pupilelor se datorează atmosferei care domnește în climatul lor mental. Aceasta este în cea mai mare parte pozitivă. Cei care aparțin profilului midriază sunt mesagerii fericirii. Sunt zen și fug de stres ca de ciumă. În Franța, sunt minoritari.

Pupilele seducătoare

Midriaza admite distanța spațială, dar și distanța care este fructul artei de a... seduce. Căci adevărații seducători știu din instinct că cea mai eficace manevră de apropiere este invers proporțională cu distanța care îi desparte de ținta lor. O prea mare apropiere de intrarea în joc nu este propice reușitei unei acțiuni de seducție. Succesul primei faze de apropiere, cea a privirii, este esențial. Dacă ignorați această fază și treceți imediat la zâmbet sau la contactul verbal, fără preambul, veți pierde o treaptă indispensabilă plăcerii progresive a seducției și un atu considerabil pe plan emoțional. Impactul privirii transmite un mesaj pe cât de subtil, pe atât de puternic din punct de vedere erotic, încă din primele secunde ale unei întâlniri. Ceea ce nu e cazul zâmbetului sau al schimbului de cuvinte. Schimbul de priviri întreține misterul celuilalt. Și de la mister la excitație nu e decât un pas.

Profilul individului cu mioză

Invers, ambițioșii, carieriștii și oportuniștii au pupilele contractate în majoritatea timpului. Ei trăiesc „mâine și altundeva", proiectați într-un viitor care îi așteaptă fără nerăbdare, dar la care sunt nerăbdători să ajungă. Indivizii cu mioză reprezintă majoritatea oamenilor în societățile occidentale. Niciodată nu veți vedea un tip stresat cu niște pupile dilatate decât dacă tocmai a tras pe nas o linie de cocaină.

La alcoolici, fumătorii de marijuana sau de cânepă indiană, pupilele rămân mereu contractate atunci când indivizii sunt sub influența drogurilor. Pupilele unui psihotic aflat în criză se contractează până la dimensiunea unei gămălii de ac. E ceea ce dă privirii lor acel aspect caracteristic de nebunie, o privire golită complet de orice substanță. Așa sunt și ochii celor stăpâniți de ferocitate sau răutate. Nu vă încredeți în ochii frumoși, dar prea limpezi și cu pupile minuscule! Cel mai adesea trădează niște indivizi lipsiți de scrupule. Această contractare maximală a pupilelor semnalează că activitatea imaginară este aproape nulă, dar că activitatea cognitivă este susținută. Prin opoziție, o activitate emoțională intensă se va traduce printr-o dilatare progresivă a pupilelor.

Există o dimensiune medie a pupilelor la fiecare dintre noi. Dacă vă lăsați stăpâniți de gânduri obsesive sau dacă vă temeți de ceea ce o să se întâmple, atunci pupilele vor avea tendința să rămână contractate. Dacă climatul vostru mental este zen, pupilele vor fi ușor dilatate în permanență, un mod ideal de a vă măsura gradul de pozitivitate de câte ori vă uitați într-o oglindă. De altfel, îi sfătuiesc pe cei chinuiți de gânduri obsesive să aibă în permanență la ei o oglindă de buzunar și să încerce să aibă cât mai multe gânduri pozitive. Aruncând câte-o privire scurtă în oglindă din când în când, vor putea măsura impactul activității de re-programare mentală sau de eradicare a gândurilor obsesive. Aceasta este o tehnică de terapie cognitivo-comportamentală.

Pupilele autenticității

Imaginați-vă niște irisuri fără pupile! Nu-i ușor, nu? Și totuși, irisul fără pupilă poate fi asimilat cu ochiul diavolului. Pupila este excrescența anatomică a sufletului omenesc, de unde comparația ei în plan simbolic cu adevărul și autenticitatea. Pe măsură ce veți căpăta experiență, veți constata că un număr foarte restrâns dintre prietenii, colaboratorii sau clienții voștri sunt indivizi autentici. Ei își exprimă sentimentele fără să le simtă de fapt: „Ah, ce-mi place de tipul ăsta!" zice el. Lucru certificat drept sincer și conform în cuvinte, dar numai în cuvinte, căci pupilele îi sunt contractate. Diametrul lor n-a variat deloc. „Proiectul tău este formidabil. Sunt sigur că directorul va fi entuziasmat." Individul vorbește fără să știe, fără să creadă ce spune, căci diametrul pupilelor lui nu se modifică nici măcar cu o zecime de milimetru. Privirea nu-i este la fel de mincinoasă ca zâmbetul feroce pe care vi-l servește ca primă pentru asigurările lui false. Pupilele nu vi se pot dilata decât dacă simțiți sincer ceea ce spuneți. Acesta este prețul autenticității și al adevărului deopotrivă. Dacă vreți să mințiți, faceți în așa fel încât să rămâneți în umbră. Pupilele se dilată atunci când lumina scade. Dar, în ciuda dilatării pupilelor, riscați să fiți trădat de expresia privirii. Lucrurile nu sunt chiar așa de simple precum par. Îmi pare rău.

De reținut:

În psiho-anatomie, pupilele reprezintă sediul simbolic al autenticității.

OCHEADELE

Ocheada poate fi descrisă ca o închidere direcțională spontană a unui ochi. Să închizi un ochi preț de o clipă sugerează într-adevăr faptul că secretul nu este destinat decât persoanei pe care ne focalizăm. Celălalt ochi este păstrat deschis pentru restul lumii, care este exclus de la acest gest intim și efemer. Dar ocheada este totodată și o clipire deliberată care indică deci o complicitate presupusă între emițător și receptor. Pentru a crea un climat de încredere, este suficient să faci cu ochiul!

O ocheadă este un cod de intenție, ea exprimă dorința de a împărtăși un sentiment de prietenie, de a spera la nașterea unei legături afective sau de a comunica o dovadă de apreciere fără a o verbaliza. Este suficient adesea un semn cu ochiul pentru a dezamorsa o atitudine agresivă. El precede sau înlocuiește zâmbetul împărtășit de doi necunoscuți care trec unul pe lângă altul, dar nu vor face cunoștință niciodată. Nu este o invitație, ci mai degrabă un gest de compasiune, un mod discret de a schimba ceva mai prețios decât un zâmbet mecanic sau o strângere de mână fără convingere. Semnul pe care-l faci cu ochiul este un gaj de solidaritate.

Seducție sau tandrețe?

Ocheada este o clipire deliberată care indică o stare de complicitate între cel care o produce și cel căruia îi e adresată. „Eu și cu tine suntem momentan implicați într-o acțiune care îi exclude în secret pe ceilalți" este mesajul nespus pe care îl transmite. Considerat o invitație sexuală atunci când se adresează unui necunoscut sau unei necunoscute, semnul făcut cu ochiul este un apel la complicitate și un gest umoristic, pentru că e însoțit adesea de un zâmbet slab sau de o mutră ironică. Unealtă a tandreții, ocheada este un soi de verigă. Când se șterge de pe tăblița de ardezie a sentimentelor, e ca și cum verbele unei fraze ar fi toate conjugate la „mai puțin ca perfectul", un timp care nu există atunci când iubirea ia locul absenței.

Limbajul ocheadei

Semnul făcut cu ochiul nu are mereu un sens de înțelegere secretă sau de complicitate. Totul depinde de contextul care îl prevestește și de persoana căreia îi este destinat. Cu ce ochi vă este mai ușor să faceți semn? Acest gest este un refren invariabil. Facem semn mereu cu același ochi. Haideți! Încercați să faceți discret cu ochiul. Întâi cu ochiul stâng și apoi cu ochiul drept. Cu ce ochi vi se pare cel mai ușor? Deși suntem capabili să facem semn cu amândoi ochii, îl preferăm instinctiv doar pe unul. Dacă interlocutorul vă face cu ochiul complice în mod abuziv, acest lucru denotă un temperament extravertit. Foarte protector, vă va deschide ușa fără a vă oferi totuși sprijinul său necondiționat. E bine să știți că semnul făcut cu ochiul stâng este marca unui om inimos, care preferă creativitatea în detrimentul logicii. Pentru ochiul drept, e suficient să inversați, e vorba de mai degrabă de un individ rațional seducător. Așadar, care este tabăra voastră? Faceți semn cu ochiul stâng sau cu ochiul drept?

Semnul făcut cu ochiul drept

Ochiul drept se închide, stângul rămâne deschis. Emoțiile (ochiul stâng) primează asupra rațiunii (ochiul drept). Este o ocheadă juvenilă foarte seducătoare, chiar dacă nu e atrăgătoare! Semnificația ei este „Îmi placi!“, chiar dacă acest compliment gestual nu este urmat de altceva. Este adesea un compliment fără angajament, doar o mângâiere pozitivă adresată egoului receptorului. Semnul făcut cu ochiul drept dezvăluie un individ care dorește să se implice fie pe plan afectiv, fie pe plan profesional folosindu-se de ocheada lui. Când facem cuiva cu ochiul, dinamismul acțiunii determină o ridicare subtilă a obrazului și a comisurii corespunzătoare a buzei, ceea ce explică de ce acest gest de complicitate nu se exprimă decât într-un context se simpatie sau de empatie. Evident, dacă un individ de același sex vă face cu ochiul în mod seducător, nu vă imaginați c-aveți de-a face automat cu un homosexual sau cu o lesbiană în vreme ce voi sunteți hetero. Semnul făcut cu ochiul drept este seducător în sens larg, ceea ce înseamnă că exprimă și un mesaj fără conotație, în cazul de față: „Îmi placi pe plan uman sau profesional.“

Semnul făcut cu ochiul stâng

Este semnul tandreții prin excelență. Și al complicității. Semnul făcut cu ochiul stâng aparține indivizilor mai emotivi, mai implicați în relațiile lor de prietenie și în viața lor afectivă, mai complici deopotrivă. Această ocheadă traduce o complicitate amicală sau afectuoasă fără conotație seducătoare. Semnul făcut cu ochiul stâng este mai jovial, mai sociabil decât alter egoul său, semnul făcut cu ochiul drept.

Evident, putem foarte bine să clipim din amândoi ochii alternativ, dar automatismul ocheadei spontane se produce mereu cu aceeași pleoapă. Este așadar un refren gestual invariabil în măsura în care semnul făcut cu ochiul cu care nu suntem obișnuiți este inconfortabil.

PRIVIREA

Privirea Omului este poarta Universului.

Spre deosebire de privirea animală, privirea umană este susceptibilă să exprime o multitudine de sentimente. Bogăția expresiilor este atât de mare, încât în cele din urmă privirea a fost botezată „oglinda sufletului". Ochiul este primul organ de comunicare activă perfect operațional încă de la naștere. Prin comparație, auzul, mirosul și gustul sunt organe de comunicare pasivă. Numai vederea și simțul pipăitului sunt active, ba chiar hiperactive la unii indivizi.

Ochii nu reprezintă nimic pe plan psiho-anatomic dacă îi separăm de expresiile privirii. Știm deja că pupilele sunt ambasadoarele sufletului și sediul simbolic al autenticității. Dacă la culoarea irisurilor și la mișcările de dilatare sau de contractare ale pupilelor se adaugă orientarea ochilor, rezultatul este un aparat ultrasensibil la stimulii lumii exterioare. De aceea privirea este o entitate anatomică de sine stătătoare ale cărei expresii trădează sentimente ce pot fi traduse în cuvinte.

Privirea, sediul carismei

Carisma este o emanație a sufletului uman și probabil singura „dovadă" a existenței lui. Ea împrumută calea privirii pentru a se exprima și pentru a ajunge la inconștientul colectiv. Ochii captează lumina, ceea ce dă impresia că sufletul este un fascicol de lumină.

A învăța să privești ochii celorlalți înseamnă totodată a învăța să-ți lași ochii să vorbească. Căci este greu să te focalizezi pe privirea interlocutorului și să-i și vorbești în același timp. Când dezvoltați o argumentație, aveți o imagine globală a celuilalt, în timp ce vă uitați spre fața lui. Privirea care are succes este o privire mută, o privire care ține mai mult de admirație decât de concupiscență sau de neîncredere. Nicio ființă omenească nu poate rezista acestui tip de privire fără a se simți răsplătită. Ceea ce dă privirii impactul ei este sentimentul din care izvorăște. Admirația este o sublimare a sentimentului de iubire. Dacă asociați privirii acest sentiment, celălalt îl va primi ca pe o recompensă narcisistă și vă va deschide ușa sufletului său. Atenție! Această privire nu funcționează decât dacă rămâne mută... de admirație! Dacă începeți să vorbiți, efectul magic dispare. Întoarceți ochii imediat ce deschideți gura pentru a-l convinge pe interlocutorul vostru și nu folosiți privirea alocentrică decât după ce ați renunțat la cuvinte.

Adevărata putere de seducție carismatică este altruistă, generoasă. Este vorba despre o privire care îl observă pe celălalt lăsând la o parte gândurile obsesive provocate de un ego supradimensionat sau de un sentiment de gelozie morbidă. Privirea care subjugă este privirea unui individ care a reușit turul de forță de a se debarasa de poluarea propriului său ego atunci când se uită la altcineva. Remarcați că adoptăm cu toții acest tip de privire, în modul cel mai firesc din lume, atunci când ni se întâmplă să admirăm un peisaj sau o pictură. Privirea alocentrică captează lumina într-o manieră foarte diferită de contrariul ei, privirea egocentrică. Este o privire extravertită.

Cum să vă dezvoltați carisma?

O privire e de ajuns! O privire „degresată" de orice ego, nu uitați. O privire în care este cuprins tot corpul, căci nu ochii contează, ci modul în care întreg corpul se exprimă prin intermediul privirii. Nu e tocmai ușor de realizat, dar este vorba de o trăire indispensabilă dacă aveți de gând să vă dezvoltați carisma. Carisma este în voi, precum o pepită de aur pur ascunsă în fundul ochilor. Exprimarea sentimentelor cu ajutorul privirii este un exercițiu excelent: ironie, violență, cruzime, compasiune, admirație, seducție, dispreț, zeflemea, suspiciune și atâtea altele sunt atitudini mentale care nu presupun nimic altceva decât o schimbare a luminii oculare fără ca o altă trăsătură a feței să participe.

Luați o oglindă și puneți-o pe masa de lucru. Din când în când, observați-vă ochii ca și cum ar fi vorba de ochii altcuiva. Uitați-vă la o persoană pe care o iubiți și observați reacțiile pupilelor! Dacă ele nu variază după un anumit timp, înseamnă că aveți dificultăți în a vă exprima sentimentele. Emoțiile vă sunt cenzurate sau înfrânate. Dacă pupile se dilată aproape imperceptibil, totul e bine. Învățați să vă jucați cu propriile emoții și cu reacțiile concomitente ale pupilelor voastre. Încet-încet, veți elibera energia carismei care se află în voi. Un alt mijloc constă în a vă filma ochii cu o cameră fixă în timp ce jucați jocul ăsta al privirii extravertite. Dar, până la urmă, antrenamentul gestual este singura cale de a reuși mai repede.

Învățați să observați

Nu pot observa o altă persoană în mod obiectiv dacă nu conștientizez limitele propriului meu teritoriu corporal. Aceasta este regula. Într-un context mai specific, nu-l pot seduce pe celălalt, publicul, dacă gesturile mele nu sunt controlate de această atitudine autoscopică atât de subiectivă. Observația autoscopică este în mod paradoxal începutul unei observații obiective a celuilalt.

Alchimia seducției, în sensul larg al cuvântului, se declanșează la acest nivel. Fie că e vorba de o întâlnire amoroasă, de un auditoriu sau de o mulțime de spectatori, modul de operare este identic. Nu seduce cine vrea, ci acela care stăpânește codurile seducției! Și acest *modus operandi* își are sursa în puterea oculară, în pozițiile corporale și într-un repertoriu gestual revăzut și corectat. Neutralizarea „eului" necesită o înțelegere a realității celuilalt, indiferent de tipul de relație pe care o aveți cu el. Totul pleacă de la felul în care îl priviți pe celălalt!

Înainte de a deschide gura, lăsați-vă ochii să vorbească

Dacă vreți să seduceți, să vă afirmați, să existați, nu trebuie să ocupați prim-planul scenei sau să-i tăiați vorba adversarului vostru ori de câte ori acesta încearcă să rostească una, ci mai întâi trebuie să captați lumina și să vă transpuneți „eul" în ochii celorlalți fără să fiți nevoiți să dați sunetul mai tare, fără să vă mai osteniți să dați din degetul arătător sub nasul interlocutorului. Pentru a capta lumina, trebuie să învățați să tăceți, să vă lăsați corpul să vorbească și, mai ales, să-l lăsați să se exprime prin intermediul ochilor.

Stăpânirea acestei arme gestuale care este privirea presupune o activitate introspectivă de profunzime, o conștientizare a volumului pe care-l ocupă corpul vostru în fața celuilalt. Primul lucru pe care interlocutorii trebuie să-l vadă la dumneavoastră sunt ochii, indiferent de frumusețea, culoarea sau forma lor. Când veți obține acest rezultat, veți exista cu adevărat în ochii celorlalți. Dar, pentru ca privirea să vă fie văzută prima, ca și cum ați purta un hijab sau o mască de carnaval, trebuie să învățați să vorbiți cu ochii, mai ales atunci când tare mai aveți chef să vorbiți cu gura. „A vorbi cu ochii", o formulă drăguță care înseamnă pur și simplu „a observa" fără a te compara cu celălalt, fără a manifesta neîncredere sau agresivitate, în timp ce schițezi sau nu un zâmbet. Pe scurt: să fii numai ochi și nu doar să ai ochi!

Gramatica privirilor

Priviri zeflemitoare, panicate, fugitive, fals indiferente, jenate, satisfăcute sau rugătoare, curioase, tandre, ispititoare, lacome, geloase, concupiscente, vlăguite, agere sau goale etc. Sunt mult prea numeroase pentru a fi clasificate la fel ca gesturile. În plus, privirea își schimbă în mod constant conținutul în funcție de solicitările mediului și fără știrea conștiinței. De exemplu, dacă interlocutorul vostru ține un discurs care vă deranjează, veți avea tendința să vă lăsați ochii în jos pentru ca interlocutorul să nu poată citi în ei jena pe care o simțiți. Privirea admiratoare a unui bărbat matur care se uită la o femeie tânără și frumoasă este elocventă, ca și aceea a unei femei ce își exprimă dezgustul față de un boșorog libidinos care încearcă să o agațe. Privirea reprezintă în orice moment sinteza atitudinii mentale reacționale a unui individ în fața unei situații date. Este indispensabil să învățați să observați privirea interlocutorilor voștri, în timp ce le ascultați discursul, pentru a vedea incomensurabila bogăție a expresiilor ochilor.

Privirea fugitivă sau deviată reprezintă norma atunci când tocmai s-a încrucișat cu cea a unui necunoscut. O privire insistentă este percepută de celălalt ca o violare a teritoriului său. Ca regulă generală, cu toții „zapăm" pentru a evita confruntarea oculară cu interlocutorii noștri. Această atitudine reflexă, larg răspândită, confirmă rolul fascinant al privirii. „Încetează, nu te mai uita la mine cu ochii ăia!" este o remarcă obișnuită care exprimă foarte bine frica sau jena pe care le poate induce o privire insistentă, chiar și atunci când vine din partea unui apropiat.

Cheia succesului este în fundul ochilor

Din punct de vedere ierarhic, privirea este unealta cea mai eficace de care dispuneți pentru a vă afirma, cu mult peste zâmbet, pipăit sau mâinile care gesticulează. Expresiile ei sunt atât de multe, încât i-am putea consacra o carte întreagă fără a epuiza subiectul, scriind numai despre multiplicarea orientărilor ei în funcție de context. Mișcările oculare care însoțesc discursul sunt întotdeauna elocvente. De altfel, ele nu sunt ușor de urmărit în virtutea principiului care spune că urechea care ascultă anihilează capacitatea de a observa, păstrând doar vederea pasivă. În materie de descifrare, suntem practic incapabili să funcționăm pe două niveluri de observație, auditiv și vizual. Ori priviți baletul ochilor interlocutorului vostru, ori vorbiți, ori ascultați ce spune el. Legenda cu ascultarea globală lăudată de unii specialiști în comunicare este o sfidare a bunului-simț când vine vorba de descifrarea limbajului privirii și, în paralel, a nuanțelor discursului.

Cum să vă însușiți privirea de succes?

Frecvența vibratorie a privirii voastre depinde numai de gândurile care vă ocupă mentalul sau, în alți termeni, frecvența vibratorie a fiecărui sentiment determină o variație a intensității luminoase a privirii și a dimensiunii pupilelor. Prin frecvență vibratorie înțeleg lungimea undei emoționale a unui afect. Dacă iau ca exemplu frecvența vibratorie a urii sau a furiei, voi avea o contracție maximală a pupilei într-o privire dușmănoasă de o intensitate insuportabilă, ba chiar înspăimântătoare pentru cei cărora le e adresată această privire. Frecvența vibratorie a disprețului se exprimă prin alte semne ale feței și prin rotația capului, care oferă privirii decorul *ad hoc*. La fel și pentru dezgust. Tristețea este însoțită de o frecvență vibratorie oculară introvertită și de o subtilă coborâre a pleopelor.

Educația privirii depinde deci de calitatea sentimentelor voastre. Iar calitatea sentimentelor provine din cea a gândurilor spontane și reacționale. Cu cât vă detașați mai mult de evenimentele din viața voastră, cu atât veți scăpa de stresul și angoasele cu care îi bombardați pe cei apropiați. Practica programării neuro-gestuale ar trebui să vă ajute să eliminați gândurile obsesive care vă ocupă mintea și vă perturbă frecvența vibratorie a celor mai constructive sentimente.

Lăsați-i o urmă în memorie!

Faceți-o brusc! Un mic sfat care nu costă nimic și vă poate aduce mari beneficii! Când vă despărțiți de o persoană cu care tocmai ați discutat, pironiți-vă întotdeauna privirea într-a ei (o fracțiune de secundă e de ajuns) înainte de a pleca. Acest mod de fixare oculară este o veritabilă întipărire în memorie a prezenței. Chipul dumneavoastră îi va rămâne imprimat pe retină. Îi veți lăsa o urmă în suflet.

Limbajul privirii

Privirea îndrăgostitului

Privirea celui îndrăgostit este extratensivă (contrariul privirii introspective, conform terminologiei lui Rorschach). Emoția este dirijată spre exterior, adică spre obiectul-țintă reprezentat de partener. Privirea directă duce această emoție de îndrăgostit la liman. Extratensiunea este un derivat al extraversiunii lui Jung, dar cu un sens mai flexibil, înțelegând prin asta că un individ poate foarte bine să treacă de la o fază introspectivă (sau introvertită) la o fază extratensivă (sau extravertită). Privirile introvertite se recunosc întotdeauna după dimensiunea pupilei interlocutorului vostru. Tocmai îi explicați ce cale trebuie să urmeze și aveți impresia că nu vă ascultă. Dacă ați avea curiozitatea să vă uitați la pupilele lui, ați ști cu certitudine dacă este cu mintea în altă parte și că vorbiți la pereți, care, după cum se știe, au urechi.

„Defocalizarea" privirii

Ați remarcat cu siguranță cât de rar vă uitați în ochii interlocutorului vostru, cunoscut sau necunoscut, atunci când îi vorbiți. Ca și cum v-ați percepe propria privire ca pe o armă ofensivă a cărei traiectorie trebuie s-o deviați pentru a nu-l incomoda pe cel din fața voastră. Procedând astfel, cuvintele vi se lovesc în mod inevitabil de mecanismele de apărare ale interlocutorului și își pierd fatalmente din impact. Să vă explic: 80% dintre indivizi preferă simțul vizual în detrimentul celorlalte patru simțuri – auditiv, gustativ, tactil și olfactiv. Contrar a ceea ce ați putea crede, oamenii vă ascultă cu urechile, dar vă cenzurează discursul „zapând" vizual. Ei evită impactul poluant al cuvintelor „defocalizându-și" privirea. „Defocalizarea" privirii constă în a vorbi cu un interlocutor privind în altă direcția decât înspre el. Astfel, dacă vă exprimați „defocalizând", discursul va fi auzit, dar nu va fi ascultat de interlocutor. Mecanismele lui de apărare fizice îl vor stăvili automat, evacuând substratul emoțional al cuvintelor. Știut fiind că emoția este cea care dă relief cuvintelor pe care le rostiți, în memoria de scurtă durată a celuilalt nu va rămâne decât un *digest*[1] incoerent și raționalizat al cuvintelor. Poate că ați reușit să vă transmiteți mesajul, dar ați ratat obiectivul, care era de a-l convinge și de a-i lăsa o urmă în memorie. Mai exact, impactul discursului dumneavoastră va fi în funcție de modul în care ținta vă va evita sau vă va înfrunta vizual. Să nu uitați niciodată că evitarea nu înseamnă neapărat fugă, iar înfruntarea nu înseamnă neapărat acceptare.

Din acest motiv este indispensabil să vă subtitrați gestual discursul. Chiar dacă interlocutorul „zapează" pentru a vă evita privirea „seducătoare", gesturile dumneavoastră vor transmite mesajul emoțional adaptat situației.

Orientarea privirii: stânga nu e la fel ca dreapta

În principiu, fuga spre stânga este o privire regresivă, o fugă spre trecut sau o căutare prin referințele clasate în memoria imediată. Ea este astfel un mesaj care exprimă o indispoziție punctuală. Interlocutorul caută o portiță de ieșire pentru a scăpa de o înfruntare care îi zdruncină încrederea în sine. Fuga spre dreapta este o fugă înainte, o evadare spre un viitor care provoacă mai mult teamă decât speranță. Oricum ar fi, dacă interlocutorul începe un balet al privirilor fugitive, lăsați-l să plece sau luați-vă

[1] Rezumat (en. în original). (N. tr.)

rămas-bun imediat. Disponibilitatea lui s-a dus naibii, chiar dacă fizic mai este încă așezat în fața dumneavoastră. Prelungind discuția, ați comite o greșeală esențială pe care s-ar putea să nu v-o ierte niciodată. O să vă catalogheze drept un intrus și veți purta această etichetă pentru totdeauna în amintirea lui. Amintiți-vă că privirea mobilă este un semn de indisponibilitate!

Orientarea privirii în jos, spre dreapta

Dacă prietenul dumneavoastră vorbește plecându-și în mod regulat ochii spre dreapta, să știți că, în materie de gesturi, dreapta nu înseamnă același lucru ca stânga. Deplorabila obișnuință de a-ți coborî privirea spre dreapta intensifică sentimentul de eșec datorat incapacității de a repune lucrurile în discuție. Este un semn flagrant de amărăciune care se manifestă adeseori într-un mod punctual, ca și cum mentalul ar reproșa imaginii paternale a „supraeului" că a îngropat ambițiile „eului". Am avut adeseori ocazia să observ acest refren gestual la oamenii politici care afișează o falsă indiferență față de eșecurile lor electorale. Această orientare a privirii marchează totodată un climat mental anxios.

Orientarea privirii în jos, spre stânga

În schimb, dacă prietena dumneavoastră vorbește plecând ochii spre stânga, acest mod de a te folosi de privire trădează cel mai adesea un temperament ostil. Ea exprimă mental un dezacord fără a vi-l confirma totuși cu voce tare. Mișcarea respectivă poate fi imperceptibilă dacă nu sunteți atent. Ca regulă generală, persoanele a căror privire evadează în jos, spre stânga, sunt „contra tuturor celor care sunt pentru". Te afirmi cum poți, nu cum vrei. Această orientare a privirii semnalează de asemenea o incertitudine sau un temperament indecis.

Orientarea privirii în sus

Această orientare a privirii trădează o exasperare nuanțată cu nervozitate, ba chiar un temperament isteric al subiectului observat.

Orientarea privirii spre pământ

Subiectul care vorbește plecându-și ochii în pământ își exprimă lipsa de motivație. Adolescenții contestatari adoptă adesea această poziție a privirii. Ei își termină de fiecare dată frazele plecându-și ochii în pământ.

Orientarea privirii în lateral, spre stânga

Ochii care alunecă spre stânga în timp ce subiectul se exprimă subliniază o atitudine mentală fatalistă întoarsă spre inerția trecutului. Poate fi vorba de o lipsă de maturitate, dar și de o incapacitate de a înfrunta realitatea cotidiană. În unele circumstanțe, ochii fug spre stânga atunci când jena sau un sentiment de rușine se manifestă pe neașteptate.

Orientarea privirii în lateral, spre dreapta

Ochii care alunecă spre dreapta în timp ce subiectul se exprimă indică o insatisfacție în raport cu teama de viitor. Fie îl deranjează prezența sau vorbele, fie este deja decepționat de intervenția dumneavoastră înainte de a fi avut timp să-l convingeți.

Orientarea privirii în sus, spre dreapta

Este semnul unei persoane ambițioase în căutare de putere și de scări sociale cât mai scurte posibil pentru a urca pe podiumul iluziilor sale. Mișcarea oculară este mai susținută și mai vioaie. Este și mai masculină. Refren gestual foarte frecvent la carieriștii de tot felul, care vizează, prin definiție, primele eșaloane ale puterii, și la majoritatea temperamentelor ariviste.

Orientarea privirii în sus, spre stânga

Capricioasă, fantezistă și uneori curioasă până la indiscreție – acestea sunt calitățile deosebite pe care le dezvăluie acest tip de refren gestual. Ca și o atitudine foarte cochetă din partea adolescentelor care se prefac contrariate de avansurile stângace ale prietenilor. Această mișcare oculară face parte din armele de bază ale seducției feminine.

Privirea umedă

Ochii umezi transmit un semnal de un cu totul alt gen, greu de imitat (dacă nu ești actor profesionist). Suprafața strălucitoare a ochiului este ușor acoperită de secreții ale glandelor lacrimale provocate de emoție, dar sentimentele încercate nu sunt destul de puternice pentru a produce lacrimi adevărate. Sunt ochii îndrăgostitului pasional, ai adoratorului, ai mamei mândre de copilul ei sau ai atletului triumfător, cu toții emoționați într-un moment deosebit de intens. Sunt și ochii angoasei, ai disperării sau ai doliului, în fapt, ochii oricui trăiește o emoție puternică ce încetează înainte ca lacrimile să înceapă să curgă. Sunt de asemenea ochii celui emotiv.

Vedere din interior: privirea introspectivă

Pupilele privirii introspective sunt contractate. Intensitatea este minimă și expresivitatea e aproape absentă. Este o privire întoarsă spre interior, spre eul care se privește în oglinda celorlalți. Privirea devine introspectivă din momentul în care sunteți obligați să vă concentrați pe o argumentație pur defensivă în fața unor detractori care nu vă lasă nicio clipă de răgaz.

Privirea introspectivă provoacă pierderea unei dimensiuni esențiale carismei naturale a individului, este o privire stinsă. Or, tocmai în intensitatea luminoasă a privirii se simte emoția fundamentală a discursului. Puteți să afișați un temperament pasional și să vă prezentați răspicat argumentele sprijinindu-vă pe un registru gestual foarte pedagogic, dar, din cauza unei priviri introspective, să pierdeți pe drum tot efectul „balistic" al mesajului pe care doriți să-l transmiteți.

În situații de stres precum agresiunea verbală, acuzarea, repunerea în discuție fundamentală, privirea introspectivă se impune. Când suntem încolțiți, ascultarea atentă și obiecția mentală sunt preferate în detrimentul tuturor celorlalți vectori de comunicare de care dispunem pentru a ne apăra. Obiecția mentală este unul dintre vectorii psihici ai privirii introspective.

O privire devine introspectivă și atunci când un individ începe să mintă. Minciuna folosește circuite neuronale total independente de amigdala creierului, acest centru de convergență al emoțiilor situat între cele două emisfere cerebrale. Minciuna este un act logic, calculat, deliberat, rațional. Producerea ei depinde de creierul cognitiv. Acesta este motivul pentru care privirea nu participă niciodată la exprimarea minciunii.

Privirea globalizată sau periferică

Privirea insistentă a unui străin este adeseori greu de susținut. Sentimentul este acela al violării teritoriului mental. Privirile se încrucișează, dar evită de regulă să se înfrunte. Privirea directă, față în față, este una globalizată, care evită ochii celuilalt, dar rămâne la periferia feței, de unde și denumirea ei.

O privire periferică este aceea care face înconjurul feței interlocutorului. O privire în tranzit. Se întâmplă să se fixeze timp de câteva secunde, dar fără ca lumina privirii să se modifice totuși. O regulă de care trebuie să țineți seama: evitați să vă încrucișați privirea cu cea a unor necunoscuți, confruntarea oculară este insuportabilă, căci este percepută ca o adevărată percheziție a sufletului.

Privirea manipulării

Manipulatorii se folosesc de greutatea privirii lor pentru a-și impune punctul de vedere. Unii indivizi influenți au o privire de o răceală polară, indiferent de mimica pe care o afișează, inclusiv zâmbetul. Această răceală este sinonimă fie cu puterea, fie cu manipularea. Ei nu observă lumea ca noi, viziunea lor este filtrată prin obiectivele pe care le urmăresc și nu prin cuvintele pe care le rostesc. Ei se consideră singurele ființe reale într-o lume populată cu ființe virtuale. Dumneavoastră nu existați în ochii lor decât dacă reprezentați o rotiță sau o siguranță fuzibilă a strategiei lor. Dacă siguranța sare, sunteți înlocuiți și vă vor uita imediat. Toate astea pot fi citite în privirea lor. N-au nici scrupule, nici stări sufletești!

Privirea stresată

Ochii stresați sunt cei care privesc în toate părțile sau cei ale căror pleoape clipesc la fiecare două secunde. Putem spune totul cu ochii, toate sentimentele sunt filtrate prin lumina care scaldă privirea. Ochii sunt oglinda inconștientului, un loc plin de viață, bătut în permanență de vântul dispozițiilor noastre.

Privirea în acțiune

Interlocutorul vă țintuiește cu o privire piezișă, ținându-și capul ușor întors spre stânga sau spre dreapta, într-o atitudine de suspiciune.

E vorba de un individ cu temperament neîncrezător, care se teme să nu fie prins în flagrant delict de naivitate. Un sceptic!

Sprijinit în cot, interlocutorul se adâncește în contemplarea propriilor unghii, în timp ce continuă să vă vorbească.

Această manieră de a fi preocupat de unghii în mod deplasat indică un sentiment de jenă sau de plictiseală.

Interlocutorul vă strânge mâna în timp ce privește într-o direcție diametral opusă celei în care vă aflați.

Mâna este prezentă, dar restul corpului e absent. Vă reamintesc că cel care vă strânge mâna fără să privească în direcția dumneavoastră este un personaj care nu vă stimează prea mult. Și ăsta nu e decât un eufemism.

Privirea interlocutoarei alunecă în mai multe rânduri spre dreapta.

Alunecarea privirii spre dreapta este o fugă înainte, o evadare spre un viitor care provoacă mai mult teamă decât speranță.

Interlocutoarea dumneavoastră închide pleoapele de câte ori ia cuvântul, relaxându-și astfel privirea.

Acest tic gestual este un semn evident de stres punctual. El se poate manifesta și ca urmare a tulburărilor de concentrare. În general, închidem ochii ca să ne facem ordine în gânduri. Dar putem recurge la acest tic și atunci când spunem contrariul a ceea ce gândim. Caz în care ticu definește reaua-credință.

Subiectul observat se uită deseori în pământ, contemplându-și pantofii.

Ochii privesc în pământ atunci când climatul mental este tulburat de sentimente sau gânduri contradictorii. Dacă se repetă frecvent, această privire poate fi semnalul unei atitudini depresive.

Interlocutorul evită cu grijă să vă privească în ochi în timp ce vi se adresează.

Nu uitați că faptul de a vă privi interlocutorul în ochi este un semn de stimă, ba chiar de simpatie. Această manieră curentă de a dialoga fără a-l privi pe celălalt poate fi observată la persoane obișnuite să se prefacă sau să ascundă adevărul. În orice caz, ne folosim cu toții de această atitudine în diferite grade. E doar o chestiune de dozaj! Prea multă eschivare oculară trădează un mincinos înveterat; prin opoziție, privirea insistentă poate evidenția un temperament zeflemitor. Trebuie să stabiliți singuri proporția ideală.

În timp ce vă vorbește, interlocutoarea dumneavoastră se cufundă în contemplarea unui obiect.

Vorbește cu ea însăși. Nu sunteți decât oglinda care-i reflectă propriul chip. Atitudinea este curentă la persoanele egocentrice care se servesc de obiectul respectiv pentru a se proteja de privirile dumneavoastră sau din nevoia de a dialoga în locul monologului care le place în mod deosebit. Este un fenomen curent de transfer de la subiect la obiect, un mecanism tipic de protejare a teritoriului. Dacă ar ridica ochii pentru a vă privi, interlocutoarea dumneavoastră nu v-ar aprecia mai mult decât o face fixându-i pe acel obiect pe care îl manipulează. Este o modalitate de a vă șterge din câmpul ei vizual.

În timp ce vă expuneți punctul de vedere, privirea interlocutorului pare că se pierde pe deasupra capului dumneavoastră.

Vorbește cu el însuși. Nu sunteți decât martorul privilegiat al puterii lui reflecție. Focalizarea pe o linie de orizont imaginară șterge automat realitatea pe care o reprezentați. Acest tip de atitudine trădează un temperament egotist. Interlocutorul pune cultul „eului" său mai presus de orice alt subiect de conversație, o atitudine întâlnită frecvent în cabinetele psihanaliștilor.

Colegul vă vorbește ridicând ochii la cer în mai multe rânduri.

Această orientare recurentă a privirii trădează o stare de stres, de exasperare, de nervozitate exacerbată, ba chiar un temperament isteric din partea colegului. Nimic nu e mai enervant decât să ai de-a face cu asemenea persoane care își dau mereu ochii peste cap pentru a scoate în evidență ceea ce spun. În general, sunt foarte suspicioase, sensibile și au reacții exagerate. Să știți că, chiar dacă nu durează decât o clipă, devierea privirii în sus în mod sistematic este expresia unui stres fondat pe minciună sau pe nevoia de a-ți manipula interlocutorul. Această mișcare oculară este semnul unei sincerități care variază în funcție de împrejurări.

Interlocutorul vă aruncă o privire pe sub sprâncene.

Îl intrigați și/sau îl impresionați pur și simplu.

Colegul privește agitat în toate părțile, numai spre dumneavoastră nu.

Privirea mobilă este un semn de indisponibilitate. Colegul încearcă să evadeze. Îl inoportunați. Agitația privirii sale vă confirmă lipsa lui de disponibilitate.

Interlocutorul dumneavoastră întoarce capul ca și cum întrebarea pe care i-o puneți l-ar dezgusta.

Întoarcem privirea sau fața atunci când ne este teamă să ne afișăm reaua-credință.

În timp ce vă vorbește, interlocutorul dumneavoastră vă privește drept în ochi.

Este hotărât să vă convingă (poate chiar exagerează un pic), încercând mai mult să vă emoționeze decât să vă transmită un mesaj rațional. E foarte jenant!

Puterea oculară nu este o legendă. Nu-ți privești interlocutorul drept în ochi decât în anumite situații: jocuri de putere, situații amoroase, exprimarea directă a urii sau a agresivității. O privire susținută este considerată o amenințare de majoritatea oamenilor, care întorc capul în mod automat. Contrar sfaturilor date de unii autori sau specialiști ai comunicării agresive, pentru a convinge un interlocutor, evitați cu orice preț să vă focalizați pe privirea lui atunci când îi vorbiți. Folosiți privirea periferică atunci când vă exprimați și focalizați în momentul când ia el cuvântul. Fiți atenți, totuși, să nu-i induceți o stare de indispoziție care se va manifesta prin schimbări rapide și constante de privire din partea lui. Dacă focalizați obiectând mental, intensitatea privirii vă va trăda atitudinea mentală de opoziție. La fel, dacă simțiți o gelozie față de el, privirea va exprima acest sentiment fără voia dumneavoastră.

Interlocutoarea vă vorbește fixându-vă cu privirea o parte anatomică a corpului, alta decât fața.

Privirea interlocutoarei este reductoare. Ea vă reduce persoana la o parte a corpului, alta decât fața. De exemplu, pieptul, mâinile, burta. Dacă e vorba de un bărbat, în mod clar este implicat într-un obiectiv mai mult carnal decât intelectual. Se întâmplă frecvent să observăm cum unele persoane fixează mișcarea buzelor interlocutorilor pentru a evita să-și încrucișeze privirea cu a lor.

Colegul dumneavoastră de birou vă vorbește luând mai tot timpul ca martor o a treia persoană.

Indivizii care au sentimentul că nu există în propriii lor ochi adoptă acest tip de comportament. Ei au nevoie să proiecteze acest sentiment primejdios asupra unui interlocutor pentru a scăpa de el, de aceea iau ca martor o a treia persoană, care îi legitimează în propriii lor ochi. Originea acestei conduite este legată de o respingere de tip familial, paternă cel mai adesea. „Fiul tău iar și-a făcut de cap", zice tatăl în prezența urmașului său, adresându-se soției sale.

Privirea interlocutorului dispare în mod regulat, în favoarea unei ușoare mișcări de revulsie a globilor oculari.

Persoanele stresate sau ușor agasate uzează și abuzează de acest cod de intenție. Ele își manifestă astfel gradul de scepticism, dar și limitele capacității de comunicare verbală. Argumentele vă sunt respinse cu o simplă mișcare a ochilor. Cum vreți să răspundeți la acest gest? Mai bine dispăreți în momentul în care o să-și dea din nou ochii peste cap!

Interlocutorul își lasă pleoapele în jos, închizând ochii după fiecare frază.

Această secvență gestuală este o reacție tipică de simulare care se observă la numeroși politicieni atunci când sunt constrânși să atenueze neînțelegerile sau să evite discuția. Închizând ochii, șterg imaginea interlocutorului, luându-i totodată fără niciun fel de scrupul timpul de a răspunde. Închiderea pleoapelor pentru a puncta un cuvânt important vă semnalează că interlocutorul nu spune ceea ce gândește și nu gândește ceea ce spune, așa cum fac toți mincinoșii. Recurența acestui tic gestual este complet hipnotică pentru interlocutor. Subiectul taie contactul pentru o clipă, împiedicând orice replică sau orice întrerupere.

De reținut:

În psiho-anatomie, privirea este sediul simbolic al carismei și al puterii de seducție.

NASUL

Simbolistica nasului

Este uimitor să constați că, în reprezentarea picturală a extratereștrilor, desenatorii nu le atribuie niciodată un nas proeminent și nici buze sau sprâncene cărnoase. Ca și cum aceste detalii morfologice ar avea darul de a-i diferenția de rasa umană. Nasul este într-adevăr un semn exclusiv de umanitate, permițând deosebirea ființelor umane de animale și de omuleții verzi. Pe de altă parte, funcția lui olfactivă îl apropie de un sentiment pe care omul îl împarte cu alte mamifere: tandrețea. Mama se folosește în mod natural de nas pentru a stabili o relație de tandrețe cu pruncul sau bebelușul ei. Îl mângâie și totodată îi adulmecă mirosul cu vârful nasului. Un comportament uman foarte animal, sau poate ar trebui să scriu contrariul – un comportament animal foarte uman?

Putem avea fler și abilitate fără a avea totuși simțul afacerilor. Dacă ne referim la simbolistica semantică psiho-anatomică a nărilor, abilitatea și flerul se bazează amândouă pe subtilitatea și pe flexibilitatea mecanismelor de învățare sau de înțelegere, ceea ce mi se pare destul de coerent.

Linia nasului, sediu al narcisismului

A confunda narcisismul cu respectul de sine este o erezie, a pretins unul din confrații mei. Nu-ți poți stima „eul" fără un aport al narcisismului, așa ceva e un nonsens. Este indispensabil să te iubești suficient de mult pentru a acorda propriei persoane rolul principal în scenariul vieții tale.

Rădăcina nasului, sediul concentrării

Sediul simbolic al concentrării mentale este situat puțin sub sediul intuiției (cortex orbito-frontal, sau al treilea ochi).

Septul nazal, sediul excitației

Îl apucăm între degetul mare și arătător atunci când suntem excitați.

Demersul psiho-anatomic

Nasul este sediul flerului (logic), al abilității (mai puțin logică) și totodată meridianul carismei (analogică). Ceea ce mă face să spun că un nas poate face ravagii în multe domenii, cu condiția să știi să te servești de el.

Pentru a ajunge la această concluzie, am plecat de la o reflecție analogică. Nasul servește la respirat și la detectarea mirosurilor. Poate fi deci asimilat cu o unealtă bio-psihologică ce ne permite să simțim mirosurile mentale. Or, dacă admitem că nasul este sediul simbolic al flerului în sens larg, putem conchide că abilitatea nu se poate exprima fără aportul experienței și al flerului care se bazează pe aceasta din urmă. Fler, abilitate și experiență – sunt trei elemente care stimulează carisma. Și iată cum nasul a devenit sediul simbolic al flerului, abilității și carismei în psiho-anatomie.

Adaptările morfologice ale nasului!

Mirosurile ne guvernează simpatiile sau antipatiile?

„Îți mută nasul din loc!", „A-și lua nasul la purtare", „A duce pe cineva de nas", „A da nas în nas cu cineva", „A-și vârî nasul unde nu-i fierbe oala" etc.

Există o mulțime de expresii care pun în valoare rolul socio-afectiv al nasului. Mirosul subliminal ne influențează preferințele, iraționale prin definiție. Dar, dincolo de funcția olfactivă a nasului, mai intervine și morfologia lui.

Se știe că forma nasului poate perturba armonia unui chip. Dar ceea ce se știe mai puțin este că alegerea ereditară a unui nas nu rezultă niciodată din hazardul încrucișărilor genetice. Nasul viitorului adult este, ca să zic așa, ales în funcție de armonia criteriilor morfo-psihologice de bază, ale căror rădăcini se află în emoțiile înregistrate începând din stadiul de făt până la sfârșitul dezvoltării adultului. Copilul va semăna rând pe rând cu mama și cu tatăl lui, cu un unchi sau cu el însuși, în funcție de influențele emoționale pozitive și negative cu care va fi impregnat pe parcursul evoluției sale.

Morfologia nasului unui copil care intră în conflict deschis cu unul dintre părinți poate să se modifice în decurs de câteva luni și să piardă asemănarea cu nasul părintelui respins. Mai mult decât atât! Un copil aparținând unei rase, unei regiuni a lumii sau unei culturi diferite, adoptat la puțin timp după naștere de părinți europeni, își va vedea unele caracteristici fizice și în special nasul evoluând și transformându-se în contact cu iubirea autentică a părinților săi adoptivi, ajungând chiar să le semene ca și cum ar fi genitorii lui. În această metamorfoză prin mimetism afectiv, nasul este actorul principal. El va evolua spre forma nazală a părintelui cu care copilul decide să se identifice. Nasul copilului ostil se va metamorfoza în același fel, îndepărtându-se de vechiul aspect și mergând până la modificarea restului feței. După cum se vede, lucrurile nu sunt așa de simple ca refacerea nasului prin chirurgie plastică. Mai ales că nasul va continua să se transforme odată cu vârsta... „proporțional“ cu identificarea afectivă cu cei apropiați.

Nasul lui Pinocchio

Neurologul Alan Hirsch și psihiatrul Charles Wolf au analizat mărturia lui Bill Clinton, făcută în fața marelui juriu, referitoare la relațiile sale cu Monica Lewinsky. Ei au constatat că, atunci când Clinton era sincer, își atingea rar nasul. Dar când mințea, își freca sprâncenele timp de o fracțiune de secundă, apoi își ducea mâna la nas – un gest repetat din patru în patru minute și pe care l-a schițat de 26 de ori. De câte ori răspunsurile lui erau sincere, gestul nu apărea. Dar lucrurile nu sunt atât de simpliste pe cât par.

Am de gând să strâmb din nas la această prezumție stupidă care acreditează faptul că pipăitul nasului trădează un tip mincinos. Este cât se poate de fals. În schimb, indivizii care își acoperă adesea gura cu mâna sunt persoane care au relații foarte conflictuale cu adevărul.

Hirsch și Wolf au făcut o observație corectă, dar concluzia lor n-a fost că președintele își atingea nasul de câte ori mințea în privința relației sale vinovate cu tânăra stagiară, ci că își atingea nasul ori de câte ori venea vorba de ea, ceea ce nu este același lucru. Ne atingem adesea nasul când niște declarații au un caracter sexual subiacent. Am strâns numeroase exemple în sprijinul acestei afirmații, atât de numeroase, încât nu mai încape îndoială. Nasul presupus vinovat de minciună este așadar achitat.

De reținut că, în *Maimuța goală*, Desmond Morris scrie: „Este interesant de notat și faptul că nasul protuberant și cărnos al speciei noastre este o altă trăsătură unică și misterioasă pe care anatomiștii sunt incapabili s-o explice. Unul dintre ei a vorbit de el ca de o simplă „variațiune exuberantă fără semnificație funcțională“. Este greu de crezut că ceva atât de distinctiv printre apendicele primatelor a evoluat fără o funcție precisă. Știind că pereții laterali ai nasului conțin un țesut erectil spongios care provoacă lărgirea canalelor nazale și al nărilor prin vaso-dilatație în timpul excitației sexuale, începem să ne punem întrebări.“

Plecând de la această constatare fiziologică și de la experiența mea în stabilirea profilurilor gestuale, am ajuns la concluzia că nasul este solicitat în două cazuri distincte, dar nu exhaustive: primul se referă la aluziile cu caracter sexual în mijlocul unei

discuții de bonton; al doilea ar dezvălui nevoia de a analiza cu detașare o situație jenantă, deci o atitudine mentală speculativă prevestind un mod de apărare bazat pe manipularea adevărului. Când șeful vostru își scarpină nările cu vârful degetului arătător, el își exprimă ezitarea.

Scobitul în nas

Este o operațiune de toaletare al cărei obiectiv inconștient este de a-ți debarasa climatul mental de gândurile psihotoxice. Scobitul în nas trădează totodată și o stare de stres punctual la un subiect prost protejat de evenimentele imprevizibile ale existenței sau la un individ care se simte agresat de evenimente pe care nu le controlează.

Interlocutoarea se scobește încontinuu în nas cu degetul mic.

Din cauza unui complex de superioritate, interlocutoarea dumneavoastră are tendința să intre în conflict cu toți cei care se apropie prea mult de ea. Păstrați distanța!

Individul așezat în fața dumneavoastră se scobește în orificiile nazale fără să-și pună întrebarea dacă această manie vă deranjează.

Are sau nu cruste de mucus în nas, vă consideră un personaj la fel de ireal ca un star de *reality show*. Gestul său exprimă un sentiment de total dispreț în ceea ce vă privește.

Să ne imaginăm că sunteți o femeie și că mucosul în chestiune este eventual viitorul dumneavoastră partener de joc!

Să știți că, scobindu-se în nări, își afirmă chiar sub nasul dumneavoastră incompetența sexuală. Stați liniștită, nu e impotent, ci perfect capabil să vă ofere plăcere. În ochii lui, nu sunteți nimic altceva decât un vagin pe două picioare. În materie de competență sexuală, tipul e un zero absolut.

Cu ce deget aveți tendința să vă scobiți în nas?

Arătătorul, mijlociul, inelarul sau degetul mic? Mai rămâne degetul mare, dar trebuie să aveți nările pe măsură.

Statistic vorbind, arătătorul e pe primul loc. Arătătorul stâng este asociat cu gânduri obsesive speculative, iar dreptul cu gânduri obsesive care trezesc un sentiment de inferioritate. Vin apoi degetele mici! Degetul mic drept trădează un personaj indiscret, iar cel stâng un individ afectat și disprețuitor. Intervenția degetelor mijlocii indică, la stânga, o imagine de sine devalorizată, iar la dreapta, o lipsă de încredere în sine sau în propriile capacități, ba chiar o sumă de prejudecăți bine înrădăcinate. Pe plan statistic, degetele inelare sunt la egalitate cu degetele mijlocii. Inelarul stâng poate indica o lipsă de investiție masivă sau o pierdere, iar cel drept un temperament de veleitar. I se întâmplă fiecăruia dintre noi să „facă toaleta" nărilor, ceea ce n-are consecințe atunci când asta se întâmplă în singurătate, departe de privirile celorlalți. Scobitul în nas nu e neapărat un gest nociv. Repet, este o operațiune de toaletare al cărei obiectiv inconștient este de a te debarasa de gândurile obsesive.

Dacă vă surprindeți scobindu-vă în nas cu scrupulozitate, să știți că trebuie să vă faceți urgent ordine în gânduri.

Poluarea își are sursa în mintea omului și se extinde în mediul său înconjurător. Altfel spus, a-ți curăța nasul de crustele de mucus uscat înseamnă a murdări natura din jur.

Copiii care se scobesc des în nas au probleme de concentrare. Mentalul lor este invadat de gânduri obsesionale. Ei nu mai reușesc să-și focalizeze mintea.

Nasul lui Cyrano

Nasul proeminent este esențial masculin și adeseori considerat un simbol falic. Potrivit credinței populare, cu cât nasul este mai mare, cu atât și penisul este mai mare. De aceea un individ dotat cu un nas deosebit de lung, precum Cyrano de Bergerac de exemplu, devine subiect de ironii și de glume deocheate.

NĂRILE

Sediu simbolic al generozității, subtilității și spiritualității (în ambele sensuri ale cuvântului: cel de minte ageră, perspicacitate și umor și cel referitor la suflet sau religie), nara stângă depinde de zona dreaptă a creiurului (afectiv). Ea simbolizează plăcerea, generozitatea, umorul și indulgența.

Simbolic, nara dreaptă este preferata hindușilor. Sediu al capacității de a evolua prin învățare și prin flexibilitatea mecanismelor de înțelegere, nara dreaptă depinde de zona stângă a creierului (cognitiv). Ea este simbolul șansei, al intuiției și al fatalității destinului. Probabil că nu știți, dar un fatalist ia viața așa cum se duce, în timp ce un filosof (cam epicurian) ia viața așa cum vine.

Scărpinatul nărilor

Interlocutorul își scarpină nara stângă cu arătătorul stâng.

Ezită să fie tranșant, dar ține să păstreze un subtil avantaj. Dacă sunteți autorul acestei secvențe, vă exprimați gestual ironia.

Interlocutorul își scarpină nara stângă cu arătătorul drept.

Schimb de părți laterale! Interlocutorul este stânjenit, încearcă să controleze situația, deși nu o stăpânește. Are impresia că-i lipsește subtilitatea. Dacă faceți acest gest, vă bateți joc pe ascuns de cel care vă vorbește sau încercați să vă temperați discursul pentru a vă face înțeles.

Interlocutorul își scarpină nara dreaptă cu arătătorul drept.

Se gândește cum să procedeze pentru a nu se lăsa păcălit sau pentru ca discuția să evolueze în favoarea lui. Dacă sunteți cel care face acest gest, încercați să înțelegeți intențiile profesorului.

Interlocutorul își scarpină nara dreaptă cu arătătorul stâng.

Inversiune! Interlocutorul vostru se simte încolțit. Nu înțelege unde vrea să ajungă adversarul său. Dacă faceți acest gest, vă simțiți depășit de vorbele interlocutorului. Mecanismele voastre de înțelegere nu țin pasul.

Amintiți-vă că ne scărpinăm nasul pentru a exprima în general perplexitatea sau ezitarea, ca și cum perspicacitatea noastră n-ar fi pe fază. Simplă reacție de stres în fața unei situații de incertitudine, și nu cum pretind unii cercetători absurzi, care afirmă sus și tare că numai mincinoșii își scarpină nasul. Nasul lui Pinocchio mai are încă zile frumoase în fața lui. El îi inspiră chiar și pe oamenii de știință mai poeți.

Mâncărimea nărilor

Când te mănâncă nasul foarte des, pe ecranul mental stă scris frustrare sexuală. Vascularizarea nasului în timpul excitației sexuale face ca acesta să fie foarte sensibil la atingere. Care este nara cea mai solicitată? Dacă e stânga, posesorul nasului preferă sexul plin de tandrețe, cu nesfârșite mângâieri. Dacă e dreapta, e adeptul sexului „hard“ cu repetiție.

Dacă începe să vă mănânce nasul fără să fie vorba de sex, înseamnă că situația pe care o trăiți vă stresează mai mult decât trebuie. Detașați-vă un pic de ea, ducându-vă la toaletă de exemplu. Cu ocazia asta, vă ușurați și de stres.

Nasul în acțiune

Iubita își freacă vârful nasului înainte și-napoi cu dosul degetului arătător.

Gestul nu are nicio conotație sexuală, decât dacă cei din anturaj vorbesc despre sex! Iubitei voastre îi lipsește mai degrabă drogul ei favorit, adică bârfele picante care îi alungă plictiseala cotidiană.

Observați un soi de fremătare cabalină a nărilor interlocutorului.

Acesta își exprimă în mod inconștient nerăbdarea și disprețul față de propunerile pe care urmează să i le faceți. Dacă e vorba de o nouă întâlnire, nerăbdarea cu pricina semnifică probabil că pierdeți un timp prețios făcându-l să aștepte în loc să treceți la lucruri serioase.

Subiectul afișează un rânjet în timp ce-și sprijină extremitatea degetului arătător pe vârful nasului.

Făcut cu arătătorul sau cu degetul mare, acest gest zeflemitor înseamnă același lucru: individul își bate joc de voi mai pe ocolite.

Secvența gestuală este ironică. „Supraeul" ia în râs abilitatea lipsită de orgoliu.

Interlocutorul își apucă nasul între degetul mare și arătător și îl scutură de la stânga la dreapta cu putere.

Încearcă să-și trezească flerul aflat în stare de hibernare.

Vă împingeți vârful nasului cu vârful degetului arătător.

„Îți lipsește flerul!" – acesta este mesajul involuntar pe care vi-l trimite inconștientul dumneavoastră.

Așezat la biroul său, interlocutorul dumneavoastră își turtește vârful nasului cu vârful degetului arătător.

Nasul este sediul simbolic al abilității. Ah, dacă nasul ar fi o comandă electrică! Dar degeaba apasă degetul, abilitatea nu e prezentă la întâlnirea gestuală pe care i-a

fixat-o. Când îți turtești flerul, el se aplatizează ca orice alt lucru. Interlocutorul este genul care naufragiază într-o băltoacă sau se îneacă într-un pahar cu apă.

Superiorul își scarpină nările cu vârful degetului arătător în timp ce vă ascultă argumentele.

Din două una: ori nu înțelege unde vreți să ajungeți, ori își exprimă ezitarea. Unii dintre politicienii noștri sunt abonați la gestul ăsta, ceea ce arată nivelul responsabilității acestor domni. A lua o decizie înseamnă a dovedi că ești responsabil.

Interlocutorul dumneavoastră își astupă în mod regulat nasul, prinzându-l între degetul mare și arătător ca într-un clește.

Dacă interlocutorul își astupă astfel nasul în mod repetat, sunteți în prezența unui sceptic de nivel olimpic, care-și afișează incredulitatea ca pe o medalie.

Poate să mai facă acest gest și fiindcă simte o mâncărime în vârful nasului sau în nări. Doar dacă nu-l face în mod inconștient, pentru a evidenția pe plan simbolic duhoarea unor vorbe deplasate. Ne ciupim de nas atunci când nu vrem să respirăm un miros urât în sens figurat. E posibil ca interlocutorul vostru să-și astupe nasul pentru a vă semnala că e pe cale s-o ia, fără să vrea, pe un drum care nu duce nicăieri.

Interlocutorul dumneavoastră își pișcă rădăcina nasului folosindu-se de degetul mare și de arătător.

Pișcarea rădăcinii nasului nu apare în principiu decât în două circumstanțe: când ești contrariat sau când ești obosit. Totuși, gestul poate fi făcut și în cazul unei tulburări de viziune în sensul cel mai larg al termenului, ceea ce poate îngloba viziunea intelectuală asupra unei dezbateri care îl depășește sau îl plictisește pe interlocutor. În psiho-anatomie, rădăcina nasului este sediul concentrării mentale. O pișcăm pentru a ne aduna gândurile plecate la plimbare.

În unele circumstanțe, acest gest poate indica nevoia de a face gol într-o conștiință tulburată de un sentiment de furie care crește, crește, crește, urmând să explodeze. Indivizii cu un temperament coleric au tendința să repete acest gest de cum sunt puși pe banca acuzaților. Este de asemenea și un semnal de exasperare.

Subiectul observat își trage nasul încontinuu în loc să și-l sufle.

A-ți trage nasul înseamnă totodată să păstrezi în tine sursa maladiei care duce la eșecul acțiunilor tale. Dacă puștiul dumneavoastră își trage nasul, cumpărați-i batiste de hârtie și explicați-i că suflatul nasului este un remediu împotriva eșecului școlar. Dacă nu vă crede, cereți-i să-și observe colegii de clasă și să vă spună constatările. Cei care-și trag nasul sunt în general cei care stau în fundul clasei: leneșii.

Individul care-și trage nasul în loc să și-l sufle reproduce un comportament infantil, afișând o conduită adultă lipsită de maturitate. O conduită care duce la eșec. Superstițios, dezabuzat, nesigur, cinic și morbid, nu-i poți dori decât să piară în tăcerea singurătății lui. Boșorogul ăsta mucos este un ratat de frunte.

De reținut:

În psiho-anatomie, nara stângă este sediul simbolic al simțului umorului și al spiritualității.
Nara dreaptă este sediul simbolic al mecanismelor de înțelegere și învățare.
Nările reprezintă simbolic spiritualitatea și înțelegerea. Ele se asociază la simbolistica nasului în ansamblul ei.
Nasul reprezintă sediul simbolic al flerului și al abilității.
Linia nasului reprezintă unul dintre sediile simbolice ale narcisismului.
Rădăcina nasului este sediul simbolic al concentrării.

GURA

Gura este sediul geloziei. Dar este și un orificiu destinat plăcerii. Plăcerea de a te hrăni, de a(-ți) oferi plăcere prin sărut.

Gura strâmbă, buzele strânse, comisurile lăsate în jos sunt tot atâtea semne ale unei încrederi în sine abandonate în favoarea neîncrederii, a urii sau a amărăciunii. Numărul mimicilor compromițătoare ce afectează mobilitatea buzelor este incalculabil.

În schimb, gura individului încrezător în sine se remarcă imediat, oricare ar fi morfologia buzelor sale. Gura i se armonizează mereu cu restul feței, în toate circumstanțele. Are tendința de a pronunța deslușit atunci când vorbește, ceea ce îi pune în mișcare un număr important de mușchi faciali. Conștientizarea mișcării chipului atunci când vă exprimați necesită un efort de atenție susținut, dar foarte profitabil până la urmă.

Atitudinile semnificative în care gura este singura solicitată sunt relativ puțin numeroase. Ea este asociată cel mai adesea cu alte părți ale corpului, cu degetele sau mâinile în special.

Ceea ce se știe mai puțin este faptul că gradul de încredere în sine este legat de mimica gurii și a buzelor, care evidențiază frumusețea estetică. Oratorii buni se exprimă cu o gură foarte mobilă, întocmai ca și mimica feței.

Gura și programarea neurogestuală

Dacă sunteți orator sau profesor, faceți efortul de a citi un text câteva minute pe zi, articulând cuvintele în mod exagerat, pentru a vă destinde mușchii feței. Există și o tehnică de relaxare a feței și a zâmbetului prin descărcări ideomotoare, tehnică învățată la cursurile din cadrul stagiilor de programare neuro-gestuală organizate de școala gesturilor.[1] Aceste descărcări ideomotoare eliberează mușchii feței, provocând o serie de grimase involuntare, adesea caraghioase, dar care au un efect revitalizant imediat asupra tonicității și elasticității pielii. E suficient să le consacrați 5-10 minute pe zi pentru ca ridurile de bătrânețe să dispară, iar fața să-și recapete tinerețea după câteva săptămâni de exerciții zilnice. Cât despre descărcarea ideomotoare aplicată zâmbetului, aceasta este o eliberare a mușchilor zigomatici a căror psihorigiditate conduce inevitabil la o respingere socială, pe de o parte, și neutralizează orice sentiment de simpatie spontană, pe de altă parte. Este o excelentă tehnică antistres. Singura „piedică": autodisciplina, adică să vă impuneți să repetați acest exercițiu în fiecare zi, fără excepție.

Forma buzelor

Limbajul morfologic al buzelor spune multe despre modul în care o femeie sau un bărbat își savurează viața amoroasă. Căci buzele își modifică forma de-a lungul copilăriei, apoi a adolescenței, în funcție de calitatea vieții. Adultul se va trezi cu o gură care alunecă spre dreapta sau se contorsionează la stânga atunci când vorbește ori când zâmbește, o gură țuguiată care imită sărutul, o buză superioară rigidă sau mobilă, o buză inferioară în V etc. El va crește acceptându-i caracteristicile, dar subtilele modificări ale conturului buzelor îi vor marca etapele existenței. Ea va avea o gură „cu pupici", el va avea un relief „amar" sau un „rânjet" în colțul buzelor; ea va avea o gură „rotunjită" sau buze pline cu colțurile ridicate, o gură zâmbăreață sau bosumflată etc. Putem citi totul pe buzele unui individ, fie el copil sau adult: fericirea, tristețea, furia, nefericirea... Deformări subtile pe care trebuie să învățăm să le descifrăm. Femeile au

[1] Școala gesturilor (www.ecoledesgestes.com) a fost înființată de Joseph Messinger în 2010, la Limeray. (N. tr.)

un avantaj: pot să-și machieze buzele dacă sunt prea subțiri, să-și implanteze botox în buzele obosite, însă deformarea labială care le trădează sentimentele este mereu vizibilă.

În mod ciudat, această mimică este mai ușor de stabilit la o femeie decât la un bărbat. Evoluția ei rămâne constantă pe tot parcursul vieții. O perioadă de fericire sau de încredere în sine poate să-i modifice imperceptibil conturul și să transforme registrul întregului chip. Nu întâmplător o femeie îndrăgostită arată bine. Buzele se eliberează de stresul singurătății sau de sentimentul eșecului afectiv.

Gura cu căluș

Sprijinit în cot, interlocutorul își ascunde gura în spațiul dintre degetul mare și arătător depărtate la maximum, ca și cum și-ar fi pus un căluș.

E vorba de o secvență gestuală defensivă pe fond de neîncredere. Interlocutorul vă găsește prea politicos pentru a fi complet onest, motiv pentru care își protejează gingiile. Dacă sunteți pe cale de a-i face niște promisiuni în timp ce el afișează aces gest, să știți că nu vă ia în serios.

Dacă face gestul cu mâna stângă, se protejează emoțional împotriva argumentelor sau a puterii voastre de convingere. Vă măsoară din priviri pentru a găsi cel mai bun mod de a vă contra.

Dacă face gestul cu mâna dreaptă, înseamnă că nu vă crede și că n-are intenția să vă urmeze.

Cu masca la gură

Acest refren gestual devine uneori invariabil la unii indivizi. Mâna stângă care ascunde gura este cea a trișorului, mâna dreaptă este cea a intelectualului ambiguu sau echivoc.

Sprijinit în cot, interlocutorul își astupă gura cu palma uneia dintre mâini.

Primul caz: masca simbolică obturează orice posibilitate de dialog. Interlocutorul dumneavoastră închide literalmente postul, împiedicându-se să deschidă gura și să reînceapă discuția.

Al doilea caz: îndrăzneala de a rupe o tăcere protectoare (sau de a întrerupe unul sau mai mulți interlocutori necunoscuți) este însoțită automat de o autorepresiune gestuală a gurii sau a buzelor. Este una dintre regulile care nu suferă practic nicio excepție. Această secvență gestuală provine din prima copilărie și de la gestul cu degetul arătător pus pe buze menit să reducă la tăcere un copil prea vorbăreț. Utilizat într-un context diferit, acest gest indică o autocenzură verbală dublată de o activitate mentală refractară (obiecție mentală) la propunerile sau la argumentele enunțate... „Nu îndrăznesc să vă întrerup, dar nu cred o iotă..."

Al treilea caz: vă astupați gura când vă recitiți o proză, un e-mail sau un raport pe ecranul computerului personal. Când sunteți singuri, masca la gură vă ajută să vă concentrați, permițând spiritului critic să dețină monopolul. Recitirea presupune o detașare de sine cu scopul de a regăsi o obiectivitate imposibilă în momentul creației propriu-zise.

În contextul recitirii, mâna care astupă gura este un reflex gestual invariabil. Făcut cu mâna stângă, gestul dezvăluie un subiect mai mult impulsiv decât echilibrat, mai mult creativ decât metodic. Emoția este stăpână. Făcut cu mâna dreaptă, gestul trădează un subiect rațional, metodic și perfect organizat mental. Emoția trece în plan secund, în caz că intervine.

De reținut:

În psiho-anatomie, gura este simbolul geloziei.

BUZELE

Știați că încrederea în sine este strâns legată de mobilitatea buzelor? Gradul de încredere în sine depinde de animația labială (frecvența mișcării buzelor), deci o animație legată de bogăția lor expresivă. Cu cât buzele sunt mai rigide când vă exprimați, cu atât trădează mai mult lipsa de încredere în sine și antrenează inconștient nevoia de a vă ascunde gura acoperind-o cu mâna. Nu vă temeți să articulați cuvintele atunci când vorbiți, veți evita astfel în mod spontan să vă ascundeți buzele, iar gradul de încredere în sine va crește rapid.

Așa cum gura e făcută pentru a mânca și limba pentru a vorbi, buzele sunt făcute pentru a săruta. Ca și forma nasului, conturul lor nu este legat doar de programarea genetică. Un seducător foarte pupăcios se va exprima țuguindu-și buzele. Arthur[1], animatorul TV, este o ilustrare a acestui exemplu. Cel care vizează mai jos decât fața va avea buze mai puțin expresive și o privire mai pătrunzătoare. Femeile care au buza inferioară proeminentă sunt niște romantice sentimentale interesate mai mult de sărut decât de sex. Buzele în formă de „castron răsturnat" (ca un „corn" cu colțurile în jos) trădează niște ființe triste sau nesatisfăcute pe plan amoros, și nu numai. Comisurile buzelor lăsate în jos sunt un semn de frustrare la care puțini seducători sunt atenți.

[1] Pseudonimul lui Jacques Eseebag, celebru pentru emisiunile lui de pe France 2 și TF1. (N. tr.)

Oricât de frumoasă e femeia pe care visați s-o aduceți în patul vostru, dacă are comisurile buzelor arcuite în jos, o pândește o mare decepție.

În vocabularul psiho-anatomic, *buza superioară* este sediul simbolic al minciunii și al furiei. Aceasta încremenește imperceptibil atunci când una din aceste două atitudini tind să se manifeste. *Buza inferioară* este sediul simbolic al avidității sau al cupidității. Cu cât buza inferioară este mai mare și mai rotunjită, cu atât subiectul este, pare-se, mai avid, mai lacom. Aceste caracteristici nu sunt înnăscute din punct de vedere morfologic, ele rezultă din experiența comportamentală a subiectului observat.

Buzele emit un semnal sexual puternic. Dar nu toate gesturile care sunt asociate cu ele degajă în mod evident senzualitatea proprie acestui semnal. Totuși, plăcerea resimțită sau nu atunci când le atingem involuntar cu vârful degetelor sau când ne trecem limba pe suprafața lor pentru a le umezi nu v-a scăpat probabil. Buzele sunt porticul gurii, de care ne servim pentru a absorbi hrana-plăcere. Ele sunt totodată primul instrument de contact preferat în parada amoroasă perfectă. Nu întâmplător femeile au adoptat rujul de buze pentru a atrage atenția asupra lor.

Buzele în acțiune

Sprijinit în cot, interlocutorul își trece în mod repetat degetul arătător peste buze fără a scoate sunetul caracteristic bebelușului.

Secvența gestuală denotă o atitudine de perplexitate din partea unui om de decizie care cade pradă îndoielii. E rar întâlnită, dar cu atât mai elocventă, încât nu rezist plăcerii de a v-o traduce: interlocutorul consideră că încercați să-l manipulați. Reacția lui gestuală e zeflemitoare, ca și când v-ar da cu tifla.

Sprijinit în cot, interlocutorul face arpegii digitale, trecându-și succesiv degetele pe buza inferioară.

Sunteți în prezența unui individ scump la vorbă, zgârcit cu sfaturile și puțin înclinat să vă urmeze dacă nu-și vede interesul personal. Trebuie neapărat să plătiți ca să vă ajute să sacrificați mielul pe altarul ambițiilor voastre, ambiții pe care și le va însuși după aceea. Acest tip de gest trădează un temperament carierist.

Interlocutorul își mângâie buza inferioară cu vârful degetului arătător.

Intervenția buzelor deviază sensul inițial al mângâierii recunoscătoare. Interlocutorul vostru consideră că vă lipsește franchețea în ceea ce-l privește. Trebuie spus că franchețea nu face parte nici din CV-ul lui. Dacă este vorba de o femeie care vă place, aceasta consideră că vă lipsește îndrăzneala de a o aborda. Gestul capătă, în acest caz, un sens evaluator.

Cu gura țuguiată, interlocutoarea își mângâie buzele de jur-împrejur cu vârful degetului arătător, ca și cum s-ar ruja.

Gestul este tipic feminin. Interlocutoarea încearcă să vă inducă în eroare; de fapt, se simte tulburată emoțional de prezența dumneavoastră sau de manevra pe care o faceți.

Interlocutorul își strânge buzele cu putere, lipindu-le ermetic și făcându-le practic să dispară.

Această mimică îi caracterizează pe indivizii pudibonzi sau virtuoși, dar strângerea buzelor este și expresia unei forme de dezgust. Dezgustul ține de o atitudine globală de respingere. Deschiderea socială începe pe buze prin rostirea cuvintelor care ne permit să comunicăm. Închiderea, izolarea, se realizează logic în același loc.

Sprijinit în cot, interlocutorul dumneavoastră își apucă buzele cu vârful degetelor strânse laolaltă.

E ca și cum am împiedica un cioc de rață să se deschidă. Interlocutorul vostru se simte copleșit și eventuala nerăbdare nu îmbunătățește lucrurile. Această secvență gestuală indică un sentiment de constrângere.

Buzele reprezentantului personalului rămân inerte în timp ce acesta își citește cu voce tare discursul în fața comitetului.

Buzele înțepenite, ba chiar inexpresive, denotă mai mult o rigiditate decât o flexibilitate a intențiilor sale reale. Rigiditatea buzei superioare este un semn de psihorigiditate, cum e și firesc. Animația buzelor și gradul lor de deschidere în stare de repaus sunt semnale esențiale.

Interlocutorul își scarpină comisurile buzelor cu vârful unghiei, schițând o grimasă de dezgust sau de dispreț.

Dacă faceți acest gest, veți constata că e imposibil să-ți scarpini comisura buzelor fără să schițezi o mică grimasă care provoacă o distorsiune lipsită de eleganță a mușchilor orbiculari ai gurii. Reproducerea frecventă a acestei secvențe gestuale este semnul unui temperament invidios. Atenție la excesul de familiaritate cu genul acesta de indivizi!

Interlocutorul își trage comisura dreaptă sau stângă a buzei înspre obrazul corespunzător, producând o grimasă care nu-l avantajează.

Această grimasă unilaterală se observă frecvent la persoanele hipersensibile și superstițioase care încearcă să se protejeze afișând o mutră ironică. Este foarte folosită de animatorii de televiziune care cred în „lăbuța de iepure" norocoasă.

Interlocutorul dumneavoastră își mușcă buza superioară sau pe cea inferioară.

Gestul acesta indică o indispoziție evidentă. Interlocutorul vostru este depășit de situație sau surmenat. Când o femeie își mușcă buza inferioară, ea își exprimă teama în general. Reprodus într-un context de seducție, gestul poate traduce un sentiment de exaltare amoroasă.

Sprijinit în cot, interlocutorul își apucă buzele, strângându-le între degetul mare și arătător.

Își sigilează buzele pentru a nu vă întrerupe, deși hotărârea lui este deja luată. Recitiți *Vicleniile lui Scapin*, a genialului Molière, și o să vă edificați asupra a ceea ce vă rezervă interlocutorul! Tot ceea ce o să vă dea vreodată sunt lacunele, defectele și lipsurile lui, și pe astea în silă. Tipul este un prefăcut, un laș fără glorie, un judecător de instrucție adept al legalității care va asasina Justiția dacă are de câștigat din asta.

Sprijinit în cot, interlocutorul dumneavoastră își strânge buzele între degetul arătător și cel mijlociu.

O secvență gestuală care arată că discuția îl obosește mental sau că întrevederea i se pare sterilă.

Sprijinit în cot, interlocutorul trage de buza inferioară.

Protruzia (acțiunea de a împinge un organ înainte) buzei inferioare este o mimică de dezavuare simulată. Mesajul e că nu sunteți destul de rentabil pe termen scurt. Nu trebuie să uitați că buza inferioară este sediul simbolic al lăcomiei.

Sprijinit în cot, interlocutorul trage de buza superioară.

Interlocutorul vă consideră un mare mincinos. Vă atribuie propriul defect, bineînțeles. Nu este buza superioară sediul simbolic al minciunii? Protruzia buzei superioare trădează o atitudine ambivalentă bazată pe un temperament de politician. Se spune adesea despre acest gen de „Pinocchio“ că are o „limbă de lemn ascuțită“.

Buzele interlocutorului se ridică în sus de câte ori acesta ia cuvântul.

Răsfrângerea buzelor este o mimică observată în general la indivizii care au tendința să vorbească „din vârful buzelor“. Mimica este aidoma cu cea a gurii țuguiate. Subiecții care o reproduc dau impresia că-și sărută de departe interlocutorii de câte ori iau cuvântul.

Buza superioară a interlocutorului respinge buza inferioară spre exterior.

Această secvență gestuală este expresia unei uimiri. Este suficient să reproduci acest tip de mimică pentru a începe să te îndoiești automat de tot. Interlocutorul se pregătește să vă respingă argumentele sau să vă îngroape proiectul.

Interlocutorul vă ascultă susținându-vă proiectul, cu buzele strânse ca și cum ar fi pecetluite.

Cu mușchii orbiculari contractați, interlocutorul strânge din buze ca să nu vă întrerupă, deși hotărârea lui e luată în ceea ce vă privește. Buzele strânse atât de tare încât le dispare pigmentația sunt în general buzele unui individ foarte nemulțumit sau foarte frustrat. Buzele ferecate exprimă amărăciune, acreală ori sarcasm.

Interlocutorul își încrețește buzele în direcția nasului.

Această mimică deosebită transmite același mesaj ca ținutul cu mâna de nas atunci când nu vrei să simți un miros urât. Există cuvinte care miros urât. Nu știați? Ale dumneavoastră sunt, evident, nocive din punctul de vedere al interlocutorului.

Interlocutorul se strâmbă în timp ce vă ascultă și buzele țuguiate îi rămân încremenite.

Buzele țuguiate sunt echivalentul buzelor strânse sau subțiate până la dispariție. Interlocutorul strânge din buze ca să nu fie nevoit să-și astupe nasul. Este un semn de dispreț. Pentru a-l destabiliza, focalizați-vă privirea pe buzele lui în timp ce îl ascultați sau îi vorbiți; în cele din urmă, se va simți stânjenit. Și veți putea profita de asta pentru a fi din nou stăpân pe situație.

În timp ce vă ascultă argumentele, interlocutorul își linge buza superioară.

Când un individ își linge buza superioară, înseamnă că vă ridiculizează. Când își linge buza inferioară, își estimează sau își evaluează șansele și își afișează aviditatea. Ridiculizarea este un soi de umor fraudulos care se bazează pe minciună sau travestire. Ridiculizezi pe cineva pentru a-l umili și a te simți superior. Ridiculizarea urmărește întotdeauna un mic beneficiu care poate fi câștigat de pe urma naivității interlocutorului.

La sfârșitul unui comentariu, buzele interlocutorului schițează un vag zâmbet ironic.

Mimica dă de înțeles că interlocutorul știe mai multe decât vrea să spună. Vă face pomană cu zvonurile pe care tocmai vi le-a adus la cunoștință, dar vă scutește de durerea unui adevăr insuportabil.

Interlocutorul își împinge comisurile buzelor spre obraji, reproducând un zâmbet fals, foarte mecanic.

Pisălog, plângăcios, zgârcit, prevăzător, scrupulos, el nu-și conjugă viața decât la modul condițional, neutilizând decât foarte rar timpul prezent sau viitorul. Interlocutorul se ploconește în fața superiorilor săi și își disprețuiește subalternii.

Interlocutoarea își netezește comisurile buzelor, folosindu-și concomitent degetul mare și arătătorul.

Acest gest de curățare a comisurilor lipicioase este gestul tipic al mincinosului dublat de un escroc. Toți ne putem trezi într-o bună zi în postura șarlatanului aflat în fața unui interlocutor care știe prea multe despre el. În toate CV-urile există pete de neșters. Nimeni nu este cinstit. Cu toții avem mici zone întunecate în amintirile noastre, niscaiva tinichele agățate de coadă, fapte de care nu suntem prea mândri și care generează un asemenea gest. Așa stând lucrurile, vă avertizez în privința interlocutorilor care ar putea reproduce acest cod gestual infect sub nasul dumneavoastră. Trădează un intrigant uns cu toate alifiile.

Interlocutorul vostru își arcuiește buzele în formă de corn de lună.

Odată cu vârsta, calitatea vieții trăită de o persoană lasă urme în forma buzelor. „Cornul de lună“ cu colțurile în jos (sau „castronul răsturnat“) este caracteristic ființelor care au învățat să-și cultive amărăciunea. La doar treizeci de ani, unele femei sunt deja însemnate cu pecetea infamei amărăciuni, acolo unde forma buzelor altor femei de cincizeci de ani active lasă să se perceapă o ridicare a comisurilor. Buzele în formă de corn de lună, cu colțurile trase în jos, reprezintă semnătura disprețului sau a dezgustului. Răutatea persoanelor cu astfel de buze este perceptibilă în conduita lor, care se vrea totuși una plină de compasiune. Ele au trăit o viață de frustrări care le face să-și dorească tot ceea ce n-au putut să aibă.

Interlocutorul își linge rând pe rând comisurile buzelor în timp ce vorbește.

Absența salivării este în general legată de lipsa încrederii în sine și de stresul pe care aceasta îl generează. Dacă interlocutorul rămâne fără salivă, înseamnă că îi lipsește siguranța, doar dacă nu cumva regretă că a fost prea spontan.

Buzele cu piercing

Astăzi, piercingul în buze este destul de obișnuit, practicându-se cel mai adesea pe sau sub buza inferioară, semn de severitate sau de rapacitate afișată cu inocență. Experiența îmi permite să confirm că acest piercing special corespunde indivizilor materialiști foarte hotărâți în căutarea profitului în sensul cel mai larg al termenului. Piercingul sub buza inferioară indică o tenacitate care nu se împiedică de scrupule inutile.

De reținut:

În psiho-anatomie, buza superioară este sediul simbolic al minciunii și al furiei.
Buza inferioară este sediul simbolic al avidității și al dorinței.
Buzele simbolizează libidoul.

DINȚII

Dinții albi

„Moda a venit întotdeauna de sus. Astfel, în secolul al XVI-lea, regina Elisabeta I a Angliei, având dantura stricată din cauza dulciurilor, a lansat moda dinților cariați. Prima soție a lui Napoleon, Joséphine de Beauharnais, avea și ea dinții stricați. Astăzi, tendința vine de la Hollywood, unde celebritățile își afișează triumfătoare smalțul imaculat al dinților ireproșabili și buzele roșii și cărnoase."[1]

Să ai dinți foarte albi și bine aliniați este astăzi un atu inevitabil pe plan profesional. Un recrutor va angaja mai ușor o persoană cu zâmbet imaculat decât un candidat net mai competent, dar ai cărui dinți sunt îngălbeniți de nicotină sau strâmbi. Și va avea dreptate fără s-o știe, căci va angaja o persoană capabilă să aștepte o oră în plus pentru a primi două bomboane în loc de una. Ce înseamnă asta? Că acel candidat cu dinții perfecți va fi apt să se implice fără reținere în succesul carierei. Va fi el mai seducător? Va fi ea mai atrăgătoare? Bineînțeles! Recrutorul se va simți valorizat prin alegerea acestui candidat pentru firma clientă? Bineînțeles! Căci cel care a purtat aparat dentar ani de zile pentru a-și îmbunătăți zâmbetul, cel care s-a chinuit zilnic minute în șir să-și treacă ața dentară printre dinți, acela va fi capabil să reziste frustrării, inevitabilă atunci când ești nou angajat într-o firmă. De câte ori pe zi vă spălați pe dinți? Nu e de-ajuns.

Dinții care scrâșnesc

Frecarea convulsivă a dinților unii de alții în timpul somnului este o reacție strâns legată de furie. După Desmond Morris, ar putea fi vorba și de o reacție instinctivă

[1] *Ça m'interésse*, *op. cit.*, p. 30.

care apare în timpul unui vis la un individ frustrat. Mi se pare logic ca frustrarea să fie la originea acestei reacții nocturne, tot așa cum furia este la originea frustrării.

Scrâșnirea din dinți este rezultatul unei furii înăbușite asociate cu o frustrare profundă. Frustrarea antrenează o creștere a stresului, multiplicând în mod automat reacțiile autoagresive sau heteroagresive. Dar ceea ce fără îndoială nu știți este faptul că frustrarea este cauza tuturor acceselor de angoasă irațională de care vă plângeți, dacă aveți așa ceva. Frustrarea este cauza multor sentimente care depind de ea, precum gelozia, invidia, concupiscența, ranchiuna sau nevoia de răzbunare, care sunt cele mai reprezentative. Ieșiți din situația sau din contextul care vă alimentează frustrarea și veți beneficia la sfârșit de o serenitate aproape divină. Ușor de zis... dar ca să ajungeți aici este adesea indispensabil să vă reconsiderați conduita, ceea ce nu e tocmai floare la ureche.

În psiho-anatomie, dinții sunt sediul simbolic al frustrării.

Dinții cu strungăreață (dinții cu noroc sau dinții fericirii)

Potrivit credințelor populare, persoanele care au incisivii superiori depărtați sunt foarte norocoase. După propriile mele observații, majoritatea indivizilor dotați cu incisivi depărtați sunt personalități foarte hotărâte. Însă a afirma că beneficiază de un procent de noroc peste medie mi se pare cam hazardat. Dar este posibil să existe un raport între noroc și determinarea, ba chiar tirania subiectului dotat cu diastemă, numită de obicei „strungăreață". Manipulatorii tiranici sunt mai hotărâți decât media oamenilor. Ambițiile lor nu sunt vise deșarte. Când vizează un obiectiv, nu ezită să-i calce în picioare pe cei care i-au ajutat să-l atingă. Sunt însetați de absolut, de o perfecțiune care poate uneori să-i piardă pe drum, dar care adesea îi însoțește până la sfârșitul bătăliei.

Dinții în acțiune

Sprijinit în cot cu brațul îndoit, interlocutorul dumneavoastră își freacă dinții cu buricul degetului arătător.

Un cod gestual care îi confirmă ambiția devorantă, dublată de o indiferență totală față de soarta umanității. E posibil să aveți de-a face cu regele productivității minime sau cu o specie de mamifer mândru de existența lui. Nu vă luați după aparențe, dar fiți prudenți totuși până când expiră perioada de probă a contractului său.

Interlocutorul aspiră aerul prin strungăreața dinților.

Îngrozitor de enervant, acest comportament corespunde profilului unui individ sceptic din cauză că rămâne fidel prejudecăților lui. A aspira echivalează cu a absorbi pentru a distruge.

Dacă vă este șef, vă plâng din toată inima. Dacă este un coleg, faceți în așa fel și evitați-l pe cât e cu putință. Dacă este un subaltern, mutați-l în alt departament! Dacă e vorba de un client, veți descoperi foarte repede că este un intrigant intolerabil. Faceți-l cadou firmei concurente!

Interlocutorul bate ușor în incisivi cu vârful unghiei de la degetul arătător.

O secvență gestuală caracteristică respingerii celuilalt. Ea aparține aceluiași registru ca și cea care constă în a bate darabana de nerăbdare pe o masă. Interlocutorul vostru nu vă mai aude. A încetat să vă asculte în momentul în care a început să fie preocupat de dinții lui. Așa că vorbiți în gol.

Chiar în toiul discuției, interlocutorul dumneavoastră își bagă incisivii sub unghia de la degetul mare.

Atitudinea de respingere vine din faptul că gestul trădează o proiecție simbolică în direcția interlocutorului.

Interlocutorul își trece limba peste incisivii superiori pentru a treia oară, cel puțin, de la începutul întrevederii.

Văd în acest gest mai degrabă un interes pentru bani decât o nevoie de a-și curăța dinții. Dacă interlocutorul dumneavoastră este o femeie, acest lucru nu schimbă datele problemei.

Interlocutorul dumneavoastră încearcă să se scobească discret între dinți, acoperindu-și gura cu mâna.

Iată o manieră nu prea elegantă de a prelungi plăcerea înainte de a vă anunța că produsul dumneavoastră nu-l interesează deloc, asta ca să vă facă să vă reduceți pretențiile. O secvență gestuală care vă avertizează că manipularea se profilează la orizont.

De reținut:

În psiho-anatomie, dinții simbolizează rezistența la frustrare.

LIMBA

Este un organ remarcabil cu multiple funcții, suprafața ei aspră fiind acoperită cu 9 000-10 000 de papile gustative capabile să detecteze patru gusturi diferite: sărat și dulce pe vârful limbii, acru pe lateral și amar în spate. Dar, pe lângă rolul său capital în procesul de fonație, limba este și un organ de comunicare vizuală. A scoate limba este un mod gestual tipic de a lua în derâdere pe cineva, gest echivalent cu a da cu tifla. Sediu simbolic al instinctului de conservare în vocabularul psiho-anatomic, acest organ musculos și mobil protejează ființa umană, întrucât îi oferă posibilitatea de a comunica cu semenii, dar și fiindcă este un instrument major în cadrul alimentației. O limbă pentru a vorbi, o limbă pentru a mânca. Două funcții esențiale în ocrotirea speciei.

Limba în acțiune

Interlocutorul își sprijină vârful limbii de incisivii maxilarului inferior. Gura este ușor întredeschisă.

E vorba de un soi de tic, interlocutorul este mai obișnuit s-o dea în bară decât să reușească. Sunteți în prezența unui șarlatan care-și vinde cu reducere incompetența, așa cum vinzi un covor oriental *made in Belgium* unui negustor libanez. Asta dacă gestul se repetă regulat.

Interlocutorul își împinge limba în interiorul obrazului cu un zâmbet slab.

Mimica este complice și nu lipsită de simpatie pentru cel căruia îi este adresată, dar zeflemitoare pentru cel care o face. (Vedeți și capitolul „Obraji".)

Interlocutorul își împinge limba în cerul gurii, cu buzele întredeschise.

Este un vulpoi viclean care vă consideră o orătanie numai bună de jumulit. Dacă îi faceți propuneri concrete, o să se lase rugat, o s-o facă pe incoruptibilul ofuscat pentru a vă induce în eroare, îi va blama pe toți gaborii corupți de pe pământ, după care o să vă atragă într-o discuție de negustor de covoare în care intransigența lui o să vă agaseze până la urmă. Dacă dați impresia că vreți să plecați, o să vă urmeze până în stradă ca să vă potolească nerăbdarea de fetișcană.

Interlocutorul se linge pe buze cu vârful limbii.

Din punct de vedere profesional, această mimică mi se pare indecentă. Nu este totuși rară, și semnifică efectiv că interlocutorul se pregătește să vă mănânce cu fulgi cu tot. Din punct de vedere simbolic, stați liniștiți! Minciuna usucă buzele mincinosului, ca și cum glandele salivare ar refuza să participe la trădarea adevărului. E ciudat să constatăm că salivăm normal atunci când spunem adevărul și că această salivare seacă atunci când îl ascundem, față de noi înșine sau față de alții. În realitate, faptul de a minți atrage în mod automat după sine un sentiment de culpabilitate înăbușit de conștiința mincinosului. Acest din urmă sentiment se află la originea tulburărilor de salivare și a lingerii buzelor de la dreapta la stânga sau de la stânga la dreapta.

Invitata își mușcă ușor vârful limbii.

Consideră că vă cam grăbiți cu prezentarea sau că omiteți unele capitole.

Interlocutorul dumneavoastră trage delicat de vârful limbii folosindu-și degetul mare și arătătorul.

Semn de risipă. Relația lui cu banii este atât de proastă, încât nu poate decât să spere că o să vă stoarcă de parale fără a avea vreodată destul pentru a supraviețui.

Imediat după încheierea discuției, asociatul scoate limba la dumneavoastră într-un mod cu totul neașteptat.

Salvă de onoare a bufonului rămas fără argumente, dar și o îndrăzneală care permite aprecierea gradului de complicitate dintre cei doi indivizi.

Piercingul în limbă

De când și-a pus noul piercing, vecinul dumneavoastră de palier se fălește tot timpul cu bijuteria care-i strălucește pe vârful limbii.

Piercingul în vârful limbii este un mod ca oricare altul de a justifica nevoia de a scoate limba încontinuu. Acest piercing foarte ciudat și dureros simbolizează alungarea ghinionului, a eșecului sau repunerea în discuție a trecutului. A-ți găuri limba este un soi de suferință inițiatică menită să trezească un instinct de supraviețuire slăbit, printre altele, de mesajele unei educații care a dat greș.

De reținut:

În psiho-anatomie, limba este sediul simbolic al instinctului de conservare.

FĂLCILE

Cine spune „fălci“ spune „furie“ cu toate manifestările ei negative, precum contestația sistematică, radicalismul, extremismul, revolta. Dar fălcile nu sunt numai asta. În psiho-anatomie, ele reprezintă și unul din sediile simbolice ale tenacității și rezistenței.

Tenacitatea este lucrul cel mai de preț al instinctului de supraviețuire. Falca inferioară este sediul furiei, iar falca superioară, cel al tenacității. Cei care scrâșnesc din dinți atunci când dorm sunt niște indivizi mai îndărătnici decât boxeurii.

Dacă observați o mestecare în gol repetitivă a fălcilor la interlocutorul dumneavoastră, este vorba de un tic care provine dintr-o situație de frustrare sau de castrare. El se agață cu încăpățânare de convingerile lui pentru a nu cădea în depresie.

Numai forma fălcilor nu determină ea singură capacitatea de rezistență a unui individ. Carburantul principal care alimentează această calitate este furia sublimată. Rezistența sau combativitatea au nevoie de carburantul furiei pentru a-și recăpăta tonusul. Este imposibil să apreciezi gradul de tenacitate a unui individ în funcție de tipul de falcă. În schimb, masticația discretă este un semn manifest de furie.

Fălcile în acțiune

Consoarta dumneavoastră scrâșnește în mod regulat din dinți.

În fiecare noapte, scrâșnetul exasperant al dinților ei vă tulbură somnul! Dar cine este cel mai exasperat, de fapt? Sunteți permanent pe punctul de a-i zgândări furia. Unii indivizi își încleștează compulsiv falca, un soi de bruxism diurn care se manifestă și în timpul nopții. Această conduită este foarte semnificativă pentru o frustrare fundamentală care duce adesea la o stare nevrotică. (Vedeți și capitolul despre dinți.)

Fălcile interlocutorului sunt animate de o mișcare permanentă, dar discretă, de mestecare în gol.

Interlocutorul scrâșnește din dinți în tăcere, ceea ce nu înseamnă totuși că scrâșnește din dinți în timpul nopții. Cele două atitudini nu au aceeași cauză. Mestecarea discretă în gol trădează un individ versatil.

Interlocutorul strânge din fălci în permanență. Mișcarea maxilarelor este vizibilă cu ochiul liber.

În cazul unui efort sportiv, atletul strânge din fălci pentru a-și spori combativitatea sau rezistența. În afara acestui context, tensiunea fălcilor evidențiază o incapacitate de relaxare, ba chiar un sentiment de ostilitate permanent față de cei din jur. Interlocutorul ia adeseori decizii pe care mai apoi le regretă. Fiți prudent cu un astfel de individ! Ar putea foarte bine să vă facă un proces de intenție dacă proiectul dumneavoastră ar reuși fără voia lui.

O variantă a mestecării discrete în gol o reprezintă fălcile care se disting clar prin pielea obrajilor. Fața este impasibilă și ostilă la mediul social. Campion al răutății, premiant la capitolul gelozie morbidă, denigrator de nivel olimpic, individul este total imunizat împotriva umorului.

Maxilarele îi ies în evidență sub pielea obrajilor. Observându-i ochii, puteți ghici că încearcă să-și controleze supărarea, ca să nu verse lacrimi în prezența cuiva.

Simplul fapt de a-ți strânge fălcile și de a le crispa în același timp este o mimică complexă cunoscută de toți. Ea este urmarea unei emoții puternice care bulversează stăpânirea de sine. Subiectul observat este în mod clar mișcat și *self control*-ul său pare să nu mai țină decât de un fir de ață.

De reținut:

În psiho-anatomie, falca superioară este sediul simbolic al tenacității și rezistenței.
Falca inferioară este sediul simbolic al furiei.

CERUL GURII

Este cel mai bun prieten al limbii. Aparține în mod evident simbolisticii comunicării. Bănuiați asta, nu-i așa?

O mimică discretă

Un individ care împinge cu limba în cerul gurii în mod repetat trădează o nevoie de a se marginaliza. El preferă să fie asocial, chiar dacă se află în sânul micului său grup. Limba zăvorăște simbolic comunicarea, prefăcându-se că blochează cerul gurii.

MUSTĂȚILE

Mustața și barba sunt în același timp o dovadă de virilitate, o mască în spatele căreia îți ascunzi timiditatea și un mijloc de identificare narcisist. În unele profesii există mai mulți bărboși sau mustăcioși pe kilometrul pătrat decât în altele. De la mustața în formă de ghidon de bicicletă până la micuțul smoc de păr de sub nări numit de unii „mustăcioară periuță", mustața este, înainte de toate, un ornament înșelător, asemenea machiajului adoptat de femei.

Mustața este emblema animatorului socio-cultural, entuziast, comunicativ, jovial, familiar, extravertit și plin de umor. Îi place dialogul și nu se lipsește de el. Semnificația diferitelor tipuri de mustață ar merita ea singură un studiu exhaustiv. Este evident că unii bărbați își lasă mustață ca să scurteze un nas ca al lui Cyrano de Bergerac, care le rănește egoul, dar nu este o regulă generală. Cel care adoptă mustața își atenuează adesea trăsăturile aspre ale feței, și acest rafinament se potrivește destul de bine cu nevoia de a se deschide către ceilalți.

În țările arabe, majoritatea bărbaților poartă mustață. Ei văd în această podoabă un atu seducător și o marcă a autorității macho.

Orice mustață este un mod de deghizare, o mască de carnaval pusă pe un chip a cărui nuditate deranjează. Mustața ascunde buza superioară, cea a furiei și a minciunii. O atenuează ea pe prima în favoarea celei de-a doua? Este adevărat că mustăcioșii sunt adesea mari colerici. Oare sunt și mai mari mincinoși?

Pe plan simbolic, mustățile înseamnă: „Vreau să trec drept un tip prietenos (și de aceea m-am ras pe bărbie), dar mă consider nemaipomenit de viril (și de aceea mi-am păstrat o bucățică din barba mea groasă de mascul)."

Mustățile în acțiune

Interlocutorul dumneavoastră își netezește mustățile cu degetul arătător stâng sau drept în timp ce se strâmbă ușor.

Atitudine gestuală tipică pentru un individ calculat. Interlocutorul vă consideră prea exigent, în măsura în care vrea totul sau aproape totul. Dacă sunteți mai șiret decât el, nu va avea nimic, veți obține voi totul.

Interlocutorul trage de firele de păr din mustață.

Nevoia de a trage de firele de păr din mustață este un mod ca oricare altul de a se stăpâni.

Interlocutorul își apucă vârfurile mustății cu limba și le suge în colțul gurii.

Acest tic gustativ dezvăluie un temperament senzual la un bărbat.

FAVORIȚII

Perciuni, barbete, cotlete, favoriți! A fost o vreme când favoriții erau stufoși, ascunzând urechile clăpăuge și îngroșând o față prea îngustă. Trebuie spus că, în acele timpuri, burghezii erau apreciați după greutate. Un burghez slăbănog nu părea prea serios. Cei mai frumoși favoriți lungi pe care-i puteți vedea pe Internet îi aparțin lui Alfred Chauchard. E vorba de un portret al său expus în Muzeul Luvru.

BĂRBIA

Bărbia furiei

Teșită sau ridicată, bărbia își găsește rar locul ideal. Bărbia are în general tendința să se contracteze, ștergând în același timp denivelarea între ea și gât, atunci când sentimentul de furie, de indignare sau de frustrare vă stăpânește emoțiile. Ea va avea tendința să se retragă și atunci când are loc o acțiune de seducere între doi indivizi.

Ștergerea denivelării între proeminența bărbiei și gât este o atitudine tipică ce poate fi remarcată la femei după treizeci de ani. Este un adevărat barometru al fluctuațiilor climatului ei mental. În alternanță cu o purtare „normală“ a capului, în care bărbia se demarchează de gât, dispariția prea frecventă a bărbiei semnalează o furie înăbușită.

În schimb, bărbia care se ridică este o bărbie a confruntării, a mândriei sau a dispreţului. În timpul recreaţiei, când copiii se înfruntă din priviri, ei fac întotdeauna o mişcare ce le expune bărbia loviturilor ipotetice ale adversarului.

Bărbia proeminentă este considerata o bărbie voluntară, deşi forma ei este total involuntară pe plan morfologic. Totuşi, am întâlnit indivizi cu bărbie ascuţită care nu erau foarte perseverenţi. Atunci, de unde legenda asta că cei cu maxilare late ar fi voluntari, autoritari? Potrivit tipologiei lui Ernst Kretschmer[1], în profilul atletic se încadrează indivizi cu osatură grosolană şi proeminentă, cu bărbie pătrată şi faţă dreptunghiulară. Sunt în general bărbaţi sau femei foarte fizici, activi, sportivi şi mai ales energici. Ei sunt mai rezistenţi decât cei care aparţin celorlalte două tipuri definite de Kretschmer, tipul picnic (mai rotofei sau bondoc) şi tipul leptosom (mai longilin). Poate că această teorie nu este atât de fantezistă pe cât am fi tentaţi s-o considerăm.

Într-un registru diferit, se observă foarte frecvent bebeluşi care muşcă uşor bărbia ridicată a mamei lor. Acţiunea este o reminiscenţă a suptului. Bărbia ovală sau rotundă a mamei prefigurează un sân mic pe care bebeluşul încearcă să-l apuce pentru a-şi satisface nevoia de a suge.

Gropiţa din bărbie

Potrivit unor legende, gropiţele ar fi un semn de distincţie divină. Curiozitate morfologică, la fel ca gropiţele din obraji, gropiţa din bărbie a suscitat întotdeauna o atracţie deosebită, din cauza rarităţii ei. Raritate înseamnă noroc, căci raritatea a fost mereu o valoare adăugată în toate circumstanţele! Gropiţele din bărbie sunt şi mai rare decât cele din obraji. Bărbaţii sau femeile care au aşa ceva sunt aşadar indivizi norocoşi.

Un neam de strămoşi bine hrăniţi ar putea fi la originea acestei cute a bărbiei. Nişte ascendenţi rotofei înseamnă un oarecare confort şi belşug sigur. Familii întregi de burghezi sănătoşi tun au dat naştere unor descendenţi pe măsură. Şi apoi, confruntate cu vitregiile vieţii, rotunjimile noii generaţii au dispărut brusc. Ele au fost înlocuite cu muşchi şi cu o energie a disperării, care a constituit cauza norocului lor. De unde ideea de noroc asociată cu gropiţa.

Căci norocul nu este decât manifestarea unor calităţi ascunse care însoţesc adevăratul talent: inspiraţia, intuiţia, flerul, oportunismul, creavitatea etc. Trebuie să spun că n-am observat niciodată gropiţe în bărbie la persoane a căror viaţă este un eşec permanent.

---

[1] Psihiatru german, 1888-1964. (N. a.)

Ipoteza mea se sprijină pe un raționament analogic, un raport de similitudini care, prin comparație, pot dezvălui o parte a adevărului. Acest tip de raționament constituie unul dintre instrumentele de bază ale cercetării psiho-anatomice. El se bazează pe observația directă. Această interpretare a gropiței din bărbie este în corcondanță cu sediul simbolic atribuit acestei părți anatomice a feței: sfidarea.

Bărbia în acțiune

Sprijinit în cot, interlocutorul dumneavoastră își susține capul cu degetul mare ținut pe marginea bărbiei, cu arătătorul sprijit pe tâmplă și cu degetul mijlociu introdus între buze.

Reprodusă cu mâna stângă, această secvență gestuală este o poziție liniștitoare. Reprodusă cu mâna dreaptă, dezvăluie un individ motivat de propunerea lui.

Sprijinit în coate, subiectul își pune bărbia în palma mâinii, cu degetele răsfirate sau nu pe față.

Degetele răsfirate ale subiectului observat sunt îndreptate în sus și îi ascund parțial trăsăturile feței. O camuflare care îi permite să-și controleze mimica. Dacă fața este pusă în palma mâinii drepte, aveți de-a face cu o seducătoare sau cu un seducător activ; dacă fața e pusă în căușul mâinii stângi, persoana din fața voastră este o seducătoare sau un seducător pasiv sau narcisist.

Într-un context de seducție, acest refren gestual este foarte semnificativ și cât se poate de senzual. Persoana își afișează în felul acesta nevoia nesățioasă de mângâieri, dezmierdări, complimente sau recompense de tot felul, dar nu neapărat de sex.

Sprijinindu-se în coate, subiectul observat își încadrează fața cu mâinile.

Încadrarea feței este în principiu o atitudine narcisistă, dar care exprimă și o deschidere către cel căruia îi este destinată. Atitudinea este în general prietenească. Dar postura este la fel de interesantă și când se repetă. Ea traduce temperamentul intuitiv al unui vizionar.

Atitudinea narcisistă se poate manifesta în contextul unei puneri în valoare a chipului. Mâinile nu servesc doar la susținerea capului, ele pot totodată să se substituie unui soi de machiaj gestual al feței.

Poziția înfrumusețează întotdeauna chipul, chiar de-ar fi cel mai urât pe care l-ați văzut vreodată. Există zeci de gesturi care servesc la punerea în valoare sau la ștergerea defectelor unei fețe ingrate în modul cel mai firesc din lume. Acestea sunt gesturile frumuseții!

Când subiectul își pune bărbia și obrazul în căușul palmei...

Soclul mâinii drepte dezvăluie o atitudine mai reflexivă în timp ce soclul mâinii stângi trădează o atitudine mai visătoare.

Interlocutorul arată cu vârful bărbiei spre colegii despre care vorbește sau spre lucrurile de care are nevoie.

Interlocutorul dovedește că nu are niciun fel de considerație pentru cei spre care arată în felul acesta. Purtând amprenta disprețului și a vicleniei, atitudinea este tipică individului carierist care nu acordă credit decât celor care-l pot ajuta să urce treptele ierarhiei sociale.

Cel din fața dumneavoastră se scarpină sub bărbie.

Gestul semnifică un upercut simbolic pe care vi l-ar da în bărbie pentru a scăpa de prezența dumneavoastră.

Consoarta își trage bărbia înapoi în timp ce vă cicălește. Denivelarea între proeminența bărbiei și gâtul ei dispare din când în când.

Este indignată sau furioasă, după caz. Această atitudine esențialmente feminină este un veritabil barometru al fluctuațiilor climatul mental. Alternând cu o poziție a capului „normală", în care bărbia se delimitează de gât, dispariția foarte frecventă a bărbiei semnalează o reală nemulțumire. Când va veni momentul, n-o să vă cruțe.

Subiectul observat își pune bărbia în căușul celor două palme, cu degetele răsfirate pe obraji.

Secvență gestuală de simpatie sau de seducție, în funcție de context.

Sprijinit în cot, interlocutorul își proptește bărbia în deschizătura pumnului.

Pumnul simbolizează barbișonul unui profesor dintr-o altă epocă. Dacă reproduce această secvență gestuală, interlocutorul vostru o s-o dea cotită când o să-i cereți să-și exprime părerea. Dacă își sprijină bărbia pe pumnul stâng, vă aflați în fața unui „mic profesor"[1] care știe totul mai bine decât voi! Dacă preferă pumnul drept, aveți de-a face cu un oportunist.

Sprijinit în cot, bărbatul din fața dumneavoastră își pune bărbia pe vârful degetelor, cu mâna deschisă orientată spre tavan și cu brațul răsucit.

O secvență gestuală deplasată, foarte inconfortabilă, dar care trădează un bărbat ambiguu, a cărui conduită se bazează pe viclenie. O să vă seducă folosind un limbaj echivoc și abuzând de zâmbete amăgitoare pentru a scoate de la dumneavoastră tot ce știți. Când va ști totul, o să vă abandoneze ca pe o batistă de hârtie folosită.

De fiecare dată când vă vorbește, femeia ridică bărbia, fără a uita să-și însoțească mișcarea cu un zâmbet în colțul gurii.

Un comportament care denotă simpatie, asortat mereu cu un zâmbet. E greu de crezut că această persoană, cu care vă întâlniți în fiecare zi, vă arată, involuntar sau nu, că vă disprețuiește! Acest refren gestual dovedește părerea foarte bună pe care o are despre propria-i persoană.

Poate că vă este șefă, colegă de birou sau o clientă cu care vă întâlniți adeseori pe aleile galeriei comerciale. Și de fiecare dată dă din cap în același fel pentru a vă semnala că v-a recunoscut.

[1] Aluzie la sindromul Asperger, numit și sindromul „micului profesor", fiindcă cei atinși de această tulburare autistă au un interes obsesiv pentru cunoaștere. (N. tr.)

Și-a mângâiat întruna bărbia în timpul expunerii mele. Și apoi m-a dat afară din birou, sub pretextul că trebuie să vorbească la telefon cu un client. Nu înțeleg ce s-a întâmplat de s-a răzgândit. La început, proiectul părea să-l intereseze.

Acest gest de evaluare este tipic boxerului care își măsoară adversarul. Cum o să vă facă KO?

Interlocutorul dumneavoastră își mângâie delicat bărbia cu buricul degetului mare.

Dacă-și folosește degetul mare de la mâna dreaptă, interlocutorul este ofensiv. Dacă preferă degetul mare de la mâna stângă, este în defensivă. Această secvență gestuală este o atitudine tipică de evaluare. Interlocutorul studiază unghiul de atac din care va putea să vă destabilizeze.

Sprijinit în cot, interlocutorul își susține bărbia cu degetul mare, în timp ce arătătorul și mijlociul sunt puse pe buze.

Gestul este elegant și denotă un spirit orientat spre comprehensiune (înțelegere) și nu spre aprehensiune (teamă). Verbul îmblânzit, cucerit prin elocința sa, se va supune judecăților lui, așa cum veți face și voi. Știe să nuanțeze, după cum alții știu să delecteze. În ambele cazuri, veți avea de-a face cu un om cu totul deosebit. Ascultați-l și urmați-i sfaturile dacă acceptă să fie alături de voi.

De reținut:

În psiho-anatomie, bărbia este sediul simbolic al sfidării.

BARBA

Barba este sediul reevaluării de sine, al schimbării.

Inițial simbol al înțelepciunii și al cunoașterii în cultura noastră iudeo-creștină, barba a devenit un mijloc de a-ți schimba viața, schimbându-ți fața. Pentru unii, este și un mod de a se elibera de constrângere sau de jugul suportat ani de zile într-un job din care au fost „zburați". Din cauza acestei bulversări de carieră, simt nevoia să-și „refacă figura", pentru a începe o viață nouă. Ce poate fi mai normal?

Desmond Morris propune o interpretare: „Dacă barba simbolizează agresivitatea și dominația masculină, bărbieritul zilnic arată dorința de a tempera acest autoritarism primitiv. Omul spân își afișează mai degrabă nevoia de cooperare decât spiritul de competiție." În calitate de tip fără barbă, propun o explicație diferită: toți bărboșii sunt niște trișori, care se ascund în spatele bărbii ca să păstreze distanța de fugă! Și atunci? Mai este barba sediul istoric al virilității dominante?

Ca semn religios ostentativ, barba, tunsă frumos și aranjată, este un atu seducător și narcisist. „Ca simbol al masculinității, principalul impact al bărbii este vizual, dar ea operează și ca purtătoare de mirosuri. Regiunea facială posedă un anumit număr de glande ale căror secreții parfumate sunt reținute mai bine de o față bărboasă. În perioada adolescenței, când aceste glande intră în funcțiune pentru prima dată, excesul de hormoni poate provoca un dezechilibru la nivelul pielii cunoscut sub numele „acnee". Printr-o ironie crudă a destinului, tocmai adolescenții cei mai activi din punct de vedere sexual suferă cele mai violente pusee de acnee."[1]

Bărbile la modă

Smocul de păr de sub buza inferioară, cunoscut sub denumirea „muscă", are mare succes printre tineri. Este un adevărat semnal de disponibilitate sexuală pentru domnișoarele în căutare de iubiți. La fel și barba în formă de „fantă de pușculiță" verticală, situată în mijlocul bărbiei. Ea imită gropița din bărbie (amintiți-vă de Kirk Douglas și Robert Mitchum), care se regăsește din ce în ce mai puțin pe fețele contemporane. Amintește în mod inevitabil și de pubisul feminin, indicând că bărbosul respectiv este atras puternic de partidele sexuale.

Barbișoanele romantice sunt iarăși la modă. Majoritatea tinerilor și le lasă să crească încă de când au trei fire de păr în bărbie. Un fenomen de modă masculină ce corespunde, după părerea mea, unui sentiment general de versatilitate al epocii pe care o trăim. Schimbarea a intrat în casă, dar noi suntem încă afară, rememorând toate acele lucruri de altădată care lipsesc la apel. Bărbile sunt lăsate să crească întotdeauna în perioadele de schimbare a vieții sau de tulburare afectivă. Pe de altă parte, barba îți poate permite într-adevăr să-ți ascunzi acneea.

[1] Desmond Morris, *La magie du corps*.

Barba în acțiune

Interlocutorul își scarpină barba fără să vă acorde prea mare atenție.

Gestul trădează o furie înăbușită pe care subiectul și-o exprimă scărpinându-și barba în mod regulat. Discursul dumneavoastră începe să-l calce pe nervi.

Interlocutorul trage de barbă, apucând-o între degetul mare și arătător.

Barba este adesea victima unor sentimente ostile pe care bărbosul își interzice să le exprime. Vă acuză implicit de faptul că îl inoportunați, dar preferă mai degrabă să-și tortureze părul din barbă decât să-și exprime deschis ostilitatea.

Jean-Pierre își scarpină barba de câte ori trebuie să ia o decizie pe loc. Este producător de televiziune.

Când un bărbos își scarpină fața, vede întotdeauna lucrurile în perspectivă sau le reevaluează la adăpostul bărbii sale. Dacă aveți nevoie să faceți bilanțul, lăsați-vă barba să crească până când găsiți noua cale care să vă conducă iarăși pe drumul succesului.

De reținut:

În psiho-anatomie, barba este sediul reevaluării, al schimbării.

Gâtul

Dacă ne referim la limbajul simbolic al corpului, gâtul – ca de altfel și partea lui posterioară, ceafa – adăpostește sediul simbolic al încrederii în sine.

În realitate, partea gâtului identificată cu acest climat mental pe care îl căutăm cu toții se situează la nivelul ultimei vertebre cervicale, cea de-a șaptea.

Gâtul în acțiune

Își duce frecvent mâna la baza gâtului. Acest gest a devenit repetitiv de când a aflat că o să fie concediată.

Un gest tipic pentru o angoasă care crește, crește, crește.

Interlocutorul întinde gâtul în mod exagerat, ca și cum ar încerca să fie mai înalt sau să privească pe deasupra capului dumneavoastră.

O atitudine frecvent întâlnită în registrul gestual al „premianților clasei" care visează să se ridice la înălțimea profesorului sau să depășească restul clasei cu un cap.

Subiectul observat își bagă capul între umeri când cineva ridică vocea sau când cei din anturajul său vorbesc prea tare.

Acest reflex este asociat cu frica de lovituri, fie ele doar verbale. În mod justificat sau nu, subiectul nu se simte la înălțime. Mulți tineri artiști recent propulsați în lumina reflectoarelor au acest tic neplăcut de a-și băga capul între umeri atunci când cântă în public.

Tânăra din fața dumneavoastră își agață mâna stângă de gât.

Acest gest bizar poate trăda o conștiință tulburată de dorințe contradictorii.

Colega dumneavoastră își sprijină în mod ciudat gâtul de pumn.

Poziția este inconfortabilă și trădează un stres sau o atitudine mentală constrângătoare, dublată de o ostilitate evidentă. Pumnul nu este niciodată prea departe de „lovitura de pumn".

Soția își pune mâinile în jurul gâtului, ca și cum ar încerca să se sugrume.

Gestul sugrumării este semnul unei angoase serioase. Ceea ce se mai numește și „reacție de anxietate".

De reținut:

În psiho-anatomie, gâtul este sediul încrederii în sine.

CEAFA

Gâtul este pasajul inevitabil care face conexiunile vitale între gură și stomac, între nas și plămâni, între creier și coloana vertebrală și inimă. Un canal esențial pe plan anatomic, ale cărui grupe musculare complexe ne permit să clătinăm, să întoarcem, să scuturăm ori să înclinăm capul, transmițând mesaje sociale esențiale pe plan gestual.

Ceafa este deosebit de solicitată în caz de oboseală bruscă sau de perplexitate față de o situație percepută ca fără ieșire.

În vocabularul psiho-anatomiei, în scobitura cefei își are sediul încrederea în sine. Partea gâtului identificată cu acest climat mental pe care îl căutăm cu toții este situată exact în dreptul celei de-a șaptea vertebre cervicale a coloanei vertebrale.

Când interlocutorul dumneavoastră își încrucișează degetele pe ceafă, vă avertizează de nevoia lui de a termina întrevederea cât mai repede. Încrederea lui în sine este zdruncinată.

Adepții culturii voodoo din Haiti cred că sufletul se află în ceafă. Această credință a dus la folosirea colierelor care să-l apere de influențele malefice.

În coregrafie, ca și în practica terapeutică a lui Mathias Alexander, gâtul este considerat o cheie cu care poți debloca restul corpului. Mathias Alexander a inventat un tratament bazat pe ideea că, modificând poziția gâtului pe umeri, vindecăm nu numai unele simptome fiziologice, dar și un mare număr de conflicte sau de tulburări psihice. Prin raportare la ceea ce tocmai v-am spus, este ușor de înțeles legătura simbolică pe care o propun între încrederea în sine și ceafă.

Torticolis, artroză și altele asemenea

Orice torticolis este semnalul puternic al unei afecțiuni banale. Dacă aveți asemenea tulburări, puteți considera că inconștientul vostru rupe gâtul lipsei de încredere în voi.

Artroza cefei

Apărută adesea ca urmare a unei deteriorări a încrederii în sine, artroza situată în partea stângă a cefei ar putea reprezenta simptomul precursor al unui mental fragilizat. O artroză recurentă situată în partea dreaptă a cefei este un simptom de surmenaj.

Migrenele

Din cauza indeciziei, apar adesea dureri de cap în zona occipitală. Așa îi recunoaștem pe cei indeciși. Rezemându-se în coate, aceștia își pun în mod regulat una sau ambele mâini pe ceafă.

Ceafa este o parte esențială a corpului, cu care avem adeseori relații conflictuale fără ca măcar să ne dăm seama.

Ceafa, sediul încrederii în sine

Majoritatea gesturilor de ancorare fac parte din familia refrenurilor gestuale alternative, dar nu toate. Prinderea de încheietură, de exemplu, este un refren invariabil. În schimb, prinderea de ceafă cu mâna stângă sau dreaptă nu înseamnă același lucru.

Mâna stângă pusă pe ceafă este un gest care indică o conduită de fugă. Cel care-l face încearcă să găsească un mijloc de a se eschiva. Încrederea lui în sine este fragilizată de situația pe care o trăiește.

Mâna dreaptă pusă pe ceafă indică un individ care va încerca să-și protejeze așa cum se pricepe încrederea în sine destabilizată.

Ceafa în acțiune

Interlocutorul își încrucișează degetele pe ceafă sau în josul craniului.

Ceafa fiind sediul simbolic al încrederii în sine, punem degetele încrucișate pe ea atunci când această încredere este perturbată și când trebuie să recurgem la minciună pentru a evita ciocnirea frontală cu adevărul. Această postură este un cod de intenție care vă informează că interlocutorul a luat deja o decizie, fără să v-o anunțe explicit. O secvență gestuală care indică în general nevoia de a evita lupta, de a se detașa sau de a scăpa temporar de un sentiment de stres, chiar dacă poate fi și simpla expresie a unei oboseli trecătoare.

Dacă acest refren devine un tic gestual, artroza cervicală nu este departe și gestul devine semnul unei tulburări de conduită sau al unor sentimente contradictorii pe care subiectul observat nu îndrăznește să le exprime.

Noua dumneavoastră prietenă își trece în mai multe rânduri mâna peste ceafă.

Iată un gest frumos și desuet, care nu înseamnă nicidecum ceea ce sugerează. Vorbiți prea mult și nu acționați destul de repede. Mâna pe care și-o pune pe ceafă vă semnalează că începe să se plictisească în compania dumneavoastră.

Într-o zi, m-am surprins frecându-mi sistematic ceafa cu mâna stângă în timpul unei conversații telefonice cu un jurnalist. Întrebările lui semănau cu niște afirmații camuflate. Întrecuse măsura. O durere ușoară ca de migrenă a început sămi încolțească în partea occipitală stângă. Era un semn! „Întrebările dumneavoastră îmi produc o durere de cap îngrozitoare!" Ieșirea mea l-a lăsat fără grai. Nu se aștepta la așa ceva. Am continuat: „Vă propun să ne oprim aici. Nu sunteți mai interesat de gestualitate decât sunt eu de talentele dumneavoastră sportive." Rănit în orgoliu, mi-a închis telefonul. Migrena mi-a dispărut! Îți face bine să fii sincer din când în când!

Mâna stângă pe ceafă este un refren gestual alternativ, el depinde de ceea ce simțim și de context. Stresul, de exemplu, combinat cu dificultatea de a lua o decizie ori de a termina o lucrare la termen, va produce automat o prindere rapidă de ceafă cu mâna stângă. Dacă șeful vă ține în tensiune pentru a obține rezultate, o să vă masați ceafa cu mâna stângă ca să vă destindeți. Este un refren gestual reacțional. Atâta vreme cât rămâne punctual, nu se interpretează altfel. Dar, dacă se repetă în mod sacadat în cursul unei întrevederi dificile, vă sugerez s-o luați rapid din loc până nu cedați nervos.

Când sunteți puși cu spatele la perete, mâna dreaptă care se strecoară la ceafă este singurul mod de a vă îndepărta în mod simbolic de el. Totuși, dacă veți constata că gestul se repetă prea des în timpul unei conversații, să știți că interlocutorul încearcă să vă constrângă sau să vă convingă de ceva împotriva voinței dumneavoastră. Liberul arbitru este în dificultate. Sunteți un bărbat sau o femeie sub influență. Pretextați o nevoie urgentă sau o indispoziție pentru a fugi.

Interlocutoarea ridică un braț în aer și îndoaie antebrațul, ascunzându-și mâna în spatele cefei.

Imaginați-vă că brațul ei ridicat este un catarg și brațul îndoit, o pânză. Interlocutoarea este gata s-o pornească în larg. E genul de persoană care se eschivează în ultima clipă. Își irosește viața acționând după fanteziile și gusturile sale eclectice în materie de tot și de nimic.

Stând la birou, interlocutorul își mângâie absent ceafa, privind în gol.

Gestul este mai degrabă constructiv. Interlocutorul dorește o apropiere a punctelor de vedere și cântărește implicarea în proiect. Acest gest vă informează că este într-o fază de evaluare.

Sprijinit în coate, subiectul observat își pune mâinile în jurul cefei, susținându-și cu ele capul.

Interlocutorul își pune capul pe butuc ca să nu mai trebuiască să vă suporte. Nu se simte interesat de propunerile dumneavoastră și regretă că și-a pierdut timpul sau că s-a deranjat să vă întâlnească. Atitudinea este totodată defetistă. Este învins sau dezgustat, după caz. Gestul se observă curent la studenții care nu știu ce să scrie în lucrare sau sunt în pană de inspirație.

Tânăra din fața dumneavoastră își agață o mână de ceafă.

Această secvență gestuală indică o nevoie de a se detașa, dacă tânăra preferă mâna dreaptă, sau de a scăpa temporar de un sentiment de stres mental, dacă e vorba de mâna stângă, asociată cu o manipulare a cărei prizonieră se simte.

GÂTUL PROPRIU-ZIS

Multe expresii populare evidențiază sentimentele toxice de angoasă sau de frică ce sunt asociate cu partea anterioară a gâtului, considerată de neurobiologi sediul anxietății, chiar dacă, în definitiv, și tristețea sau melancolia pot fi asociate cu ea: „a avea un nod în gât", „a lua pe cineva de gât", „a pune cuiva cuțitul la gât", „a face gât" etc.

Gestul clasic al personalității anxioase constă în punerea mâinii stângi ca un colier la baza gâtului. Un gest anxios prin excelență care se poate traduce prin „Mi-e teamă de ceea ce o să mi se întâmple".

Gâtul în acțiune

În toiul discuției, politicianul își pune degetul arătător de-a curmezișul mărului lui Adam.

Omul nostru își taie literalmente gâtul. Acest gest evidențiază dificultatea în care se simte și din care nu știe cum să iasă.

Noua mea colegă și-a acoperit gâtul cu mâna dreaptă, sau poate că era stânga, nu mai știu, în momentul în care șeful a năvălit în sala mare de ședințe.

Mâna nu acoperă gâtul decât atunci când un sentiment mai vechi de frică reapare pe neașteptate. Frică de a fi decapitat sau strangulat, în mod simbolic, într-o situație îngrijorătoare.

Dacă subiectul reproduce acest gest, ar putea să-i fie teamă că pierde ceea ce posedă. Este un avar invidios căruia îi tăiați răsuflarea sau pe care îl sugrumați din imprudență sau din necunoașterea limbajului gestual. Mâna stângă indică o emoție mai puternică și mai plăcută decât dreapta.

Vecina mea de palier își pune adesea o mână pe gât atunci când îmi vorbește.

Acest reflex gestual poate dezvălui o nevroză provocată de angoasă. Îi e teamă că nu va putea face față singură de când a părăsit-o soțul, de exemplu.

Partea anterioară a gâtului este sediul spaimelor infantile. Mâna care acoperă gâtul arată că subiectul este în dificultate, fie pentru că intervenția dumneavoastră îl demoralizează, fie pentru că nu mai știe cum să vă ia pentru a vă face să admiteți justețea argumentelor lui.

Subiectul își pune pe gât amândouă mâinile, suprapuse.

Acest gest caracteristic trădează un individ temător, ba chiar superstițios. Este întâlnit frecvent la indivizii care au tot timpul mici spaime, ce le provoacă o plăcere nelămurită: că au scăpat de marea spaimă.

Interlocutoarea își drege vocea încontinuu.

Gâtul iritat sau senzația că ai ceva în gât este semnul evident al unei stări de stres cronic.

Interlocutorul își imobilizează gâtul între degetul mare și arătător, ca și cum s-ar teme să nu-i fie tăiat de adversar.

Cel care reproduce acest gest are sentimentul că a fost prins în capcană.

De reținut:

În psiho-anatomie, partea anterioară a gâtului este sediul simbolic al spaimelor infantile, al angoasei.

Partea a doua

Corpul

CORPUL

- **Spatele**
  - Omoplații
  - Șalele
  - Coccisul
- **Bustul**
  - Claviculele
  - Umerii
  - Pieptul
  - Talia
  - Burta
  - Buricul
- **Brațele**
  - Subsuoarele
  - Bicepșii
  - Coatele
  - Antebrațele
  - Încheieturile
  - Ovațiile
- **Mâinile**
  - Palmele
  - Strângerile de mâini
  - Pumnii
- **Degetele**
  - Degetele mari
  - Arătătoarele
  - Degetele mijlocii
  - Inelarele
  - Degetele mici
  - Unghiile
  - Buricul degetelor
- **Bazinul**
  - Șoldurile
  - Fesele
  - Flancurile
  - Abdomenul inferior
- **Picioarele**
  - Coapsele
  - Genunchii
  - Gambele
  - Gleznele
- **Laba piciorului**
  - Degetele de la picioare
  - Călcâiele

PIELEA

- **Părul de pe corp**

Corpul

SPATELE

Echilibrul afectiv

Capacitatea de a iubi depinde de sensibilitatea spatelui la mângâiere. Un spate puțin sensibil aparține unui individ puțin iubitor în sensul propriu al cuvântului. El nu simte nimic pe plan tactil, căci refuză să fie atins. Asta caracterizează ființele sterile, pentru care iubirea este considerată o boală. Un spate plin de acnee aparține unui individ care a fost respins afectiv de părinții săi fără ca aceștia din urmă să-și fi exprimat vreodată verbal această repingere.

Cu o mână, mama îl bate ușor cu palma pe bebeluș. Aceste lovituri repetate se limitează la o singură parte a corpului bebelușului: spatele. Și se fac cu o viteză și cu o forță caracteristice. Să conchizi că e vorba doar de a-l ajuta să râgâie nu corespunde întru totul realității, după părerea lui Desmond Morris.[1] „Este o reacție maternă fundamentală și mai răspândită, care nu se limitează la o simplă manifestare de inconfort infantil. De fiecare dată când bebelușul pare să aibă nevoie să se mai liniștească un pic, mama completează îmbrățișarea cu câteva pălmuțe pe spate."

Pălmuța dată în spate este ceea ce eu numesc un cod de intenție. Este o mișcare menită să-i inducă bebelușului un sentiment de siguranță sau de liniștire. Generalizarea ei o transformă într-un gest calmant universal. Spatele este prima parte a corpului pe care prietenul își pune mâna atunci când trebuie să consoleze sau să-și arate compasiunea, brațul trecut pe după umăr fiind pe locul doi.

Spatele este sediul energiei fundamentale pentru supraviețuirea umanității: iubirea. Este sediul anatomic al oricărei sensibilități afective. Faptele relatate de David Servan-Schreiber o dovedesc[2]:

---

[1] *Le couple nu*, Grasset, 1971. (N. a.)

[2] *Guérir*, Robert Laffont, 2003. (N. a.)

„În pofida tuturor condițiilor asigurate pentru menținerea în viață a copiilor născuți prematur, aceștia nu luau în greutate și nu creșteau, ceea ce era pentru oamenii de știință un mister. În schimb, odată ieșiți din incubator, nou-născuții supraviețuitori își recuperau rapid greutatea. Într-o zi, într-un centru american de studiere a nou-născuților, medicii au remarcat că unii bebeluși din incubatoare creșteau normal. Totuși, nimic nu se schimbase în privința îngrijirii lor. Doar că... o infirmieră de noapte încălcase interdicția de a-i atinge pe copiii născuți prematur, nemaisuportând să-i audă cum plâng. Ea începuse să-i mângâie pe bebeluși pe spate pentru a-i calma."

Din acest incident, cercetătorii au tras concluzia că într-adevăr contactul afectiv tactil este un factor indispensabil creșterii. Incredibil, dar adevărat! Importanța acestei constatări este incomensurabilă, căci ea confirmă faptul că spatele este sediul anatomic al iubirii.

Durerile cronice de spate

Durerea de spate este sinonimă adesea cu descurajarea, demotivarea sau refuzul de a investi în sine. Spatele încovoiat înseamnă un trecut dificil. El poartă toată greutatea lumii pe umerii săi. Spatele este totodată sediul tuturor tensiunilor musculare, care nu sunt decât manifestările subiective ale unor tulburări sau traumatisme afective vechi și nerezolvate. Dacă vă doare în mod regulat spatele fără o cauză patologică determinată, este foarte ușor să dați vina pe poziția în care lucrați sau pe incapacitatea de a vă destinde, pe stresul cotidian sau pe grijile pentru ziua de mâine care vă fac să suferiți și stați în tensiune la serviciu. Durerile cronice de spate nu sunt neglijabile, ele au în mod clar o cauză afectivă pe care niciun kinetoterapeut nu o poate șterge, chiar dacă munca lui de fond o să vă aline suferința. Dar a alina nu înseamnă a vindeca!

Orice durere atipică în această regiune a corpului este asociată cu afectele, cu o implicare a sinelui care nu a ajuns la rezultatul scontat sau cu o implicare pe plan profesional zădărnicită de angajatorul vostru. Am observat unii studenți care au depus un efort real pentru a-și ridica nivelul. Ei au fost victime ale durerilor dorsale „compensatorii", pentru că, în ciuda eforturilor, picaseră la examene.

Spatele în acțiune

Spatele este sediul tactil al sensibilității, dar și al capacității de a te implica sau de a face ceva cu pasiune.

Asociatul vă dă o palmă prietenească pe spate.

Dincolo de palma ușoară dată pe spate care nu este întotdeauna asimilată cu un semn de prietenie, registrul gestual care exprimă prietenia nu conține un număr foarte mare de atitudini. Cele care confirmă existența unei legături de simpatie între doi indivizi sunt totuși suficient de remarcabile pentru a fi recunoscute fără a fi specialist în gestualitate.

Palma este o modalitate aproape universală de a exprima simpatia, prietenia, felicitările sau pur și simplu buna dispoziție. E o vorba de o versiune „miniaturală" a celui mai important contact dintre două persoane: îmbrățișarea.

Interlocutorul vă dă o palmă de încurajare pe spate.

Vă amintiți cu siguranță celebra replică a lui Jean Marais în rolul cocoșatului: „Atingeți-mi cocoașa, domnule! Aduce noroc!" A bate pe cineva cu palma pe spate pentru a-l încuraja nu este decât primul sens al gestului. Acest contact amical nu este dezinteresat, fiindcă îi permite celui care îl face să fure un pic de noroc de la cel care se presupune că l-a primit din partea destinului. Prin extensie, toate gesturile de contact asociate cu un spirit de încurajare provin din același interes, chiar dacă nu este conștient. Superstiția are viață lungă!

Interlocutorul vă vorbește întorcându-vă spatele.

Refuză să vă vadă, dar consimte totuși să vă vorbească de parcă ați fi ultima slugă. „Vorbește cu dosul meu, capul e bolnav!" este expresia trivială a acestei atitudini foarte prizate de oamenii influenți care nu sunt neapărat persoane cu putere de decizie. Amintiți-vă nuanța! Liderul veritabil n-are nevoie să vă întoarcă spatele pentru a vă sugera calea de urmat sau direcția ușii. Pseudo-liderul n-are decât o putere consultativă, de unde nevoia lui de punere în scenă pentru a da niște ordine pe care adesea nu face decât să le retransmită.

De reținut:

În psiho-anatomie, spatele în ansamblul său este sediul simbolic al echilibrului afectiv.

OMOPLAȚII

Sediu al intuiției, omoplații sunt aripile îngerului căzut.

Ea își scarpină omoplații în timp ce iubitul ei pare să fie cu mintea în altă parte. Acesta privește oamenii care trec pe stradă. Mesajul nu e înțeles. Totuși, este de o banalitate jalnică. Gestul făcut de iubita lui e cât se poate de explicit: „Vino să mă scarpini pe spate, am nevoie de iubire!" Cei doi nu vor rămâne mult timp împreună, sunt ca și despărțiți, dar încă n-o știu.

Dacă aleasa inimii reproduce acest gest în fața ochilor dumenavoastră uluiți, n-o lăsați să aștepte mult și bine. Acest reflex gestual este o cerere de senzualitate explicită. Scobitura dintre omoplați este un fel de Triunghi al Bermudelor pentru corp. Unul dintre locurile misterioase ale vieții, plăcerea nefiind decât partea care nu se vede. Scobitura dintre omoplați, la care ajungeți cu greu de unul singur, este în schimb foarte accesibilă iubitului sau iubitei care vă ia în brațe. Foarte bogată în nervi, această zonă este așadar ultrasensibilă. Când simțim un frison în spate, la acest nivel se situează punctul de plecare al frisonului... de frică sau de plăcere.

Tatuajele de pe omoplați

Tatuajele se remarcă adesea pe umerii goi ai nimfelor în bikini sau în partea de sus a omoplaților, acolo unde scobitura spatelui este mare. Sub umărul drept sau sub umărul stâng? Statistic vorbind, e preferat dreptul. Tatuajul este și o modalitate de a te marca pentru a te demarca, pentru a ieși în evidență. Este un semn ispititor prin excelență. Dacă aleasa inimii voastre își face tatuaj pe omoplatul stâng, încearcă mai ales să placă, nu neapărat să treacă la fapte. În această privință, omoplatul drept este mult mai direct!

Omoplații în acțiune

Interlocutorul se scarpină pe omoplat.

Îi tulburați visele, obligându-i simțul critic să-și întrerupă lunga vacanță. Dacă interlocutorul dumenavoastră apelează des la acest gest, riscați cel mult să aterizați riscant pe pista iluziilor sale.

Această interpretare nu e valabilă decât într-un context profesional.

Mâna dreaptă sau stângă a interlocutorului atârnă de umărul corespondent, parcar fi agățată de partea de sus a omoplatului.

Interlocutorul este un explorator pasionat de futurologie. În general, premonițiile lui se adeveresc, ceea ce nu-i seduce totuși pe toți oamenii de spirit. Este un tip impresionabil, dotat cu o imaginație fertilă și cu un simț ascuțit al anticipației. Are doar un mic defect care îl dezavantajează: îi place atât de mult să se confeseze în public, încât o să vă spună tot CV-ul în primele cinci minute ale primei voastre întâlniri.

Iubita lui își agață adeseori mâinile în spatele umerilor, pe omoplați.

Un gest foarte elocvent, a cărui semnificație este ignorată cu nonșalanță de iubitul ei. Ea îi cere un pic de iubire, dar el crede că se scarpină pe spate pentru a-și calma mâncărimile. „Vorbește cu spatele meu, inima mea-i bolnavă!" Aceasta ar putea fi formula ideală pentru a-i semnala un gol afectiv partenerului sau celui care vrea să vă împărtășească sentimentele amoroase. Oricum ar fi, orice contact între mâini și spate este strigătul de ajutor al unui suflet rănit. Fiți atenți la acest lucru și veți fi satisfăcuți pe deplin!

De reținut:

În psiho-anatomie, omoplații simbolizează intuiția și sensibilitatea.

ȘALELE

Dacă suferiți de dureri lombare nocturne înseamnă că subconștientul încearcă să vă transmită un semnal puternic. Acestea sunt durerile pasiunii care s-a implicat prea mult într-o acțiune sau într-un proiect care nu merita efortul. Găsiți vinovatul, puneți-l la zidul minții și împușcați-l! Lombalgiile vor dispărea aproape imediat. Nu uitați că șalele sunt sediul simbolic al încăpățânării și al exasperării. Uneori, trebuie să abandonezi până nu e prea târziu.

Șalele în acțiune

Își ține amândouă mâinile sprijinite pe șale.

Mesajul ar fi: „M-am săturat de asta până peste cap."

Încăpățânarea este o calitate, exasperarea, un defect, și versatilitatea – o destindere. Când o persoană își pune mâinile pe șale, aceste trei caracteristici se împing una pe alta în ordinea apariției. Încăpățânarea duce la exasperare și exasperarea alunecă spre versatilitate, un mijloc ideal de a da bir cu fugiții fără a te face de râs. „Sunt încăpățânat, dar nu prost." Persoanele care obișnuiesc să-și pună mâinile pe șale sunt firi nestatornice, capricioase, precum femeile însărcinate.

Invitatul își pune în mod repetat una din mâini pe șale.

Fie suferă de dureri lombare, fie se face că vă ascultă ca să vă inducă în eroare în timp ce se pregătește să vă tragă-n piept, chestie nu prea prietenească. Victimă a prejudecăților și ideilor preconcepute, n-o să vă urmeze niciodată dacă trebuie să renunțe la convingerile lui. Introvertit, sedentar, conservator din vocație, interlocutorul dumenavoastră nu are încredere în noutate și nu se arată prea cooperant atunci când trebuie să colaboreze la un proiect nou. Are adeseori impresia (justificată) că e un incapabil. Ca să se răzbune pe acest sentiment persistent, își agasează interlocutorii, respingând automat toate proiectele care i se prezintă.

De reținut:

În psiho-anatomie, șalele simbolizează încăpățânarea, exasperarea, versatilitatea.

COCCISUL

Coccisul este sediul entuziasmului în vocabularul psiho-anatomic. Entuziasmul este o energie vulnerabilă, foarte sensibilă la năruirea brutală a unei motivații false. Ciudat acest entuziasm situat la capătul șirei spinării. Dar este adevărat că entuziasmul este o sublimare indirectă a libidoului. O excitație bruscă ce înlătură ultimele ezitări și îneacă îndoielile într-un potop sau într-un delir de exaltare. Când „imbecilul" de serviciu îi trage scaunul vecinului său care se pregătește să se așeze, acesta este un mod inconștient de a-l castra de entuziasm.

Fracturile de coccis sunt destul de obișnuite la persoanele mai în vârstă. Ele sunt efectiv castratoare pentru cei care le cad victime. Aceștia își refuză dreptul de a îmbătrâni cultivând un sentiment de inutilitate și resping entuziasmul artificial pe care societatea de consum încearcă să li-l impună.

De reținut:

În psiho-anatomie, coccisul este sediul entuziasmului.

BUSTUL

Orientarea spontană a bustului este o observație esențială în stabilirea profilului gestual. Bustul se comportă ca o giruetă bătută de vântul social al stresului. Interpretările care urmează se referă în principal la discuțiile față în față cu un interlocutor sau cu un public.

Rotirea ușoară a bustului spre dreapta semnalează pregătirea pentru un atac verbal. Corpul se retrage spre dreapta înainte de a sări (în mod virtual) pe adversar. Imaginați-vă o lovitură de pumn! E nevoie de un avânt al umărului pentru a fi dată cu o forță suficientă.

Rotirea ușoară a bustului spre stânga trădează o dorință nejustificată de fugă, chiar dacă interlocutorul vă lasă impresia unui „angajament total". Ascultați cu atenție ce spune, vă va confirma această secvență gestuală! „Da, dar nu!" sau „Nu, nu, sunt de acord cu dumneavoastră." Se înțelege de la sine că trebuie să verificați lateralitatea interlocutorului. Un stângaci va face o rotație spre stânga pentru a ataca și va fugi prin dreapta. „Fugă" nu este chiar termenul exact. Rotația spre stânga a bustului unui individ dreptaci indică întotdeauna o dezangajare previzibilă, în timp ce rotația la dreapta confirmă o implicare sau o adeziune.

Vă invit să consultați rubrica pozițiilor așezate, unde veți găsi diferite secvențe gestuale în care e implicat bustul.

Bustul este sediul simbolic al stresului. „Ies în întâmpinarea stresului și opun rezistență când sunt agresat", o frază magică pe care mi-o repet în minte atunci când mă năpădește stresul. „Stresul provine dintr-o stimulare imaginară a rezultatului unei acțiuni, deși linia de start nu e trecută încă." Meditați la această definiție dacă aveți două secunde libere înainte de a continua lectura!

Cum să scăpați de stres?
Foarte simplu! Pedalând pe bicicleta de fitness sau mergând pe banda rulantă în timp ce vă uitați la televizor. Alegeți un film bun și pedalați sau mergeți de la începutul până la sfârșitul filmului. Nu uitați să beți apă pe drum! Toxinele pe care le evacuați sunt expresia lichidă a stresului vostru. Nu trebuie să alergați, pedalați încet sau mergeți în voie, fără să forțați! Scopul nu este să faceți mulți kilometri, ci să rezistați. Treizeci de minute în fiecare seară și veți avea un moral de oțel. Cât despre stres, nu va mai îndrăzni să se apropie prea mult de dumenavoastră de frică să nu fie transformat în picături de sudoare.

Dacă n-aveți bicicletă de fitness, puteți scăpa de stresul zilnic prin intermediul posturilor ideomotoare inițiate de școala gesturilor în stagiile de programare neurogestuală. Corpul vă este cel mai bun aliat, ascultați-l și vă va răsplăti însutit.

> **De reținut:**
>
> În psiho-anatomie, bustul este sediul simbolic al stresului.

CLAVICULELE

Claviculele sunt unul dintre sediile simbolice ale frustrării, celălalt fiind degetele de la picioare. Un individ care-și atinge des claviculele ar putea să fie victima unei frustrări fundamentale.

Fracturile de clavicule nu sunt nici ele inocente. Se pot repeta în mai multe rânduri la un copil care se simte respins de părinții săi.

> **De reținut:**
>
> În psiho-anatomie, claviculele sunt sediul frustrării.

UMERII

Luați împreună, umerii sunt, pentru bărbat, simbolul virilității și al forței. Pentru femeie, cei doi umeri reprezintă feminitatea. Dar fiecare umăr în parte este identificat cu un criteriu psiho-anatomic distinct.

Umărul drept este unul dintre sediile simbolice ale ambiției. Ambiția este o trăsătură virilă recuperată de multe dintre femeile contemporane, femeile de acțiune. Toate acelea care-și poartă geanta pe umărul drept. O ambiție înăbușită, penalizată sau castrată ar putea declanșa dureri atipice reumatismale la umărul drept sau în mușchiul deltoid corespunzător, ba chiar o tendință spre torticolis.

Cât privește umărul stâng, acesta este sediul simbolic al implicării sinelui și al reacțiilor sale emoționale, al afectelor spontane. Cu alte cuvinte, al capacității de a vă implica într-o acțiune sau într-un proiect. Afectul este o energie care vă împinge să vă identificați cu un subiect sau cu un obiect, și nu doar cu un sentiment amoros. Cele care-și poartă geanta pe umărul stâng fac parte din categoria femeilor-cocon.

Umerii în acțiune

> *Proiectul ei tocmai a fost refuzat. Totuși, de două luni lucrează la el. Poate că nu era momentul potrivit. Ea își alungă decepția cu o ridicare sincronizată din umeri.*

Ridicarea din umeri apare în diferite cazuri. Ea se manifestă pentru a diminua importanța unui eveniment sau pentru a alunga amărăciunea unei deziluzii. De asemenea, poate să semnaleze o stare de perplexitate la cel care reproduce acest gest sau să exprime o atitudine de respingere. Ridicarea din umeri este uneori mai puțin teatrală, deci mai subtilă și mai greu de observat. Un subiect care ridică des din umeri își exprimă incertitudinea și o incapacitate congenitală de a lua o decizie, oricare ar fi ea. El va fi nehotărât în toate circumstanțele.

Capul băgat între umeri

Ne băgăm capul între umeri atunci când ne temem că nu ne putem ține promisiunile făcute. Ceea ce antrenează câteva defecte ca prefăcătoria, vanitatea sau minciuna dacă vrem să fim drăguți. Asta în măsura în care acest tic gestual este reprodus des. Ridicând umerii și băgând capul între ei, ne protejăm gâtul, care e deosebit de vulnerabil. Procedăm așa în caz de explozie sau când ne temem c-o să ne cadă un obiect în cap. Într-un context privat sau profesional, acest gest exprimă scuze umile. Riscă deci să diminueze impactul oricărei întâlniri în care vrem să părem siguri pe noi.

Ancorarea umerilor

Ancorarea umărului stâng

Mâna dreaptă a interlocutorului este agățată de umărul stâng, cu brațul îndoit.

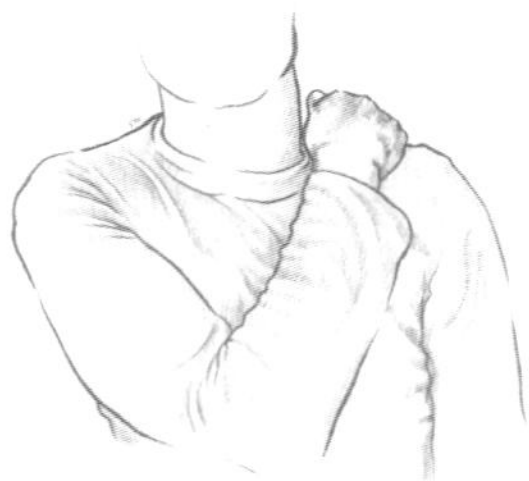

Atitudinea poate fi declarativă și uneori foarte senzuală într-un context amoros. Ea își schimbă sensul într-un context profesional și se traduce printr-unul sau mai mulți pași înapoi.

„Asta nu mă excită!" răspunde ea agățându-și mâna dreaptă de umărul stâng.

Entuziasmul tocmai i s-a dezumflat ca un cauciuc spart. Umărul stâng este sediul implicării; ne agățăm mâna dreaptă de el pentru a ne proteja de o rană afectivă în sensul cel mai larg al cuvântului. În cazul de față, ea este teribil de decepționată.

Când entuziasmul scade, când dorința e batjocorită sau când implicarea nu duce la nimic concret, mâna dreaptă se agață de umărul stâng pentru a compensa carența anunțată. Umărul stâng, care este unul din sediile simbolice ale implicării sinelui, devine sediul descurajării sau al decepției în cazul unei ancorări recurente.

Ancorarea umărului drept

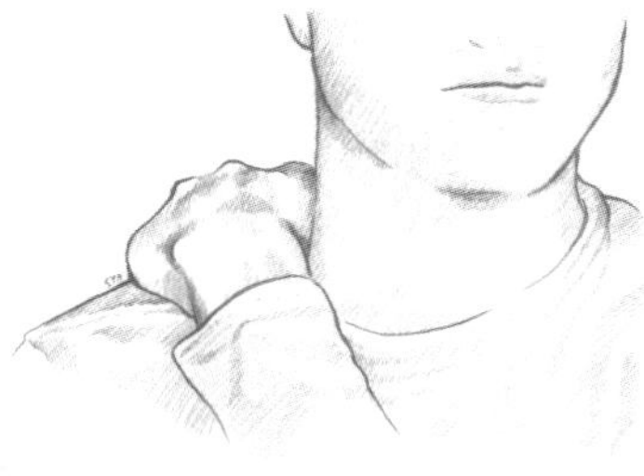

Rețineți că umărul drept este sediul simbolic al ambițiilor. Când ne agățăm mâna stângă de el, o facem pentru a ne proteja egoul de un posibil eșec, de soarta vitregă sau de o demotivare bruscă, ceea ce înseamnă același lucru. Trebuie să aveți mijloacele de a vă susține ambițiile. Dacă ambițiile vă depășesc mijloacele, veți avea tendința să reproduceți acest cod gestual mai des decât ați vrea. Fiți cu băgare de seamă! Se prefigurează deja o scădere a implicării.

Dubla ancorare a mâinilor pe umeri

Își agață mâinile de umeri, cu brațele încrucișate pe piept. Din când în când, își înclină capul spre dosul mâinii stângi, continuând să mă privească. Mesajul de seducție mi se pare destul de evident pentru a merge drept la țintă. Tocmai susțin o conferință într-un cerc restrâns. Tânăra care reproduce această dublă ancorare este așezată în al doilea rând. Îmi termin expunerea și cobor de pe scenă. O caut din ochi pe frumoasa mea admiratoare. A dispărut! Imposibil! Sunt totuși sigur de interpretarea respectivei secvențe gestuale. N-am mai văzut-o niciodată pe femeia aceea. Greșisem în privința sensului ascuns al dublei ancorări care simboliza, de fapt, frica de viitor și nu nevoia de afecțiune, așa cum credeam pe-atunci.

Această secvență gestuală clasică își are originea în temperamentul hiper-emotiv al unui individ care-și face planuri utopice. Toate noile staruri care apar pe coperta revistelor cu celebrități sunt abonate la dubla ancorare a umerilor. Frica de viitor nu este un sentiment gratuit atunci când ești propulsat de la o zi la alta pe cerul stelelor efemere. Iar dubla ancorare este o foarte slabă protecție împotriva loviturilor sub centură ale „prietenilor" de platou.

De reținut:

În psiho-anatomie, umerii simbolizează simțul responsabilității.
Umărul drept este unul dintre sediile ambiției.
Umărul stâng este unul dintre sediile afectelor.

PIEPTUL

Sediu al tuturor fantasmelor, pieptul este și simbolul sentimentului de siguranță, simbol al gradului de prudență care vă caracterizează sau, dimpotrivă, al nevoii de a căuta situații nesigure pentru a fi stăpânul propriului destin. Sânul matern nu este doar un simbol sexual, ci și sediul protecției absolute împotriva insecurității lumii.

Calea regală care conduce la sentimentul de siguranță

Dacă sunteți șomer sau vă căutați asiduu un nou job, să știți că nesiguranța vi se lipește de tălpi ca o gumă de mestecat. Fiți prudenți, căci, în astfel de situații, ajungeți cu ușurință să vă considerați lipsiți de valoare și, involuntar, încercați să vă pedepsiți, fiindcă nu mai aveți o bună imagine de sine. Sentimentul de siguranță nu debutează cu un cont baban în bancă, nici cu un job care să vă permită să trăiți. Este în dumenavoastră, oricare ar fi dificultățile prin care treceți. Faceți în fiecare zi o listă a predispozițiilor și a competențelor dobândite, fără s-o copiați pe cea din ziua precedentă și fără să vă uitați pe ea! Păstrați toate aceste liste într-o mapă, având grijă să scrieți data pe fiecare. După ce ați întocmit vreo 10-12 liste, recitiți-le pe toate și vedeți ce predispoziții s-au clasat pe primele cinci locuri. Una dintre ele vă va conduce la sentimentul de siguranță și vă va ajuta să alegeți un sector de activitate potrivit personalității dumenavoastră. Căci mai mult decât capacitățile, personalitatea fiecăruia se potrivește la perfecție cu un sector de activitate și nu cu o meserie sau cu o funcție. Nesiguranța resimțită provine deseori dintr-o confuzie între a face și a fi. „Sunt capabil s-o fac, dar sunt ceea ce fac?“ Aceasta este întrebarea fundamentală pe care trebuie să v-o puneți mereu înainte de a vă implica într-o nouă activitate. A fi ceea ce faci, sau a face ceea ce ești, este fundamental. Spuneți-vă că, dacă n-aveți succesul sperat în activitatea actuală, înseamnă că ea nu corespunde la perfecție cu ceea ce sunteți.

De reținut:

În psiho-anatomie, pieptul este sediul simbolic al sentimentului de siguranță.

TALIA

În vocabularul psiho-anatomic, talia este sediul simbolic al fatalismului, al supunerii și al abandonului. Talia femeii simbolizează mijlocul clepsidrei, pe unde se scurge timpul „hemofil“.

Cu timpul, talia dispare, victimă a îngroșărilor succesive sau a lăsării mușchilor abdominali. Nevoia de a plăcea continuă să existe, la fel și dinamica seducției. Atâta vreme cât e bine desenată, talia rămâne un loc erogen prin excelență, în măsura în care este anticamera feselor și altarul sânilor.

Unele excese de greutate la femei sunt legate de un refuz, conștient sau nu, de a plăcea bărbaților. Talia dispare și privirea masculină se îndepărtează, dar supunerea rămâne, iar fatalismul se accentuează și mai mult. Fetele drăguțe de altădată s-au îngrășat, au devenit niște matroane care-și pun frecvent mâinile în șolduri, în memoria taliei lor din tinerețe.

Cât privește talia bărbaților, nici ea nu stă mai bine. Nici ea nu se mai remarcă atunci când șuncile se revarsă peste blugi și șterg amintirea unui trup zvelt și senzual. Bărbat sau femeie, talia rămâne un loc erogen prin excelență în măsura în care, repet, este anticamera feselor.

De reținut:

În psiho-anatomie, talia reprezintă sediul simbolic al fatalismului și al supunerii.

BURTA

Zona abdominală participă la toate emoțiile corpului, de la hohotele de râs la potopul lacrimilor, fără a uita de acele temeri surde și insesizabile care ne răscolesc măruntaiele. Râsul vine din vintre, el este rădăcina adevăratului curaj, spaima fricii care-și are și ea originea în această parte anatomică, după cum o dovedește expresia populară „a i se strânge stomacul de frică". Râsul sincer, autentic, cel care face bine izvorăște din adâncurile abdominale și iradiază în tot corpul. El hrănește speranța în situațiile cele mai dramatice, chiar și în cele mai disperate.

În psiho-anatomie, burta este sediul simbolic al motivației, al umorului și al speranței pe care dorințele o supraalimentează, un sediu situat puțin mai jos de buric, numit și plexul mezenteric. O chakra! Umorul este antidotul universal al disperării. Cel care refuză să râdă nu mai are speranță.

Burtă scobită, burtă plată, burtă rotunjoară sau burdihan gata să explodeze – toate felurile de abdomene trădează (exceptând contextul specific al anumitor boli) capacitatea sau incapacitatea de motivare. Atenție, nu confundați motivația cu ambiția. Vă amintesc că motivația este un entuziasm puternic având ca efect imediat implicarea într-un proiect pe termen scurt. Ambiția este o motivație pe termen lung. Ea vizează un obiectiv mai mult sau mai puțin îndepărtat în timp. Când burta se rotunjește prematur, nivelul motivației este scăzut, ceea ce nu înseamnă totuși că ambiția nu mai există.

Niște mușchi abdominali înecați în grăsime omoară combativitatea și provoacă stări de oboseală nervoasă puțin propice acțiunii. Cel mai bun mijloc de a vă „remotiva" motivația deficitară constă în a năzui la un abdomen plat, prin toate căile pe care le aveți la dispoziție. Dacă obiectivul abdomenului plat vi se pare inaccesibil, programarea neuro-gestuală poate în schimb să vă ajute să vă îmbunătățiți în mod radical motivația. Programarea neuro-gestuală poate să facă mult, dar nu totul, așa că, îmi pare rău, dar trebuie să vă luați adio de la ciocolată.

Burta în acțiune

Subiectul burtos stă în poziție așezat, cu picioarele întinse, sprijinite pe călcâie, și cu degetele mâinilor încrucișate pe burtă.

O falsă atitudine de dezinvoltură, marcând mai mult o stare de oboseală zdravănă decât de relaxare. Îl faceți să temporizeze în loc să acționeze. Realist, dar mai degrabă dezabuzat, este evident că nu se lasă prins în mreje. În orice caz, această secvență gestuală trădează o oboseală intelectuală sau nevoia de a renunța.

Interlocutorul își ține degetele încrucișate pe burtă.

Când degetele sunt încrucișate pe burtă, mâinile acoperă ca o platoșă sediul dorințelor. Subiectul refuză să se implice. Dacă nu se poate altfel, va accepta din vârful buzelor o participare, doar pentru a vă trage de limbă. Cel care își încrucișează adeseori degetele pe burtă își protejează în mod simbolic motivația de o posibilă rană narcisistă.

Stând în picioare, subiectul observat își încrucișează în mai multe rânduri degetele sub burtă.

Degetele încrucișate încontinuu sub burtă, pe sex, dezvăluie o frică infantilă de castrare.

Interlocutorul dumenavoastră se scarpină pe burtă de mai multe ori în timpul întrevederii.

În mod simbolic, o persoană se scarpină pe burtă atunci când simte că îi este foame. Dar poate fi vorba și de o dorință subită de reușită care nu îi este accesibilă.

Stând în picioare, interlocutorul își încrucișează degetele, cu mâinile pe burtă și palmele ascunse.

Își protejează motivația, care e mult prea fragilă pentru a fi expusă la razele acțiunilor dumenavoastră.

Așezat la biroul său, interlocutorul își masează distrat burta.

Această secvență gestuală trădează un subiect invidios și avid. Concupiscența este motorul său, iar cupiditatea – vehiculul. Evident, interpretarea nu e valabilă și pentru femeia însărcinată.

De reținut:

În psiho-anatomie, burta este sediul simbolic al motivației, al umorului și al speranței.

BURICUL

Sediul individualismului

Întrucât majoritatea femeilor (80%) se îmbracă în pantaloni, ele își dezgolesc abdomenul în toate anotimpurile, suscitând o fascinație deosebită. Și prin chiar acest fapt o piață a luat avânt: cea a abdomenoplastiei. În centrul abdomenului (și al lumii adolescentelor), buricul a căpătat o asemenea valoare estetică, așa încât a intrat în catalogul organelor modificabile prin chirurgie plastică. Ombilicoplastia poate chiar să-l facă perfect, adică bine poziționat, mic și vertical.

Recenta frenezie a buricelor dezgolite indică o angoasă generală, angoasă legată de situația economică defavorabilă. Buricul este sediul simbolic al individualismului, al egoului. Egocentrismul este un mijloc de protecție perfect natural și legitim împotriva sentimentului de nesiguranță care planează asupra societății actuale. „Dumnezeu pentru toți, fiecare pentru mine!“ este mesajul buricului dezgolit și al proprietarei lui.

Egoiștii pe orbită

Un individ care gravitează în jurul buricului său ne dezvăluie în mod metaforic că este un egotist, diferit de un egocentric, chiar dacă amândoi rămân egoiști. Egotistul are tendința să se valorizeze în mod excesiv încă de când se manifestă pe scena socială. Îi place „să se povestească", să-și analizeze reacțiile în public. Lumea exterioară nu există decât în funcție de nevoile lui, este incapabil să acorde atenție unui alt subiect de conversație decât el însuși. Ceilalți nu mai există decât ca niște imagini virtuale care nu fac decât să treacă prin fața ochilor săi fără să-i trezească vreodată o emoție cât de mică, decât dacă, bineînțeles, el este cel vizat în primul rând. Egocentrismul apare la un individ care analizează fenomenele observate sau problemele cu care se confruntă dintr-un punct de vedere narcisist, fiind incapabil să se pună în locul altuia (descentrare). Cât despre egoism, acesta este o iubire exagerată de sine. Atașamentul pe care egoistul și-l poartă sieși îl face să subordoneze interesul altuia propriului său interes. Fiecare pentru sine și Dumnezeu pentru toți.

Piercingul în buric

Primele piercinguri în buric datează din antichitatea egipteană. În acea epocă, numai faraonul și familiile regale erau autorizate să-și găurească buricul. Țăranii care încălcau această regulă erau executați! Totuși, dacă o fată de țăran se năștea cu un „buric perfect", i se permitea uneori să și-l găurească și deci să-și ridice astfel poziția socială. Piercingul în buric este astăzi un fenomen frecvent, indiferent dacă buricul este perfect sau nu.

Fiind vorba de sediul simbolic al egoului, această practică poate fi interpretată în diverse feluri:

- nevoia de revalorizare
- un micromesaj sexual imitând clitorisul
- nevoia de a tăia cordonul ombilical odată pentru totdeauna.

În mod evident, tinerele cu piercing în buric nu se simt bine în pielea lor și deci nici la fel de senzuale pe cât ar vrea. Piercingul este perceput probabil ca o probă inițiatică ce le va elibera de conflictul latent pe care îl au cu o sexualitate care nu este încă total liberă și dezvoltată.

Buricul are puterea să emită semnale erotice, chiar dacă pentru majoritatea dintre noi nu pare să fie decât un detaliu relativ inocent al anatomiei noastre. El face parte din categoria părților anatomice senzuale și simplul fapt de a-l dezgoli în public este o formă de provocare.

Buricul în vitrină

Buricul n-ar trebui să fie arătat decât într-un singur caz: atunci când este încadrat de un abdomen ușor bombat, ca cel al modelului din fotografia alăturată. Dacă aveți un abdomen plat ca o câmpie sau foarte rotunjit, nu vă sfătuiesc să vi-l dezgoliți. Buricul este un duplicat al sexului femeii. Fie că este rotund sau ca o fantă, el exprimă mişcarea labiilor vaginului. Prin urmare, poate servi drept mesaj erotic şi trădează o seducătoare care vrea mai mult să flirteze decât să facă sex.

De reţinut:

În psiho-anatomie, buricul este sediul simbolic al individualismului, al egocentrismului.

BRAŢELE

În psiho-anatomie, braţul stâng simbolizează libertatea de a gândi sau de a crede, el reprezentând gradul de autonomie al individului care îl preferă în expresia sa gestuală. Braţul drept, braţ motor al dreptaciului, simbolizează libertatea de a acţiona.

Braţul cu care ne luăm rămas-bun

Când ridicaţi braţul pentru a spune adio sau la revedere de la distanţă, ce braţ folosiţi? Comunicaţi pe modul temporal sau pe modul spaţial?

Braţul drept se raportează la modul temporal

Mai viril decât inversul lui, modul temporal dezvăluie un individ grăbit şi stresat. El n-are niciodată timp să facă ceva pe îndelete şi îşi consumă relaţiile ca pe nişte produse de *fast-food*. Dar acest mod temporal poate fi legat de un factor exterior şi deci pur punctual.

Braţul stâng corespunde modului spaţial

Individul care evoluează după modul spaţial este mai puţin stresat şi mai înclinat să-şi facă timp pentru a-şi lua rămas-bun. Pe de altă parte, acest mod arată că cel care face gestul se va bucura să revadă persoana de care tocmai s-a despărţit.

Braţul sprijinit

Când staţi la o masă, cum vă sprijiniţi braţele de ea?

Profilul ierarhului psihorigid

Dacă obişnuiţi să vă puneţi încheieturile sau mâinile pe marginea mesei, acest refren gestual dezvăluie un temperament dogmatic, supus regulamentelor sau ierarhiei. Veţi fi conservator şi veţi respecta regulile. Reprodusă în mod recurent, această poziţie semnifică uneori o lipsă de entuziasm. Vă faceţi doar datoria.

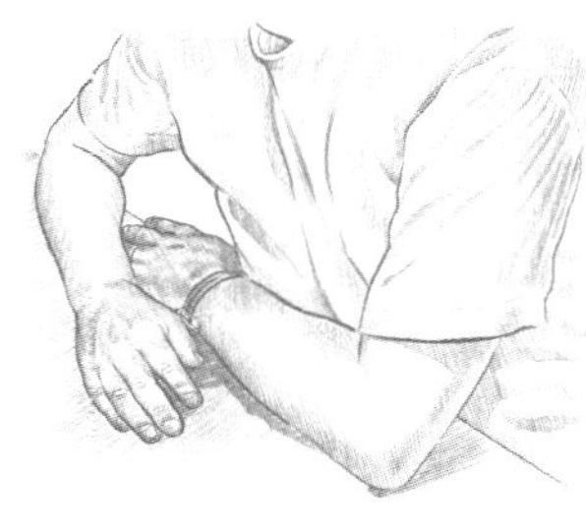

Profilul iniţiatorului

Antebraţele sprijinite pe muchia mesei sau puse pe masă semnalează un iniţiator. Reprodus în mod recurent, sprijinirea antebrațelor pe masă este un mod de a vă angaja. Vă asumați dreptul de imixtiune.

Profilul gânditorului sau al cercetătorului

Stați cu coatele sprijinite pe masă. O poziție proprie tuturor celor care mai mult gândesc decât acționează. Iar „cei care gândesc" sunt foarte utili „celor care acționează" și „celor care administrează". E nevoie de toți pe lumea asta. Vă invit să citiți capitolul despre coate. Nu era Charles De Gaulle cel care spunea că „cercetători care caută găsim; cercetători care găsesc căutăm"?

Brațul de-a curmezișul capului

Cred că a fost de acord cu proiectul meu de colaborare. Am avut un excelent feeling cu ea. O femeie încântătoare, foarte amabilă, cu mult umor, într-adevăr relaxată. De altfel, își punea adesea brațul stâng în echilibru de-a curmezișul capului. Nu era deloc intimidată.

Poziția brațului în echilibru de-a curmezișul capului arată că interlocutoarea speră să fiți rentabil pe termen scurt. Se așteaptă să obțină rapid beneficii din ajutorul pe care veți putea să i-l dați. Atenție! Dacă beneficiile întârzie să se arate, s-ar putea să renunțe cu totul la colaborare.

Brațul rupt

Poziție foarte feminină, „brațul rupt" este un braț îndoit în unghi drept și terminat cu o încheietură așa-zis „moale". Gestul este o marcă a adolescenței, dar numeroase femei adulte din mediile defavorizate îl mai preferă încă. Poziția trădează în general un nivel intelectual scăzut și nevoia de a compensa acest neajuns prin mijloace de seducție pentru a se apăra de agresivitatea ambiantă.

Când postura brațului rupt se perpetuează la vârsta adultă, ea trădează o persoană care suferă de o întârziere afectivă și mai ales de o nevoie aproape nevrotică de a plăcea sau de a seduce. Ceea ce nu înseamnă că iese la agățat bărbați pentru a trece la fapte. Brațele în unghi drept terminate cu încheieturi moi sunt o declarație de intenție, dar niciodată o garanție a acțiunii.

Brațul de onoare

După cum toată lumea o știe, acest gest indecent[1] simbolizează penisul în acțiune. Lungimea și grosimea brațului sunt satisfăcătoare în sine, dacă e să facem comparație cu cu penisul uman. Din păcate, numai măgarii au falusuri de această dimensiune, ceea ce ar tinde să confirme că indivizii care abuzează de această reacție gestuală, chiar dacă nu sunt dotați ca măgarii, ar avea același IQ cu simpaticele patrupede. Deși măgarii au reputația că sunt mai isteți decât unii oameni.

Care este brațul de onoare preferat?

În principiu, depinde dacă sunteți dreptaci sau stângaci. Dacă faceți o încercare, veți constata cu ușurință că gestul se reproduce instinctiv în funcție de brațul motor. Acesta este un refren gestual invariabil. În cazul unui dreptaci, mâna stângă lovește antebrațul drept în apropierea cotului. Or, antebrațul drept este sediul superstiției. Ce legătură e între brațul de onoare și superstiție? Incapacitatea intelectuală a celui care face frecvent acest gest o să vă pară evidentă. Superstiția atrage în general persoane care văd misterul acolo unde începe zidul ignoranței lor. Este adevărat că, pentru a înțelege unele fenomene, este indispensabil să ai un spirit critic operațional, ceea ce se întâmplă rar în cazul indivizilor superstițioși. Este mult mai ușor să crezi în niște fabulații de proastă calitate decât să-ți pui întrebări (im)pertinente, e mult mai simplu să arăți un braț de onoare în chip de răspuns în loc să discuți în contradictoriu sau să-ți exprimi părerea.

Brațul în V

Bun truc! Bine jucat! Brațul drept îndoit în formă de V este o bună modalitate de a transmite pe furiș mesajul unei invitații directe. El amintește de V-ul format cu arătătorul și degetul mijlociu care încadrează nasul, un gest convențional foarte erotic pe care l-am moștenit din cultura arabă. V-ul făcut cu brațul stâng este metafora omului aplecat la fereastra inimii sale. V-ul făcut cu brațul drept este mai direct și mai puțin sentimental.

Brațele înțepenite

Când locomoția este blocată pe plan mental, brațele rămân țepene pe lângă corp. Libertatea de acțiune și de gândire este reprimată.

Unii indivizi merg cu brațul stâng lipit de corp, în timp ce dreptul se balansează ușor în ritmul mersului. Această atitudine este vizibilă în sânul sectelor religioase. O putem observa și la populațiile supuse unor dictaturi de stat sau unui regim polițienesc.

[1] Lovirea cu o mână în scobitura cotului celuilalt braț care e îndoit, cu antebrațul ridicat în sus și cu pumnul strâns (sau degetul mijlociu întins). (N. tr.)

Imobilizarea brațului drept se remarcă mai ales la persoanele fără ocupație, la vagabonzi și la cei care sunt șomeri de mult timp. Libertatea lor de acțiune este inhibată de incapacitatea de a întreprinde ceva sau de a lua vreo inițiativă.

Interlocutorul dumenavoastră își exprimă doleanțele fără să-și miște brațele pe toată durata discuției.

Numai subiecții neemotivi (psihopații) și cei care se simt vinovați sunt capabili să vorbească așa ore întregi, cu corpul țeapăn.

Brațul întins ca un catarg de corabie

De-a ce se joacă? Sunt acolo, așezată în fața ei, povestindu-i decepțiile mele profesionale", și ea ce face? Își ridică brațele. Mă ascultă sau se preface? Cu o nonșalanță deconcertantă, întinde brațele în extensie deasupra capului. Ceea ce-i povestesc nu pare s-o impresioneze prea mult.

Această postură gestuală dezvăluie un temperament simulator, dublat de un spirit fantezist. Cea care face gestul este o mincinoasă ordinară care o să vă spună adevărul într-un mod atât de tras de păr, încât o să vi se pară incredibil.

Brațele în poziția aripilor de fluture

„Mă interesează mult ceea ce faceți", îmi mărturisește patronul galeriei. În timp ce-mi admiră catalogul cu fotografii, ridică brațele și îndoaie antebrațele, ascunzându-și mâinile la ceafă. „Aveți un talent extraordinar! Sunt interesat. O să vă expun fotografiile." Și apoi, nicio veste. Entuziasmul nu l-a ținut mult. Trecând prin fața galeriei în dimineața asta, m-am uitat la fotografiile expuse. Niciuna dintr-ale mele nu figura printre ele.

E postura gestuală a fluturelui care zboară din floare în floare fără a-și face vreodată timp să se așeze. Nu există mincinos mai rău pe lumea asta decât cel care crede sincer că spune adevărul. Această afirmație se potrivește de minune interlocutorului de acest tip, pe care fatalitatea îl urmărește cu asiduitate.

Brațul atârnat

Tipul este acolo, în fundul sălii. N-a văzut-o încă. Ea se apropie discret, apoi se oprește în loc. Nu prea hotărâtă, ca să nu pară inoportună, și nu prea departe, pentru a ieși suficient în evidență. Cu mâna stângă agățată delicat de umărul stâng, stă cu fața întoarsă pe trei sferturi spre el. Nu poate s-o rateze.

Este o secvență gestuală care le place în special seducătoarelor. Încântată și încântătoare, femeia care face acest gest caută mai mult să-și pună în valoare bustul decât să transmită un mesaj de seducție activ. Deși, dacă a depășit o anumită vârstă, dorințele ei pot fi mai ambigue.

Brațele telescopice

Este postura clasică a deputaților din Parlament. Am botezat-o „brațele telescopice". Deputații stau țanțoși, ca niște cocoși de luptă, gata să se încaiere cu adversarul politic care-și apără zona de influență la microfon. Deputații „telescopici" (nu sunt toți așa) sunt niște tipi agresivi, ba chiar indivizi care visează la răni și cucuie, dar nu fac decât să viseze.

Brațele telescopice la o femeie nu semnifică același lucru ca la un bărbat. La acesta din urmă, postura arată o atitudine contemplativă, chiar pasivă, și o tendință către depresie atunci când lucrurile nu se petrec așa cum visase. Este genul de poziție pe care o întâlnim vara, pe marginea piscinelor sau pe plajele supraaglomerate ale stațiunilor balneare la modă. Tipii deprimați bat străzile tot anul, așa că trebuie să se relaxeze în vacanță, chiar dacă își iau cu ei depresia în valiză. Asta, doamnelor, ca să nu vă fie stricate concediile plătite de bărbații pasivi.

Brațele încrucișate

Brațele încrucișate sistematic peste zona inimii și a plămânilor încearcă să protejeze două organe vitale – și e probabil ca gestul să fie unul înnăscut. Maimuțele recurg la aceeași postură pentru a se apăra de o agresiune frontală.

Un studiu american despre brațele încrucișate, prezentat de Allan Pease[1], a dat rezultate negative privind această postură. Un prim grup de studenți voluntari asista la o serie de conferințe, în cursul cărora li s-a cerut să nu-și încrucișeze nici mâinile, nici picioarele, și să mențină o poziție așezată confortabilă și relaxată. După fiecare ședință, participanții erau supuși unui test de cunoștințe și de memorare a subiectului tratat și erau invitați să-și spună impresiile despre conferențiar.

Un alt doilea grup primea instrucțiunea de a-și ține brațele încrucișate. După efectuarea testelor, deficitul în achiziția de cunoștințe era de 38% la al doilea grup în comparație cu primul, iar cei cu brațele încrucișate se arătau mai critici atât în privința conferinței, cât și a conferențiarului. O experiență similară, pe care am realizat-o în 1989 pe 1500 de participanți la un congres, a dat rezultate identice. Testele noastre evidențiază într-adevăr că persoanele care ascultau conferința încrucișându-și brațele îi urmăreau cu mai puțină atenție pe conferențiari și erau mai critici la adresa lor.

Morala: scaunele din sălile de congres și de instruire ar trebui echipate cu reazem pentru coate, așa încât să determine publicul să nu-și mai încrucișeze brațele.

Nu vă încrucișați niciodată brațele fără un motiv întemeiat. Dar postura v-a intrat în reflex atât de mult, încât nu-i mai acordați nicio atenție. Reprodusă punctual, încrucișarea brațelor se poate datora unei nevoi de a vă destinde spatele. Dar, în majoritatea timpului, această încrucișare este o reacție la invadarea teritoriului vostru de către un individ „cronofag", unul care vă face să vă pierdeți timpul. Încrucișarea sistematică a brațelor este simptomatică pentru o atitudine de apărare inconștientă împotriva unei invadări a teritoriului mental. Faptul de a încrucișa brațele trădează o nevoie de detașare, dar și de protejare a încrederii împotriva îndoielilor, exprimate sau neexprimate, ale celuilalt. În această optică, încrucișarea brațelor devine un cod de intenție, chiar dacă rămâne un refren gestual invariabil.

Fiți atent la cât de des repetați încrucișarea brațelor, căci este o postură predictivă. Dacă frecvența de reproducere este ridicată, asta înseamnă fie că încrederea în sine este zdruncinată, ocultată de îndoială, fie că respectul de sine este în scădere, ori că cel care face gestul nu dispune de un teritoriu suficient în sânul grupului social.

[1] Allan & Barbara Pease – *Pourquoi les hommes se grattent l'oreille et les femmes tournent leur alliance* („De ce bărbații își scarpină urechea și femeile își răsucesc verigheta"). (N. a.)

Încrucișarea brațelor pentru a se proteja

Privirea lui lacomă alunecă în decolteul meu cam mare. Reacția mea nu se lasă așteptată. Îmi încrucișez imediat brațele, ca să-i aduc la cunoștință că e pe un drum greșit.

Așa cum bărbații își protejează testiculele încrucișându-și degetele în dreptul sexului, și femeile își încrucișează brațele pentru a-și proteja fizic pieptul, care este unul dintre sediile simbolice a două posturi mentale: respectul și încrederea în sine. Punerea în valoare a sânilor prin diverse artificii confirmă această ipoteză.

Degeaba încercați să vă împiedicați brațele să se încrucișeze. Mai degrabă conștientizați reproducerea instinctivă a acestei mișcări. Este un semnal important. Un semnal care indică întotdeauna, și fără excepție, că sunteți expus la o invazie a teritoriului vostru mental, ba chiar la o hărțuire.

Blocarea încrucișării brațelor prin programare neuro-gestuală permite stoparea oricărei posibilități de manipulare.[1] Ea se obține, ca toate blocările ideomotorii, plecând de la blocarea oculară.

Încrucișarea brațelor cu mâinile la vedere

Există diferite moduri de a încrucișa brațele, dar unul singur care lasă să se vadă mâinile ancorate sau puse pe bicepși. Generozitatea persoanei reiese din modul în care aceasta își încrucișează brațele. Vizibilitatea mâinilor în postura încrucișării brațelor este un detaliu crucial. Dacă alesul inimii voastre, doamnelor, își încrucișează brațele ascunzându-și mâinile pe flancuri, aveți de-a face cu un ipocrit pe care nu vă sfătuiesc să-l seduceți pe mai departe. Veți fi dezamăgită mai mult ca sigur. De ce? Fiindcă mâinile sunt reprezentările exterioare ale ariilor cerebrale. Să-ți ascunzi mâinile înseamnă să-ți ascunzi și gândurile urâte.

[1] Joseph Messinger – *Pour en finir avec vos tics gestuels* („Cum să scăpați de ticuri"). (N. a.)

Brațele încrucișate în postura faraonului

Brațele sunt încrucișate pe piept, cu mâinile agățate de umeri, ca într-un gest de pudoare al unei femei care a fost surprinsă pe jumătate goală.

Această secvență gestuală dezvăluie faptul că interlocutorul vostr își face uneori planuri utopice. Faraonii erau poziționați în felul acesta în sarcofag, cu brațele așezate în cruce pe piept. Care era brațul dominat? Dreptul sau stângul?

Omul nu poate să se exprime, să trăiască sau să moară, fără concursul brațelor sale, luate împreună, dar nu poate nici să ia hotărârea de a acționa sau de a concepe acțiunea fără ajutorul lor. Când brațul drept acoperă brațul stâng, el sancționează libertatea de a crede; când brațul stâng acoperă brațul drept, el încetinește libertatea de acțiune. Și cum nu putem acționa fără să credem că actul își va atinge scopul și nu putem crede fără să avem dorința de a acționa, brațele încrucișate, cu mâinile agățate de umeri, constituie o postură tipică pentru persoanele care preferă să se raporteze la magie decât la credință sau acțiune.

Așadar, gestul dezvăluie un nivel ridicat de superstiție, dar și încrederea în propriul destin. În mod simbolic, brațele încrucișate protejează bustul împotriva oricărui atac al adversității. Brațele sunt armura corpului.

Brațele încrucișate, cu palmele pe flancuri

Directorul comercial îi anunță rezultatele vânzării. Nimic îmbucurător. Tipa se află la un pas de catastrofă. Poate să-și ia adio de la banii din procentaj. Păcat, ar fi avut nevoie de ei. Și asta nu e tot! Ea își pune instinctiv mâinile pe flancuri. Directorul o mai avertizează că, dacă situația nu se ameliorează în luna următoare, termenii contractului vor fi revizuiți. În defavoarea ei, evident.

Flancurile reprezintă burta moale a armatelor. Când vă puneți mâinile pe flancuri, încercați să vă liniștiți, ba chiar să vă protejați avantajele, câștigurile sau spatele. Într-un context sentimental, această atitudine, în general feminină, confirmă incapacitatea de a iubi a persoanei care o reproduce. N-are nimic de-a face cu orgoliul sau cu vanitatea, doar că iubirea este un sentiment care uneori se poate dovedi zadarnic atunci când celălalt vă ignoră. Protejarea flancurilor cu palmele arată că cel care face gestul nu este sigur că iubirea îi este împărtășită.

Brațele încrucișate, cu pumnii strânși pe flancuri

Proiectul la care lucrează de câteva săptămâni tocmai s-a dus naibii. Rezultatele sunt jalnice. Demoralizat, trist, frustrat, individul străbate în lung și-n lat cei 25 de metri pătrați ai biroului său, cu brațele încrucișate și pumnii strânși.

Nu strângeți pumnii în spatele brațelor încrucișate decât atunci când sunteți confruntat cu descurajarea. Simțiți dintr-odată nevoia de a vă „trage un perdaf", iar pumnii strânși sunt numai buni pentru așa ceva.

Brațele în timpul mersului

Dacă este posibil să te exprimi fără concursul celor două brațe, este de neimaginat să acționezi sau să concepi acțiunea fără ajutorul lor. După cum am spus mai înainte, brațul stâng este brațul libertății de a crede sau de a gândi. Când brațul drept blochează brațul stâng, el sancționează libertatea de a crede sau de a gândi; când brațul stâng blochează brațul drept, el frânează libertatea de a acționa. Când o persoană merge cu brațele țepene, putem trage concluzia că este prizoniera unei tulburări psihice care o privează de libertatea de a exista. Autonomia unui individ se măsoară după amplitudinea mișcării brațelor sale și după poziția mâinilor când merge singur pe stradă sau pe peronul unei stații de metrou.

Brațele suple care se îndoaie ușor din articulația cotului indică o persoană cu o atitudine mentală psiho-flexibilă.

Brațele rigide care se balansează cu o amplitudine mare dezvăluie o atitudine mentală psihorigidă.

Antebrațele care se ridică alternativ spre piept ca într-o alergare ușoară semnalează o atitudine mentală anxioasă.

Dacă brațul stâng este țeapăn în timp ce dreptul se mișcă înainte și înapoi, credința subiectului este dogmatică, închistată în convingeri tiranice.

Brațul drept țeapăn în timp ce stângul se mișcă înainte și înapoi este semnul că libertatea de acțiune a subiectului este limitată. Când ambele brațe sunt țepene în timpul mersului, ele semnalează autoagresivitatea și închiderea asocială a subiectului într-o lume imaginară. Acesta nu mai are niciun fel de autonomie.

Mâinile orientate spre înainte și antebrațele dezlipite de bazin reprezintă un mers efeminat și seducător.

Orientarea mâinilor în timpul mersului

Palmele orientate spre înainte trădează un narcisism dovedit. Palmele orientate spre corp reprezintă normalitatea. Palmele orientate spre înapoi (poziția hamalului) sunt manifestarea unui spirit fatalist.

De reținut:

În psiho-anatomie, brațul drept este sediul simbolic al libertății de a acționa.
Brațul stâng este sediul simbolic al libertății de a gândi sau de a crede.
Brațele luate împreună simbolizează libertatea de a fi.
Mișcarea brațelor reprezintă autonomia.

SUBSUORILE

Optimismul se refugiază sub umărul stâng, pesimismul sub umărul drept. Subsuorile sunt totodată și producătorii feromonilor noștri, acele parfumuri subliminale menite să-i atragă sau să-i respingă pe cei cu care ne întâlnim. În aceste condiții, optimismul ar echivala cu simpatia și pesimismul cu antipatia.

Ținând brațele încrucișate, subiectul observat își imobilizează palmele la subsuori, cu degetul mare ridicat.

Este o bună modalitate de a-ți ridica umerii pentru a da impresia că ești lat în spate. În mod paradoxal, această poziție observată frecvent la adolescenți este simptomatică pentru o stare de epuizare, de depresie la adulți. E vorva de o formă deosebită de depresie reacțională cunoscută sub numele de *burn out*, care survine în urma unui surmenaj la subiecții copleșiți de responsabilități ce depășesc uneori nivelul lor de competență.

Numită și „boala managerilor", această postură este foarte întâlnită în toate ședințele de firmă! Se poate considera că, în ziua de azi, un cadru de conducere din cinci se află în pericol de *burn out*. Această tendință s-a agravat și mai mult odată cu apariția crizei financiare.

Majoritatea subiecților atinși de *burn out* au o personalitate sensibilă, lipsită de maturitate, o tendință spre introversiune și relații sociale dificile care nasc temeri iraționale, incertitudine cu privire la viitor și, fatalmente, un puternic sentiment de nesiguranță. Unii autori insistă pe faptul că aceste stări depresive sunt uneori greu de diagnosticat fiindcă sunt camuflate sub atitudini sociale înșelătoare și simptome variate precum oboseli bruște, tulburări de somn, hiperactivitate, hipertimie etc.

Totuși, această sumbră descriere nu trebuie să oculteze faptul că indivizii care reproduc în mod regulat gestul cu pricina pot fi atinși de asemenea de un optimism neașteptat. Acesta este fără îndoială paradoxul comportamentului uman. Ne rămâne întotdeauna destulă energie pentru a scoate capul din apă. Nu e totul chiar așa de negru precum pare!

Optimistul este o pasăre phoenix ce renaște mereu din propria-i cenușă.

Această constatare provine dintr-o multitudine de observații. Am văzut indivizi în plină conversație într-un bar, cu țigara înțepenită între degetul mare și arătătorul mâinii stângi, care își refugiau automat mâna dreaptă la subsuoara stângă. Or, cel care ține țigara în mâna stângă atunci când fumează este un individ mai flegmatic și mai ponderat decât cel care o ține în mâna dreaptă. Atitudinea lui este aceea a unui subiect atent la interlocutor. Fața este destinsă în majoritatea cazurilor. El nu se gândește, ci își imaginează.

Subsuoara optimistă

Când mâna dreaptă se refugiază în mod regulat în scobitura subsuorii stângi, atitudinea prevestește o reacție tonică de revendicare și/sau de revoltă față de o situație frustrantă. Gestul este liniștitor, căci palma intră în contact cu bătăile inimii. Subsuoara stângă este sediul simbolic al optimismului.

Subsuoara pesimistă

Depresia cronică este boala pesimiștilor.

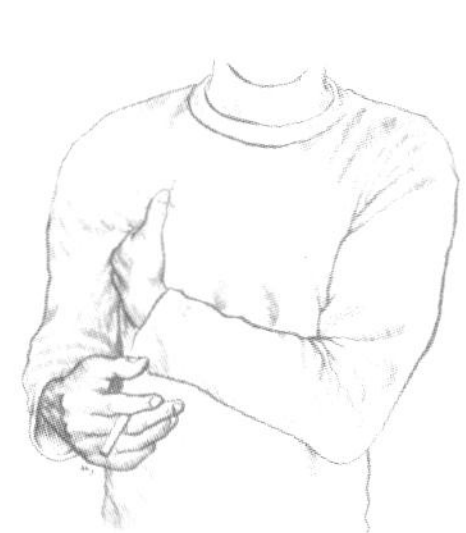

La fumătorul care ține țigara în mâna dreaptă, stânga se refugiază sub subsuoara dreaptă, cu degetul mare ridicat la îndoitura brațului.

Reacția anunță un personaj stresat. Subiectul are impresia că e perceput greșit de anturajul său. Un sentiment de respingere poate și el să ducă la repetarea acestui gest deosebit. Cursa pentru recunoaștere este esențială pentru cel care se refugiază sub subsuoara dreaptă. Și asta numai pentru a scăpa de sentimentul de frustrare care îl epuizează. Cele două mari probleme ale pesimistului sunt incapacitatea lui de a se focaliza numai într-o direcție (este versatil) și/sau incapacitatea de a face o alegere.

Un sindrom de abandon

Mâinile imobilizate la subsuori trădează întotdeauna frica de abandon, fie că ești optimist, fie că ești pesimist. Trăim într-o societate alfanumerică unde mesageriile vocale cu opțiuni multiple au înlocuit vocea omenească a unui corespondent. Sentimentul de abandon este general. El se instalează progresiv în subconștientul colectiv al claselor muncitoare. Numai adolescenții și bătrânii sunt cruțați. Ei mai pot sta încă ore întregi la telefon fără a-și face griji că pierd timpul. Acest sindrom de abandon este cauza pesimismului unei societăți în sânul căreia individul privilegiază complotul și se închide în sine stând în medie trei ore și jumătate pe zi în fața televizorului. Este pesimismul pe cale să câștige lupta împotriva optimismului?

Subsuorile în acțiune

Interlocutorul se scarpină la subraț, în locul care separă brațul de umăr.

„Îmi bat joc de voi" este sensul acestei atitudini, cu condiția ca ea să fie recurentă. Interlocutorul nu crede în asigurările dumenavoastră sau în promisiunile pe care vi le-a smuls. Normal! Îl putem considera regele neserioșilor, dacă această atitudine face parte din vocabularul său gestual. Cum să crezi în cuvântul altuia când tu însuți nu ai cuvânt? Vă aflați în fața unei persoane foarte prefăcute.

De reținut:

În psiho-anatomie, subsuoara stângă este sediul simbolic al optimismului.
Subsuoara dreaptă este sediul simbolic al pesimismului.
Luate împreună, subsuorile simbolizează un teritoriu depresiv.

BICEPȘII

Simbol al forței bărbătești, bicepșii participă la limbajul gestual mai mult în calitate de figuranți ai atitudinii brațelor încrucișate. Excrescența bicepșilor sculptați amintește de sânii mici ai unei femei. Să fie acesta motivul pentru care simplul fapt de a-i umfla le excită atât de mult pe femeile cărora le plac bărbații musculoși?

Bicepșii au avut întotdeauna succes la femei. Să-ți sculptezi corpul înseamnă să-ți multiplici puterea de seducție. Sudoarea merită efortul. Aviz amatoarelor care nu rezistă farmecelor acestor „voyeuriste"! Din păcate, cu cât mușchii se umflă mai mult, cu atât culturistul se îndrăgostește mai tare de propria-i persoană. Este virusul narcisimului militant! Și cu cât el admiră mai mult acel corp perfect, sau aproape, cu atât se întoarce spre alte corpuri identice, care nu sunt în mod exclusiv corpuri feminine. Culturiștii fanatici par mai puțin interesați de corpul femeilor decât de cel pe care îl văd reflectat în oglinda lor. Așa stând lucrurile, orice energie mentală implicată într-o direcție exclusivă conduce întotdeauna la lipsa de implicare a altor centre de interes. Dorința sexuală manifestată pentru corpul altuia aparține acestor centre de interes. Ceea ce nu le împiedică pe femei să se îndrăgostească de toți musculoșii de pe pământ ai căror bicepși împung de sub tricoul polo așa cum sânii rotunzi și fermi ai unei adolescente țâșnesc dintr-un decolteu amețitor.

Bicepșii, sediu al dinamismului și combativității

Simbol al forței fizice la bărbat, bicepsul brațului motor este și sediul logic al dinamismului. Așa cum fără îndoială ați remarcat, dinamismul este o calitate cerută aproape obligatoriu în toate anunțurile de recrutare de personal. Un vânzător care n-ar fi dinamic este o inepție. Dar numai în teorie, liniștiți-vă! Dinamismul este considerat afrodiziacul rentabilității. Din păcate, dacă sunteți prea dinamic, veți fi concediat înainte de a vi se termina perioada de probă. Comunitatea profesională care vă primește funcționează după un ritm anume și n-o să vă suporte sprinturile sau excesele de zel. Să fii dinamic este perfect în familie, în satele de vacanță ale companiei Club Med sau între amici de treizeci de ani, dar este o greșeală fundamentală la serviciu. Dar atunci, de ce li se cere celor care vor să se angajeze acest sacrosant dinamism? Din același motiv pentru care li se cere să fie creativi. Dacă sunt, își semnează automat condamnarea la moarte. Vor fi respinși de grupul celor angajați, care au ritmul, rutina și obiceiurile lor. Nu schimbi o echipă care pierde. În mediul profesional, dinamismul sau creativitatea sunt niște remedii placebo, nu electroșocuri. Uzinele care se închid, firmele care se declară falite sunt toate victime ale unei lipse de dinamism și creativitate. Cum bine îi spunea Jacques Chirac președintelui Bush în timpul comemorărilor celei de-a șaizecea aniversări a debarcării aliaților în Normandia: „Trebuie să le redăm irakienilor sentimentul libertății *regăsite*.“ Doar o impresie, nu o realitate!

În mod ciudat, Franța este singura țară în care dinamismul și creativitatea sunt sancționate din punct de vedere profesional la toate nivelurile de responsabilitate. Dinamismul înspăimântă vechile și bunele obiceiuri. Nostalgia ține piept creativității sălbatice. Dacă sunteți dinamic și/sau creativ, aveți toate șansele să ajungeți în șomaj pentru „a vă calma nervii“. „Mai binele este dușmanul binelui“; cunoașteți dictonul mediocrității. Franța este o națiune care își conjugă progresele la „mai puțin ca perfectul“, un timp care ar trebui să existe pentru a conjuga fericirea în stil franțuzesc. E criză... Deschideți repede parașuta găurită, dacă nu aveți o parașută aurită!

Bicepșii în acțiune

Interlocutorul se scarpină ostentativ la subrațe, în dreptul bicepșilor.

Această reacție este un semn de stres, legat poate de o lipsă de acțiune sau de activitate. „Am chef să acționez“, spune corpul, dar spiritul rămâne pasiv. Orice mâncărime este întotdeauna un semnal, adeseori punctual și anodin, dar se poate întâmpla ca acest semnal să se repete în mod regulat, caz în care chinuie spiritul.

Ancorarea bicepșilor

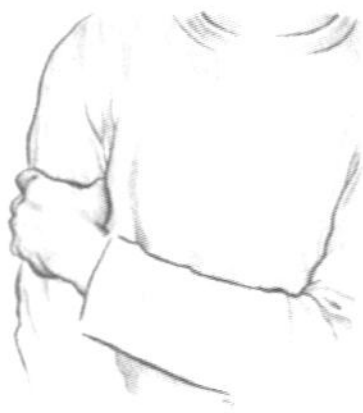

Apucarea bicepsului cu mâna este un semnal puternic, o cerere brutală de afecțiune sau un strigăt de ajutor în fața unei situații percepute ca agresivă într-un mod foarte subtil sau în contextul unui examen. Această ancorare se observă mai frecvent atunci când subiectul încrucișează brațele decât în alte circumstanțe. Pe planul simbolisticii corpului omenesc, bicepsul drept este călăul, iar cel stâng este victima.

Ancorarea bicepsului stâng

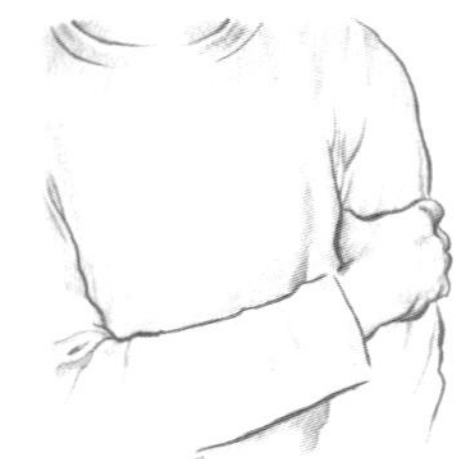

Bicepsul stâng este sediul simbolic al instinctului de supraviețuire și ancorarea lui trădează poate recursul la această pulsiune vitală. Atunci când este reprodus în mod constant, gestul apucării bicepsului stâng cu mâna dreaptă este o mărturisire. „Sunt un perdant" este sensul său simbolic. Nu e vorba de perdantul confruntat cu un câștigător, ci de cel care-și sabotează singur șansele de reușită. Brațul stâng servește de scut în ipoteza unei lupte corp la corp. În consecință, imobilizarea lui și deci blocarea acestei apărări cruciale, identificată ca atare în memoria noastră arhaică, este o veritabilă autodistrugere a mecanismelor de supraviețuire. Dacă vreți să vă treziți instinctul de supraviețuire, încercați să vă mișcați brațul stâng cât mai mult posibil. Orice acțiune care nu necesită abilitate sau dexteritate deosebită trebuie să fie transferată brațului stâng.

Evident, interpretarea nu este valabilă decât în cazul unei frecvențe mari a acestui refren. Remarcabil este faptul că, în anumite situații de eșec punctual, un individ este capabil să reproducă acest refren gestual încontinuu. El va abandona gestul dacă situația sa se schimbă.

Ancorarea bicepsului drept

Apucarea bicepsului drept cu mâna stângă reprezintă o împiedicare a acțiunii. Dacă este reprodus frecvent, gestul trădează un individ conservator prin vocație. Bicepsul drept este un simbol al forței agresive, ca atare, imobilizarea lui simbolică trădează o persoană invidioasă sau geloasă pe succesele dumenavoastră. Ancorarea repetitivă a acestui biceps ar putea semnifica o lipsă de tonus trecătoare. Ea trădează de asemenea o lipsă de îndrăzneală. Aceste piedici se manifestă în diferite moduri atunci când încrucișăm brațele și apucăm bicepșii cu mâna prin față sau prin spate.

Dubla ancorare a bicepșilor

Ancorarea bicepșilor apare aproape întotdeauna în postura brațelor încrucișate. Persoanele ofensive (brațul drept dominant) reproduc o ancorare a bicepsului drept, iar persoanele defensive (brațul stâng dominant), o ancorare a bicepsului stâng. Dar unii indivizi încrucișează brațele apucând cu mâinile ambii bicepși, stâng și drept, în același timp. Această dublă ancorare trădează un sentiment de inferioritate și o rigiditate intelectuală, dacă este reprodus în mod sistematic, bineînțeles. Dubla ancorare a bicepșilor este un strigăt de ajutor, o cerere voalată de asistență sau de protecție de care, evident, subiectul nu este conștient. Această postură exprimă un puternic sentiment de nesiguranță.

De reținut:

În psiho-anatomie, bicepsul drept este sediul simbolic al dinamismului.
Bicepsul stâng este sediul simbolic al instinctului de supraviețuire.
Bicepșii simbolizează combativitatea.

COATELE

Cotul stâng

În limbajul simbolic al corpului, cotul stâng este sediul penalizării ca urmare a unui eșec, dar și al reversului: capacitatea de reușită. Unul fără altul nu merge. Nicio realizare vitală nu se împlinește fără un procentaj semnificativ de eșecuri sau de acțiuni contraproductive. Orice succes este bastardul unei copulații între o încercare și o decepție, orice reușită este concluzia unui drum lung înțesat cu eșecuri ca tot atâtea mine anti-personale. Dacă vreți să reușiți în viață, începeți prin a eșua fără a vă pedepsi pentru aceste rateuri – veți cunoaște fericirea victoriei. Dacă vreți să eșuați, penalizați-vă, lovindu-vă în piept și acuzându-vă de toate relele de pe pământ! La șiiți, acest gest ritual simbolizează nevoia de sacrificiu, care nu este decât o manifestare a eșecului. Și dacă simțiți o durere în cotul stâng, să știți că vă pedepsiți pentru ultimul eșec în loc să învățați ceva din el.

Cotul drept

Sediu al forței de inerție, cotul drept nu se putea să nu fie asociat cu îndoiala și cu sora ei dușmană, credința. O credință rănită poate declanșa o tulburare funcțională de tip *tennis elbow*[1] la un individ care n-a atins niciodată în viața lui o rachetă de tenis. Articulația cotului drept înțepenește încă din momentul în care inerția se instalează în vene. O durere atipică la acest cot dezvăluie un refuz sau o incapacitate de a evolua. Apariția îndoielii la o persoană de obicei încrezătoare generează uneori o durere puternică și atipică la cotul drept. O astfel de durere poate anunța și un eveniment deja înscris în subconștientul individual, dar de care conștiința n-a aflat încă.

[1] Luxație a cotului la jocul de tenis (en. în original). (N. tr.)

Atunci când ne punem mintea la contribuție, capul ni se îngreunează și ne sprijinim automat în coate pentru a-l susține în efortul său de concentrare sau de reflecție. Capacitatea de judecare are și ea nevoie de coate pentru a analiza lucrurile cu mai multă detașare.

Sprijinirea în coate accentuează indecizia în detrimentul spiritului de inițiativă și a trecerii la fapte în măsura în care coatele reprezintă mai mult stâlpii gândirii decât motoarele acțiunii.

Oricât de plin ar fi, capul are puține șanse de a se desprinde de corp, dar probabil credem că ar putea să cadă simbolic, dacă n-am recurge la mâini și la coate pentru a-l susține. Omul încearcă să-și sprijine capul pentru a se proteja de instabilitatea climatului său mental. În principiu, vă veți sprijini coatele pe un suport pentru a regăsi stabilitatea care vă lipsește într-o situație de stres. Practic, această reacție gestuală trădează o lipsă de dinamism.

Coatele în acțiune

Interlocutorul se sprijină în cotul drept.

Spirit analitic, nu este încă gata să se angajeze. Este mai mult atent decât visător.

Interlocutorul se sprijină în cotul stâng.

Fire impulsivă, se teme să nu rateze o ocazie bună. E mai mult visător decât atent.

Interlocutorul se sprijină în ambele coate.

Atitudine de seducție tipică, mintea îi este împânzită de gânduri perverse de nemărturisit într-un context de seducție. În afara acestui context, sprijinirea pe ambele coate indică un atac în toată regula al gândurilor parazite.

Antebrațul stâng este pus pe coapse ca o bară transversală de susținere, cotul drept este sprijinit în palma mâinii stângi, iar obrazul drept este susținut de mâna corespunzătoare. Sau figura inversă.

Această secvență gestuală complexă exprimă o implicare fără nicio rezervă. Interlocutorul dumenavoastră este gata să se lase cucerit de argumente și să vă acorde o încredere aproape nelimitată. Se află în mod clar sub influența dumenavoastră.

Interlocutoarea își sprijină cotul drept în palma mâinii stângi, cu mâna dreaptă atârnând ca și când ar avea încheietura ruptă.

Acest gest indică o frică viscerală de schimbare, deci un tradiționalism militant. Este totodată un cod gestual foarte adolescentin care trădează nevoia de „a părea". Afectarea subiectului n-ar trebui să vă scape.

Susținerea capului cu dosul mâinii este poziția clasică a amantului obosit înainte de a fi muncit.

Poza este studiată. Înclinarea capului face parte integrantă din peisaj. Acest gen de postură nu este potrivită pentru toată lumea. Faceți încercarea filmându-vă înainte de a o adopta sau de a o respinge. Trebuie să degajați o anume nonșalanță pentru a da impresia realității. Dacă aveți în ochi acea lucire senzuală care servește drept preludiu la primul sărut, greșiți. Amantul obosit se lasă abordat și așteaptă să fie sărutat pentru a intra în acțiune fără grabă. *Chi va piano, va sano!*[1]

În afara contextului amoros, această secvență gestuală evocă un spirit critic care bate în retragere. Orice naș își are nașul! Riscați să cădeți în propria capcană dacă nu aveți grijă. Interlocutorul n-o să vă acorde credit decât dacă îi aduceți dovezi ale priceperii dumenavoastră și nu ale capacității de a face pe altul să priceapă ceva de care poate că n-aveți habar.

Sprijinit în cot, vă susțineți bărbia cu pumnul stâng...

Vă prefaceți că vă interesează, preferând să fiți cu mintea la o sută de leghe depărtare decât să suportați niște vorbe care vă lasă indiferent.

[1] „Cine merge încet merge sănătos" (it. în original). (N. tr.)

Sprijinit în cot, vă susţineţi bărbia cu pumnul drept...

Gelozia îşi are sediul în pumnul drept, cel care ar trebui să ajungă sub bărbia interlocutorului pentru a-l face KO. Dar cum e posibil, îmi veţi spune, să facem parte din aceeaşi familie politică, să împărtăşim aceleaşi idei, acelaşi crez? Interlocutorul vă eclipsează sau merge fără să vrea pe urmele dumenavoastră.

Sprijinit în cot, interlocutorul îşi susţine bărbia cu mâna pe jumătate închisă, ca o labă de animal sălbatic.

Reţineţi că nu există seducţie adevărată fără puţină imaginaţie. Frumuseţea unui chip sau silueta perfectă a unui trup bine făcut nu fascinează decât pentru un timp. Dacă vreţi să seduceţi, oricare ar fi atuurile fizice, trebuie să folosiţi două ingrediente majore: gesturile potrivite şi fantasmele potrivite. Revenind la postura mai sus menţionată, când mâna pe jumătate închisă susţine bărbia, e vorba de sfidare. Mâna stângă este sediul simbolic al spaţiului, iar bărbia cel al sfidării. Această postură se traduce în felul următor: „Am tot timpul la dispoziţie şi vă provoc să mă şocaţi, pun pariu că nu sunteţi în stare." Cam batjocoritor, dar total ineficient.

Poziţia piciorului de lampă: sprijinindu-se în cot, tânăra femeie îşi susţine bărbia cu mâna dreaptă deschisă şi orientată spre interior.

Această lateralitate a gestului în chestiune arată că persoana este în faza de seducţie pasivă foarte *hard*. Ea vrea să placă, dar nu încearcă să seducă. Oportunismul gestului n-ar trebui să vă scape pe viitor.

Cât despre lateralitatea inversă, mâna stângă deschisă şi orientată spre interior, ea dezvăluie o personalitate mai mult manipulatoare sau calculată decât seducătoare. Această secvenţă gestuală care trădează o oarecare afectare este rar reprodusă de un membru al speciei masculine. Gestul este tipic feminin şi bărbatul care l-ar face în mod curent ar risca să fie catalogat drept „homo". Dacă este, n-are nicio problemă. Dacă nu este, riscă să-şi seducă interlocutorul fără să vrea.

Ancorarea coatelor

Cotul este o articulație fundamentală a corpului omenesc. Fragilizarea lui (în afara patologiei articulare inflamatorii) are întotdeauna o cauză psihică. Articulațiile principale ale corpului sunt coatele și genunchii, care simbolizează eșecul sau progresul, inerția sau mișcarea. Aceste articulații îi provoacă de altfel numeroase fracturi, dislocări sau luxații de tot felul.

Nu frica de a întreprinde ceva, ci frica de a reuși e cea care se face vinovată de nu puține eșecuri.[1]

Apucarea cu mâna de cot trădează un sentiment de eșec. Apucarea de unul sau de ambele coate se observă în unele poziții de încrucișare a brațelor. Ea indică un temperament fricos, puțin înclinat să se lanseze în aventuri riscante. Ancorarea cotului este asociată și cu o postură verticală: subiectul stă în picioare și își prinde cotul stâng cu mâna dreaptă sau cotul drept cu mâna stângă. Acest gen de atitudine reflexă este mai mult feminină decât masculină. Subiectul care se ține de coate încrucișându-și brațele se apără preventiv de dezastrul care e posibil să-l aștepte la colțul străzii.

Subiectul observat își prinde cotul drept cu mâna stângă.

Realizată prin spate sau prin față, apucarea cu mâna stângă a cotului drept este un gest simbolic de reasigurare într-un context de eșec anunțat. Persoanele care reproduc această atitudine în mod regulat n-au chef să se joace de-a antreprenorii, nici de-a aventurierii capabili să înfrunte noutatea sau turbulențele unei situații de furtună profesională. Ei preferă inerția în locul acțiunii și siguranța în locul aventurii.

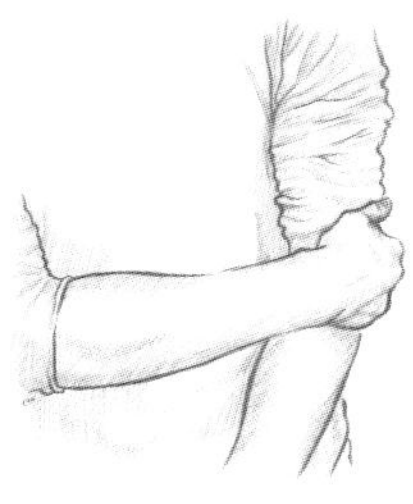

Subiectul observat își prinde cotul stâng cu mâna dreaptă.

Reprodusă prin față și în public, ancorarea cotului stâng semnalează un eșec afectiv temut sau confirmat. Această ancorare deosebită este un mod gestual de consolare care se poate dovedi a fi și un strigăt de ajutor. Totul depinde de context.

[1] Emil Cioran, *Despre neajunsul de a te fi născut.* (N. a.)

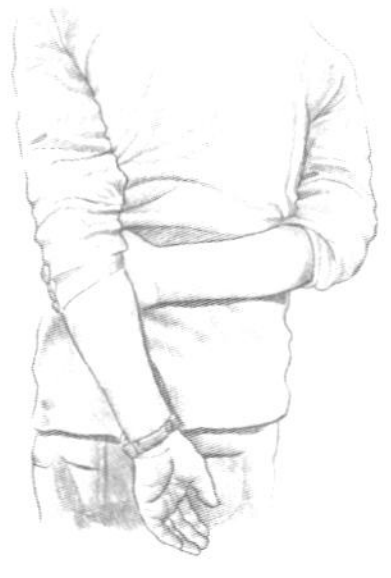

Coatele sunt fragile, iar cotul stâng este mai fragil decât dreptul. De ce? Pentru că el este în același timp sediul credinței și cel al dușmanului ei: îndoiala. Dacă reproduceți des această ancorare în prezența alesului inimii sau a partenerei, aveți o problemă. Îndoiala vă cuprinde, vă sufocă și riscă să vă distrugă sentimente pe care încă le mai aveți pentru el/ea. Subconștientul dumenavoastră încearcă să vă facă să transmiteți un semnal de alarmă. Sentimentele nu mai sunt la fel de arzătoare precum credința în iubire.

Ancorările dezechilibrate

Stând cu brațele încrucișate, interlocutorul își prinde cotul stâng cu mâna dreaptă în timp ce mâna stângă apucă bicepsul drept (și viceversa).

Dezechilibrul ancorărilor din această secvență gestuală vă semnalează lipsa de convingere a interlocutorului, exprimată în mod inconștient.

Ancorarea simultană a ambelor coate

Coatele sunt cuprinse cu mâinile, brațele sunt încrucișate. Această variantă dezvăluie un sentiment de eșec anunțat, deci previzibil, dar nu real. Reproducerea frecventă a acestei duble ancorări poate exprima un simptom nevrotic.

De reținut:

În psiho-anatomie, cotul drept este sediul simbolic al inerției.
Cotul stâng este sediul simbolic al mecanismelor de penalizare.
Coatele în poziție de sprijin sunt sediul simbolic al empatiei.

ANTEBRAȚELE

Parte a brațului cuprinsă între încheietură și cot, antebrațul joacă un rol important în pozițiile așezate care necesită un sprijin natural pe coapse sau pe un suport extern ce înlocuiește cotul. Împreună, antebrațele simbolizează mecanismele de apărare și relaționarea.

Antebrațul stâng: sediul superstiției și al influențabilității
Sediu simbolic al mijloacelor naturale de apărare, de la neîncredere la prevenție, antebrațul stâng este scutul dreptaciului. Într-adevăr, el e cel care îi protejează fața

sau craniul în caz de agresiune fizică. De ce stângul și nu dreptul? Fără îndoială, pentru că brațul stâng depinde de emisfera dreaptă a creierului și deci, prin extensie, de imaginea maternă (simbol al securității absolute). Dar și pentru că brațul motor este în mod inevitabil cel care acționează sau atacă.

Antebrațul drept: sediul rezistenței la frustrare

Să fii privat de o satisfacție legitimă sau nu, să tânjești după un obiect dorit, să dai peste un obstacol insurmontabil în realizarea unui proiect, fiecare dintre aceste situații generează un sentiment de frustrare pe care l-am cunoscut cu toții la un moment dat. Nivelul de rezistență la frustrare este o calitate care se dobândește odată cu educația sau în funcție de mediul social în care ați crescut. S-ar putea presupune că, în general, copiii din mediile înstărite au o rezistență mai slabă la frustrare decât copiii ieșiți din clasele defavorizate. Ceea ce ar fi până la urmă logic. Deși...

Daniel Goleman[1] relatează că niște oameni de știință americani au supus mai multe grupuri de copii cu origini sociale diferite la o experiență cât se poate de simplă – le-au propus următoarea alternativă: să primească imediat o bomboană sau să aștepte o oră pentru a primi două. Copiii care acceptau să aștepte erau considerați ca având o mai bună rezistență la frustrare. Unele grupuri au fost urmărite pe plan școlar și s-a putut constata că cei din a doua categorie (două bomboane după o oră) aveau rezultate mai bune decât cei din prima categorie (o bomboană imediat). Mediul social nu juca niciun rol în alegerea copiilor.

Am testat și eu experimentul lor, propunându-le același târg copiilor dintr-o clasă primară (zece ani). Copiii care au acceptat să aștepte o oră în plus ca să aibă două bomboane erau toți niște copii perseverenți, după cum mi-a mărturisit învățătorul lor. O curiozitate: cele două loaze din fundul clasei făceau parte din acest grup! Dar se știe că, de regulă, cei proști la carte sunt șmecheri.

Frustrarea poate fi un principiu educativ menit să trezească spiritul combativ al elevului. Dar un principiu care trebuie manipulat cu discernământ, căci acest mod de educare îi poate trezi și ostilitatea sau agresivitatea față de societate.

Frustrarea este carburantul combativității. O experiență realizată într-o universitate americană a dus la constatarea că cel care se protejează instinctiv cu brațul motor, în caz de agresiune fizică, este un individ care refuză lupta, deci un subiect pasiv sau supus, atras mai mult de aspectele oculte ale existenței lui decât de realitatea pe care este obligat s-o suporte. Testul este ușor de realizat. Subiectul este prevenit c-o să vă prefaceți că-l loviți în cap și că trebuie să se apere cu brațul (fără a preciza care braț). Dacă ridică instinctiv brațul drept (motor) pentru a-și proteja fața, veți ști imediat că aveți de-a face cu un subiect influențabil și ar trebui să vă dați seama imediat de

[1] Psiholog american, autor al cărții *Inteligența emoțională* (1995), care i-a adus celebritatea. (N. tr.)

gradul lui de supunere. Dacă ridică brațul stâng (nonmotor) pentru a-și asigura protecția, aveți în față un luptător care, la o adică, ar putea să vă trimită în corzi. El va fi mai combativ și mai greu de influențat. Copiii care își protejează capul cu ambele antebrațe pot fi asimilați cu antebrațele drepte influențabile.

Dacă sunteți învățător și doriți să repetați această experiență în clasă, vă previn că un copil așezat în dreapta băncii va ridica mai ușor brațul drept pentru a se proteja. Este o chestiune de configurație topografică. Copilul testat trebuie să stea în fața „agresorului" său, fără nicio piedică, pentru ca testul să fie valid. Nu uitați să luați în calcul lateralitatea subiectului. Pentru cei stângaci, trebuie să inversați datele. Iar dacă ridică ambele brațe pentru a se proteja, veți ști că aveți de-a face cu un copil bătut.

Antebrațele în acțiune

Subiectul observat stă cu picioarele depărtate și cu antebrațele încrucișate între picioare. Corpul este aplecat în față.

Poziția este total defensivă. Antebrațele în cruce reprezintă un cod gestual de apărare naturală pe care-l găsim în toate artele marțiale. Subiectul este contemplativ. El se mulțumește să asiste la discuție fără să participe.

Interlocutoarea are brațele lipite de bust, doar antebrațele îi sunt dezlipite de corp.

Această atitudine este observată destul de des la un subiect stresat și stresant. Simplul fapt de a-și bloca brațele este o modalitate de a transforma dinamismul (brațul drept) și instinctul de supraviețuire (brațul stâng) în stres, ba chiar în conduite de-a dreptul nevrotice.

Autoscopia antebrațelor

Vă puneți în mod regulat mâna dreaptă pe antebrațul stâng.

O secvență gestuală prin care vă afișați credulitatea. Momentan, sunteți influențabil. Nu luați nicio decizie imediat!

Vă puneți în mai multe rânduri mâna stângă pe antebrațul drept.

Interlocutorul încearcă să vă lezeze sau să vă deposedeze de avantajele ori de drepturile dumenavoastră. Nu ezitați să răspundeți cu un refuz clar la propunerile care vi s-au făcut.

Antebrațele în sprijin

Interlocutoarea își încrușicează antebrațele și le sprijină pe coapse.

Este vorba de o atitudine de falsă dezinvoltură din partea unei persoane care se preface. Vă amintesc că antebrațele sunt niște unelte de apărare corporală în sensul strict al termenului. Ele sunt totodată scuturile naturale ale feței și capului. Suprapunându-le în afara unui context de violență, anticipați o ostilitate latentă sau suportați o ostilitate verbală din partea interlocutorului vostru. Faptul de a le încrucișa în contextul unei discuții nu prevestește, în general, o atmosferă chiar așa de relaxată cum s-ar putea presupune. Postura este una de capitulare.

În încrucișarea antebrațelor, brațul drept domină brațul stâng. Subiectul va rezista la frustrare dacă reproduce această încrucișare punându-și antebrațul drept peste cel stâng.

În schimb, dacă subiectul preferă încrucisarea stângul peste dreptul, el se va refugia în ocultism sau divinație pentru a scăpa de frustrare.

Interlocutorul își scarpină regulat partea interioară a antebrațelor.

Reflex de descurajare din partea unui individ veleitar care are tendința să se dezumfle la prima rafală de vânt. Dacă vă surprindeți scărpinându-vă partea interioară a antebrațelor în timpul interviului de angajare, acest lucru poate explica și de ce simțiți o vagă senzație de lehamite sau o lipsă bruscă de entuziasm pentru postul propus.

Mâncărimile sunt tot atâtea micromesaje trimise de subconștientul vostru și de care trebuie să țineți seama. Fiecare parte a corpului dumenavoastră este vizată și fiecare parte a corpului corespunde unei conduite, un atu sau un handicap care vă privește în cel mai înalt grad.

Dacă vă scărpinați brusc antebrațul stâng, veți simți imboldul superstiției. Trebuie să crezi pentru a nu fi nevoit să înfrunți o altă realitate mai puțin seducătoare.

Dacă simțiți mâncărimi la antebrațul drept, vă chinuie frustrarea.

Antebrațul este îndoit pe braț, cu cotul în sprijin și mâna la înălțimea umărului; obrazul se sprijină pe dosul mâinii.

Mâna opusă susține cotul brațului care servește de suport. Acest ultim detaliu este esențial. Coatele sunt sediile sentimentului de eșec. Personajul care reproduce acest tip de gest este un individ care se teme de eșecul acțiunilor sale mai presus de orice. Este o atitudine foarte apreciată de tipii machiavelici. Ea este însoțită adesea de o balansare a fotoliului prezidențial pe care stau atunci când nu sunt țintuiți pe el, ca și cum ar fi vorba de un tron care le conferă toate puterile.

Sunt susceptibili să adopte această postură unii indivizi, bărbați sau femei, care fac paradă de sentimentele lor amoroase. În general, nu-și susțin cotul cu mâna opusă, ci și-l sprijină pe brațul fotoliului. Ei își evaluează șansele căutând energic un mijloc de a întoarce situația în avantajul lor. Când sunt în situație de seducere, acești „killeri" nu pot renunța la acest gest ciudat care e semnul lor distinctiv. Au o mimică a feței în general explicită, dând impresia că sunt stăpâni pe situație, chiar, mai ales când n-o stăpânesc deloc. Cu această atitudine își influențează uneori ținta, care este impresionată de siguranța pe care o afișează.

Apropo, când interlocutorul vostru pare foarte sau prea sigur pe el, luați în considerare contrariul a ceea ce sugerează atitudinea lui globală. Ceea ce înseamnă că îi lipsește total încrederea în sine. O siguranță afișată este ca o reclamă mincinoasă sau ca cel care se laudă cu isprăvile lui. Dacă simte nevoia să se fălească cu ele, înseamnă că încearcă să-și ascundă lașitatea.

Antebrațul stâng este îndoit...

Persoana în cauză o să vă atingă la coarda sensibilă, profitând de faptul că sunteți un romantic.

Antebrațul drept îndoit...

Va încerca să vă îmbrobodească folosind raționamente paralogice, adică raționamente care par a fi logice, dar din păcate nu sunt.

Ancorarea antebrațelor

În psiho-anatomie, antebrațul drept este sediul simbolic al rezistenței la frustrare. Dar este și unul dintre sediile comunicării interpersonale.

Antebrațul stâng este sediul simbolic al neîncrederii. El este scutul feței în caz de agresiune fizică și simbolizează fuga și mijloacele de apărare naturale.

Ancorarea antebrațelor ar putea semnala un refuz al angajării. Întrucât partea stângă a corpului e cea care comandă emoțiilor, mâna dreaptă o blochează sau o apără de propriile ei dorințe.

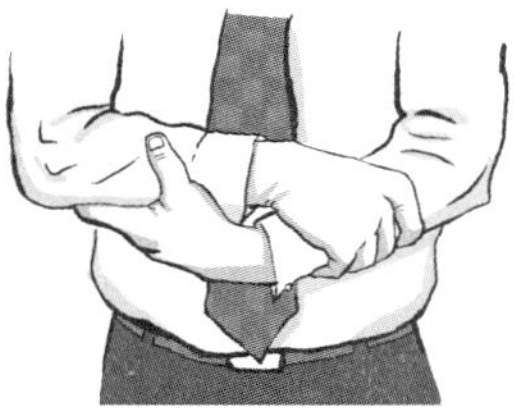

O repetare abuzivă a acestei atitudini arată că individul trăiește sub constrângerea unui anturaj sau într-un context de nesiguranță. Gestul este numit și „bară de protecție". Apucarea antebrațului cu mâna dezvăluie o atitudine de neîncredere și/sau mărturisirea unui eșec predictiv. E vorba de un refren gestual alternativ care se poate transforma în refren invariabil datorită unei situații percepute ca fără ieșire.

Subiectul observat își ține brațele în repaus pe masă, cu mâna dreaptă pusă pe antebrațul stâng...

Acest cod gestual curent arată că simpatia nu figurează în meniul conversației. Creierul cognitiv este derutat de un val seismic emotiv pe care subiectul încearcă simbolic să-l oprească. Hiperemotivitatea lui n-ar trebui să se vadă cu ochiul liber.

În schimb, dacă mâna stângă e pusă pe antebrațul drept, e semn că subiectul s-a mai liniștit. Neîncrederea este încă prezentă, dar e mai puțin virulentă.

Dacă mâna stângă se agață de antebrațul drept, creierul afectiv este tulburat și împiedică, în mod paradoxal, cealaltă emisferă să analizeze situația, de unde scăderea regimului intelectual. Capacitatea de analiză este inhibată. Mai precis, interlocutorul este blocat intelectual. Reproducerea frecventă a acestui refren ciudat poate fi semnul unei depresii majore. Această ancorare trădează un sentiment de frustrare. Ea vă arată totodată că sunteți capabil să vă împotriviți dacă interlocutorul încearcă să vă influențeze. De ce? Pentru că brațul vostru drept este sediul rezistenței la frustrare. Nu cedați nicio palmă de pământ!

Dubla ancorare a antebrațelor – manșonul.

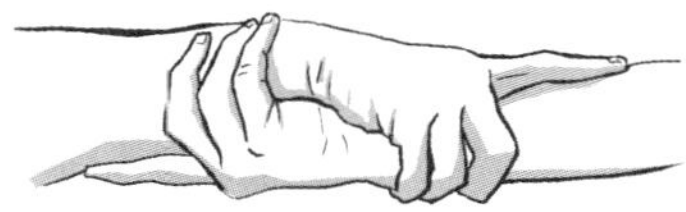

Această dublă ancorare stranie este un refugiu simbolic, semnul că avem de-a face cu un individ „decalat", care dă uneori impresia că s-a înșelat în privința scenariului. Situația pe care o trăiește în prezent îl neliniștește. Reproducând această dublă ancorare, se simte în siguranță. O impresie de securitate pe care o regăsim în gestul încrucișării brațelor atunci când este frig afară. Gestul este făcut foarte des când evenimentele scapă de sub control, desfășurarea lor semănând cu un joc de-a măcelul sau cu o cursă cu obstacole. Postura devine atunci expresia unei stări regresive.

Vă vând un pont: rezistența la frustrare este maximă la un individ care reproduce în mod regulat dubla ancorare a antebrațelor.

De reținut:

În psiho-anatomie, antebrațul drept este sediul simbolic al rezistenței la frustrare.
Antebrațul stâng este sediul superstiției și al influențabilității.
Împreună, antebrațele simbolizează mecanismele de apărare și relaționarea.

ÎNCHEIETURILE

Ancorarea încheieturilor

Este probabil ancorarea cea mai obișnuită. O reproducem toți cu naivitate, fără să bănuim nici măcar o clipă consecințele pe care le are asupra emoțiilor noastre.

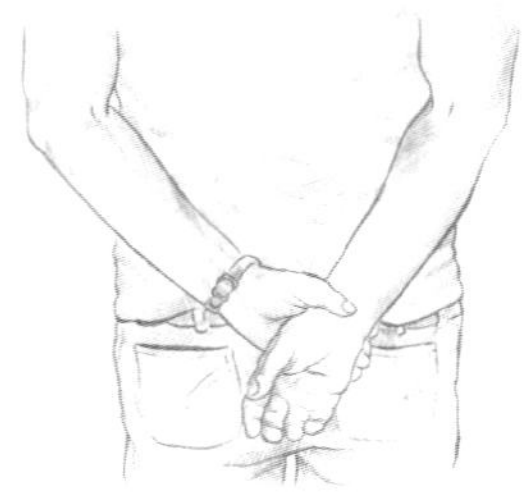

În psiho-anatomie, încheietura dreaptă este îndeosebi sediul spaimei provocate de senzația că-ți lipsește ceva, spaimă care generează conduitele impulsive. Încheietura stângă este un sediu al îndoielii care antrenează indecizia și o atitudine de acceptare a fatalității destinului.

Reflexul care constă în încătușarea încheieturii stângi cu mâna dreaptă sau invers este unul de apărare a teritoriului mental împotriva unei intruziuni verbale presupus ostilă. Încrederea în voi este zdruncinată sau respectul de sine este devalorizat. Acest gest anesteziază combativitatea celui care îl face. Nu este indicat, fiindcă semnalează și faptul că subiectul este influențabil. Cu cât vă agățați mai mult de încheieturi, cu atât vă confirmați statutul de subiect manipulat sau manipulabil.

Ancorarea încheieturii drepte (impulsivitatea) vă afectează spiritul logic. Ancorarea încheieturii stângi (indecizia) vă face mai vulnerabili emoțional și vă diminuează șansele de succes, căci gestul vă amenință creativitatea.

Divorțul virtual al imaginilor parentale în sânul supraeului provoacă un sentiment de nesiguranță care antrenează acest refren gestual fundamental. Ce înțeleg prin divorț virtual al imaginilor parentale? Personalitatea individuală (individuația) se construiește pornind de la trei elemente de bază: ereditatea, imaginea maternă și imaginea paternă. Ultimele două constituie fortăreața în care copilul își înscrie interdicțiile, toleranțele, limitele și ambițiile. Confruntat cu unele situații care îi destabilizează certitudinile, supraeul (fortăreața) poate fi neputincios în a-l proteja pe adult. Acesta devine vulnerabil și reacționează căutând un refugiu gestual în imaginile parentale interiorizate. El repune în scenă în mod inconștient rolurile pe care eul său copil le-a atribuit celor doi părinți. Cu alte cuvinte, un gest-relicvă.

Ancorarea reactivă...
...ca refren gestual invariabil

Vă apucați încheietura stângă cu mâna dreaptă.

Este modul de ancorare preferat de sceptici! Scepticul are tendința să reacționeze la nesiguranță printr-o stare de prostrație. Sau să manifeste un spirit de turmă și să urmeze mișcare impusă de majoritate. Scepticul este un individ prudent, care evită să ia decizii pripite. Când mâna dreaptă apucă încheietura stângă, ea previne trecerea la act, împiedicând producerea lui impulsivă. Această apucare a încheieturii indică și imaginea tatălui care-și protejează copilul împotriva nesiguranței trăite de adult.

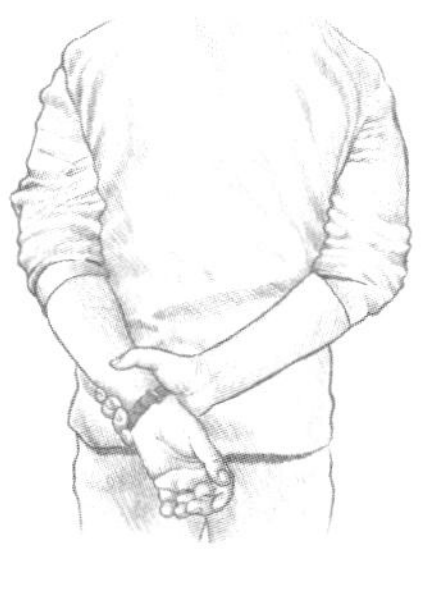

Recurența apariției sale dezvăluie un sentiment de insecuritate în sensul larg al cuvântului: instabilitate a climatului mental în fața unei situații conflictuale, incapacitate de a se impune într-o discuție contradictorie, situație de examen sau de angajare, sentimentul de a fi victima unei influențe periculoase etc. Apucarea încheieturii sau a antebrațului stâng este un rit gestual al musulmanilor în timpul rugăciunii. El simbolizează superioritatea bărbatului (mâna dreaptă) asupra femeii (încheietura stângă). Încheieturile stângi prizoniere sunt mai mult reactive decât proactive.

Ancorarea proactivă...

Vă apucați încheietura dreaptă cu mâna stângă.

Este ancorarea cea mai impulsivă! Individul impulsiv este dominat de emoții. Mecanismele lui de decizie sunt perturbate de incapacitatea de a lua suficientă distanță pentru a analiza avantajele sau inconvenientele unei oportunități. El merge la simpatie și adeseori se înșală. De data asta, rolurile sunt inversate, imaginea maternă este preponderentă în raport cu cea a tatălui. Ca să fiu mai clar, subiectul observat acordă importanță mai mare emoțiilor în detrimentul rațiunii, așa că va fi impulsiv. Dacă îl luați la sentiment, ați câștigat. Dacă, în schimb, ignorați acest semnal gestual și îi dați înainte cu un discurs rațional, riscați să-l faceți să se eschiveze sau să dea bir cu fugiții. El confirmă astfel o oarecare vulnerabilitate. Prin urmare, va fi mai mult instinctiv, proactiv și intuitiv decât rațional.

...ca refren gestual alternativ

Când mâna stângă ține prizonieră încheietura dreaptă.

Încercați să blocați orice inițiativă verbală sau fizică ce ar putea să vă pună într-o situație jenantă. Vă înfrânați spiritul critic ca să nu vă dați seama cât timp ați pierdut ascultând divagațiile interlocutorului vostru, de exemplu.

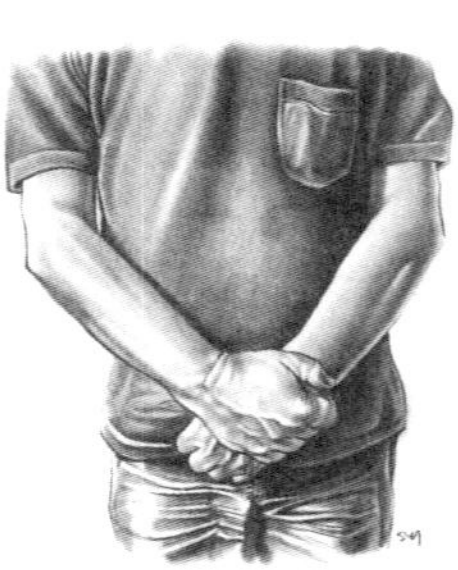

Când mâna dreaptă ține prizonieră încheietura stângă.

Încercați să vă controlați emoțiile, tracul sau nivelul de influență a interlocutorului asupra voastră. În general, veți avea tendința să adoptați această postură când veți simți imboldul frustrării și/sau nevoia de a lua distanță.

Încheieturile încătușate

Sunt pe cale să negociez un manuscris cu un nou editor. Se întâmplă într-un trecut pe care prefer să-l uit. Tipul e gata să-mi semneze un contract cu un avans derizoriu, ceea ce e deja semn rău. Și când zic derizoriu, de fapt, e rău de tot. Imaginați-vă: 5.000 de franci pentru un manuscris de 250 de pagini. Trei luni de muncă pentru ca la final să iau țeapă. Îmi simt mâinile încătușate, dar semnez pentru o cărțulie care va fi făcută praf. Una dintre cele mai proaste cărți ale mele! Am comis și eu niscaiva, ca orice scriitor care se respectă. În domeniul cinematografiei, astea se numesc gunoaie menajere. Filme de serie Z turnate rapid și prost montate. Și în mediul editorial există așa ceva. N-ai încotro, trebuie să-ți câștigi pâinea.

Vă treziți că vă încrucișați încheieturile, cu pumnii strânși, ca și când ați avea cătușe. Sunteți deja prizonierii unui viitor care se anunță mai carceral decât închisoarea

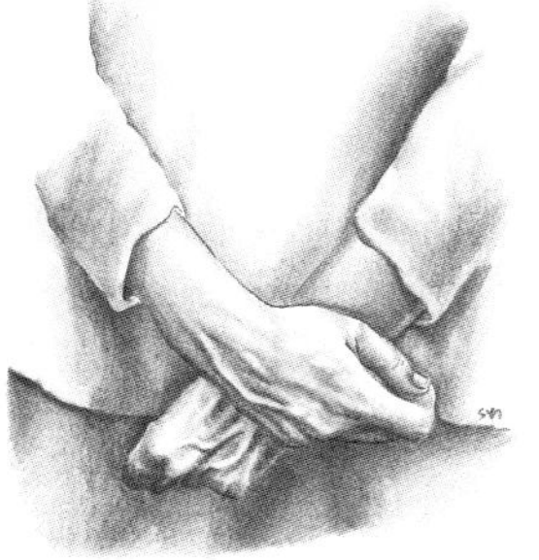

care vă așteaptă. Trebuie să încercați să evadați imediat, reconsiderându-vă poziția sau renunțând de urgență să vă mai implicați.

Care este mesajul predictiv al încheieturilor încătușate? Ele anunță o frustrare în raport cu rezultatul sperat. Când observați acest cod gestual la altcineva, care este încheietura dominantă?

Încheietura stângă domină
Persoana în cauză se simte în situație de eșec în fața exigențelor dumenavoastră.

Încheietura dreaptă domină
Persoana nu are încredere, dar se supune autorității dumenavoastră.

OVAȚIILE

În *Magia corpului*, Desmond Morris prezintă mișcările brațelor în felul următor: „În ceea ce privește pozițiile brațelor, ele sunt în principal în număr de patru: brațele coborâte, brațele ridicate, brațele depărtate și brațele întinse înainte... Poziția brațelor coborâte este neutră, cu mușchii brahiali foarte relaxați și inactivi."

Putem de altfel să ne agităm brațele, să facem semn și să salutăm cu brațul, fiecare din aceste gesturi având semnificația lui proprie. Poziția exactă și gradul de rigiditate a brațelor ne arată până la un oarecare punct cu cine avem de-a face. Salutul familiei regale engleze, de exemplu, este totodată modest și stilat, reflectând puțin moleșeala puterii pasive. Pumnul ridicat al liderului comunist est simbolul impetuos al puterii revoluționare și active. Salutul roman, la fel ca și salutul hitlerist, este expresia stereotipă a loialității rigide. Salutul militar, cu brațul îndoit și mâna la tâmplă, este un gest de liniștire menit să anuleze semnalul de luptă emis de uniforma soldatului. Salutul papei reprezintă gestul amplu și simbolic care îi cuprinde pe toți copiii lui Dumnezeu. Ne folosim de brațe când avem nevoie să emitem semnale la mare distanță, mai puțin elaborate decât cele transmise de degetele și expresiile noastre faciale. Brațele noastre acționează ca niște semafoare.

Dacă ne coborâm pentru o clipă la nivelul cetățeanului de rând, trebuie să știm că pumnul ridicat în manifestațiile de stradă este un gest de revendicare pură și dură, după cum bănuiți, dar este și o atitudine de triumfalism obișnuită la cei care au pierdut deja totul înainte chiar să fi purtat vreo bătălie. V-ul victoriei reprodus de manifestanți este totodată V-ul unei dorințe pioase despre care fiecare știe că nu se realizează decât în basme.

Să știi să primești ovațiile publicului este o artă pe care puțini aleși sau puține staruri știu s-o consume cu noblețe și eleganță. Gestul este trădător, căci e invariabil, sau aproape.

Sub ploaia de ovații, politicianul ridică ambele brațe în sus, cu arătătorul și mijlociul în V, gest pe care îl face mereu în fața susținătorilor săi.

Există diferite moduri de a primi aclamațiile ridicând amândouă brațele, dar toate sunt o caracteristică a demagogilor. Din punct de vedere statistic, reproducerea acestui gest în calitate de cod gestual convențional se observă în general la indivizii care dispun de o putere indivizibilă și absolut(ă)... democratică, evident. V-urile pentru victorie pot și interpretate și ca un dublu V pentru „vai de cei învinși deja". OK, glumesc, dar am studiat cu mare atenție fondul problemei.

Candidata ridică în mod regulat brațul drept în timp ce este ovaționată.

Propovăduiește o putere solidă fondată pe respectul ordinii și al regulilor în vigoare, pe care va refuza să le repună în discuție.

E stilul tribunului intelectual, riguros și cam psihorigid. Acela care crede că știe totul, dar care nu știe că tot ce crede că știe nu e nimic în comparație cu ceea ce nu știe.

Observați înclinația mâinii și poziția degetelor, lipite sau dezlipite, pentru a putea pune un diagnostic:

Brațul drept, cu mâna în prelungirea brațului și degetele lipite desemnează un intelectual inflexibil și psihorigid. Neînduplecat ca Justiția.

Brațul drept, cu mâna în prelungirea brațului și degetele dezlipite desemnează un intelectual psiho-flexibil și în general deschis la polemică.

Brațul drept, cu mâna înclinată în unghi invers în raport cu brațul și degetele dezlipite (ca în imagine) desemnează un intelectual care acceptă sugestiile, fiind mai degrabă consensual.

Brațul drept, cu mâna înclinată în unghi invers în raport cu brațul și degetele lipite desemnează un intelectual care acceptă sugestiile, dar e versatil.

Candidata salută mulțimea cu mâna dreaptă, brațul întins și degetele răsfirate.

Acesta e punctul ei slab. Un gest care contrazice impresia de căldură umană. E vorba de stilul tribunului intelocrat și tehnocrat emoționat de tabelele statistice care arată starea dezastruoasă a națiunii, dar care nu-și face deloc griji în privința problemelor cotidiene evidente ale oamenilor din popor.

Candidata își salută susținătorii cu mâna dreaptă, brațul întins, mâna întoarsă spre înapoi și degete dezlipite.

Același stil al tribunului intelectual, riguros și psihorigid, dar cu o atenuare totuși. Mâna pe dos cu degetele dezlipite este un semnal eminamente feminin care îndulcește stilul cam rigid al tribunului.

Subiectul ridică în mai multe rânduri brațul stâng în timp ce este ovaționat.

Este implicat în dimensiunea socială și afectivă a rolului său public. Acesta este stilul tribunului combativ și mai ales emotiv, căruia i se umezesc ochii când simte valurile de iubire ale mulțimii susținătorilor săi. Este pasional, plin de compasiune, nu foarte eficace când se află la conducerea statului, dar foarte federalist în caz de criză.

În timp ce este ovaționat de susținătorii săi entuziaști, politicianul ridică alternativ brațul drept, apoi brațul stâng.

Se pare că vrea să placă tuturor, de la stânga la dreapta și viceversa. Perfect capabil să schimbe macazul la nevoie, acest candidat bulimic se vede deja ales înainte de a fi. Încă nu știe cum să joace sau ce așteaptă de la el alegătorii. Este stilul tribunului visător, utopist și gafeur!

Candidatul îi apucă de mână pe colegii săi de listă electorală pentru a forma un lanț de brațe ridicate.

Este o copie a lanțului prieteniei într-un mediu unde acest cuvânt n-are niciun sens. Doar un veritabil sentiment de falsitate pe care-l împărtășești într-o împrejurare potrivnică, dar niciodată, absolut niciodată când beția victoriei bate la ușă.

Candidatul la viitoarele alegeri ridică brațele, cu degetele mari întinse și cu o mină veselă.

Erecția degetelor mari este una libidinală atât la propriu, cât și la figurat. Candidatul a câștigat cursa electorală, deci poate să ejaculeze, precum piloții de Formula 1 care agită sticla uriașă de șampanie ca să lase spuma să curgă... Încă din Antichitate degetul mare ridicat și-a păstrat același sens: victoria vieții asupra morții.

În timp ce este ovaționat de susținătorii săi, omul politic ridică brațele, păstrând pumnii strânși.

Subiectul vrea să ocupe prim-planul scenei și va face un gest necugetat dacă cineva va încerca să-i ia fața. Cu cât un politician are mai puțină influență, cu atât strânge pumnii mai tare atunci când e ovaționat de susținătorii săi. Prin opoziție, cu cât un politician dispune de mai multă putere, cu atât va simți mai puțin nevoia de a strânge pumnii. Marcă a stilului sindical agresiv sau coleric sindical, ceea ce înseamnă același lucru, pumnul strâns este tipic pentru luptătorul deprimat care își susține doctrina și pe apostolii ei fără nicio convingere. Poți să fii fundamental depresiv din punct de vedere structural, dar să reușești totuși să strângi oamenii laolaltă.

MÂINILE

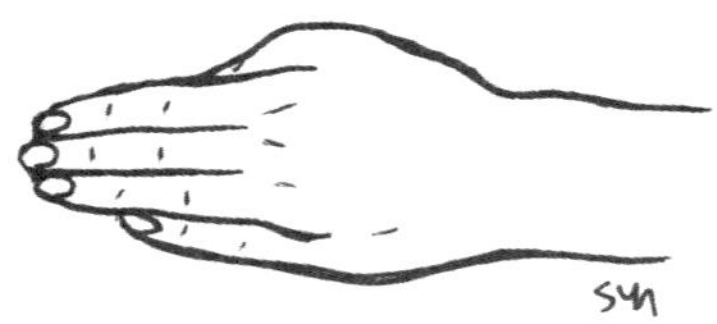

Au fiecare câte douăzeci și șapte de oase, ceea ce le permite să adopte o infinitate de poziții, utilitare și chiar grațioase, mai ales la femei, care, exceptând încheietura, sunt dotate cu oase mai fine și articulații mai flexibile. Și aceste minuni anatomice se strâng și se desfac de 25 de milioane de ori în timpul unei vieți, cu o varietate de ritmuri care ne evidențiază vitalitatea, temperamentul și întreaga paletă a emoțiilor. La asta se adaugă un simț al pipăitului supradezvoltat datorat celor vreo 2 000 de receptori situați la extremitatea fiecăruia dintre degetele noastre. Grație lor, putem să detectăm printr-o atingere ușoară un adaos de o mie de ori mai subțire decât un fir de păr. Dar și să facem diferența între cald și rece, plăcut și neplăcut, necunoscut și familiar. Căci degetele în mișcare explorează, memorează și recunosc, ajutate de apărătorile lor rezistente, unghiile. În plus, printr-o mângâiere, ele pot să aline durerea sau să provoace plăcerea declanșând producerea de endorfine în creierul celor pe care îl ating. Dotate deopotrivă cu sensibilitate și forță, mâinile sunt expresia inteligenței și a afectivității noastre. Cum să nu ai grijă de asemenea minunății?[1]

Dintre toate părțile corpului omenesc, mâinile sunt poate cele mai active și totuși, n-am auzit niciodată pe cineva să se plângă că are „mâinile obosite". Ca piese ale unei mașinării, ele sunt aproape perfecte.

Inteligența mâinilor

Mâinile voastre se aseamănă cu două surori gemene. Sunt perfect opozabile, dar programările lor motrice sunt antagoniste și complementare.

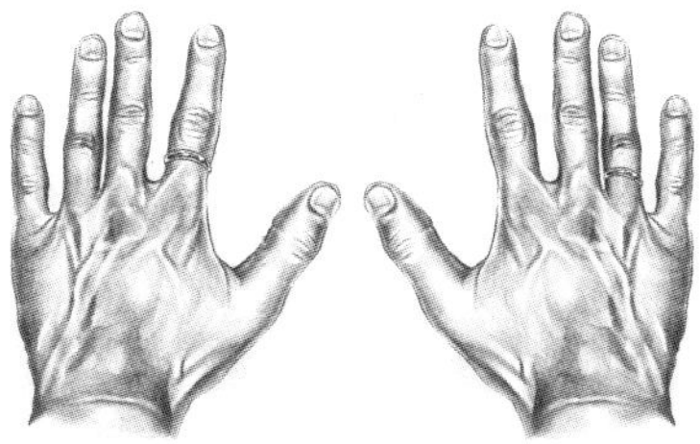

Mâinile pot atinge toate părțile anatomice ale corpului omenesc sau aproape toate. Mobililatea lor, unghiul de rotație al brațelor, lungimea degetelor și capacitatea de apucare fac din ele niște unelte extraordinare, care se adaptează aproape perfect.

Cele două funcții primare ale mâinilor sunt să exploreze și să creeze. Printre funcțiile lor secundare se numără și aceea de piedestal al feței sau al capului prea greu de gânduri, ceea ce le transformă în instrumentul corporal fundamental al comunicării nonverbale. Instrument de sprijin al limbajului verbal, mâinile fac figurație inteligentă, prea inteligentă, fără îndoială, căci se întâmplă adesea să trădeze discursul în loc să-l pună în relief.

După cum v-am spus deja, mâna dreaptă e total diferită de mâna stângă. Vă propun să privim lucrurile din punctul de vedere al dreptaciului. Dacă aparțineți minorității oprimate (15%) a stângacilor, e suficient să inversați.

Mâna dreaptă

Mâna activă a dreptaciului creează și organizează creația. Mâna dreaptă este mâna care inițiază sau care se inițiază. Este mâna ofensivă a dreptaciului, sediul spiritului de inițiativă.

[1] *Ça m'intéresse, op. cit.*

Mâna stângă

Mâna stângă este mâna pasivă a dreptaciului, cea care învață și o eliberează pe dreapta de sarcinile ei repetitive. O mână stângă care este adeseori în contact cu fața sau cu buzele este mâna unui individ care mai mult va observa decât va interveni, dar care va acționa ca un tehnician. Stânga este mâna părții drepte a creierului, care știe mereu cum să iasă din încurcătură. Mâna descurcăreață care îl identifică pe autodidact și e mereu gata să-i dea ajutor dreptei, la nevoie. Dar este mai puțin specializată, căci este și mâna tandreții, a mângâierii, a serenității, mâna contemplativă.

Interlocutorul își freacă dosul mâinii drepte cu mâna stângă sau invers.

În general, ne frecăm pielea pentru a alina o mâncărime sau o durere. Dar poate fi vorba și de o reacție nervoasă. Reacție provocată de deschiderea unui subiect care supără sau de un mesaj din straturile inferioare ale conștiinței. Vocabularul simbolic al psiho-anatomiei vă permite să descifrați aceste mesaje care vă sunt adresate de subconștient.

Mâinile: sediu simbolic al comunicării

Mâna e cea care a făcut societatea

Secretul reușitei mâinii omenești este dezvoltarea degetelor mari opozabile. Eliberate de funcția lor de locomoție, atât la sol cât și în copaci, mâinile au putut să se consacre exclusiv sarcinilor de manipulare a obiectelor. A fost unul dintre pașii cei mai importanți în evoluția speciei noastre.

Dinamica mâinilor

Participantul la o dezbatere care nu-și folosește decât o singură mână pentru a-și ilustra discursul știe despre ce vorbește, dar nu vorbește mereu despre ceea ce știe.

Când un vorbitor își folosește mâinile pentru a-și accentua discursul verbal, el preferă mereu una din cele două mâini, chiar dacă i se întâmplă punctual să dea din amândouă. Mâna privilegiată este în general aceeași în toate cazurile pe care le-am putut observa, cu câteva excepții. Această mână dinamică determină modul de identificare a vorbitorului prin două adverbe fundamentale care stimulează inteligența copilului: de ce? cum?

Fiecare dintre aceste două adverbe corespunde unei mâini, ele însele reprezentative ale celor două emisfere ale creierului care constituie neocortexul. Mâna dreaptă, echivalent simbolic al părții stângi a creierului, corespunde adverbului „de ce". Mâna stângă, simbol părții drepte a creierului, corespunde adverbului „cum".

În aceeași ordine de idei, mâna dreaptă corespunde timpului, iar stânga spațiului. Două reprezentări strâns asociate cu imaginile parentale. Timpul este un fenomen liniar care merge dinspre trecut spre viitor, în timp ce spațiul reprezintă infinitul emoțional sau afectiv. Imaginea tatălui corespunde timpului care trece și zonei stângi a creierului, care se ocupă de estimarea acestui timp; zona dreaptă a creierului, simbol al imaginii materne, înglobează simțul spațiului. Mâna dreaptă are simțul distanțelor, iar stânga, pe cel al volumului pe care omul îl ocupă în spațiu.

Mâna este înainte de toate sediul simbolic al comunicării interpersonale. Celor mai mulți oameni le este aproape imposibil să vorbească fără „subtitrarea" mâinilor. Ca și cum cuvântul n-ar fi suficient de explicit pentru a fi înțeles dintr-odată. Semafor indispensabil transmiterii mesajelor, mâinile învăluie cuvintele, punctează subordonatele, cuprind frazele și susțin emoțiile.

Ele sunt totodată purtătoarele unui dublu mesaj pe care puțini indivizi sunt în stare să-l descifreze. Sursă de adevăr, mâinile îi stânjenesc pe toți mincinoșii, care le ascund sub masă. Fără a se sinchisi de pozițiile verbale pe care le luați, mâinile divulgă, fără să vă dați seama, starea meteo a climatului mental. Gura spune un lucru, dar mâinile exprimă un altul. Punctul de vedere al corpului e diferit adesea de cel al spiritului. Modul în care mâinile își coregrafiază mișcările este în același timp un cod de intenție și un refren gestual alternativ.

În calitate de cod de intenție punctual, mâinile urmează în general discursul și îl sprijină în mod sincer. Uneori însă, ele dezvăluie o fraudă verbală manifestă și trădează o luare de poziție pe care vorbitorul dorește s-o țină ascunsă. Să nu uitați niciodată să observați mâinile interlocutorului, veți evita multe decepții!

Mână dinamică dreaptă sau mână dinamică stângă?

Când Jules începe să vorbească, își susține adesea discursul cu mâna dreaptă. Mâna stângă îi rămâne lipită pe masă. În schimb, dacă un invitat îl contrazice, amândouă mâinile își iau zborul pentru a contracara argumentele detractorului său.

Jules este un intelectual care își bazează modul verbal pe rațiune, deci pe gândirea logică. El își construiește argumentația pe o structură bine definită. Totuși, dacă este cuprins de emoții, pierde șirul cuvintelor și încearcă să-și contrazică adversarul dându-și frâu liber imaginației. Jules se controlează întotdeauna în societate. Prietenii lui spun despre el că este un tip mai degrabă psihorigid. Când este pus în fața unui individ creativ, Jules renunță la înfruntare și se refugiază în spatele logicii lui sacrosancte care îl protejează de orice derapaj intelectual.

Pentru a-și exprima opinia, Annie se folosește exclusiv de mâna stângă. Este o tipă foarte emotivă și are o imaginație bogată.

Cei doi se completează, dar nu se apreciază, pentru că nu funcționează pe aceeași „lungime de undă". Ea este „creierul drept", el este „creierul stâng". Vorbesc unul cu altul fără a se înțelege, de parcă ar monologa în două limbi străine. Annie consideră că Jules e prea bățos. Jules crede că empirismul lui Annie e pură superstiție feminină. În schimb, se înțeleg foarte bine în pat, de îndată ce sunt în intimitate.

În lumina acestor două exemple, puteți constata că observarea mâinii care însoțește discursul vă permite să determinați modul intelectual al interlocutorilor voștri. Dar, evident, nu este singurul refren gestual care va confirma sau va infirma această primă observație.

Mâna stângă în acțiune

Cu mâna dreaptă lipită de masă, invitata emisiunii de știri își folosește în principal mâna stângă pentru a fi mai convingătoare.

Controlul exersat asupra mâinii drepte este în mod evident inconștient. Acest gen de atitudine este tipică pentru o lipsă de suplețe de caracter din partea unui individ care are cel mai adesea un mental psihorigid. Controlându-și mâna dreaptă, individul, în mod paradoxal emotiv, alterează calitatea comunicării sale. El răspunde cu emoții la niște întrebări care ar necesita o ripostă logică și viceversa: apără un punct de vedere logic atunci când ar trebui să furnizeze un răspuns mai emoțional.

Această conduită îi tulbură imaginea publică pe care dorește s-o ofere auditoriului său, perturbând totodată mesajul pe care vrea să-l transmită. Totuși, această atitudine indică și un spirit critic, dublat de o rigoare intelectuală care-l poate defavoriza destul de serios.

În teorie, trebuie să considerați mâna dreaptă un instrument gestual de comunicare al ariei cerebrale stângi sau al creierului rațional; invers, mâna stângă este instrumentul de comunicare al creierului emoțional, care este situat în aria cerebrală dreaptă. Evident, pe plan neuro-biologic, lucrurile nu sunt atât de simple, dar această distincție este în general admisă. Ceea ce înseamnă, la modul schematic, că animația mâinii stângi este justificată printr-o intervenție a emoțiilor, iar intrarea în scenă a mâinii drepte susține spiritul critic, ba chiar logica discursului. Mâna dreaptă este mâna rațiunii.

Mâna dreaptă în acțiune

Cel care intervine în discuție are mâna stângă țintuită de masă, în timp ce cu mâna dreaptă își sporește elocința.

În ansamblu, gestul conduce la același rezultat ca în cazul posturii inverse. Discursul este manipulat. Diferența vine din faptul că aria cerebrală stângă este cea care controlează discursul, dezvoltând excesiv rațiunea în detrimentul inspirației de moment.

Ambele mâini în acțiune

Și dacă interlocutorul dumneavoastră își folosește ambele mâini pentru a-și subtitra discursul?

Această secvență gestuală deosebită exprimă un echilibru între cele două emisfere ale creierului? Un dozaj perfect între emoție și rațiune? Nu neapărat! Cele două mâini se animă în momentul în care discuția se încinge și mai ales când vorbitorului îi e teamă că pierde controlul situației. Mâinile își iau zborul, creând o serie de baraje gestuale care îl protejează împotriva detractorului său sau împotriva propriului trac. Să vorbești susținându-ți discursul cu ambele mâini este un mod seducător perfect pedagogic.

Limbajul mâinilor este esențial în subtitrarea discursului. Prea mulți oameni încearcă să-și controleze această expresie gestuală înțepenindu-și mâinile pe un suport sau ascunzându-le sub masă. Alții dau din cap pentru a compensa în mod inconștient inerția mâinilor. Procedând astfel, se privează de un mod de comunicare nonverbal esențial.

Totuși, trebuie să constatăm că punerea în mișcare a ambelor mâini nu este atât de simplă pe cât pare. Ea necesită un antrenament care pentru unii reprezintă o grea încercare.

Cenzura exercitată de creierul cognitiv generează o expresie manuală exclusivă a mâinii drepte, având drept consecință o psihorigiditate a modului de comunicare și o pierdere a puterii de influență. La fel s-ar întâmpla și în cazul unei cenzuri a creierului afectiv indicată printr-o expresie manuală a mâinii stângi. Ascunderea mâinilor sub masă corespunde unui mod de apărare. Subiectul se teme de reacțiile interlocutorului său. Faptul că-și ascunde mâinile înseamnă totodată că își ascunde gândirea sau își maschează cuvintele pentru ca mintea să nu-i fie zdruncinată la contactul cu adevărul.

Eliberarea celor două mâini începe printr-o negociere între cele două zone din creier antagoniste care compun mentalul și printr-o eliberare a amigdalei, care este șeful orchestrei emoțiilor noastre.

Cum? Făcând apel la tehnicile de control ale programării neuro-gestuale. Și nu uitați că baletul mâinilor este întotdeauna o deschidere în materie de comunicare.

Concluzii cu privire la mâna dinamică

Interlocutorul preferă mâna dreaptă dinamică.

Este un individ identificat cu imaginea tatălui. Pe scurt, băiatul tatii! Va avea un comportament autoritar și își va axa comunicarea pe modul strategic. Este așadar un strateg, un coordonator și un lider! Insistent, tenace, agresiv și autoritar, va încerca mereu să aibă ultimul cuvânt. Încordat, uneori chiar foarte încordat, este un individ interiorizat. Se va lăsa întotdeauna păcălit de mâna stângă a malițiosului, băiatul mamii!

Interlocutorul preferă mâna stângă dinamică.

Secvența gestuală vă semnalează că aveți de-a face cu un individ lipsit de autoritate, identificat cu imaginea maternă. Om de teren și de contact, este un tactician și, uneori, un vulpoi viclean! Este mai explicit și mai pedagog decât cel care preferă mâna dreaptă dinamică. Beneficiază de o inteligență practică, iar unii (dar nu toți), de un sarcasm puternic.

Mai manipulator decât individul cu mâna dreaptă dinamică, n-are o viziune strategică de ansamblu și pe termen lung a unei politici comerciale, de exemplu, dar are o excelentă abordare pe termen scurt și o reacție de temut atunci când este încolțit.

Mâinile centrifuge

Mâinile centrifuge stau sub semnul consensualului. Sunt niște mâini care tind să se îndepărteze de corpul vorbitorului. Ele sunt îndreptate spre interlocutor sau spre exterior. Aparțin codurilor care favorizează imaginea publică. Subiecții care au dificultăți în a-și guverna spațiul vital evită mâinile centrifuge și se adresează interlocutorului lor recurgând la mâinile

centripete. Cu toții avem o orientare preferată, chiar dacă putem întâlni și oratori, rari ce-i drept, care trec de la un mod la altul, alternativ. Mâinile centrifuge fac parte din registrul gesturilor carismatice.

Mâinile centripete

Egocentricul preferă mâinile centripete. Este un individ exclusivist, foarte atașat de prerogativele sale și a cărui generozitate se apropie de zero absolut. Va avea mereu dreptate, chiar, și mai ales, când a greșit. Totul îi revine lui, dar va lăsa firimiturile de la ospăț celor care i-au acordat încrederea lor. Mâinile centripete sunt cele care revin sistematic spre corpul vorbitorului. Acesta se arată pe sine în mod regulat cu ambele mâini fără vreo legătură cu conținutul discursului. Modul de comunicare este egocentric.[1] Acest cod gestual dezvăluie totodată un individ care e victimă a îndatoririlor sale și nu actor al acțiunilor sale. De unde se subînțelege că va refuza să-și asume răspunderea eșecurilor sale, dar va accepta cu plăcere să-și atribuie succesele dumneavoastră.

Politicienii recurg adeseori la mâinile centripete, ceea ce n-ar trebui să vă mire din calea-afară. Ei sunt foarte egocentrici. Dar pot sta liniștiți, nu sunt singurii.

Mâinile în pronație (cu palmele în jos)

„Îl găsesc adorabil", exclamă vedeta vorbind despre „un prieten foarte drag", dar concurent totuși pe platoul televiziunii. Ea își agită mâinile în pronație, fără îndoială pentru a-și tempera debordantul entuziasm verbal.

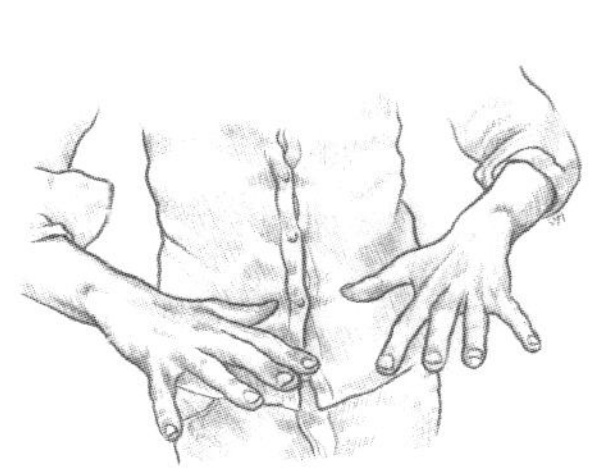

Revizionistul își pune mâinile în pronație, cu palmele orientate în jos. Mâna în pronație se poate interpreta în două feluri.

Maniera explicită: impune liniște auditoriului. Maniera implicită: este un cod reductor destinat să discrediteze adversarul sau vorbele lui. „Ar trebui să taci din gură în loc să spui tâmpenii" ar putea fi traducerea lui grosieră. Subiectul care se folosește de acest cod este depreciator și mai ales revizionist la nevoie. Mâinile în pronație sunt mâinile unui subiect prudent, ba chiar neîncrezător, care va temporiza orice decizie sau va tempera entuziasmul colegilor săi. Trăsăturile feței sunt de regulă pe măsura sensului acordat acestui gest: sever, la limita reproșului.

[1] A nu se confunda cu egotismul, care este iubirea exagerată de sine. Egocentrismul este tendința de a se considera centrul universului. (N. a.)

Reacționarii de pretutindeni sunt indivizi care preferă mâinile în pronație drept cod de intenție. Ei încearcă să vă discrediteze, vă desconsideră ideile, vă distrug argumentele abuzând de un limbaj amăgitor, tipic gândirii conformiste. Ideile în care credeați nu coincid cu ale lor și ei cred că aveți tot interesul să credeți în ideile lor.

Mâinile în supinație (cu palmele în sus)

Cel care pune interesele altora mai presus de interesele proprii se exprimă adesea cu mâinile în supinație.

Mâinile sunt orientate cu palmele în sus. Ele dovedesc o deschidere de spirit din partea unui individ cooperant și jovial. Această secvență gestuală contează foarte mult pentru imaginea publică a vorbitorului. Totuși, nu este ușor să-l faci să se exprime cu mâinile în supinație pe cel care se exprimă cu ele în pronație în mod constant. Pentru a te exprima cu mâinile în supinație, este indispensabil să ai ceva de oferit, ceea ce nu e valabil pentru toată lumea. Extrovertiții au tendința să utilizeze acest gest mai ușor decât introvertiții. El rămâne legat totuși de gradul de sinceritate a vorbitorului.

Ea își subtitrează discursul cu mâinile în supinație.

O dovadă de generozitate care nu este valabilă și pentru palmele în pronație, adică orientate spre sol. Mâinile cu palmele în sus sunt mâinile ospitalității și ale compasiunii.

Mâinile încleștate

Acest cod gestual reflex este unul invariabil, care vă definește modul în care realizați ceva. El face parte din gramatica gestuală de bază. Dacă încercați să-l reproduceți, veți constata că aveți o poziție preferată: fie domină mâna dreaptă și degetul ei mare, fie invers.

Codul gestual al mâinilor încleștate este sinonim cu „știință" și „datorie", două căi antagoniste care definesc profilele „instinctive" ale oamenilor știutori/pricepuți sau profilele „pragmatice" ale oamenilor de datorie/putere.

Modul științei

Acest mod de încleștare a mâinilor este unul proactiv și instinctiv. Termenul „știință" este înțeles aici în sensul de potențial al individului și nu în cel de știință teoretică. A fi un tip știutor înseamnă înainte de toate a fi capabil să te angajezi la ceva sau să faci lucrurile înainte de a învăţa să le faci... Acest mod se defineşte prin încleştarea mâinilor astfel încât mâna stângă să domine mâna dreaptă.

În general, indivizii care îşi încrucizează degetele conform modului afectiv (degetul mare stâng domină încrucişarea degetelor) fac parte din această categorie, dar nu în mod sistematic, mai există şi excepţii, ca pentru orice regulă.

Mai mult practician decât teoretician, mai mult tehnician decât om de ştiinţă, individul „ştiutor" posedă, între alte calităţi, simţul improvizaţiei, spiritul de acţiune şi spiritul de iniţiativă. Indivizii care preferă modul ştiinţei sunt mai autonomi, dar şi mai imprevizibili.

Modul datoriei

Modul datoriei este reactiv, pragmatic. El se manifestă printr-o apucare inversă, mâna dreaptă o domină pe cea stângă. Indivizii care îşi încrucişează degetele conform modului cognitiv (degetul mare drept domină încrucişarea degetelor) aparţin cel mai adesea profilului oamenilor de putere. Dar nu se întâmplă mereu aşa, după cum vom vedea mai departe. Individul „datorie" este disciplinat şi acţionează metodic, respectând ordinele şi mai ales ierarhia.

Puterea trebuie să se supună datoriei pentru a fi superioară. Este o formă de supunere la regulile societăţii sau la evenimentele pe care ea, puterea, nu reuşeşte întotdeauna să le stăpânească. Omul de putere simte nevoia să se supună obligaţiilor sale pentru a fi liniştit sau pentru a-şi asigura securitatea în sânul grupului. Mâna dreaptă o domină pe cea stângă. Indivizii care acţionează conform modului datorie/putere sunt fideli opţiunilor şi convingerilor pe care le au şi orientaţi spre obiective conturate cu claritate în mintea lor. În televiziune, de exemplu, trebuie să te supui regulilor audienţei pentru a deveni celebru, să te conformezi imaginii eroului pentru a fi remarcat.

Combinaţia încrucişare-încleştare

Din combinaţia între postura degetelor încrucişate şi cea a mâinilor încleştate rezultă patru profiluri deosebite, pe care e uşor să le reperăm în contextul unei conversaţii sau al unui interviu. Trecerea de la postura degetelor încrucişate la postura mâinilor încleştate este o secvenţă gestuală clasică care se manifestă din momentul în care un individ se simte inculpat sau într-o situaţie ieşită din comun.

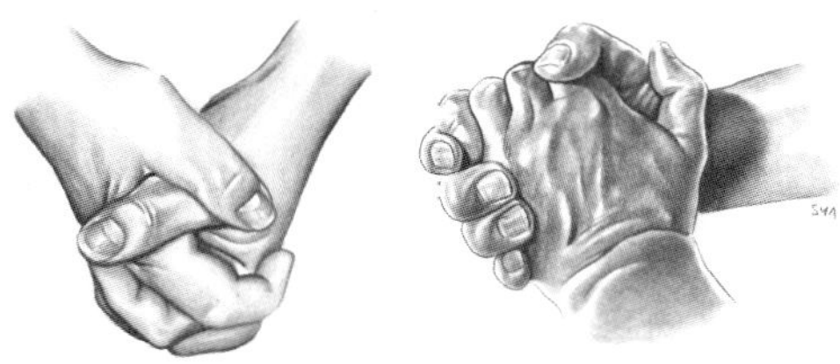

Manipulatorul

Modul „afectiv" de încrucișare a degetelor, cu degetul mare stâng dominant, e combinat cu modul de tip „știință" de încleștare a mâinilor, cu degetul mare stâng tot dominant, așadar degetul mare stâng dominant în ambele cazuri.

Manipulatorul este mai mult analogic decât logic, deci mai mult creativ decât riguros; fie că vizează interesul grupului sau pe al său, el nu cunoaște decât căile întortocheate ale manipulării pentru a-și atinge scopurile. Manipulare a evenimentelor, a oamenilor sau a sentimentelor, dar nu neapărat cu scopul de a înșela. El este în căutarea eficacității acțiunilor, dar inițiativele lui nu sunt întotdeauna atât de rentabile cum își dorește. E vorba adeseori de un om cu imaginație, nu neapărat de unul hotărât.

Provocatorul

Modul „afectiv" de încrucișare a degetelor, cu degetul mare stâng dominant, e combinat cu modul de tip „datorie" de încleștare a mâinilor, cu degetul mare drept dominant, așadar inversiunea dominanțelor.

Provocatorul este dotat cu o predispoziție spre comedie în sensul cel mai larg al termenului. Este un agitator care se vrea nonconformist, individualist, original, contestatar și eretic. Atras de vocații artistice sau care ies din obișnuit, nu va exista în propriii lui ochi decât distanțându-se de muritorii de rând. Provocatorul este împotriva tuturor celor care sunt pentru și alături de toți cei care sunt contra. Acesta este crezul său, principiul fundamental al eticii sale.

Ambițiosul

Modul „cognitiv" de încrucișare a degetelor, cu degetul mare drept dominant, se combină cu modul de apucare de tip „datorie" al mâinilor încleștate, cu degetul mare drept tot dominant, deci degetele mari drepte sunt dominante în ambele cazuri.

Ambițiosul se bazează pe un temperament hotărât și perseverent. Are o bună capacitate de realizare dacă aderă la o vocație sau o meserie ce corespunde competențelor sau talentelor sale înnăscute.

Liderul

Modul „cognitiv" de încrucișare a degetelor, cu degetul mare drept dominant, este combinat cu modul de tip „știință" de încleștare a mâinilor, cu degetul mare stâng dominant, deci alternanța dominanțelor în ambele cazuri.

Cu un temperament dominant și carismatic, liderul este un om de putere sau de talent, în căutare de notorietate în domeniul pe care și l-a ales. Dotat cu un simț aproape înnăscut al resurselor umane, liderul știe să-și aleagă aliații sau colaboratorii în funcție de obiectivul său. Calitatea primordială a unui lider ține de energia lui unificatoare. El îi seduce și îi adună în mod firesc sub stindardul propriu pe toți cei care aderă la proiectul lui. Știe din instinct cum să sudeze grupul în jurul unei idei sau al unui viitor comun. Nu devine lider acela care vrea, ci acela care poate.

Rotula

Am descoperit o variantă a mâinilor în rugăciune: rotula!

Comunicarea, simbolizată prin mâini, este cenzurată și cel care face gestul este încarcerat într-o fortăreață inexpugnabilă. Orice argument pe care vreți să-l folosiți contra lui este o pierdere de energie. Nu confundați pumnul înfășurat – rotula – cu mâinile suprapuse.

Sprijinit în coate, interlocutorul își înfășoară pumnul drept cu palma stângă.

Ce înseamnă asta?

Într-o dezbatere politică animată între doi adversari ireductibili, pumnul ascuns este un uppercut virtual sau un argument verbal pe care producătorul gestului i-l va da la momentul potrivit detractorului său. În cadrul unei discuții joviale, producătorul gestului își va exprima în acest mod hotărârea. Pe scurt, este imaginea mâinii de fier într-o mănușă de catifea.

Pornind de la această analiză, să vedem acum care sunt indivizii care reproduc acest refren gestual deosebit. Oamenii de putere, liderii, animatorii și, de regulă, majoritatea indivizilor care poartă pe umeri responsabilități grele. Dar și marii șacali care își ascund în spatele unei aparențe joviale puterea de persuasiune și/sau capacitatea de influență nocivă.

În mod invariabil...

Sprijinit în coate, interlocutorul își înfășoară pumnul stâng cu palma dreaptă.

Fiți foarte atenți la „rotulă" dacă nu vreți să vă treziți săraci lipiți. Cei care își ascund pumnul stâng în mâna dreaptă sunt indivizi fără cuvânt și fără scrupule, vă vor fura economiile ca să-și crească cifra de afaceri fără să le pese de soarta voastră. Sunt niște invadatori care denaturează tot ce spun și otrăvesc tot ce ating. Sunt genul de alchimiști care fabrică aur din cuvinte, numai din cuvinte.

Stați departe de astel de indivizi, căci se pot dovedi a fi virulenți dacă nu le cântați în strună.

Sprijinit în coate, interlocutorul înfășoară pumnul drept cu palma stângă.

Individul se crede un guru sau un iluzionist, e impostor, prost sfătuitor, mincinos, corupt și coruptibil etc. Modelul „rotulei stângi“ este destul de cosmopolit. O să vă promită luna de pe cer, dar nici măcar n-o să vă lase s-o zăriți.

Este însă și un gest tipic oamenilor de putere. Unificator, autoritar, incisiv, interlocutorul dumneavoastră este genul de individ care nu-și ratează oportunitățile.

În mod alternativ...

Rotula este un cod alternativ sau variabil. Totul depinde de individul observat și de context. Rotula dreaptă trădează un individ oportunist, rotula stângă vă semnalează că aveți de-a face cu un tip necinstit.

Mâinile suprapuse

Este un cod gestual foarte carismatic. Îi sfătuiesc adesea pe stagiarii care mă întreabă care sunt atitudinile gestuale bune să-l folosească pentru a înlocui în mod avantajos degetele încrucișate. Palma dreaptă se sprijină pe dosul mâinii stângi sau invers. Integrați acest gest în refrenele voastre gestuale, căci e vorba de o veritabilă atitudine gestuală antistres. Ea dezvăluie, între altele, finețea intelectuală a celui care îl face, ceea ce reprezintă o veritabilă cireașă pe tort, deloc neglijabilă. Majoritatea indivizilor care poartă pe umeri mari responsabilități își pun instinctiv mâinile una peste alta. Este o reacție naturală în măsura în care gestul descris exprimă o organizare intelectuală perfect structurată și un discurs controlat strict de conștiință. Să nu vă încredeți totuși în cei care alternează degetele încrucișate cu mâinile suprapuse. Această alternanță trădează o pierdere a controlului de sine în situație de criză.

Șeful consultativ: mâna stângă acoperă mâna dreaptă

Suprapunerea sistematică a mâinilor, cu coatele în sprijin, indică modul de decizie, un mod care poate varia în funcție de circumstanțe.

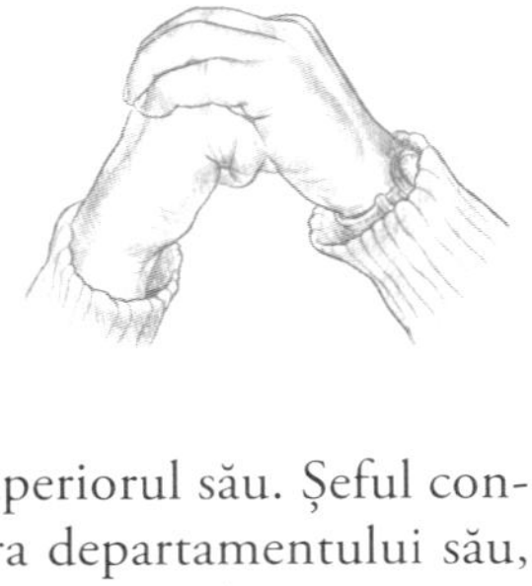

Suprapunerea mâinii stângi peste cea dreaptă, cu coatele în sprijin sau cu mâinile puse orizontal pe un suport, semnalează că subiectul este momentan sub influența cuiva, deci fără influență. El o va face pe șeful consultativ. Este tipul de individ cu putere de decizie care o să vă spună „da“ sub efectul presiunii pe care o faceți asupra lui, dar va reveni imediat cu un „nu“ decisiv, imediat ce se va sfătui cu superiorul său. Șeful consultativ n-are o vedere de ansamblu asupra firmei sau asupra departamentului său, și orice propunere menită să îmbunătățească performanțele, de exemplu, este percepută ca o revoluție de palat. Să nu vă încredeți în temperamentul său dominator sau autoritar, nu e decât o fațadă. Dacă vă aflați într-un astfel de caz, învățați să spuneți „nu“ înainte să vă răzgândiți. Șeful consultativ este un tip care are tendința să amâne, dar și un individ prudent, ceea ce face ca rareori să comită mari greșeli.

Dacă vi se întâmplă să reproduceți această secvență gestuală în cadrul unei întâlniri informale sau amicale, mâna stângă suprapusă peste dreapta vă previne că vă pierdeți timpul sau că vă împotmoliți.

Șeful strategic: mâna dreaptă acoperă mâna stângă

Când mâna dreaptă se suprapune peste mâna stângă, raționamentul interlocutorului este sintetic, ba chiar analogic. El funcționează prin asociație de idei și prin comparație. Sinteza este operațiunea inversă analizei, ea merge de la cauze la efecte sau de la principii la consecințe. Analiza observă consecințele pentru a încerca să scoată din ele principii. Deciziile bazate pe sinteză aparțin oamenilor de decizie instinctivi. Raționamentul sintetic scurtcircuitează tărăgănelile analizei. Această secvență gestuală vă informează că interlocutorul este perfect capabil să ia o decizia fără să o raporteze. El știe ce vrea și ce nu. Dacă proiectul dumneavoastră îi place, veți avea răspunsul înainte de desert. Dacă nu-i place, o să v-o spună fără menajamente.

Șefii strategici care judecă sintetic dispun de flerul util și necesar succesului întreprinderilor lor. Șeful strategic este un autocrat care acordă importanță rapidității și eficacității. El va lua decizii bazându-se pe instinct. Și se poate răzgândi pe neașteptate. Atenție! Impulsivitatea este uneori soră bună cu versatilitatea și cu eșecurile în serie. Nimeni nu e perfect.

În principiu, mâinile suprapuse aparțin registrului gesturilor invariabile. În practică, gestul mai poate să depindă de context sau de gradul de stabilitate emoțională a subiectului observat și atunci să devină alternativ. În anumite situații de examen sau de stres se poate produce o alternață. De exemplu, atunci când un individ este presat să ia o poziție fără a avea timp de gândire suficient. Un subiect care trece alternativ de la mâna dominantă dreaptă la mâna dominantă stângă se află în situația de a reconsidera lucrurile.

În autoscopie...

Fiți atenți la alternanța bruscă a mâinilor suprapuse! Poate să însemne că decizia pe care sunteți presați s-o luați necesită un mic răgaz de gândire.

Rezumat

Dacă mâna dreaptă o acoperă pe stânga, e vorba de un șef care ia decizii instinctiv. El este în legătură directă cu creierul său cognitiv (zona stângă, care comandă partea dreaptă a corpului). Dacă mâna stângă o acoperă pe dreapta, comanda cerebrală afectivă (zona dreaptă a creierului, care comandă partea stângă a corpului) indică o instabilitate a mecanismelor de decizie. E vorba de un şef cu putere de decizie, dar care e indecis.

Mâinile care se ascund

De o oră încerc să-i vorbesc. Fiul meu tace mâlc. Stă acolo înţepenit, cu braţele încrucişate şi mâinile ascunse la subsuori. Parcă-i o statuie de marmură. Nu aude nimic din ce-i spun. Îmi înşiră numai prostii şi, când îi cer explicaţii, se închide într-un mutism insuportabil.

Un subiect care-şi ascunde mâinile când îşi încrucişează braţele vă semnalează incapacitatea sau refuzul său de a comunica. Nu vă ascultă, abia dacă vă aude.

Tipul îşi ascundea mâinile sub masă în timp ce încerca să mă convingă să semnez contractul de publicare pe care mi-l propunea. Nu prea aveam chef să-i îndeplinesc dorinţa, dar pe atunci nu ştiam care e semnificaţia mâinilor ascunse sub masă. Abia debutam în meseria de scriitor. Am semnat primul meu contract de publicare, am scris cartea şi am predat manuscrisul unei alte edituri care mă preluase, fiindcă cea dinainte tocmai dăduse faliment. Am avut noroc, căci falimentul acelei edituri ar fi putut reprezenta cântecul de lebădă al unei cariere noi.

Ascunderea mâinilor sub masă corespunde unui mod de apărare. Subiectul se teme de reacţiile interlocutorului său. Să-ţi ascunzi mâinile înseamnă totodată să ascunzi ceea ce gândeşti sau să-ţi maschezi intenţia.

Superiorul ierarhic care-şi ascunde mâinile sub birou nu este deschis la propunerile subalternului său, chiar dacă afirmă contrariul într-un mod cât se poate de fals. De ce? Ne ascundem în general mâinile atunci când vrem să îmbrăcăm minciuna pentru a da impresia că e mai adevărată decât adevărul. Cel care procedează în acest fel nu spune niciodată ce gândeşte sau nu gândeşte mereu ceea ce spune. În mod inconştient, el le interzice mâinilor sale să-i confirme sau să-i infirme discursul. Cel care îşi ascunde mâinile sub masă ascunde în mod simbolic ceea ce gândeşte. Este evident un mare mincinos, care va evita să spună adevărul în faţă pentru a vă scuti de deziluzii sau pentru a vă face să înghiţiţi hapul fără niciun fel de emoţie.

Oricum ar fi, este indispensabil să-l forțați într-un fel sau altul să-și scoată mâinile la vedere, căci mâinile se ascund atunci când gura minte. Nu-ți ascunzi niciodată mâinile atunci când spui adevărul. Cel care se plimbă cu mâinile în buzunare sporovăind cu un interlocutor este adeseori un mincinos înveterat. Sinceritatea are nevoie de mâini goale pentru a se exprima fără reținere.

Ne ascundem întotdeauna aceeași mână sub masă într-o situație excepțională. Stânga când suntem în pană de inspirație, dreapta când ne aflăm în fața unui interlocutor care deține puterea. Și amândouă atunci când suntem la ananghie. Nu este vorba deci de un tic, ci de o reacție de apărare inadecvată.

Mincinoșii, impostorii și alți șarlatani se trădează în felul acesta. Uneori, ne ascundem mâinile pentru a nu roși din cauza minciunilor gogonate pe care le turnăm patronului nostru pentru a ne justifica. E vorba de o atitudine relicvă moștenită din copilărie. Ați remarcat probabil că, după ce au luat un obiect interzis, copiii își ascund mâinile. Minciuna este și ea un „obiect interzis".

Mâinile în buzunare

Își bagă mereu una dintre mâini în buzunarele laterale ale blazerului. Aerul lui de fals martor îmi amintește de un mare actor de cinema care reproducea același tic și interpreta în general roluri de aristocrați disprețuitori sau de snobi din cartierele de lux.

Simbolistica mâinilor în buzunare depinde de poziția corpului. Dacă nu este neapărat semnificativă în poziție verticală, această atitudine devine plină de semnificații atunci când stați jos.

Dacă vă băgați una sau ambele mâini în buzunare când sunteți așezat pe un scaun, vă prefaceți. Nu vă simțiți prea sigur. Vă ascundeți mâinile pentru a vă proteja de o intruziune supărătoare a adevărului sau a realității în câmpul minciunilor dumneavoastră.

Este o formă a „sindromului struțului".

Buzunarele sunt un refugiu și un factor de echilibru afectiv important pentru subiectul care stă în picioare,întărind echilibrul corpului. Dacă subiectul observat își ascunde mâinile în buzunare când se află în public, acest lucru îi scade totodată procentul de agresivitate și-l poate împiedica să suscite agresivitatea celorlați. Acest tip de disimulare este percepută de anturaj ca un gest de liniștire. Toți crescătorii de câini știu că trebuie să-și ascundă mâinile în buzunare dacă vor să nu-i întărâte pe câinii mai răi. Câinele vede gestul sau gestul generează o deviație fero-hormonală a mirosului pe care îl degajăm, diminuând totodată procentul de aciditate al transpirației noastre? Nasul câinelui poate simți o gamă de mirosuri mult mai largă decât nasul uman, printre care și bogăția mirosurilor noastre corporale, care nu sunt decât expresiile olfactive ale sentimentelor care ne animă.

Cu toții ne ascundem mâinile în buzunare din când în când, fie pentru că e frig afară, fie pentru că percepem o agresivitate verbală în discursul interlocutorilor, fie pentru că trecem printr-o stare de neliniște într-un context ieșit din comun sau de examen, fie pentru a ne păstra sângele rece în fața unui eventual partener. Buzunarele sunt un instrument de reechilibrare psihologică și comportamentală. Dar mâinile în buzunare sunt mai ales semnul unei stări de calm social.

Dacă vă băgați o mână în buzunar, vă favorizați totodată una dintre emisferele cerebrale. Când mâna stângă este ascunsă, favorizați zona stângă a creierului. De ce? Pentru că mâna stângă este echivalentul simbolic al zonei drepte a creierului, deconectată prin ascunderea acestei mâini; așa stând lucrurile, vă favorizați capacitatea de judecare, simțul critic, elocința, capacitatea de reflecție.

Când vă ascundeți mâna dreaptă în buzunarul corespondent, vă tăiați în mod simbolic alimentația zonei stângi a creierului și vă stimulați calitățile care depind de zona dreaptă: imaginația, creativitatea, sensibilitatea, emoția. Stimulare legată de faptul că mâna ascunsă vă obligă să vă folosiți mâna vizibilă ca inducătoare de elocință.

Buzunarul antistres

Dacă subiectul observat își bagă mâna dreaptă în buzunarul corespondent al pantalonilor, e semn bun, fiindcă e vorba de un gest antistres și de o deschidere emoțională sau afectivă.

Buzunarul controlului de sine

Reflexul mâinii stângi care se strecoară în buzunarul corespondent intervine în general atunci când ne simțim depășiți sau dezamăgiți de context sau de evenimente și când ne e teamă să nu ne pierdem controlul asupra emoțiilor.

Mâna în buzunarul stâng este o mână potrivnică primării sentimentelor, căci ea e sinonimă cu controlul de sine. Când sunteți singuri, dacă aveți nevoie să vă stimulați inspirația, ascunderea acestei mâini vă blochează creativitatea.

Buzunarele „nepăsătoare"

Mâinile în buzunare sunt caracteristice unei atitudini de demobilizare totală, de neimplicare prin excelență. Ele deconectează ambele emisferele cerebrale. Antistres total, amândouă mâinile băgate în buzunare semnalează că s-a produs un scurtcircuit și curentul nu mai trece. Când vă aflați față în față cu un interlocutor care face acest gest, să știți că este preocupat doar de el însuși și de nimeni altcineva, chiar dacă vă dă impresia că vă ascultă. Disponibilitatea lui e falsă, nu e autentică.

Marii egoiști pot fi recunoscuți după această manie, ei se plimbă în majoritatea timpului cu mâinile băgate în buzunare. Postura e profitabilă când e necesar să te detașezi. Un sfert de oră de plimbare cu amândouă mâinile în buzunare face cu siguranță cât o ședință de relaxare. Veți remarca foarte repede că această atitudine dezavantajează serios orice reflecție structurată, dar încurajează puternic reveria.

Un ultim sfat. Dacă vă băgați una sau amândouă mâinile în buzunare, la căldură, amintiți-vă că trebuie să vă dați în spate pulpanele sacoului sau ale mantoului descheiat. Corpul oferit astfel reflectă o stare de liniște, iar pulpanele sacoului date în spate oferă imaginea unui bărbat perfect relaxat. Indivizii stresați își ridică pulpanele hainei pentru a-și băga mâinile în buzunare.

Mâinile și buzunarele în acțiune

Interlocutorul dumneavoastră merge cu o mână în buzunar, făcând să sune mărunțișul aflat la fund.

Faptul că se joacă distrat cu mărunțișul din fundul buzunarului său e suficient pentru a vă semnala că sunteți în prezența unui adept necondiționat al acestui păcat nu foarte grav care este lăcomia.

Stând așezat, interlocutorul își bagă o mână în buzunar.

Dacă această atitudine este pozitivă în poziție verticală, ea nu mai este deloc așa în poziție așezată, caz în care exprimă o lipsă de siguranță. Un individ care-și bagă sistematic mâna sau mâinile în buzunare atunci când stă așezat este un comediant în sensul cel mai peiorativ al termenului. El trăiește prin intermediul privirii celorlalți.

Subiectul observat își bagă mâinile în buzunarele de la spate ale blugilor.

Această atitudine are avantajul de a pune în valoare torsul, atât la bărbați, cât și la femei. Excelentă poziție pentru a-ți îndrepta spatele și pentru a sta mai țanțoș, cu pieptul înainte.

În timp ce merge, subiectul observat își înțepenește unul dintre degetele mari, sau chiar pe amândouă, în buzunarele de la pantaloni.

Degetele mari blocate trădează sexualitatea prost stăpânită a cowboy-ului care reproduce gestul.

Mâinile posesive

Subiectul observat își închide mâinile ca și cum ar ține în căușul lor un mic obiect.

Mâinile închise n-au nimic de oferit, ci tot de luat. Ele sunt marca unui individ posesiv, ba chiar hărțuitor. Atenție! Nu trebuie să confundați mâinile închise cu pumnii strânși. Când degetele sunt îndoite peste palmă, iar degetele mari nu le zăvorăsc, acestea sunt mâinile închise ale invidiosului. Gestul este mai mult feminin decât masculin.

Mâinile în rugăciune

Rezemată în coate, persoana din fața dumneavoastră își ține mâinile împreunate, cu degetele întinse, ca și cum s-ar ruga.

Refrenul gestual al mâinilor împreunate, care pare să fie pe placul unor indivizi, n-are legătură cu rugăciunea decât aparent. Conform regulilor semioticii gestuale, mâinile împreunate în acest fel trădează o atitudine mentală mai mult intransigentă decât tolerantă.

Acest cod de intenție indică mai degrabă că locutorul se pregătește să-și contrazică adversarul. Mâinile lui împreunate ca la rugăciune nu imploră, ci anunță un climat mental de opoziție. Atitudinea gestuală dezvăluie totodată o persoană pe care nimeni și nimic nu va putea s-o influențeze.

Această secvență gestuală nu face parte din categoria refrenurilor gestuale, ci din aceea a codurilor de intenție. Mâinile se împreunează, preț de câteva secunde sau mai mult, pentru a exprima o dorință opusă discursului care afirmă că deține soluția sau aplicarea ei. Spațiul fizic dintre palme este aproape inexistent fiindcă mâinile sunt lipite una de alta. Ele nu pot așadar să conțină decât o soluție imaginară, și nu una efectivă. Totuși, majoritatea indivizilor care expun astfel în modul cel mai naiv din lume această perspectivă gestuală susțin adeseori contrariul. Ei pretind că dețin soluția. Dar, pe planul comunicării subconștiente, își dinamitează pur și simplu credibilitatea propunerilor. Corpul lor îi trădează cu inocență.

În mod evident, acest gest n-are sensul care i se atribuie într-un context religios. El anunță controversa. Mâinile împreunate ca pentru rugăciune nu anunță niciodată nimic consensual; de cele mai multe ori, ele simulează o retragere tactică înainte de contraatac.

Sprijinit în coate, interlocutorul are mâinile împreunate, dar degetele întinse sunt răsfirate două câte două.

Această secvență gestuală deosebită semnalează o atitudine mentală inflexibilă sau rigiditatea puținelor sentimente pe care se presupune că le-ar avea. E greu de suportat, ușor de dat afară dacă sunteți superiorul lui. Va fi mereu convins că ați greșit, chiar înainte de a ști despre ce e vorba.

Sprijinit în coate, subiectul observat își împreunează mâinile ca pentru rugăciune, cu degetele mari îndoite în unghi drept.

Rugăciunea pare evidentă. Și totuși! Degetele mari îndoite sunt o marcă distinctivă care trădează latura exaltată a celui care ascultă.

Sprijinit în coate, alesul își împreunează mâinile, cu palmele lipite, și își prinde nasul între degetele arătătoare.

E vorba de o secvență gestuală destul de rară, caracteristică indivizilor care nu se dezlipesc de fotoliul lor și a căror carieră seamănă cu acele siguranțe automate pe care le rebranșează atunci când se ard. Dacă gestul intervine în cadrul unei discuții contradictorii, individul exprimă gestual faptul că o luați pe un drum greșit.

> *Rezemat în coate, interlocutorul își împreunează mâinile și își sprijină buzele de degetele mari.*

Palmele lipite una de alta trădează un gol pe care va trebui să-l umple cu cuvinte. Buzele puse pe degetele mari sunt un mod de a pregăti un răspuns corect din punct de vedere politic.

> *Cu coatele rezemate pe biroul său, își lipește gura de mâinile împreunate ca pentru rugăciune.*

Simulare a sărutului, totul depinde de natura relațiilor pe care le aveți cu interlocutorul. Dacă sunt conflictuale, această secvență arată că se pregătește să vă tragă pe sfoară. În caz contrar, ea denotă o reflecție în curs pe care e de preferat să n-o tulburați.

> *Rezemat în cot, interlocutorul își sprijină gura de dosul mâinii, cu palma întoarsă spre exterior.*

Imaginați-vă acest gest într-un context total diferit: copilul care se teme că va fi pălmuit fără s-o creadă cu adevărat. Gestul exprimă o atitudine ezitantă din partea unui subiect care nu va lua o decizie. În registrul seducției, această secvență gestuală anunță o pasiune sau o dragoste la prima vedere. Semnificația acestor gesturi variază uneori în funcție de context.

Dacă interlocutorul preferă dosul mâinii drepte:
Este atât de nestatornic, încât riscă să se facă nevăzut, mai ales dacă postura se repetă. Își schimbă părerea după cum bate vântul, îmbrățișează toate opiniile celui care deține puterea.
Dacă interlocutorul preferă dosul mâinii stângi:
Individul este mai degrabă instabil psihic, trecând brusc de la stări de euforie la depresie.

Mâna vulpoiului

> *Degetele de la mâna stângă scarpină pe furiș dosul mâinii drepte sau invers.*

Mâncărimile sunt întotdeauna semnificative, ele apar în general în corelație cu reprezentarea lor simbolică pe plan mental. Dacă îmi scarpin ceafa, am o problemă de încredere în mine; dacă îmi scarpin palma mâinii stângi, instinctul meu este în stare de alarmă; o mâncărime în palma dreaptă va arăta că poate o iau pe un drum greșit, fiindcă aleg calea rațiunii și nu pe cea a imaginației. Dacă mă scarpin în bărbie, am sentimentul că situația este provocatoare. Și așa mai departe.

Vă mănâncă dosul mâinii stângi?

Subconștientul vă transmite un mesaj prin care vă avertizează de o oportunitate pe care nu trebuie s-o ratați.

Vă mănâncă dosul mâinii drepte?

Subconștientul vă sfătuiește să faceți apel la sarcasmul vostru.

Nu confundați mâncărimile acestea cu cele ale palmelor.

Interlocutorul își scarpină în permanență dosul mâinii.

Este un individ malițios care vă consideră prea rapid pentru el. Întoarceți-vă dacă nu vreți să-l pierdeți pe drum și adaptați-vă la ritmul lui!

Subiectul observat își întinde mâna stângă, cu degetele dezlipite, și vă urează bun-venit.

Este o mână prietenească. Degetele sunt dezlipite, în plus vă întinde mâna stângă. Trebuie să fiți întotdeauna atenți la poziția degetelor și la alegerea mâinii care vă salută. Gestul este atât de spontan, încât celui care îl face îi este greu să-și înșele gestual propriile sentimente, poruncindu-le degetelor să se răsfire pentru a saluta. Mâna individului disprețuitor sau ostil păstrează întotdeauna degetele lipite.

Mâna jandarmului

Subiectul observat ridică în mod sistematic mâna, cu palma orientată spre exterior, atunci când vrea să ia cuvântul sau să vă întrerupă.

Ce mână își folosește ca să vă întrerupă?

Dacă interlocutorul vostru preferă mâna dreaptă, va încerca să facă apel la spiritul vostru logic pentru a vă convinge că ați greșit și că în mod evident el este cel care are dreptate. Dar poate că a fost normal să greșiți, căci, cu un asemenea personaj, nu veți avea niciodată ultimul cuvânt.

Dacă în schimb acesta preferă mâna stângă, discursul lui va fi mai nuanțat, dar și mai manipulator! Va încerca să vă convingă făcând apel la sensibilitatea voastră sau copleșindu-vă cu o ploaie de mângâieri pozitive cum se spune în analiza tranzacțională, „mângâieri de fațadă" cum spun eu.

Mâna jucătorului

În ce mână preferă jucătorul să-și țină cărțile?

Dacă cea care ține cărțile de joc în evantai este mâna dreaptă a dreptaciului, atunci ea joacă un rol pasiv și delegă rolul selectiv mâinii stângi. Acest tip de jucător este imprevizibil, fiindcă este impulsiv.

Dacă cea care ține cărțile în evantai este mâna stângă a dreptaciului, aveți în față un jucător mult mai previzibil și mai ales mai puțin îndrăzneț decât primul.

Mâna dreaptă care alege cărțile depinde de creierul rațional; jucătorul analizează, evaluează, speculează, dar nu se va lăsa niciodată mânat de emoții într-o spirală de supralicitare. N-o să vă urmeze decât dacă are cărți bune.

Mâna-calotă

Cu cotul sprijinit pe biroul la care s-a refugiat, subiectul observat își acoperă creștetul capului cu o mână.

Dacă își pune mâna stângă pe cap ca o calotă:

Își imaginează sau încearcă să-și imagineze o altă cale sau o altă soluție pentru proiectul pe care i-l prezentați. Mâna stângă pusă pe creștetul capului este un gest predictiv încurajator. El indică o suplețe emoțională și/sau intelectuală din partea interlocutorului dumneavoastră.

Dacă preferă mâna dreaptă pe post de calotă:

Încearcă să-și reordoneze ideile. Expunerea dumneavoastră i se pare prea neclară. Sunteți pe cale să pierdeți puncte. Mâna dreaptă pusă ca o calotă pe creștetul capului este un cod predictiv negativ. Rigiditatea raționamentului său ar trebui să vă sară în ochi rapid.

Dacă reproduceți dumneavoastră înșivă acest tic gestual, trebuie neapărat să-l conștientizați și să renunțați la el. Și asta fiindcă se va întâmpla foarte frecvent să vă stimuleze credulitatea sau scepticismul în funcție de mâna cu care vă acoperiți de obicei creștetul capului.

Mâna în formă de cornet

Sprijinit în cot, interlocutorul vă ascultă ținându-și mâna la gură, cu degetele îndoite în formă de cornet.

Postura mimează o râgâială pe care interlocutorul încearcă să și-o reprime. El caută să termine cu voi și râgâiala simulată vă este adresată în mod special. Începeți să fiți greu de digerat. Această atitudine se observă la indivizii care fac uz de influența lor. Mâna în formă de cornet prefigurează receptacolul obiecțiilor pe care nu le vor exprima niciodată, pentru a evita o pierdere de timp inutilă și o discuție pe care o consideră sterilă. Dacă gestul continuă, aveți tot interesul să-l faceți să vorbească până nu vă servește un pretext oarecare pentru a se debarasa de dumneavoastră. Gestul trădează o ostilitate autentică și perfect previzibilă.

Unul dintre prietenii mei buni își ținea adesea mâna stângă în formă de cornet în timpul petrecerilor pe care le dădeam la mine acasă. Țineam mult la el, dar mi se părea un tip dubios. Nu m-a invitat niciodată la el, dar venea în mod regulat la mesele pe care le organizam la mine acasă cu prietenii. Și apoi, într-o bună zi, a dispărut din viața mea, fără preaviz. Am aflat mult mai târziu, de la un prieten comun, că nu ținea la mine și că mă considera un oportunist. În urma acestei pățanii, mi-am dat osteneala să studiez mai bine mâinile în formă de cornet.

Dacă reproduceți această secvență gestuală, mâna în formă de cornet ține loc de pâlnie destinată să vă împiedice gândurile să se verbalizeze. Vă prefaceți că râgâiți, dar, de fapt, semnalați că întrevederea vi se pare sterilă. Dacă gestul se repetă, aveți tot interesul să coborâți la următoarea stație. El trădează o antipatie autentică și autentificată pentru domnul sau doamna din fața dumneavoastră.

Mâna dreaptă în formă de cornet este semnul unui simț critic exacerbat dublat adeseori de o ignoranță crasă a subiectului dezbătut. Cu cât un individ vă critică mai mult poziția sau proiectul, cu atât este mai puțin interesat de ele sau știe mai puțin despre subiect. Este un semnal gestual preconștient care anunță adesea neplăceri sau un refuz pentru solicitant.

Mâna stângă în formă de cornet este expresia gestuală a unei antipatii nedeclarate, ba chiar inconștiente din partea celui care face gestul.

Antidotul

Dacă obișnuiți să puneți mâna la gură în formă de cornet, nici nu vă imaginați ce greșeală faceți. Dar vă privește! Dacă doriți să scăpați de gestul ăsta nefericit, e suficient să-l înlocuiți cu mâinile încleștate de fiecare dată când vă surprindeți că-l faceți. Și dacă, în ciuda bunăvoinței, nu reușiți, vă rămâne soluția programării neurogestuale pentru a vă dezbăra de acest refren gestual care vă strică imaginea publică și vă distruge credibilitatea atât de greu câștigată.

Îmbrățișarea suzeranului

Interlocutorul vă întâmpină punându-vă o mână pe umăr, într-o îmbrățișare foarte protocolară.

Acest protocol de primire, jovial în aparență, este o moștenire a ceremoniei de învestire a cavalerilor din Evul Mediu de către suzeranul lor. Sensul conotativ care decurge din el o să vi se pară evident: cel care își pune mâna pe umărul interlocutorului său este cel care deține puterea. Cel puțin acesta este mesajul pe care dorește să-l transmită presupusului său vasal. Dumneavoastră în cazul de față.

Dacă interlocutorul nu deține realmente puterea și vă impune această îmbrățișare, să știți că încearcă să vă supună sau să vă facă să vă simțiți inferior.

În general, o persoană dreptace își pune mâna stângă pe umărul drept din fața ei. Or, în vocabularul psiho-anatomiei, umărul drept este unul dintre sediile simbolice ale ambiției. Punerea mâinii pe el este deci un mod de a tempera ambiția celui care este îmbrățișat.

Mâna dreaptă este pusă pe umărul stâng indică o nevoie de a-și manifesta simpatia într-un mod mai tactil.

Ambele mâini puse pe umeri sunt o modalitate de a reduce eventualele pretenții ale celui care primește îmbrățișarea. Cel care își pune mâinile deține întotdeauna puterea, sau așa crede el. Acest ultim cod gestual intervine mai ales când un protagonist stă în picioare și celălalt așezat, încercând să se ridice pentru a-și primi oaspetele.

Mâna blestemată

În timp ce-și apără teritoriul, subiectul observat ridică mâna dreaptă; degetul mare, arătătorul și degetul mic sunt întinse ca dinții unei furci de grădină. Mijlociul și inelarul sunt uneori ușor îndoite.

Interlocutorul se apleacă în față, dezlipindu-se de spătarul scaunului, și vă aruncă o privire pe sub sprâncenele arcuite. Desăvârșește gestul afișând o imitație de zâmbet mai mult amenințător decât trist. Blestemul este pe cale să se împlinească. Gestul pe care tocmai l-a făcut seamănă cu un semn ezoteric prin care aruncă anatema asupra persoanei dumneavoastră importante. Dacă repetă acest gest prea des în cursul discuției pe care o purtați, luați distanță, vă aflați în fața unui paranoic revendicativ.

Mâna dreaptă a interlocutorului se întredeschide, cu degetele depărtate, și se închide încontinuu în timp ce vorbește.

E un gest de tensiune extremă, care dezvăluie un individ combativ, invidios și foarte egocentric. Invidia și egocentrismul sunt atribute care se potrivesc bine. Totuși, egocentricii nu sunt mereu invidioși, pe când invidioșii sunt în general egocentrici.

Perechea de mănuși

Mâna dreaptă a interlocutorului servește de teacă pentru mâna stângă. Vârfurile degetelor acesteia din urmă ies ușor în afară, dând impresia că interlocutorul ține în mână o pereche de mănuși.

Interlocutorul își înăbușă emoțiile, dar nu numai. Acest gest arată că timpul are prioritate în cazul unei acțiuni întreprinse. Graba strică treaba!

Dacă mâna stângă servește de teacă pentru cea dreaptă, subiectul își înăbușă rațiunea și refuză să se grăbească pentru a-și realiza proiectul. Dacă întârzierea este considerabilă, tipul e mai degrabă perfecționist și pretențios decât neserios.

Dacă mâna dreaptă este pe post de teacă pentru mâna stângă, subiectul își înăbușă emoțiile și își lichidează în același timp toată creativitatea.

Mâna bârfitoare

Interlocutoarea își puna mâna ca un paravan într-o parte a gurii pentru a se destăinui colegului său ori pentru a-i spune ultimele bârfe.

Este atitudinea preferată de tipele bârfitoare pentru a da destăinuirilor lor o alură de secret de stat. Toți trișorii sunt abonați la acest tip de refren gestual, chiar și politicienii. Mai ales politicienii!

Dosul mâinilor

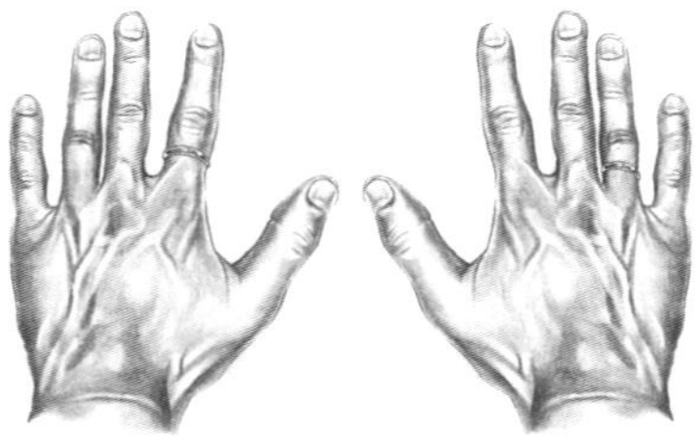

Mâna improvizației

Dosul mâinii stângi este sediul simțului improvizației. Improvizația este o expresie sălbatică a libertății creative, ba chiar o formă de delicvență a ideilor al cărei obiectiv constă în zdruncinarea ordinii stabilite. Ea este la fel de instinctuală precum instinctul de supraviețuire care o controlează. Tacticienii sunt mari improvizatori, malițioșii de asemenea. Ceea ce mă face să mă gândesc că simțul improvizației este o calitate foarte apropiată de inteligența practică a vulpii din binecunoscuta fabulă.

Mă mănâncă dosul mâinii stângi. Mă scarpin puternic în mai multe rânduri ,până când îmi apare o roșeață suspectă pe piele: un eritem. Sunt pe punctul de a asculta doleanțele unui prieten. Mă bate la cap cu problemele lui. Nu-i pot oferi o soluție pe tavă. Va trebui să găsesc câteva cuvinte, o idee, un diagnostic de mântuială ca să-l liniștesc și în același timp să mă debarasez de el. „Contez pe tine." Nemernicul! Prietenii care contează pe voi și v-o confirmă verbal prin această formulă sunt falși prieteni și adevărați ipocriți. Simțul improvizației mi se trezește brusc. Dosul mâinii stângi mă mănâncă din ce în ce mai tare. Încep să vorbesc și cuvintele îmi vin singure. Mecanismul improvizației s-a pus în mișcare. Nu mă mai mănâncă mâna. Am găsit mijlocul de a-l abandona ca pe un Tom Degețel în inima pădurii relelor intenții.

Mâna malițiozității

Dosul mâinii drepte este sediul malițiozității, al sarcasmului. Am observat adeseori politicieni bătrâni – niște șmecheri și jumătate – care își scărpinau dosul mâinii drepte înainte de a le răspunde detractorilor. Cel mai celebru dintre ei reproducea acest tic cu o constanță impresionantă ori de câte ori era invitat la o emisiune de televiziune. Nu ghiciți cine e? Îi plăceau trandafirii roșii, îl chema François și era președintele francezilor de altădată, când Franța încă mai era țara dreptei-șampanie și a stângii-caviar.[1] Unii politicieni de azi au recuperat ticul. Îl folosesc uneori pe platourile televiziunii, în dezbateri politice. Trebuie spus că naivii nu fac niciodată carieră în politică, intelectualii – nici ei. Ceea ce mă face să cred că aceste două categorii nu sunt de fapt decât una. Șmecherii fac carieră în politică și/sau afaceri, intelectualii în naivitate. Fiecare cu religia lui!

Mâna care acoperă gura

Sprijinit în cot, interlocutorul dumneavoastră își ascunde gura, acoperind-o cu palma uneia din mâini.

De ce punem mâna la gură pentru a citi textul unui e-mail pe care tocmai l-am scris pe computer? Ascunderea gurii cu mâna stângă sau cu mâna dreaptă este o modalitate simbolică de a ne interzice vorbirea.

Și dacă această mână nu este decât un gest-relicvă?

Copiii sunt iertați când spun vorbe urâte pe care adulții și le permit fără nicio ezitare. Sunt iertați mai greu când transmit bârfe auzite în casă, pe care le povestesc cu toată inocența în public, mai ales când cel criticat vă face o vizită de curtoazie. Acel „Taci!" decisiv pe care mama, spumegând de furie, i-l urlă copilului ei – când acesta spune că „doamna are mustață" – îi provoacă acestuia o emoție puternică însoțită de gestul prin care își ascunde gura cu mâna. Din prostie în prostie, copilul o să învețe să tacă gestual, ascunzându-și gura care spune mereu prea multe și râde mereu prea tare. Gestul va deveni de altfel sinonim cu jena pe la 8-10 ani. Jena este strâns legată de râs, acesta este motivul pentru care unii își pun mâna la gură atunci când își exprimă bucuria „interzisă".

Ne ascundem de asemenea gura atunci când suntem surprinși. Oare pentru a ne împiedica să țipăm? Fără nicio îndoială! Gestul servește în acest caz de meta-semnal. Se substituie țipătului.

[1] Sintagme peiorative prin care erau ridiculizate cele două partide politice pe vremea președintelui François Mitterand. (N. tr.)

Punerea mâinii la gură este un gest atât de obișnuit, încât nimeni nu poate spune ce semnifică el efectiv. După Desmond Morris, nu e vorba de un căluș care împiedică gura să vorbească. În *Magia corpului*, el explică: „Ne putem acoperi gura și în timpul unei conversații. O persoană poate duce mâna la gură pentru a o ascunde parțial (când râde sau când cască, de exemplu) și chiar o lasă acolo uneori în timp ce continuă să vorbească.“ E vorba, după părerea lui Desmond Morris, de o tentativă de înăbușire atât la propriu, cât și la figurat, care se produce atunci când încerci să-i ascunzi ceva interlocutorului tău. Este un semnal discret de ambiguitate sau de înșelătorie. Mâna este dusă la gură ca pentru a înăbuși cuvintele care ar putea să iasă din ea. El adaugă că se mai poate ca interlocutorul să încerce să ascundă un adevăr neplăcut.

Care sunt contextele în care mâna acoperă gura?

Desmond Morris omite să semnaleze celelalte contexte, pe care le-am menționat deja, în care mâna este dusă instinctiv la gură: când îl ascultăm pe celălalt cu atenție, când recitim un text pe ecranul unui computer sau când citim o carte dificilă, când suntem surprinși, când vrem să ne ascundem ironia etc. Pentru a nu cita decât exemplele cele mai răspândite.

Când ascultați

În acest caz, punerea mâinii la gură este mai degrabă un semnal de atenție susținută decât un semnal de înșelătorie sau de ambiguitate. Gura primește gestual ordinul de a tăcea pentru ca intelectul să poată analiza cuvintele vorbitorului sau pentru ca imaginarul să se poată impregna de ele. Totuși, Desmond Morris n-a greșit deloc atunci când a vorbit de înșelătorie sau de ambiguitate, numai că a uitat să menționeze lateralitatea acestor două criterii. Această interpretare depinde de context.

Mâna stângă poate trăda un temperament simulator sau un individ susceptibil că trișează (înșelătoria). Această aptitudine se bazează în întregime pe o bună gestionare emoțională, iar emoțiile depind de zona dreaptă a creierului, care comandă mâna stângă.

Mâna dreaptă poate dezvălui un individ ambiguu care are obiceiul să se cenzureze sau să se controleze în societate. Ambiguitatea se bazează pe manipularea cuvintelor sau pe atitudini calculate. Manipularea este o conduită total cognitivă. Ea depinde așadar de zona stângă a creierului... care comandă mâna dreaptă.

Când citiți

La acest nivel, este vorba în mod clar de a aduna neuronii plecați în „vacanță“. Mâna stângă va dezvălui nevoia de a face apel la inspirație. Mâna dreaptă, la reflecție.

Când sunteți surprinși

Pentru că brutalitatea unei vești grave, a unei informații bulversante sau a unei recompense neașteptate tulbură violent emoțiile unui individ, el se împiedică simbolic să-și strige durerea sau bucuria. În general, mâna stângă a dreptaciului este cea dusă în mod spontan la gură. De altfel, în felul acesta sunt prinși pe picior greșit comedianții proști, care-și duc mâna dreaptă la gură pentru a simula surpriza. De ce mâna stângă? Pentru că este indispensabil să-i păstrăm mâinii drepte ofensive capacitatea de a acționa sau de a reacționa și pentru că, în principiu, orice surpriză ne surprinde întotdeauna emoțiile.

Când încercați să vă ascundeți ironia

Este cazul persoanelor care fac apel la mâini pentru a-și ascunde hohotele de râs. Mâna dreaptă trădează o rușine sau o jenă. Mulți copii apelează la mâna dreaptă pentru a-și ascunde gura, fetele mai mult ca băieții. Când se fac mari, majoritatea abandonează această protecție. Cei care o păstrează dau dovadă de un oarecare grad de imaturitate.

Mâna stângă indică un dreptaci indecis care se preface că e o persoană de decizie, bătându-și joc de interlocutorul asupra căruia își proiectează lacunele.

Când spuneți o prostie

Mâna închide pliscul cu întârziere. Prea târziu pentru a înghiți stupiditatea care v-a luat din scurt. Ca întotdeauna!

Ca refren gestual invariabil

Acest refren gestual devine uneori invariabil la unii indivizi. Am observat zeci de tribuni sau de invitați la emisiuni de televiziune reproducându-l mereu cu aceeași mână. Mâna stângă care ascunde gura este cea a trișorului, mâna dreaptă este cea a intelectualului ambiguu sau echivoc, un subiect psihorigid care se controlează în societate. Oricum, nu există decât două poziții care nu prea sunt de invidiat: trișor sau psihorigid! Alege-ți tabăra, camarade!

Cârligul dublu

Mâinile interlocutorului se agață una de alta prin degetele unite, prinse împreună ca niște cârlige.

E un gest tipic feminin, propriu doamnelor de caritate de altădată, care-și manifestau compasiunea agățându-se cu disperare de propriile mâini în loc să le întindă celor nevoiași. Când se instalează definitiv, acest cod gestual invariabil trădează un individ mieros, ipocrit și slugarnic. Ai zice că îi e teamă să nu treacă neobservat.

Gest de compasiune în unele cazuri, cârligul dublu este mai ales un refren de care abuzează persoanele care se mândresc, în mod legitim sau nu, cu statutul lor social sau cu o expunere mediatică.

Această secvență gestuală poate fi reprodusă și iarna, când frigul vă îngheață vârful degetelor, dar fără a avea vreo legătură cu portretul doamnei de caritate.

Mâna stângă este deasupra mâinii drepte.

„Eu, cel puțin, sunt cu picioarele pe pământ", spune ea făcând gestul cârligului dublu. Are însă capul în nori și este în general incompetentă.

Mâna dreaptă este deasupra mâinii stângi.

„Eu sunt zen", obiectează ea. Vezi să nu! Tipa țipă în loc să vorbească și fierbe ca o oală sub presiune. Nervozitatea sau exasperarea subiectului ar trebui să vă sară destul de rapid în ochi în cursul întrevederii. Nu contați niciodată pe susținerea unei astfel de persoane.

Pupitrul

Tribunul se agață cu amândouă mâinile de pupitru pentru a asigura în mod simbolic echilibrul discursului său.

Mâinile se agață în mod firesc de niște pseudo-mâini atunci când tracul sau anxietatea vorbitorului este la maximum. Dacă acesta își pune mâinile pe marginea pupitrului, ținându-și brațele ca niște „picioare de păianjen", nu se simte așa degajat precum pare. Brațele ca niște „picioare de păianjen" îi trădează nevoia de a-și afirma autoritatea într-un mod agresiv.

Căștile

Subiectul observat își pune coatele pe masă, își acoperă urechile cu mâinile, fără a le astupa totuși, și își susține capul la nivelul maxilarelor.

Se preface că-și astupă urechile. Această secvență gestuală răspunde unei nevoi de calm sau de concentrare.

Palmele lipite pe masă

Invitatul emisiunii TV stă așezat, cu palmele lipite pe masă.

Dă impresia că e stânjenit. Mâinile nu sunt libere, deci nu sunt creatoare de oportunități. Subiectului îi lipsește subtilitatea. Nu vă încredeți în valoarea lui sau în statutul socio-profesional! Indivizii care își ascund palmele în permanență au o neîncredere viscerală.

Unii indivizi nu-și pun niciodată palmele lipite de masă, ci își îndoaie degetele sau stau cu pumnii sprijiniți. Aceștia sunt tipi posesivi și invidioși.

Palmele lipite de masă trădează mai degrabă un temperament sceptic. Nu-ți ascunzi palmele când atmosfera este călduroasă sau consensuală. Ele sunt totodată sediile tandreții (palma stângă), ale compasiunii (palma dreaptă) și ale gradului de umanitate (amândouă). În orice caz, nu trebuie să aveți încredere într-un individ care-și ascunde în mod frecvent palmele.

Mâinile-minge

De câte ori vorbește, locutorul își ține mâinile cu palmele față în față.

Subiectul dă impresia că ține o minge în mâini. Acestea se răsucesc în fața lui fără să se așeze niciodată pe masă. Ca și cum ar încerca să-și recupereze vorbele după ce le-a rostit sau să le păstreze în posesia lui. Această secvență gestuală revine în mod regulat de-a lungul întregului său discurs. E vorba de un seducător egocentric. Gradul său de generozitate este condiționat. Acest cod gestual face parte din registrul gesturilor carismatice, prefigurând o perspectivă securizantă și bine delimitată. El este însoțit în general de o rotație a capului spre dreapta, ce reprezintă o sfidare a viitorului.

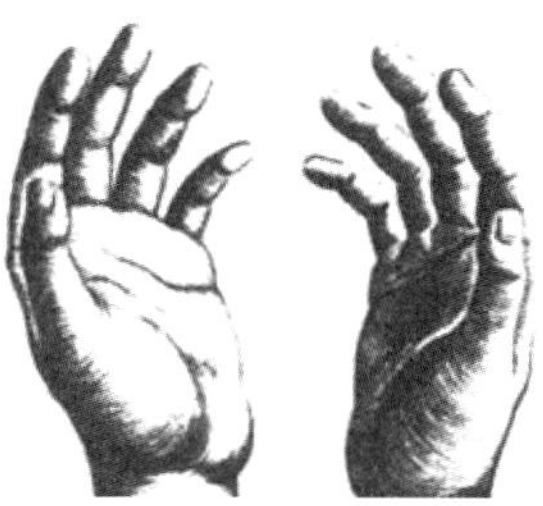

Mâinile lui Pilat din Pont

Interlocutorul dumneavoastră își freacă mâinile, ca și cum și le-ar spăla sub jetul unui robinet.

Cel care-și spală mâinile pe uscat are în mod simbolic mâinile murdare. El consideră probabil că subiectul e o cloacă în care nu e bine să-și bage mâinile. Gestul lui Pilat din Pont[1] aparține unei categorii foarte speciale: invidioșii cronici.

Dacă sunteți în fază ascensională pe planul carierei, nu vă încredeți în mâinile care se spală pe uscat. Îndepărtați-le cu autoritate din drumul vostru, altfel riscați să vedeți cum vă scad acțiunile la bursa șanselor de succes. Cei care fac acest gest absorb tot ce ating ca niște enzime mâncăcioase. Sunt niște profitori nemaipomeniți.

Mâinile la spate

Vizitatorul se plimbă printre standuri, cu mâinile la spate, agățate una de alta. Un vânzător se apropie de el, dar vizitatorul îi refuză invitația clătinând din cap.

În acest context, mâinile la spate, agățate una de alta, exprimă o demobilizare relațională sau un refuz al oricărei comunicări. La limită, reproducătorul gestului este gata să-și asculte interlocutorul, dar fără niciun fel de angajare din partea lui. Demobilizarea mâinilor ascunse la spate arată totodată că el și-a format deja o părere și că n-o să-l faceți să și-o schimbe decât dacă mâinile îi revin în față și încep să-i susțină discursul.

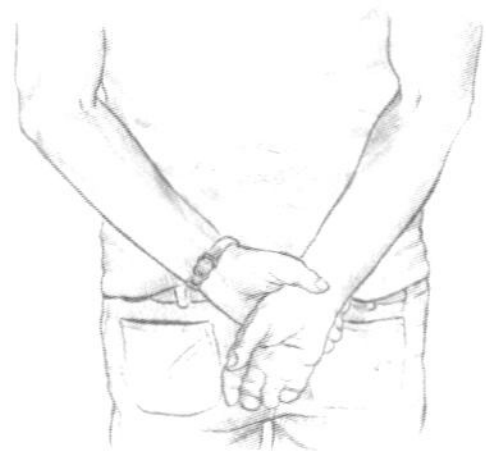

„Portarii de la marile hoteluri își țin mereu mâinile la spate. Știți de ce? Fiindcă se plictisesc de moarte!“[2]

Adevărul nu e foarte departe de această butadă. Mâinile la spate exprimă în general un sentiment de inactivitate. Relaxare sau pasivitate! Dar amănuntul el mai important în această postură este că ea devine un refren gestual invariabil atunci când constatăm că mâna stângă ține încheietura dreaptă sau invers. Chestie de confort!

După cum am repetat în numeroase rânduri, mâinile sunt reprezentările simbolice ale emisferelor cerebrale ale cortexului. Mâna dreaptă reprezintă deci creierul cognitiv, iar stânga, creierul afectiv. Când mâinile se adăpostesc în spate, asta înseamnă că activitatea cerebrală funcționează la minimum. Nu mai e vorba o gândire structurată, ci de o atitudine mentală pasivă.

[1] Aluzie la episodul judecării lui Iisus de către guvernatorul Iudeei. Deși îl găsește nevinovat, Pilat îl condamnă la moarte sub presiunea mulțimii, după care se spală pe mâini în fața acesteia ca să-și arate nevinovăția. (N. tr.)

[2] In original *s'emmerdent*, termen vulgar care are și sensul (învechit) de „mânjit de fecale“. (N. tr.)

Mâinile Coranului

Își citește în mâini ca un musulman care se roagă, gest pe care îl face regulat în alternanță cu mâinile împreunate.

Mâinile unite, cu palmele deschise, ca pentru o lectură a Coranului, fac un gest abil, care îi dă reproducătorului acestei secvențe gestuale o imagine de sinceritate trucată. Palmele ținute ca o carte deschisă prefigurează adevărul pe care încearcă să-l transmită.

Mâinile lecturii

Amintiți-vă că mâinile prefigurează timpul și spațiul, adică cele două imagini care ne constituie, tatăl și mama, aceste două entități divine în mintea copilului care erați.

Mâinile încălecate

Când mâinile se suprapun, iar una din ele o încalecă pe cealaltă, încrucișându-și degetele cu ale ei, totul e o chestiune de prioritate.

Când mâna dreaptă încalecă dosul mâinii stângi, malițiozitatea domină improvizația.

Când mâna stângă încalecă dosul mâinii drepte, subiectul va avea tendința să improvizeze fără să să recurgă la malițiozitate. El va fi cu atât mai imprevizibil.

Vă reamintesc că, în vocabularul psiho-anatomic, dosul mâinii stângi identifică simțul improvizației și/sau simțul tactic. Dosul mâinii drepte simbolizează malițiozitatea.

Sprijinindu-se în coate, ea își pune delicat palma mâinii drepte pe dosul mâinii stângi deschise în timp ce vă fixează cu o privire piezișă.

Într-un context de seducție, acest cod gestual ciudat arată că interlocutoarea știe exact unde vrea să ajungă. Interpretarea se bazează și pe privirea piezișă. Gestul este întâlnit mai rar în alte contexte. În orice caz, el semnalează întotdeauna dominația celui care face gestul; și nu e vorba neapărat de o dominație sexuală. Mâinile încălecate reprezintă un cod gestual specific hărțuitorului.

Mâinile ca o togă

Brațul ei drept este îndoit pe umărul corespunzător, în vreme ce mâna stângă acoperă dosul mâinii drepte. Tânăra își înclină capul, sprijinindu-și obrazul pe dosul mâinii drepte.

Brațele acoperă umărul stâng ca o togă. Contorsionarea brațului drept intensifică fie dorința amoroasă, fie ambiția afișată, depinde de context.

Mâinile ipocrite

Îndoindu-și degetele, interlocutorul își pune mâinile pe jumătate închise pe marginea mesei.

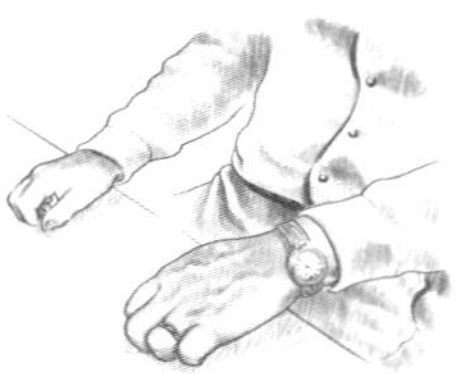

Postura este un semn clar de versatilitate. Interlocutorul se gândește că e urmărit de fatalitate și pedepsit pentru o greșeală pe care n-a comis-o. Când soarta îi este favorabilă, crede că totul îi este permis și climatul său mental își regăsește vigoarea. Dacă este într-o pasă proastă, poate deveni imediat nedelicat, ba chiar nu foarte cinstit. Când șansa îi surâde, este un companion vesel. Dar când ruleta destinului se rotește în direcția proastă, interlocutorul o virează și el la fel de brusc și începe să aducă ghinion. Acesta e momentul când trebuie să vă luați tălpășița.

Mâinile îndoite în unghi drept

Sunt îndoite palmele, cu degetele lipite. Acest cod gestual este limitant. Mâinile se comportă ca niște excavatoare care strâng vorbele interlocutorului. Gestul trădează o indispoziție. Vorbitorul nu este sigur de propunerea pe care o face. În schimb, aveți de-a face cu un individ inflexibil și cicălitor. Nu vă încredeți în el. Cu cât va greși mai mult, cu atât veți avea mai puțină dreptate. Mâinile în unghi drept sunt mâinile unui autocrat.

Mâinile-vitrină

Sprijinindu-se în coate, tânăra își susține bărbia cu mâna sau mâinile deschise în pronație (cu palmele în jos).

Preferă mâna dreaptă în pronație:

Această lateralitate a gestului arată că tânăra încearcă să-și seducă interlocutorul sau publicul.

Preferă mâna stângă în pronație:

Lateralitatea inversă dezvăluie faptul că interlocutoarea este mai mult manipulatoare decât seducătoare.

Ambele mâini sunt în pronație:

Va face totul ca să placă publicului, chit că uzează de subterfugii senzuale discrete, dacă e vorba de un public în majoritate masculin.

Apărătoarele pentru ochi

Interlocutoarea își pune mâna streașină la ochi.

Acest urât obicei trădează ușurința de a-și lăsa gândurile să-i zboare, deci o slabă concentrare și o distragere puternică a atenției. Este un sinonim gestual al rușinii sau al disimulării.

Mâinile ca niște labe de animal sălbatic

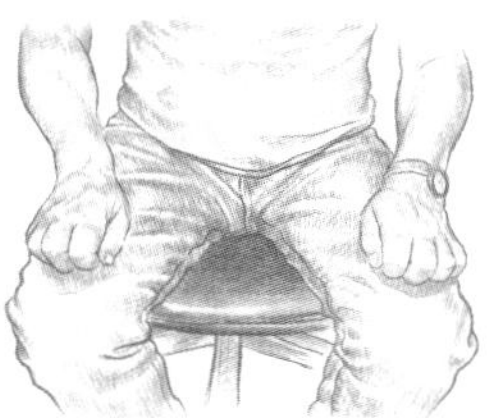

Stând în poziție așezată, interlocutorul își pune palmele pe coapse, cu degetele strânse de parc-ar fi niște labe de animal sălbatic.

Gestul semnalează o persoană insignifiantă. El dezvăluie totodată un sentiment de frustrare puternică. Degetele care nu se văd indică o știrbire a personalității și a potențialului individului. Mâinile își recapătă funcția lor animală, ca să spun așa. Gestul este unul de inhibiție prin excelență!

Ancorarea muchiei palmei

Ancorarea repetată a muchiei palmei trădează un personaj relativ frustrat. Un individ care obișnuiește să-și apuce muchia palmei stângi cu mâna dreaptă nu e tocmai un oaspete jovial sau un interlocutor cordial. Vă reamintesc că mâna este sediul simbolic al comunicării interindividuale. Cea a subiectului dumneavoastră este mai degrabă primitivă dacă reproduce acest gest în mod regulat. Veți constata foarte repede că abordarea lui este

anevoioasă și că e vorba de o persoană psihorigidă și grosolană. Punctual, este posibil ca individul să fie ostil sau contrariat de situația pe care este obligat s-o suporte.

Ancorarea muchiei palmei se practică în general prin față și aparține registrului refrenurilor gestuale invariabile.

Interlocutorul își apucă mâna stângă cu cea dreaptă, la nivelul muchiei externe a palmei.

Când mâna dreaptă apucă muchia externă a mâinii stângi, teama închipuită de o agresiune fizică s-ar putea număra printre angoasele subiectului. Ne apărăm întotdeauna cu brațul stâng și atacăm cu brațul motor. Latura pesimistă a personajului n-ar trebui să vă scape. Atenție! Dacă faceți frecvent acest gest, o să ajungeți să vă imaginați numai catastrofe.

Interlocutorul își apucă mâna dreaptă cu cea stângă, la nivelul muchiei externe a palmei.

Își marchează lipsa de disponibilitate. Muchia palmei este echivalentă cu tăișul cuțitului, al toporului sau al sabiei, adică taie. Apucarea muchiei palmei este un gest de agresivitate latentă. Mâna stângă împiedică mâna dreaptă să lovească inamicul. Subiectul observat se poate dovedi a fi hiperemotiv, hipersensibil în sensul larg al cuvântului și foarte susceptibil, acestea fiind cele trei caracteristici care îl privesc în primul rând, dacă reproduce acest gest invariabil.

Ca să rezumăm, dacă mâna stângă apucă mâna dreaptă la nivelul muchiei externe a palmei, sunteți în general puțin disponibil.

Dacă mâna dreaptă o apucă pe cea stângă la nivelul muchiei externe a palmei, sunteți anxios.

În ambele cazuri, acest refren gestual trebuie exclus din garderoba gestuală. Nu este un semn de distincție, chiar dacă îl puteți vedea la unele personaje importante de stat care simulează o demnitate afectată cu care n-au nimic de-a face și la altele de tristă amintire.

Cei care reproduc acest gest nu își apucă aproape niciodată încheietura în același fel. Îți prinzi muchia palmei sau încheietura, dar foarte rar pe amândouă. Ancorarea muchiei palmei este un gest de agresiune latentă sau declarată. Ancorarea încheieturii trădează anxietate.

De reținut:

În psiho-anatomie, mâna dreaptă este sediul simbolic al timpului și al îndemânării.
Mâna stângă este sediul simbolic al spațiului și al capacității de adaptare.
Cele două mâini sunt sediul comunicării.
Dosul mâinii drepte este sediul simbolic al malițiozității.
Dosul mâinii stângi este sediul simbolic al simțului improvizației.
Dosul celor două mâinii simbolizează oportunismul.

PALMELE

Ființele umane își deschid palmele pentru a arăta că n-au arme și nu sunt amenințătoare. Palmele sunt expresiile manuale ale tandreții. Palma dreaptă înviorează și liniștește. În vocabularul simbolisticii anatomice, ea este palma compasiunii. Palma stângă ușurează și vindecă, este palma tandreții.

Magnetizatorii cunosc foarte bine efectele magnetice ale palmelor, unelte anatomice pe care le folosesc în primul rând pentru a încerca să calmeze sau să aline suferințele persoanelor care le solicită consultație.

Palmele sunt veritabile sedative, ele calmează durerea altuia, dar nu și pe cea proprie. Pentru a putea beneficia de ele, este așadar indispensabil să aveți legături afective cu un partener sau să apelați la serviciile unui magnetizator ori specialist în masaj dacă sunteți un celibatar înverșunat.

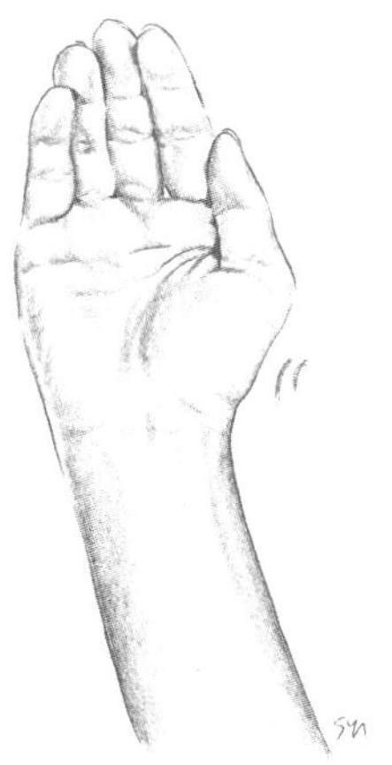

Simboluri ale comunicării tactile, palmele mâinilor confirmă sentimentul primei impresii prin intermediul contactului inițial al strângerii de mână: ipocrit, indiferent, disponibil sau seducător?

Palmele în acțiune

Prietenul meu își scarpină palma mâinii stângi.

Acest gest este observat frecvent la indivizii instinctivi. Ceea ce ar putea însemna că una dintre extremitățile lui îl avertizează că o ia pe un drum fără ieșire. Subiectul își ascultă corpul într-un mod total instinctiv.

Palmele mâinilor sunt locuri anatomice cu foarte mulți nervi, deci foarte sensibile. Mâncărimea repetată a unei mâini evidențiază un progres realizat de inteligență înainte de a fi avertizată conștiința. Acest progres intelectual duce întotdeauna la o acțiune sau un eveniment satisfăcător, de unde superstiția potrivit căreia acest tip de mâncărime anunță o perioadă de noroc sau un câștig bănesc. Tipul acesta de reacție seamănă cu indicatorii somatici.

Vă scărpinați interiorul mâinii, palma vă mănâncă întruna de câteva minute.

Mâncărimea palmei stângi nu înseamnă automat că veți câștiga bani, nici că riscați să-i pierdeți dacă e vorba de palma dreaptă. Mâncărimea tipică pe care o simțim uneori în căușul palmei nu se manifestă niciodată dacă malițiozitatea nu e convocată de conștiință. Astfel, mâncărimea percepută în palma stângă ar putea însemna că subconștientul încearcă să stimuleze percepțiile conștiinței, în timp ce mâncărimea palmei drepte vă semnalează că ați face mai bine să mergeți mai departe în loc să vă revoltați împotriva evenimentelor care vă spulberă speranțele.

Dar nimic nu vă împiedică să aderați la versiunea mai populară dacă pisicile negre, sarea pusă în fața și deochiul fac parte din tradițiile voastre familiale sau culturale.

Subiectul observat își freacă palmele de coapse.

Nu se simte în largul său.

Interlocutorul își freacă mașinal marginile palmelor una de alta, fără ca degetele să intre în contact.

Ce leneș afurisit! N-am văzut niciodată așa ceva! Face atât de puțin, încât puținul pe care-l face reușește să-l facă pe dos. Puteți conta pe el așa cum contați pe un bancher să vă umple contul din bancă, adică deloc. În plus, se plânge adesea că nu este apreciat la justa lui valoare. Are în întregime dreptate. Ar trebui desconsiderat la valoarea lui reală.

De reținut:

În psiho-anatomie, palma stângă este sediul simbolic al tandreții.
Palma dreaptă este sediul simbolic al compasiunii.
Cele două palme reprezintă simbolic gradul de umanitate.

STRÂNGERILE DE MÂNĂ

Alunecoasă și moale, energică, scurtă, moderată sau interminabilă – strângerile de mână de bun-venit nu sunt întotdeauna bine-venite și spun întotdeauna suficient de mult despre individul cu care aveți de-a face pentru a evita să pierdeți timp prețios cu discuții inutile. O strângere de mână este o cheie care deschide sau închide o ușă încă de la primul contact, cu condiția să-i acordați atenția necesară și suficientă.

Unul dintre interlocutori a refuzat deja să răspundă mâinii pe care i-o întindeți? Dacă vi se întâmplă așa ceva, plecați pur și simplu, nici măcar nu vă mai scuzați! Reacția lui este o declarație clară de antipatie. Veți obține din ea un beneficiu mult mai onorabil decât cel pe care-l sperați din întâlnirea voastră. Când cineva refuză să strângă mâna care i se întinde, respingerea este evidentă și încheierea unui acord, oricare ar fi el, este imposibilă.

Un schimb energetic

Strângerea de mână este un vector energetic major în comunicarea nonverbală. Dincolo de schimbul tactil, îi transferați celeilalte persoane potențialul dumneavoastră energetic sau refuzați să-i acordați această veritabilă marcă de stimă. Mâna moale este un caz revelator al refuzului acestui schimb energetic.

Ați remarcat fără îndoială faptul că strângerea de mână de la sfârșitul unei întâlniri este adeseori mai călduroasă și mai autentică decât cea din timpul primului contact, cu condiția să se fi stabilit curentul de simpatie. Dar se poate întâmpla ca, în contextul unei conversații sterile, ambele persoane să renunțe în mod tacit la strângerea de mână de rămas-bun.

Oricum ar fi, fiți întotdeauna foarte atenți la modul în care vi se strânge mâna. Oricât de scurtă ar fi, încastrarea mâinilor trebuie să fie perfectă și mai ales confortabilă, altfel aveți tot interesul să luați distanță. Strângerea de mână este un test extraordinar prin care știți imediat dacă o convorbire va duce la un rezultat pozitiv sau dacă va trebui să trageți din greu pentru a obține rezultatul scontat.

O mare parte din sentimentele dumneavoastră și din cele ale interlocutorului se exprimă în răstimp de o clipită la contactul palmelor. Inteligența socială a mâinilor este un semnal puternic al simpatiilor sau antipatiilor subconștiente pe care conștiința vi le ascunde fiindcă este copleșită de scopul pe care-l are de atins.

Strângerile de mână în acțiune

Interlocutoarea vă strânge mâna stând la biroul ei fără a-și da osteneala să se ridice pentru a vă întâmpina.

Niciun suzeran nu se ridică de pe jilțul lui pentru a-și primi vasalul. Dacă ar face-o, i-ar transmite oaspetelui său un mesaj de egalitate ierarhică. Un patron care vă primește fără să se ridice de pe fotoliul său simte nevoia să-și afirme autoritatea slăbită. În schimb, dacă la plecare se ridică pentru a vă însoți până la ușa biroului, înseamnă că l-ați sedus. Dacă vă concediază fără să se ridice, l-ați făcut să-și piardă timpul... și vi l-ați pierdut și dumneavoastră. După astfel de detalii neînsemnate puteți aprecia rentabilitatea unei reuniuni sau a unei întâlniri.

Patronul cel mare coboară din biroul său ca să facă turul tuturor departamentelor firmei și să-i salute pe toți salariații. În calitate de nou angajat, am dreptul la câteva cuvinte de încurajare suplimentare, în timp ce-mi strânge mâna apucându-mă de cotul drept cu mâna stângă.

Iată o strângere de mână cam invadatoare. Invazia fizică nu este decât preludiul unei invazii a mentalului. Invadatorul este un trișor periculos. Vă invită cu forța în tabăra lui. Vă face prizonierul dorințelor lui. Strângerea de mână este un micromesaj care îi exprimă intenția la fel de clar precum nasul care tronează în mijlocul feței lui joviale. Contează pe voi cu mult înainte de a vă da acordul în vreo privință. Dacă această strângere de mână vine de la un prieten, nu există în principiu nimic de zis, deși sunt și prieteni pe care mai bine vi i-ați face dușmani. În schimb, dacă vine dintr-o relație de afaceri, ar fi cazul să dați înapoi de urgență. Interlocutorul are de gând să vă ceară mult mai mult decât ați fi dispus să-i oferiți. El va căuta să vă influențeze sau să vă manipuleze încă din primele minute ale discuției.

Invadatorul clasic preferă atingerea. Contactul fizic este arma lui favorită. O să vă strângă mâna îndelung, ca și cum v-ar revedea după douăzeci de ani de absență, și o să vă apuce de mânecă pentru a-și puncta discursul. Pe scurt, o să pună stăpânire pe corpul dumneavoastră. În aceste condiţii, nu e întotdeauna uşor să luaţi distanţă. Dar, dacă păstraţi în memorie acest cod al manipulării prin atingere, neîncrederea dumneavoastră va intra automat în stare de alertă.

Distanţa

Majoritatea regulilor proxemicii (ştiinţa distanţelor de fugă) intervin în stabilirea unei relaţii între doi indivizi separaţi din motive antagoniste, precum cumpărătorul şi vânzătorul. Trebuie să învăţăm să stabilim distanţa convenabilă. Coregrafia gestuală care are loc între doi indivizi care dialoghează este interesant de observat. Unul se apleacă peste biroul celuilalt care se dă înapoi, lipindu-se de spătarul scaunului său. Acesta păstrează o distanţă de fugă.

Distanţa care vă separă de interlocutorul care vă strânge mâna este la fel de importantă, ba chiar mai importantă decât modul în care v-o strânge. Să ştii că o strângere de mână scurtă (cu braţul lipit de corp) prevesteşte o discuţie sterilă este, după părerea mea, o informaţie preţioasă. La fel de preţioasă ca cea referitoare la strângerea de mână lungă (cu braţul întins), care vă avertizează că sunteţi foarte (sau aproape prea) bine-venit. Distanţa care vă separă este un indicator sigur al nivelului de disponibilitate al gazdei voastre.

Strângerea de mână scurtă, semn de indisponibilitate

Ţinându-şi cotul lipit de corp, interlocutorul îşi păstrează braţul în unghi drept atunci când vă strânge mâna.

Această secvenţă gestuală este cea a unui subiect meschin care n-are nimic să vă ofere în afară de timpul său. Îi sunteţi obligat fiindcă a acceptat să vă primească. Dacă n-aveţi în mod expres nevoie să-l convingeţi sau să-l seduceţi, scurtaţi-vă vizita, căci nu veţi obţine niciun beneficiu. Interlocutorul este inaccesibil, indisponibil şi foarte calculat.

Braţul interlocutorului rămâne lipit de corp, obligându-vă să-l întindeţi pe-al dumneavoastră pentru a-i apuca mâna.

Când aveţi o întâlnire de afaceri, observaţi cu atenţie modul în care vi se întinde mâna. În cazul de faţă, aveţi de-a face cu un personaj care se crede foarte important şi nu e dispus să vă acorde dintr-odată simpatia lui.

Strângerea de mână lungă, semn de spontaneitate și disponibilitate

Interlocutorul vă strânge mâna cu brațul întins.

Asta înseamnă că are nevoie de sprijinul sau de concursul dumneavoastră și vă întinde această mână generoasă ca să-l ajutați. Se arată total accesibil și va fi foarte disponibil și spontan. O strângere de mână care denotă o primire jovială sau interesată.

Interlocutorul întinde brațul fără reținere în direcția dumneavoastră.

Extravertit, subiectul încearcă să vă facă să vă simțiți în largul dumneavoastră încă de la bun început. E hotărât să vă cumpere produsul sau serviciul pe care îl vindeți, numai să știți să-i prezentați argumentele la momentul potrivit.

Strângerea de mână medie, semn de oportunism

Strângerea de mână medie, cu brațul îndoit, este cel mai des întâlnită. Brațul îndoit în unghi drept sau obtuz antrenează o strângere de mână fermă, dar fără exces.

Interlocutorul vă întâmpină într-un mod oportunist, așteptând să afle mai multe despre dumneavoastră sau să vă cunoască mai bine. Teoretic, individul este destul de accesibil, cu condiția să reușiți să-i treziți interesul. După părerea mea, strângerea de mână cu brațul îndoit este mai puțin jovială decât cea cu brațul întins. Fiți atenți, ba chiar foarte atenți, la acest moment crucial care e întâlnirea cu un interlocutor într-un context profesional. Strângerea de mână lungă este excepția, strângerea de mână medie este norma; cât despre strângerea de mână scurtă, ea se manifestă mai ales în cazul oamenilor influenți sau presupuși a fi așa.

Interlocutorul vă întinde vârful degetelor în chip de strângere de mână.

O strângere de mână care dezvăluie temperamentul neserios al unui individ ce nu se angajează niciodată decât în vorbe. Problema este că subiectul adoptă adesea o atitudine jovială care vă face să uitați această notă falsă de la început. Or, strângerea de mână în chestiune este o veritabilă dovadă de simulare sau de disimulare. Interlocutorul se preface că vă primește, se va preface că vă ascultă și o să vă promită c-o să se gândească, prefăcându-se că vă concediază. Totul este virtual, inclusiv dumneavoastră!

Cu un zâmbet larg, interlocutorul vă întinde mâna stângă pentru a vă strânge mâna, fără să fie totuși stângaci.

Chiar dacă mâna dreaptă a interlocutorului este ocupată, această modalitate de primire este o declarație clară de antipatie făcută cu un zâmbet ipocrit. În scrimă, adversarii care nu se apreciază își strâng mâna stângă la sfârșitul luptei. Provocator, bârfitor și manipulator, interlocutorul va face mereu în așa fel încât să vă prindă la înghesuială pentru a vă trage de limbă. Va ridica în slăvi minciuna pentru a afla adevărul, îi va trata pe toți ceilalți (printre care vă numărați și dumneavoastră, de altfel) drept mediocri și va pretinde că știe ceea ce foarte puțini știu. Dacă aveți destulă prezență de spirit pentru a prevedea gestul, vă sfătuiesc din tot sufletul să refuzați să-i strângeți mâna. Acest lucru va avea cel puțin meritul de a vă face respectat. Data viitoare când îl întâlniți, refuzați-i mâna stângă și va uita să v-o întindă pe cea dreaptă. Și dacă totuși vă simțiți obligat să acceptați această mână, faceți-vă un nod la batistă ca să vă amintiți ce vă așteaptă dacă faceți afaceri cu acest individ.

Zâmbind cu gura până la urechi, directorul îmi strânge mâna și antebrațul cu amândouă mâinile.

Dacă interlocutorul vă strânge mâna și antebrațul cu amândouă mâinile, ați căzut în capcană. Vă acaparează și vă neutralizează de la bun început mecanismele de atac sau de apărare. Această strângere de mână se poate produce și când unul dintre cei doi protagoniști se află într-o situație disperată și are nevoie de ajutorul celuilalt. Acest tip de strângere de mână trădează un temperament de prădător.

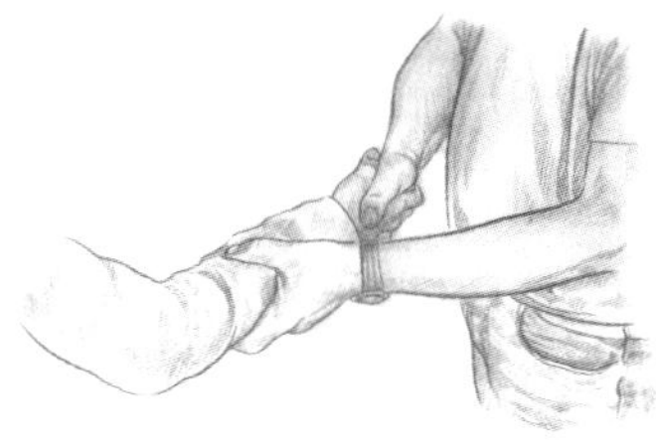

Deși îi întindeți mâna vertical, interlocutorul v-o strânge cu palma orizontală orientată în jos, prinzându-vă degetele într-un „cioc de rață".

O strângere de mână care vă semnalează că nu sunteți bine-venit sau că interlocutorul nu vă prea stimează. Individul este disprețuitor și n-o ascunde. În realitate, folosește tehnica manipulatorie a respingerii din start pentru a vă forța să dați cărțile pe față. Dacă propunerea îi surâde, o să-l vedeți schimbându-și pe loc atitudinea față de dumneavoastră. Îi va face chiar plăcere să-și justifice lipsa de ospitalitate inițială sub pretextul unei neînțelegeri. Ipocrit și pervers, o să vă stoarcă de bani, jumulindu-vă ca pe un pui de curte, dacă nu vă împotriviți.

Patronul vă strivește degetele ori de câte ori vă strânge mâna.

„Patronul“ care strivește mâna angajatului își arată temperamentul, chipurile autoritar. În mod evident, îi lipsește siguranța, altfel n-ar avea nevoie s-o facă pe zmeul. Această strângere de mână se observă frecvent la subiecții care caută confruntarea pentru a scăpa de un sentiment de inferioritate primejdios. Este o modalitate ca oricare alta de a te afirma când te simți slab. Reacționați printr-o grimasă de durere exagerată, o să-i placă. Strâmbătura voastră o să-i satisfacă vanitatea. „Sunt puternică“, zice mâna celui slab strângând-o pe-a dumneavoastră într-o menghină.

Interlocutoarea își abandonează languros mâna într-a voastră, cu palma în jos, ca și când ar urma să i-o sărutați.

Calitatea strângerii mâinii primează asupra plângerilor sau protestelor verbale ale interlocutoarei. Ea este sedusă sau foarte senzuală. Sau poate și una, și alta. Acest tip de strângere a mâinii trădează o femeie supusă, îndrăgostită de forța virilă sau de puterea (de seducție) a interlocutorului ei. Contactul este plăcut, dar cam moale.

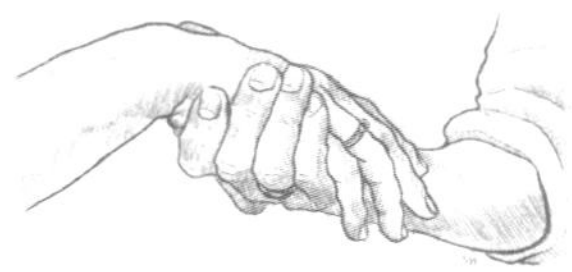

Interlocutorul vă întâmpină cu un zâmbet larg, întinde ușor brațul, mâinile intră în contact, dar palmele rămân depărtate.

Nu are loc niciun schimb de energie. Palmele sunt respinse. Acest mod de a strânge mâna interlocutorului nu se remarcă atunci când ești preocupat de altceva sau cu mintea în altă parte. Căci perna de aer arată clar că palmele, a dumneavoastră și a interlocutorului, se evită. Simpatia nu este așadar prezentă. Respingerea provine adesea de la cel care pune mâna în pronație, cu palma în jos adică. Aceștia nu dețin puterea de a intra în joc, în schimb, cei cu mâna în supinație (palma orientată în sus) își afirmă dominația încă din start. Mesajul e că nu sunteți bine-venit. Dacă această strângere a mâinii se produce din nou la sfârșitul întrevederii, veți avea confirmarea primei impresii.

Interlocutoarea vă strânge mâna cu o moliciune afectată, deși, după cum ați putut constata, nu face la fel și cu alte persoane din grupul dumneavoastră.

Această strângere de mână ciudată indică refuzul de a se angaja sau de a vă recunoaște ca pe un interlocutor valabil. Strângerea moale a mâinii este specifică în mod normal unui etern student sau unui politician precum fostul prieten de acum 30 de ani a lui Jacques Chirac, domnul Édouard Balladur, chiar el în persoană. Nu degeaba i se spune „Ballamou“[1].

Strângerea moale a mâinii este cea a unui individ cu un temperament slugarnic, chiar dacă dispune de o anumită putere. Nu vă încredeți niciodată în capacitatea sau în reputația lui, este exagerată; încredeți-vă în încheietura lui, care îl trădează mai bine decât zâmbetu-i fals. Individul este un molâu.

Interlocutorul vă întinde degetul arătător în chip de strângere de mână.

Nu sunteți în ochii lui decât o imagine virtuală pe care o va uita imediat ce veți pleca. Se pregătește simbolic să vă părăsească înainte chiar de a vă fi întâlnit. Această secvență gestuală traduce o demotivare adeseori impregnată cu dispreț față de cel căruia îi oferi acest deget în chip de bun-venit. Dacă interlocutorul este obișnuit cu această strângere de mână foarte ciudată, să știți că aparține categoriei indivizilor care nu se angajează decât foarte superficial în ceea ce întreprind și nu-și țin promisiunile decât în mod excepțional.

O fi existând vreo ierarhie în stima pe care v-o acordă interlocutorul în funcție de numărul de degete pe care vi le întinde? Nu cred. În orice caz, nu vă sfătuiesc să aveți relații cu un individ care vă strânge mâna în felul acesta. Iar dacă trebuie să-l suportați totuși din motive profesionale sau familiale, faceți în așa fel ca data viitoare să nu-i mai întindeți mâna sau imitați-l: întindeți-i degetul arătător!

Strângerea de mână a interlocutorului este verticală, mâna lui este paralelă cu a dumneavoastră.

[1] Porecla conține cuvântul *mou* („moale“), antonimul lui *dur* („tare“) din nume. (N. tr.)

În registrul strângerilor de mână, au fost observate trei orientări posibile: palma orizontală orientată spre cer (în supinație), palma orizontală orientată spre sol (în pronație) și palma verticală, paralelă cu cea a interlocutorului.

Majoritatea strângerilor de mână se produc vertical, dar se întâmplă și ca strângerea de mână să fie o primă priză de contact dublată de un joc al puterii.

Subiectul care întinde mâna cu palma orientată spre sol este dominat, cel a cărui palmă este orientată spre cer este dominant. Mâna în supinație, orientată spre cer, dispune de mai multă putere decât mâna în pronație, orientată spre sol. Observând orientarea mâinilor care se strâng, puteți defini imediat nivelul puterii celor două persoane prezente. Individul care întinde mâna în pronație este sub influența imediată a interlocutorului a cărui mână este în supinație.

Cum e strângerea de mână verticală? Nici dominantă, nici dominată, ci egalitară. Interlocutorul nu caută confruntarea chiar de la bun început.

Interlocutorul vă strânge mâna privind pe deasupra umărului dumneavoastră.

Strângerea de mână este mecanică și indică o lipsă de stimă pentru proprietarul mâinii întinse, considerat o ființă transparentă.

Privirea deviază în direcția unui orizont virtual. Fascinant de observat în măsura în care atitudinea oferă manipulatorului un aer aproape biblic. „Văd mai departe decât vârful nasului dumneavoastră" este sensul presupus al acestei strângeri de mână.

Unii oameni politici abuzează de ea fără să-și dea seama că în felul acesta își depreciază imaginea publică. Dictatorii sunt obișnuiți cu acest fapt, dar ei nu riscă să-și piardă clientela electorală din cauza unui gest care le afectează imaginea. Fiți atent la micii șefi pe care o să-i întâlniți și care uzează și abuzează de această eschivă! Sunt niște indivizi de categoria pană.

Plasat în stânga, interlocutorul își pune mâna dreaptă pe umărul vostru stâng.

Punerea mâinii pe umăr este o intimitate tipic manipulatoare dacă se situează în afara unui gest de prietenie sau a unei parade amoroase.

Același individ plasat în dreapta și-ar fi pus mâna pe umărul meu drept. Sensul este diferit. Umărul drept este sediul simbolic al ambiției. Punându-și mâna pe acest umăr, ar fi făcut-o pe suzeranul.

Mâna interloctorului este alunecoasă ca un pește.

Abia apucați să-i strângeți mâna că vă și treziți cu mâna goală, mișcându-se în gol. Dacă interlocutorul vă strânge mâna fugitiv, fugiți! Ambiguitatea individului este la înălțimea temperamentului ipocrit pe care-l veți descoperi destul de repede. Sunteți în fața unui tip fățarnic care, la rigoare, o să vă ofere un zâmbet fals la același preț. Ar trebui să fii orb, surd și mut ca să-i acorzi încredere. În plus, personajul este mai avar decât Harpagon. Dacă sperați să-i vindeți ceva, sunteți un naiv jalnic. Iar dacă va cumpăra, va găsi o mulțime de pretexte pentru a vă face să mai lăsați din preț.

Interlocutorul uită sau refuză să vă strângă mâna, rămânând cu mâinile în buzunare, cu brațele încrucișate sau de-a lungul corpului.

Strângerea de mână omisă este fie o lipsă de respect, fie un semn de dispreț din partea interlocutorului. Nu strângi mâna unui dușman, cu atât mai puțin pe cea a unui mitocan. Unii indivizi foarte timizi întâmpină și ei dificultăți în a face pasul hotărâtor și a strânge mâna colegilor.

Interlocutorul vă strânge mâna cu amândouă mâinile reunite.

Simulează o atitudine prietenească pe care nu o simte câtuși de puțin. În registrul strângerilor de mână, am intitulat această atitudine „mâinile carnivore", și asta spune tot. Gestul pare călduros, totuși acest tip de strângere de mână dezvăluie o conduită de prădător din partea celui care uzează de ea. Interlocutorul se preface că vă întâmpină ca și cum ați fi salvatorul sau starul pe care-l aștepta punându-și toate speranțele în voi. Dacă patronul vă strânge mâna în felul acesta, vă puteți aștepta la un profit ilicit sau la niște exigențe nevrotice din partea lui. Dacă e vorba de un agent de vânzări care vă vizitează, nu vă încredeți în propunerile lui, trebuie să-și facă planul și sunteți prada visată care-i va permite să-și revină la normal. De ce are nevoie de ambele mâini pentru a v-o apuca pe a dumneavoastră? Poate a vă bloca din start mecanismele de decizie...

Interlocutorul vă strânge mâna îndelung. Nu-i mai dă drumul.

Cu cât o strângere de mână durează mai mult, cu atât înțelegerea presupusă între cei doi indivizi prezenți este oricum, numai cordială nu. Acest tip de strângere a mâinii este un act de manipulare, un soi de confruntare mascată sub o aparență jovială. Mâna strânsă este în mod logic dreapta, cea care simbolizează emisfera cerebrală stângă, creierul rațional.

Durata anormală a acestei strângeri de mână este un adevărat proces de absorbție și de distrugere calculată a spiritului logic și a mecanismelor de apărare care reprezintă substratul lui. Acest refren gestual este una dintre conduitele preferate ale unui guru. El n-are nevoie de dumneavoastră, ci de adeziunea necondiționată la doctrina sau la dorințele lui.

Dacă e vorba de un prieten, vă sfătuiesc să luați distanță, căci prietenia pe care v-o poartă este subordonată în întregime profitului pe care-l trage din ea. Gestul urmărește să vă anihileze sistemele de apărare. Strângerea de mână în chestiune este dublată adesea de ceea ce eu numesc „mâinile carnivore": mâna dumneavoastră este prizoniera fălcilor constituite de cele două mâini reunite ale interlocutorului.

„Pot să-mi recuperez mâna?" Această glumă este practic singurul mod de a vă distanța suficient de mult de individul manipulator fără a-l jigni. Dacă îi observați cu atenție privirea atunci când vă dă drumul la mână, veți vedea o licărire asemănătoare cu decepția. Ca și cum ar ști că i-ați dejucat planul și că v-ați recuperat simțul critic intact. Totuși, nu lăsați garda jos în timpul întrevederii, strângerile de mână care durează prea mult sunt sinonime și cu amenințarea deghizată din partea celui care încearcă să vă „posedeze" mâna și, în consecință, mintea.

Cine întinde mâna primul?

Dacă este el, aveți putere deplină. Dacă sunteți dumneavoastră, va trebui să trageți tare pentru a-l convinge de utilitatea vizitei.

În toate jocurile de putere, cel care întinde mâna primul a pierdut.

Într-un context de seducție, inițiatorul acestei strângeri interminabile a mâinii încearcă să transmită un mesaj de tip amoros unei persoane care-i place foarte mult, dar căreia nu poate sau nu vrea să-i mărturisească iubirea. El ține mâna prizonieră cât mai mult timp posibil, pândind pe fața „victimei" schițarea unei expresii de abandon sau de complicitate implicită. În acest caz, se poate întâmpla s-o apuce cu cealaltă mână de încheietură, care este sediul sentimentului de securitate sau de insecuritate. Un mod inconștient de a încerca s-o liniștească sporind în același timp transmiterea fluxului emoțional.

PUMNII

Semn de putere, de violență și de agresivitate, bărbatul strânge pumnii în mod simbolic atunci când destinul îi este potrivnic sau când vrea să redea strălucirea combativității lui șterse. Repetarea acestui cod gestual reflex denotă incapacitatea de a transmite mesajul sau de a trece la acțiune la momentul potrivit. Așadar, dragii mei cititori, evitați gestul în toate cazurile. Nu mă adresez cititoarelor, căci femeile, spre deosebire de bărbați, nu reproduc decât foarte rar acest gest. În schimb, manifestanții și sindicaliștii recurg adeseori la el. Comit astfel o lamentabilă eroare gestuală. Când un ales își agită pumnii pentru a trezi moralul trupelor sau al militanților săi, asta înseamnă că și-a ieșit din mână sau că e pe cale s-o facă. Cu cât gestul este reprodus mai des, cu atât cota lui de popularitate scade. Există gesturi care ar trebui interzise.

Când manifestanții ridică pumnul pentru a cere dreptate, ei nu fac decât să-și exprime neputința. Nu veți vedea niciodată niște puști de cartier ridicând pumnul, ei vor prefera să se ia la bătaie cu forțele de ordine sau să incendieze mașini. Când și manifestanții vor face la fel, Franța se va schimba la față. Disperarea este cel mai bun carburant pentru a aduce schimbarea. Amintiți-vă de 1789! Schimbarea nu va avea loc acum, ci atunci când o să vrea francezii.

Pumnii în acțiune

Pumnul depresiv

Subiectul își agită pumnii încercând să-și trezească trupele din apatie. Mesajul gestual pe care-l transmite și expresiile feței sunt exact opusul discursului său. Își vinde combativitatea ca toate acele persoane pline de compasiune care vă părăsesc urându-vă „curaj", apoi se duc să plângă la toaletă. Este un tip pseudo-combativ, dar un adevărat depresiv.

Pumnul ridicat

Este un gest-relicvă care amintește de altul, aflat mult mai de dreapta și mai radical: salutul nazist. Stupiditatea acestui gest scapă înțelegerii politicienilor stângii populare. Ei cred că trezesc forțele adormite din militanții lor, dar nu fac decât să simuleze combativitatea fără s-o stimuleze niciodată. Pumnul stâng ridicat nu este neapărat cel al stângaciului. Brațul stâng este brațul libertății de a gândi sau de a crede. Gânditorii nu sunt întotdeauna actori. Pumnul drept ridicat arată că aveți de-a face cu un actor „de acțiune", dar ridicarea pumnului nu garantează nicidecum că cel care face gestul va acționa imediat, exceptând cazul în care se bate cu jandarmii pentru a da impresia unei angajări.

Pumnii strânși

Interlocutorul își sprijină pumnii pe marginea mesei.

Gestul trădează o incompatibilitate de dispoziție și o oarecare agresivitate față de imbecilul din fața lui.

Strângem pumnii când lucrurile merg prost! Pentru tribuni, e vorba de un cod destinat să le motiveze trupele. Din păcate, mesajul verbal transmis nu este cel presupus. Pumnii strânși traduc o stare de deprimare trecătoare, ba chiar un sentiment de descurajare pe care trebuie să-l învingi cu orice preț. Boxerul este deja KO, dar încă mai vrea să creadă în victorie.

În absolut, simplul fapt de a strânge pumnii este un stimulent al agresivității. Acest cod intensifică producerea de adrenalină. Nu ni se spune „strânge din dinți“ și „strânge pumnii“ când trebuie să înfruntăm vitregia sorții?

Pumnii incompatibili

Politicianul se exprimă dând din brațe cu pumnii strânși.

Nu este liber să se exprime așa cum ar vrea. Utilizarea pumnilor indică un sentiment de închidere într-un discurs politic corect, dar care trădează o incompatibilitate între subiectul evocat și convingerea vorbitorului.

Pumnii veleitari

Sprijinit în coate, bărbatul așezat în fața dumneavoastră își strânge pumnii și îi lipește unul de altul, susținându-și bărbia cu degetele mari.

Nu vă luați după aparențe, în cazul ăsta pumnii nu exprimă decât o intenție veleitară. Dacă interlocutorul abuzează de această atitudine, înseamnă că nu își ia angajamentele în serios.

Pumnii-scut

În programarea neurogestuală, pumnii devin adevărate scuturi sociale. Blocarea cataleptică a pumnului drept vă permite să evaluați veridicitatea discursului sau credibilitatea argumentelor celui care încearcă să vă convingă. Pumnul drept se transformă în detector de minciuni. Cât privește blocarea pumnului stâng, acesta este barometrul corporal al unei intruziuni sau al unei eventuale agresiuni verbale din partea interlocutorului. Este un scut împotriva hărțuirii. Dacă blocarea individuală a pumnilor este un mijloc redutabil de evaluare, blocarea simultană a ambilor pumni va avea un efect stimulator asupra combativității dumneavoastră. Vă va revigora tenacitatea, rezistența și perseverența. Dacă practicați zilnic aceste exerciții de blocare ideomotoare, o să vă recăpătați curajul. Blocarea ambilor pumni este un antidepresiv natural de care beneficiați în cadrul stagiilor de programare neurogestuală.

De reținut:

În psiho-anatomie, pumnul drept este sediul simbolic al revendicării. Pumnul stâng este sediul simbolic al curajului.

DEGETELE

Simbolistica digitală

Degetele au un sens simbolic fundamental. Fiecare dintre ele conturează o predispoziție cu care fiecare ființă umană este înzestrată. Fiecare dintre aceste predispoziții este o sursă de creativitate fără de care omul n-ar exista. Fiecare deget acoperă un domeniu de predilecție indispensabil realizării de sine.

Degetele mari

Degetul mare stâng este degetul plăcerii în sensul larg al cuvântului. Putem să-l asociem cu imaginarul, visul, creativitatea, senzualitatea, care sunt tot atâția parametri ce depind de emoțiile noastre și de creierul feminin – sau yin –, adică de emisfera cerebrală dreaptă, numită „creier afectiv“, sau de creierul limbic, numit „emoțional“.

Degetul mare drept este degetul dorinței. Motivația, speranța și sexualitatea sunt manifestările ei principale. Orice dorință se naște dintr-o elaborare intelectuală sau dintr-un calcul în cunoștință de cauză. Beneficiul secundar al dorinței este plăcerea. Expresia dorinței depinde de creierul cognitiv, cu o largă participare emoțională a creierului limbic...

Degetele mari trimit la libidou.

Degetele arătătoare

Arătătorul drept stă sub semnul lui „a fi“, este degetul afirmării de sine, al imaginii paterne, al stăpânirii de sine sau al potențialului și al autorității.

Arătătorul stâng stă sub semnul lui „a avea“, este degetul fuziunii, al teritoriului, al puterii materne, al posesiei sau al geloziei, al vocației și al instinctului de conservare.

Degetele arătătoare trimit la sistemul imunitar și la apărarea teritoriului mental.

Degetele mijlocii

Mijlociul stâng este degetul narcisismului, al respectului de sine sau al imaginii publice, dar și cel al disprețului.

Mijlociul drept este degetul organizării psihice și al aptitudinilor intelectuale. Este degetul cerebral prin excelență și cel al încrederii în sine și în propriile convingeri, fie ele prejudecăți sau îndoieli.

Degetele mijlocii trimit la energia psihosomatică.

Degetele inelare

Inelarul drept este degetul voinței, al automatismelor, al determinării, al tenacității și al perseverenței sau al abuliei.

Inelarul stâng este degetul emoțiilor sau al afectelor, dar și cel al pasiunii.

Inelarele sunt degetele energiei psihoafective.

Degetele mici

În timpul unei conferințe despre gesturi pe care am avut ocazia s-o țin în Belgia, se afla în public un bărbat care ieșea în evidență. Avea un soi de bandaj din piele la mâna dreaptă, ca cel care li se punea cândva persoanelor ce-și pierduseră unul sau mai multe degete. L-am observat mai ales în momentul în care enumeram semnificațiile simbolice ale degetelor de la cele două mâini. Avea pe față o expresie de tristețe care i-a dispărut subit când am prezentat sensul atribuit degetului mic de la mâna dreaptă. A făcut ochii mari de mirare. Din câte-mi amintesc, am spus următoarele cuvinte: „Un individ căruia i s-ar amputa degetul mic de la mâna dreaptă și-ar tăia automat orice posibilitate de viitor, chiar dacă amputarea ar surveni după un accident întâmplător." A venit la mine la sfârșitul conferinței și mi-a explicat că își pierduse două degete de la mâna dreaptă – inelarul și degetul mic – în timpul exploziei unei grenade la Praga. Era ministru al economiei în guvernul lui Alexandr Dubcek, omul Primăverii de la Praga, și făcea parte din ultimul grup de rezistență în fața trupelor sovietice venite în august 1968 să restabilească ordinea comunistă în Cehoslovacia. Nu mai avea viitor și nici dorința de a reuși

Degetul mic de la mâna dreaptă este degetul ambiției, al vanității, al viitorului și al curiozității. Este un deget care se proiectează. Este degetul instinctului de supraviețuire.

Degetul mic de la mâna stângă este degetul memoriei, al rădăcinilor și al copilăriei. Este un deget care își amintește. Este totodată degetul care simbolizează ereditatea.

Degetele mici trimit la instinctul de supraviețuire.

Degetele încrucișate

Degetele încrucișate semnalează un individ compătimitor, dar și o persoană a cărei creativitate este inhibată, dacă reproduce acest cod gestual încontinuu.

Încrucișarea degetelor este universală. Ea exprimă o multitudine de atitudini emoționale în contextul unei întâlniri, în funcție de partea anatomică unde degetele încrucișate se pun cel mai des. A încrucișa degetele înseamnă a da mâna cu tine însuți (în loc s-o oferi altuia) și a-ți acorda o doză de afecțiune și/sau de reasigurare într-o situație de tensiune sau de stres.

Încrucișarea degetelor nu este niciodată anodină, căci evocă o plasă protectoare împotriva celor din jur și se produce în toate circumstanțele. Experiența a dovedit că încrucișarea degetelor anunță o postură defensivă. Niciun orator sau formator nu-și încrucișează degetele atunci când este sigur pe el sau când se simte relaxat.

Modul de încrucișare a degetelor este al doilea din cele trei refrene gestuale generice ale gramaticii gesturilor. Ca și pentru brațele încrucișate, frecvența mare cu care se produce face din el un refren gestual nespecific unui context anume. Încrucișez degetele în diverse împrejurări care nu au întotdeauna aer de rugăminte sau de religiozitate. Din câte am observat, încrucișarea degetelor asigură o mai bună interconexiune între cele două emisfere cerebrale simbolizate de cele două mâini. Mâna dreaptă reprezintă emisfera stângă și mâna stângă, emisfera drepată. De ce această inversiune? Oamenii de știință n-au lămurit încă problema, s-au mulțumit doar să constate faptul. Putem conchide că acest gest rebranșează în mod simbolic energiile între cele două emisfere. Dar nu este decât o ipoteză cu privire la rolul comportamental pe care-l joacă acest refren gestual.

Faptul cel mai interesant de observat se situează la nivelul degetelor mari. Degetul dominant este mereu același când vă încrucișați degetele în mod automat. Dacă încercați să reproduceți versiunea contrară, veți resimți o jenă, ca și cum această versiune a refrenului gestual în chestiune nu v-ar aparține. 90% din populația globului încrucișează degetele într-o versiune sau în alta.

Ceea ce arată cât de important este acest refren gestual invariabil în radiografia profilului dumneavoastră gestual. Am putut constata că recurgerea frecventă la încrucișarea degetelor desemnează un individ mai compătimitor decât media, dar trădează și un sentiment de nesiguranță recurentă la cel care reproduce în mod regulat gestul.

Orice comunicare se bazează pe o frecvență dinamică a sentimentelor (numită și dinamică mentală) ce animă teritoriul mental (care este – rețineți – sediul încrederii în sine și al respectului de sine). În opinia mea, această frecvență este fie afectivă și/sau emoțională, fie cognitivă și/sau rațională.

Încrucișarea afectivă

Frecvența modului de exprimare a sentimentelor voastre este afectivă.

Vă încrucișați degetele mari conform modului afectiv. Ceea ce înseamnă că degetul stâng dominant indică frecvența pe care se bazează modul dumneavoastră de comunicare.

Frecvența pe care se bazează dinamica sentimentelor este emoțională. Prin frecvență, înțeleg tonul discursului. Tonul individului afectiv este mai pasional decât al celui cognitiv. El acordă importanță imaginației, dar nu e rațional precum individul cognitiv, fiindcă, în cazul lui, emoția domină rațiunea.

Sensibil, creator, atras de tot ce nou, tolerant, individul afectiv este un om care cultivă plăcerea, punând calitatea vieții mai presus de dorința de a reuși. Este ambițios, desigur, dar nu în detrimentul plăcerilor vieții. Ceilalți sunt indispensabili echilibrului său psihologic, îi hrănesc sentimentele pozitive. Prin ceilalți, înțeleg și jumătatea cealaltă a cuplului. Afectivul cu degetul mare stâng dominant este implicat în toate formele de plăcere, de la emoție la imaginație, de la creativitate la empirism. Dorințelor lui izvorăsc din ideea plăcerii pe care o va obține din realizarea acțiunilor sau a inițiativelor sale. El se angajează în ceva și merge la inspirație. Cel mai adesea, este mai mult intuitiv decât rațional. Crede că ceea ce simte este adevărat. Sportul său favorit este speculația intelectuală, dusă uneori până la absurd. Indivizii afectivi sunt niște guralivi în comparație cu cei cognitivi. Cei defensivi (brațul stâng dominant în încrucișarea brațelor) și afectivi (degetul mare stâng dominant în încrucișarea degetelor) sunt niște artiști ai dialogului. În schimb, cei ofensivi (brațul drept dominant în încrucișarea brațelor) și afectivi sunt niște ași ai monologului.

În concluzie, individul afectiv se distinge prin calitățile lui creative și pasionale. Este o ființă a plăcerii!

Încrucișarea cognitivă

Frecvența modului de comunicare este cognitivă.

Vă încrucișați degetele mari conform modului cognitiv. Ceea ce înseamnă că degetul drept dominant indică frecvența pe care se bazează modul dumneavoastră de comunicare. Frecvența dinamică vocală este impregnată cu o oarecare rigiditate, dar și cu seninătate. Comunicarea este rațională și pragmatică în cea mai mare parte a timpului. Frecvența corespunde tonului discursului, un ton mai uniform decât cel al individului afectiv. În cazul individului cognitiv, rațiunea domină emoția.

Când degetul mare drept este dominant, individul este rațional, el crede că ceea ce vede este adevărat. Este un om al dorinței în sensul larg al cuvântului. Nu apreciază niciodată distanța înainte de a fi străbătut-o, spre deosebire de individul cu degetul mare stâng dominant. Are nevoie de dovezi și nu de ipoteze sau intuiții pentru a progresa în viață. Pe planul comunicării, spiritul critic îl face mai dificil de influențat sau de convins. Capacitatea de a se entuziasma este mai moderată, dar și mai durabilă. În tandem cu un mod defensiv de gestionare a teritoriului, nu se lasă condus de inspirație, reflectează înainte de a se angaja și nu se implică niciodată superficial. Ceea ce face din el un om de cuvânt pe care poți întotdeauna conta, fără excepție. Individul cu degetul mare drept dominant este un adevărat stâlp de susținere. Este gajul stabilității unei structuri. Calmul și realismul sunt cele două calități principale prin care se distinge individul cognitiv.

Este o ființă a dorinței!

Încrucișarea alternată

Când degetele se încrucișează în alternanță, avem de-a face cu un caz deosebit.

Alternanța stânga-dreapta în încrucișarea degetelor mari dezvăluie o stare de surmenaj. Acest tip de conduită apare adesea în dezbaterile televizate la invitații care nu mai știu cum să iasă dintr-o situație care îi bulversează. Pur și simplu sunt debusolați. Dacă faceți încercarea, veți constata că încrucișarea inversă față de încrucișarea dumneavoastră obișnuită este deosebit de incomodă. Tocmai de aceea refrenul acesta gestual este invariabil. Modificarea lui intempestivă poate indica o confuzie între prezent și viitor. Modificarea încrucișării poate fi și expresia unei tulburări psihologice punctuale, a unei perturbări a motivațiilor esențiale. Trecerea intempestivă de la logică la emoție, ba chiar la exaltare, antrenează o stare de tip delirant cu raționamente paralogice care alternează cu dogmatisme. Dacă vă aflați într-o asemenea situație, reluați-vă cât puteți de repede încrucișarea obișnuită pentru a vă regăsi fundamentul emoțional și intelectual corespunzător.

Încrucișarea inversă

Vă încrucișați degetele conform modului afectiv, dar degetul mare drept vă blochează degetul mare stâng.

Vă interziceți orice plăcere sau mimați imposibilitatea unei realizări. Acest gen de inversiune se produce în general atunci când ne temem că eșuăm. Fiți atenți, căci este un mesaj predictiv trimis de subconștient. El încearcă să vă avertizeze pentru a vă proteja de o reacție neașteptată.

Vă încrucișați degetele conform modului cognitiv, dar degetul mare stâng vă blochează degetul mare drept.

Se fac presiunii asupra dumneavoastră sau vi se impun condiții. Indivizii care se află sub constrângerea evenimentelor sau a unui superior ierarhic reproduc cu ușurință gestul inversării degetelor mari.

Degetele în acțiune

Escrocul

Atunci când mințim sau când ne pregătim să ne tragem pe sfoară interlocutorul, ne folosim degetul mare și arătătorul pentru a ne șterge saliva care se usucă în colțul buzelor. Toaletarea comisurii buzelor cu degetul mare și arătătorul este un refren gestual obișnuit la simulatorii însărcinați cu manipularea.

Gestul este larg difuzat în corporația manipulatorilor de toate categoriile. Totuși, reproducerea lui este mai des întâlnită la specialiștii în mânării. El este provocat de saliva abundentă care nu întotdeauna poate fi înghițită în toiul acțiunii. Rezultatul: saliva se revarsă în colțul buzelor și-i dă manipulatorului senzația de comisuri cleioase. Câinii salivează în fața unei bucăți de carne al cărei miros le excită papilele gustative. Trișorul salivează în aceeași ordine de idei, doar că locul suculentei bucăți de carne este luat de interlocutor.

Masturbarea

De ce acest titlu grosier? Pentru că cel care reproduce acest gest are tendința să urce și să coboare cercurile digitale în ritmul argumentelor sau al cuvintelor-cheie ale discursului său. Din cauza repetiției, te gândești fără să vrei la altceva decât la simplul fapt de a gesticula.

Arătătorul drept, deget al afirmației, lipit de degetul mare drept, deget al dorinței, nu afirmă decât dorința fără nicio garanție de realizare. Arătătorul stâng, deget care posedă, lipit de degetul mare stâng, deget al plăcerii, formează o *mudra* (un cerc digital)[1] legată mai mult de fantasmă decât de realitatea crudă a faptelor. Cercul dublu este așadar fixat între motivația fără angajament și fantasma realizării.

[1] Mudrele – gesturi sacre, cu semnificații simbolice, caracterizate printr-o anumită poziție a degetelor – sunt specifice hinduismului și budismului. (N. tr.)

Acest cod gestual este o subtitrare inevitabilă a promisiunii sau a garanției imposibil de ținut. Toți politicienii sunt abonați la el. Meseria de politician se bazează pe un fond de comerț imuabil și complet intangibil: promisiunea electorală. Și să știi să promiți fără garanția rezultatului nu este la îndemâna oricui. Este un dar care depășește cu mult talentul agentului de vânzări, chiar și al unuia foarte priceput. Un dar care ține de capacitatea de a le spune verde-n față militanților tăi cele patru pseudo-adevăruri pe care vrei să le audă, știind foarte bine că primul este o minciună sfruntată, al doilea o jumătate de adevăr, al treilea un vis exprimat cu voce tare și al patrulea un pariu pe un viitor care riscă să semene cu un trecut muribund, deja depășit.

Catapulta

Interlocutorul execută un cerc digital ciudat cu inelarul stâng care se unește cu degetul mare, prefăcându-se că-și catapultează greșeala în gol.

În mod simbolic, această secvență gestuală s-ar putea traduce prin „M-am lăsat păcălit de emoții, dar scap de ele". Asta vrea să însemne totodată că interlocutorul vostru este lipsit de măsură sau demagog. La unii indivizi, acest refren poate deveni un tic care se reproduce mecanic în afara oricărui context. În acest caz, devine un semnal nevrotic care trădează un personaj vanitos.

Țigara virtuală

Rezemat în coate, oaspetele vostru își sprijină bărbia de degetul mare și își acoperă buzele cu arătătorul și degetul mijlociu.

Postura seamănă perfect cu cea adoptată atunci când fumăm o țigară, numai că lipsește țigara! Acest refren gestual indică fie un scepticism rezistent, fie un personaj foarte implicat într-o strategie relațională bazată pe manipularea interlocutorului.

Asocierea arătătorului cu mijlociul e gestul unui individ invidios și grijuliu cu imaginea pe care o oferă. Arătătorul și mijlociul de la mâna dreaptă asociate în acest fel trădează un personaj autoritar, doctrinar, inflexibil și radical în opinii.

Trosnitul degetelor

Interlocutorul trosnește din degete.

Simplul fapt de a trosni din degete este un semn clar de insatisfacție, de nerăbdare sau de exasperare mută.

Subiectul trosnește (sau se face că trosnește) din degete în mod compulsiv.

Extrem de enervantă pentru ceilalți, această manie denotă o structură de personalitate obsesională, dublată de o incapacitate de a respecta teritoriul vecinului.

Clopotul

Sprijinit în coate, tribunul își presează buricele degetelor unele de altele, formând cu mâinile un clopot.

Se preface că e informat sau că înțelege ceea ce nu știa cu treizeci de secunde mai înainte. Nu poți să știi totul și ar fi mai productiv să-ți mărturisești ignoranța decât să simulezi. Mărturisirea ignoranței ar putea să-i redea o imagine de onestitate virtuală care l-ar apropia de aleșii lui.

Aparatul telefonic

Interlocutorul îndoaie arătătorul, mijlociul și inelarul de la mâna stângă în timp ce întinde degetul mare și pe cel mic în exterior, ca și cum ar pune în furcă aparatul telefonic.

Își scoate în evidență copilăria (degetul mic) și căutarea plăcerii (degetul mare) și ascunde celelalte trei degete: inelarul (implicarea), mijlociul (imaginea de sine) și arătătorul (teritoriul). E vorba de un semn de egoism infantil!

Gestul este tipic unui individ bulimic gata să facă orice, atât de ambițios, încât ar fi dispus să calce pe cadavrele colegilor săi pentru a termina cursa înainte ca ceilalți concurenți să fi luat startul.

Prin convenție, această combinație gestuală simbolizează telefonul. În afara acestui context, gestul este interesant de analizat. Degetul mare de la mâna dreaptă prefigurează dorința, în sensul larg al termenului, în timp ce degetul mic de la mâna dreaptă simbolizează ambiția.

Gesturile ne trădează toate sentimentele care ne însuflețesc, atât cele bune, cât și cele rele. Slavă Domnului că analiza gestuală nu se predă în școli sau la facultățile de științe politice, politicienii expuși prea mult n-ar mai putea minți cu atâta sinceritate.

Degetele contabile

În timp ce îi prezentați proiectul, se apucă să-și enumere condițiile începând de la degetul mic și folosindu-se de degetul mare sau de arătător.

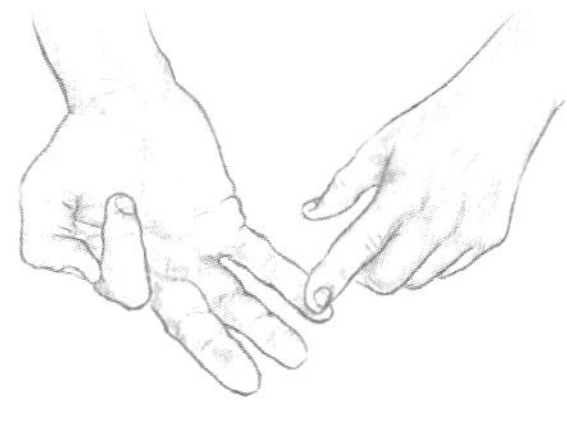

Veți avea dovada sigură că e vorba de un revizionist autentic. De ce? Fiindcă funcționează invers față de mersul timpului. Timp care începe în viitor și se întoarce spre trecut. Modul normal de enumerare constă în a începe de la degetul mare drept spre degetul mic de la aceeași mână. Cel adoptat de interlocutorul dumneavoastră trădează o nevoie de a distruge proiectul și de a o lua de la capăt pe niște baze de discuție care îi convin lui, dar nu neapărat și dumneavoastră.

În majoritatea timpului, buricul arătătorului e folosit drept deget contabil, plecând de la degetul mare spre celelalte degete pentru a enumera argumentele sau condițiile. Mâna care servește drept numărătoare este mâna pasivă. Utilizarea arătătorului pentru a enumera argumentele este un cod gestual reflex invariabil. În mod instinctiv, vorbitorul apelează mereu la același deget arătător pentru a-și susține argumentația. Dacă vă folosiți mâna stângă ca numărătoare și arătătorul drept ca deget contabil, modul dumneavoastră de argumentare se bazează pe nevoia de a-l manipula pe celălalt, veți fi implicit și nu întotdeauna ușor de înțeles.

Dacă vă folosiți arătătorul stâng ca deget contabil, discursul dumneavoastră se va baza pe nevoia de a vă impune sau de a respinge argumentele adversarului. Veți fi explicit.

Cei care au obiceiul să facă gestul degetelor contabile sunt niște indivizi calculați și perspicace care au adeseori nevoie să-și facă ordine în gândurile dezordonate. Ei apelează la tactica digitală primară pentru a-și închide soluțiile pe care le propun precum dulcețurile în borcane. Este o secvență gestuală a bărbaților sau a femeilor care dețin puterea. Liderii expliciți și afirmativi, sau impliciți și manipulatori, apelează adeseori la această stratagemă pentru a canaliza dezbaterea și a le impune adversarilor modul lor de gândire. Enumerarea digitală este și o manie proprie oratorilor care se confruntă cu niște adversari încăpățânați. Ea face parte din gesticulația argumentației. Fiecare orator preferă un anumit mod de enumerare și acesta este adesea imuabil.

Observându-i pe politicienii invitați pe platourile televiziunii, am ajuns la concluzia că modul de enumerare pe degete dezvăluie punctele slabe ale celui care se vrea calm și dă impresia că-și stăpânește subiectul. Simpul fapt de a-și enumera argumentele cu ajutorul degetelor este deja o dovadă de slăbiciune. Argumentele care au nevoie de o susținere gestuală sunt cele în care emitentul nu crede suficient de mult încât să-și convingă adversarul.

Contorsiunea

Ce-ar putea face ea pentru a-i atrage atenția? N-are ochi decât pentru el, dar el n-o vede. Așa că se gândește la o strategie și își contorsionează antebrațele permițând degetelor să se încrucișeze, cu palmele lipite.

E vorba de o poziție inconfortabilă, dar atât de sugestivă! Gestul indică solicitarea unei relații amoroase fuzionale din partea unui subiect timid. Acest tip de secvență gestuală poate avea și un sens indirect.

„Sunt în căutarea unor semne puternice de afecțiune." Degetul mic al mâinii drepte indică un profil afectiv. Gestul trădează o susceptibilitate extraordinară, dar și o nevoie de fuziune afectivă și de gelozie morbidă și retrospectivă. Subiectul va fi gelos pe foștii dumneavoastră parteneri.

Cornuto

Interlocutorul își ține ridicate arătătorul și degetul mic, celelalte trei degete fiind îndoite.

În Italia, acest gest este o insultă gestuală adresată unui bărbat a cărui femeie se presupune că-l înșală, adică unui încornorat. Reprodus în afara acestui context, gestul capătă o altă semnificație, în funcție de mâna care îl face.

Dacă e făcut cu mâna dreaptă:
Arătătorul drept corespunde simbolic stăpânirii sau controlului de sine și degetul mic drept ambiției. Ceea ce, mai pe-nțeles, înseamnă că cel care face gestul cu pricina dorește să-și exprime ambiția în văzul tuturor, dar nu-și dă seama de asta.

Dacă e făcut cu mâna stângă:
Confirmă caracterul posesiv și nevoia de a pune în valoare predispozițiile, victoriile trecute sau rădăcinile celui care face gestul. Trebuie spus că, în Franța, nu poți să

fii fără să fi fost și toți așa-zișii *has been* au un viitor frumos în fața lor, într-atât nostalgia face parte din cultura francezilor. „Era mai bine înainte" – în ziua în care vă veți auzi vecinul spunând că va fi mai bine după, veți putea considera că mentalitatea pesimistă care prevalează în spiritul popular francez s-a schimbat.

Scărița

În picioare, cu brațele de-a lungul corpului, interlocutorul își încrucișează degetele cu palmele orientate în sus.

Acest gest seamănă cu scărița, folosită de puștani pentru a sări un zid nu foarte înalt. Reprodus în cu totul alt context, scărița trădează un lingău, un tip slugarnic sau un lingușitor. Genul care îl va tămâia pe cel puternic pentru a-l strivi pe cel slab. Acest gest ciudat sugerează un soi de strigăt de ajutor. Este des întâlnit la indivizii aflați într-o situație precară, gata să se supună tuturor influențelor, dacă acestea le permit să scoată capul din apă. Oportunismul conotat este transparent. Am observat adesea această atitudine în birourile de casting ale firmelor de recrutare.

Scărița este totodată o postură socială foarte des întâlnită pe culoarele celor patru puteri: prezidențială, legislativă, executivă și mai ales mediatică. Ea vă poate ajuta să urcați un etaj atunci când trebuie să transmiteți un mesaj nonverbal celui de care depinde cariera dumneavoastră. Postura devine atunci un act de supunere față de cel care deține cheile viitorului.

Țeava dublă de tun

Interlocutorul are degetele încrucișate, în timp ce arătătorul și degetul mijlociu sunt îndreptate spre dumneavoastră ca o țeavă dublă de tun.

„Ultima oară când un editor mi-a făcut figura asta, m-am oprit din vorbit în mijlocul frazei și am zâmbit. S-a încruntat, de parc-ar fi zis: «Și urmarea?» N-a aflat niciodată urmarea. M-am ridicat de la masă. Eram într-o cafenea. L-am salutat politicos. Era extrem de surprins, iar eu foarte mulțumit de mine ca un puști care îi jucase o festă urâtă profesorului său."

În general, regăsim țeava dublă de tun și în versiunea cu degetele încrucișate și arătătoarele lipite și întinse peste buze, „arătătoarele îndrăgostite". Gest neașteptat, indicând un tip căruia îi place să dea lecții și să despice firul în patru, dacă crede că nu vă supuneți destul de repede influenței lui. Personaj exclusiv și elitist, îi veți câștiga bunăvoința dacă valoarea dumneavoastră îl impresionează. Pe cât de greu de înțeles, pe atât de obtuz, este vaccinat împotriva entuziasmului, ceea ce înseamnă că, dacă vă bazați pe el să vă susțină proiectul pe lângă director, vă aflați din start într-un impas. Mărginit, încăpățânat, șicanator, chițibușar și complicat, va ridica îndoiala la rang de sistem pentru a înăbuși în fașă orice veleitate de schimbare. Va refuza totul, va face întrebările și răspunsurile, își va conjuga toate angajamentele la timpul condițional. Dar, de cum se va afla în prezența unui superior ierarhic sau a vreunui barosan, îl veți vedea făcând-o pe politicianul fanatic. E genul care le știe pe toate, moralizator, incredul și plin de obiecții, pe care însă nu și le exprimă niciodată, pentru a nu-și reduce șansele în caz de reviriment politic. Personajul este des intervievat în reportaje de actualitate. Este om de știință, înalt funcționar, pedagog sau cercetător doldora de cunoștințe fără valoare, moralizator sau afectat.

Dacă sunteți cel sau cea care reproduceți gestul țevii duble de tun, pun pariu că ceea ce tocmai ați citit nu v-a făcut plăcere. Totuși, imaginea pe care o proiectați pe ecran nu vă avantajează. Nu, nu sunteți nici mărginit, nici încăpățânat, nici șicanator, nici chițibușar, dar faceți din când în când acest gest, nu-i așa? În plus, vă place să dați lecții „imbecililor" cu care aveți relații pentru a încerca să le ridicați nivelul, nu?

Potoliți-vă arătătorul, reproducând gestul degetelor încrucișate, după care treceți la cel al mâinilor încleștate, ceea ce o să vă dea aroganță. După mâinile încleștate, veți opta pentru rotula stângă, dacă sunteți profilul știință, sau pentru rotula dreaptă, dacă sunteți profilul datorie. Plecând tot de la țeava dublă de tun, evident.

„Am puterea de a fi mândru de ceea ce sunt" este traducerea implicită a acestei suite de gesturi. Cu cât o reproduceți mai mult, chiar și numai pentru a exersa, cu atât veți simți mai multe modificări subtile în mentalul dumneavoastră. Veți înceta să vă mai comparați cu acei imbecili care au reușit să se certe între ei pentru a se da unul mai mare ca altul și nu veți mai simți acel sentiment de gelozie care vă provoacă probabil un reflux gastric sau dureri de stomac.

Angrenajul

Degetele sunt încrucișate invers față de încrucișarea obișnuită. Degetele în angrenaj sunt încrucișate spre interior, cu degetele mari depărtate și palmele deschise spre interior.

Un cod gestual care dezvăluie un individ psihorigid, în contradicție cu latura lui conciliantă și zâmbitoare. Acest cod special este o fraudă clară.

Și dacă gentilețea lui superficială ar divulga un potențial ucigaș care așteaptă momentul potrivit să dea cărțile pe față și să vă și doboare în același timp? Nu vă încredeți în angrenaje!

Sunt lucrătura unor indivizi de rea-credință, dependenți de prerogativele lor sau de puterile care le sunt încredințate. Dacă refuzați să jucați după cum vă cântă, vă vor da afară fără nicio ezitare. Angrenajul este un refren gestual preferat de indivizii revizioniști, narcisiști, egoiști și foarte invidioși.

Degetele în evantai

Interlocutorul își ține palmele în contact, cu degetele depărtate, lipite două câte două. Pare căzut pe gânduri. Stă așezat, cu piciorul în unghi drept sprijinit pe marginea biroului.

Acest obicei al degetelor în evantai este menit să potolească învălmășeala neuronilor în fierbere. Un gest antistres, după cum am spus, dar numai ăsta e oare scopul lui? Și ce diferență semantică există între degetele în evantai și mâinile în rugăciune („namasté") sau postura „iezuitului"? În postura iezuitului, degetele sunt apropiate, iar degetele mari care intră în contact cu buzele sunt lipite sub bărbie. Este un cod de evaluare. Mâinile în rugăciune sunt un gest opozițional și noncreativ. Degetele în evantai ar putea indica nevoia de a elibera tocmai această creativitate inhibată de evenimente.

Degetele unificatoare

Tipul își strânge degetele laolaltă pentru a-și scoate în evidență argumentele.

Strângerea laolaltă a degetelor este un gest unificator de care politicienii abuzează fără reținere. El marchează ideea de a reuni mijloacele puse în aplicare pentru a obține rezultatul dorit. În realitate, cei care abuzează de acest gest sunt tocmai cei cărora le lipsește simțul unificării. Cei cărora le este greu să-și adune susținătorii în jurul ideilor sau a obiectivelor lor.

Grapa

Ținându-și degetele întinse, interlocutoarea le încrucișează în formă de grapă, cu vârfurile ieșite în afară.

Gestul trădează o dorință castratoare față de celălalt. Este greu să treci peste grapă atât la propriu, cât și la figurat. Este postura preferată a ipocriților ostili care se ascund în spatele complimentelor false cu scopul de a vă linguși, dar care, evident, nu cred o iotă din ce spun. De altfel, cred că nici măcar nu aud ce spun. Sunt cuvinte automate, formule gata făcute care le ies pe gură, dar fără să le lase vreo urmă în creier.

Grapa inversată

E vorba de reproducerea grapei cu palmele orientate în sus. Gestul seamănă cu acela al angrenajului și trădează un individ disimulator de rea-credință.

Grapa inversată poate fi folosită și atunci când obligăm un interlocutor să se țină de cuvânt, iar el încearcă să se eschiveze.

Suportul ortopedic

Sunteți pe punctul de a încheia întrevederea. Șeful de departament și-a încrucișat degetele la ceafă și se uită în gol, cu mintea în altă parte.

Degetele încrucișate la ceafă indică nevoia de a evita discuția, dar poate exprima și o oboseală trecătoare. E timpul să faceți o pauză. Când încrederea în sine este zdruncinată, degetele puse la ceafă o pot întări sau proteja.

Gestul este tipic individului care a luat deja o decizie fără să v-o anunțe totuși. Încrucișarea degetelor la ceafă simulează și o atitudine de fugă. Fugă de stres, imitând o nevoie de relaxare, sau fugă de propriile exigențe. În cazul reuniunilor de lucru sau al seminariilor, degetele încrucișate la ceafă sunt ceva normal, căci încrederea în sine are tendința să se diminueze atunci când se instalează oboseala. Dar e vorba oare doar de o reacție la oboseală sau e și un semnal de plictiseală? E o chestiune discutabilă!

Cercurile digitale

Cercul digital clasic este cel format de degetul mare și arătător; reprodus la ambele mâini în același timp, el reprezintă o dublă înșelătorie! Gest de simulare, de batjocoră sau de impostură în toate cazurile atunci când e făcut cu o mână, ce altceva se poate spune despre același gest schițat cu amândouă mâinile?

Schimbarea mâinii

Există o diferență semnificativă între cercul digital executat cu mâna stângă și cel făcut cu mâna dreaptă? Degetul mare de la mâna dreaptă asociat cu arătătorul drept este o combinație între motivație, simbolizată de degetul mare, și stăpânire (de sine), simbolizată de index. Gestul exprimă așadar dorința de a stăpâni o situație prezentă sau viitoare, dar nu garantează în niciun fel faptul că această situație este, sau va fi, efectiv stăpânită.

Degetul mare de la mâna stângă și arătătorul stâng în combinație gestuală asociază imaginarul (degetul mare) și nevoia de a poseda (arătătorul), ceea ce face ca ascultătorul să-i acorde încredere celui care reproduce cercul digital cu mâna stângă. „Își imaginează că va poseda."

Făcut cu ambele mâini, gestul descris este un „nas fals" de clovn, o promisiune neserioasă.

Mudra cu cioc de rață

Degetul mare și arătătorul par să apuce un obiect foarte subțire, ca o foaie de hârtie, de exemplu.

Repetat des, acest cod gestual dezvăluie un individ incapabil să valorifice oportunitățile pe care le are. Reprodus doar în anumite împrejurări, gestul evocă o alegere proastă sau o alternativă care nu duce decât la două alegeri proaste. În mod ciudat, propunerile pe care acest gest le însoțește par să ducă întotdeauna la soluții la fel de proaste, dacă e să ne luăm după vorbele celui care reproduce ciocul de rață pentru a-și consolida discursul.

În psiho-anatomie, când degetul mare și arătătorul de la mâna dreaptă se unesc, traducerea simbolică a acestui gest este următoarea: „Doresc să mă afirm, să mă impun." Când degetul mare și arătătorul de la mâna stângă se unesc, gestul își schimbă semnificația: „Visez să posed. Îmi imaginez mijloacele prin care să pun stăpânire pe mintea ta".

Mudra cu pene de indian

Arătătorul interlocutorului se unește cu degetul mare pentru a forma un cerc digital în timp ce celelalte trei degete sunt ridicate ca niște pene de indian.

„Vă garantez că..." este sensul conotat al acestui gest atât de folosit de politicienii noștri. Din păcate, în acest mediu, ei nu mai garantează decât promisiuni pe care nu le pot ține. Iar cercul digital (mudra) funcționează ca un abuz de limbaj și este un gest trădător al cuvântului dat!

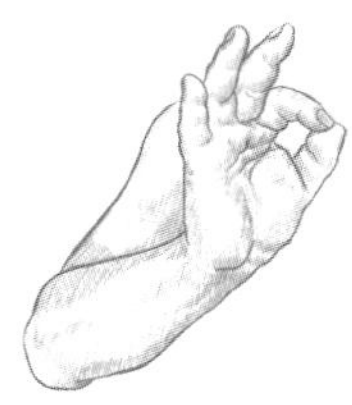

Mudra cu cap de iepure

Degetul mijlociu stâng sau drept se unește cu degetul mare formând un cerc digital. În teatrul de umbre chinezesc, prin acest gest se proiectează un cap de iepure pe cearșaful alb.

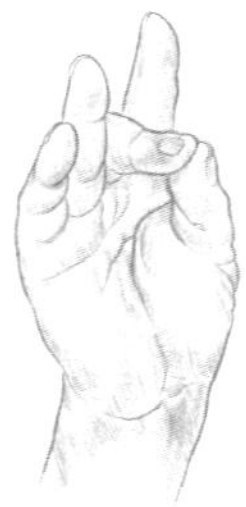

Acest gest semnalează că individul exagerează. Informații corecte sau zvonuri? Greu de făcut diferența.

Degetul mare și mijlociul de la mâna dreaptă pot fi interprate astfel: „Vreau să vă impun prejudecățile mele." Degetul mare și mijlociul de la mâna stângă: „Aș vrea să vă uimesc". Cine are urechi de auzit... Această interpretare se bazează pe simbolistica degetelor care sunt în acțiune: degetul mare drept este degetul dorinței, degetul mare stâng, cel al plăcerii; mijlociul stâng este degetul imaginii de sine, mijlociul drept, cel al organizării intelectuale, al credinței în sine și în propriile prejudecăți. Adaptând gestul la context, este posibil să se ajungă la o interpretare care să exprime perfect ceea ce se petrece în mintea celui care îl face.

Prizonierul

Proiectul meu îi place. Directorul artistic s-a ambalat. Este de acord să semneze pentru trei albume. Cu degetele încrucișate pe creștetul capului, propune să ne revedem peste două săptămâni pentru a încheia contractele. De ce nu acum?

Mi-a luat ceva timp să înțeleg sensul acestui cod gestual pe care gazdele mele îl reproduceau sub nasul meu înainte de a mă pofti să plec, fixându-mi o întâlnire fără nicio obligație din partea lor. Degetele încrucișate pe cap te împiedică să te dai cu capul de pereți.

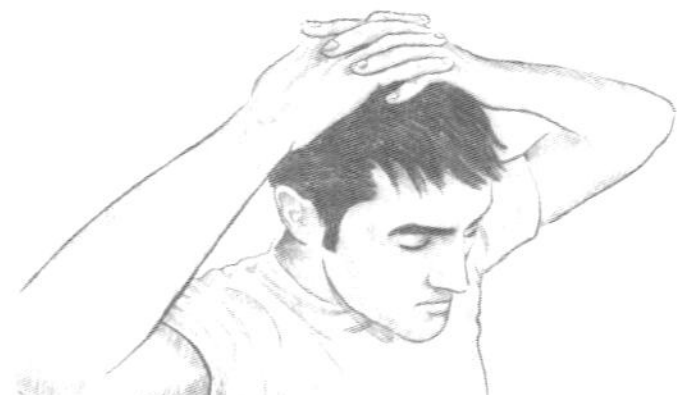

Exaltarea nu este decât o excitație punctuală care se dezumflă ca un sufleu. Visul nu se potrivește niciodată cu realitatea, mai ales când aceasta din urmă depășește cu mult închipuirea. Candidatul care își încrucișează degetele pe cap în contextul unui interviu de angajare vă semnalează că balonul ce-i servea drept motivație s-a dezumflat pe neașteptate. E timpul să-i mulțumiți pentru vizită. Adepții „copilului pedepsit" sunt cu toții niște indivizi care ejaculează precoce, indiferent de sexul lor. Gest demisionar prin excelență, postura prizonierului este sinonimă cu inerția sau cu blocarea motivației.

Suptul degetelor

Este un refren gestual invariabil. A-ți suge sau a-ți mușca ușor degetele nu este un gest inocent. Reflexul de sugere a degetelor debutează în viața intrauterină și se perpetuează până la moarte. Copilul care își suge degetul mare va crește și va continua să stea cu degetul în gură, nostalgic. Tânăra care își mușcă ușor, într-un mod cochet, articulația degetului mijlociu stâng nu-și mai amintește de fetița care își sugea același deget până când devenea alb. Degetul mic drept pe care vecinul de masă și-l mușcă atunci când îndoiala îi sporește incertitudinile cronice este același deget pe care și-l sugea cu plăcere ca pe o acadea când era copil. Pe scurt, suptul degetului ca reacție la o situație conflictuală indică în mod clar un acces de angoasă, dar, paradoxal, este și un antidot împotriva stresului.

Acțiunea de a suge este evident prezentă sub una dintre formele de contact dintre gură și degetul incriminat: a tapota, a scărpina, a mângâia, a suge.

Degetul mic de la mâna dreaptă

Interlocutorul își atinge ușor dinții cu pulpa degetului mic de la mâna dreaptă. Vă măsoară din priviri ca să-și dea seama cât de emoționat sunteți înainte să vă mănânce cu fulgi cu tot. Este un oportunist afurisit.

Degetul mic de la mâna stângă

Visează să readucă în scenă trecutul pentru ca prezentul să fie mai pe măsura dorințelor sale. Este un revizionist.

Inelarul drept

Este un temperament hotărât care se teme că nu-și va putea atinge obiectivele. Se va încăpățâna așadar, chit că se va năpusti cu capul direct în zidul din fața lui.

Inelarul stâng

Este gata să se implice într-o acțiune sau într-o relație care se va termina fatalmente cu o poveste sentimentală. Este un tip tandru.

Mijlociul drept

Încearcă să facă ordine în haosul din mintea lui sau să-și recapete încrederea în sine zdruncinată.

Mijlociul stâng

Subiectul evaluează impactul pe care-l are imaginea lui în ochii dumneavoastră. Tip narcisiac, este foarte preocupat să iasă în față pentru a nu fi ignorat.

Arătătorul drept

Este pe punctul de a-și pierde autoritatea sau caută o portiță de ieșire pentru a nu-și pierde și penele care i-au mai rămas.

Arătătorul stâng

Aparent, este de acord cu dumneavoastră, dar, în realitate, este un invidios care abia așteaptă să faceți un pas greșit.

Degetul mare de la mâna dreaptă

Încearcă poate să-și intensifice ambiția slăbită sau, într-un alt context, se întreabă în ce măsură relația dumneavoastră elegantă ar putea derapa într-o direcție mai „intimă". Un copil care își suge degetul mare de la mâna dreaptă va fi mai interesat de sexualitatea lui în cursul adolescenței și mai ambițios după aceea. Ambiția și sexualitatea nu sunt disociabile.

Degetul mare de la mâna stângă

Este un visător sau o visătoare care reinventează realitatea pe măsura fantasmelor sale. Degetul mare stâng este și sediul simbolic al senzualității și al plăcerii. Un copil care-și suge îndeosebi degetul mare de la mâna stângă va ajunge un adult mai mult *carpe diem* (hedonist) decât ambițios.

Toba

Deși discuția abia a început, interlocutorul dumneavoastră bate întruna cu degetele în masă.

Acest gest arată că interlocutorul este chinuit de gândul că nu va izbuti. În general, nu ajunge nicăieri. Rămâne așadar perfect consecvent cu sine însuși. În societate, este țeapăn ca un corset cu balene. Inconsistent, plin de fobii, resemnat, neputincios, nu e interesat de nimic și de nimeni în afară de propria-i persoană. Vă ascultă în clipa asta? Nici vorbă!

Fricosul sau degetele-căpriori

Interlocutorul își agață mâinile una de alta, încrucișându-și degetele, care sunt poziționate ca niște căpriori de acoperiș orientați în sus sau în jos.

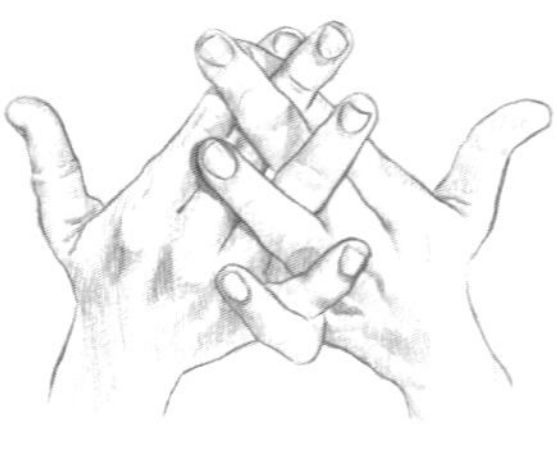

Este o încrucișare prioritar feminină, dar și unii bărbați recurg la ea fără a fi totuși efeminați. Lungimea degetelor este un criteriu morfologic care determină acest tip de încrucișare. Dacă aveți degetele lungi, în caz de trac, veți avea tendința să le încrucișați ca niște căpriori de acoperiș. E vorba de un semnal de panică sau de teamă puternică pe care o puteți vedea la majoritatea oratorilor puțin obișnuiți să vorbească în public.

Degetele trepied

Interlocutorul își sprijină fruntea cu mijlociul și arătătorul în timp ce degetul mare se sprijină de partea de sus a obrazului pentru a-i susține capul ca un fel de trepied. Trepiedul poate fi reprodus și cu sprijin pe obraz.

Am observat adesea acest cod gestual la persoanele de decizie sau la antreprenorii care sunt obligați să facă o alegere rapidă într-o situație de criză. Gestul poate indica o situație de stres sau nevoia de a convinge interlocutorul prin toate mijloacele și în cel mai scurt timp. Acest tip de atitudine poate fi adoptat și de o persoană publică pentru a oferi telespectatorilor o imagine telegenică de personaj responsabil.

Trepiedul drept aparține unui subiect mai analitic și cu un demers intelectual mai rațional.

Trepiedul stâng trădează un individ emotiv, mai influențabil, dar și mai intuitiv.

V-ul victoriei

Totul depinde de mâna care reproduce V-ul respectiv. Dacă e vorba de mâna dreaptă, arătătorul simbolizează nevoia de a se afirma sau de a-și afirma încrederea în victorie. Degetul mijlociu arată că încrederea în sine este așadar susținută. Dacă e vorba de mâna stângă, arătătorul simbolizează dorința, ba chiar nevoia de a poseda, iar mijlociul arată că imaginea publică este puternic implicată pe plan narcisiac. Aceste două interpretări sunt valabile pentru o persoană dreptace. Pentru stângaci, inversați! Un paradox: cei care fac V-ul cu mâna stângă sunt îndrăzneți, cei care-l fac cu mâna dreaptă sunt timizi.

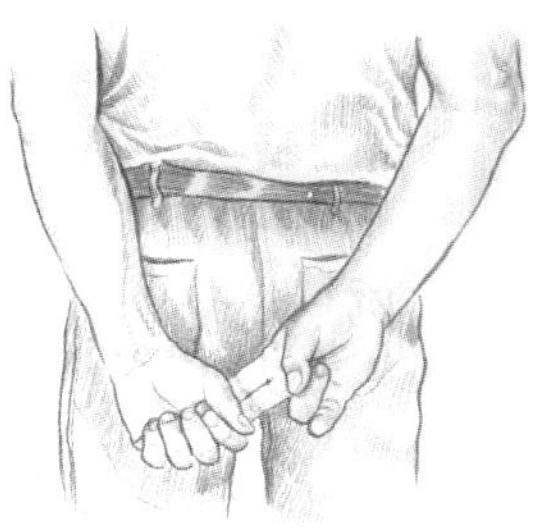

Ancorarea degetelor

Cu brațele încrucișate la spate, interlocutorul își ține degetele de la mâna stângă cu mâna dreaptă.

Degetele sunt sursă de creativitate. Când sunt imobilizate de una din mâini, mesajul nonverbal se traduce prin refuzul de a repune în discuție o problemă sau prin eschivarea în fața necesității unui dialog, ceea ce înseamnă același lucru.

Ancorarea abdominală poate fi variabilă sau generată de reacția la o situație dată. În schimb, ancorarea dorsală este invariabilă. Indiferent dacă ancorarea se realizează prin față sau prin spate, semnificația ei nu variază. Degetele imobilizate sunt în general arătătorul, mijlociul, inelarul și degetul mic. Dar se întâmplă și ca un singur deget să fie ancorat. El cuprinde atunci sensul simbolic al celorlalte degete.

Tipurile de ancorare digitală

Ancorarea degetului mare de la mâna dreaptă

Ea își apucă degetul mare cu cealaltă mână. Ancorarea degetului mare este mai des întâlnită decât cea a celorlalte degete. În cazul degetului mare de la mâna dreaptă, e vorba de lipsa de motivație. Decepția, frustrarea și insatisfacția sunt expresiile ei cele mai obișnuite!

Dominarea degetului mare este o reacție rămasă din copilărie. Îl ținem captiv în mâna stângă în loc să-l băgăm în gură. Visul sau proiectul se lovește de un obstacol care îi împiedică realizarea. Pe scurt, mâna stânga este un fel de etui pentru degetul mare de la mâna dreaptă.

Ancorarea degetului mare de la mâna stângă

Subiectul este lipsit de succes sau de plăcerea care rezultă din el.

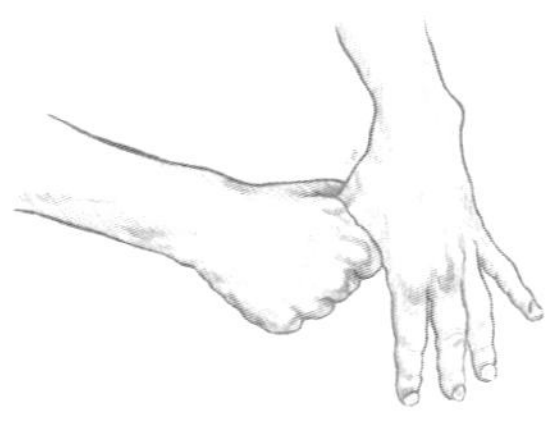

Indiferent dacă degetul mare de la mâna stângă este ținut în gură sau captiv în mâna dreaptă, ancorarea lui are aceeași semnificație: interdicția plăcerii sau o rană narcisiacă.

Ancorarea arătătoarelor

Ancorarea arătătorului drept

În mod evident, interlocutorul nu stăpânește situația, ci o suportă. El nu mai reușește să se afirme. Această ancorare poate fi și expresia unui sentiment de inferioritate persistent, în cazul în care gestul este reprodus în mod sistematic.

Întrucât arătătorul drept reprezintă sediul autorității și al puterii, e posibil ca, ținându-l captiv în mâna stângă, interlocutorul să se simtă obligat să renunțe la exigențele lui pentru a-și păstra siguranța pe care riscați să i-o luați dacă nu se supune exigențelor dumneavoastră.

Ancorarea arătătorului stâng

Interlocutoarea își sechestrează arătătorul stâng în mâna dreaptă.

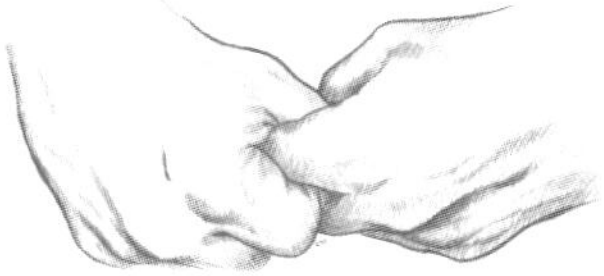

Gest tipic de concupiscență. Cei geloși reproduc acest tip de ancorare atunci când au senzația că sunt lipsiți de un avantaj sau când nu li se mai acordă timp pentru a-și spune părerea într-o dezbatere publică. Arătătorul stâng este sediul simbolic al geloziei. De unde tragem concluzia că interlocutorul dumneavoastră trebuie să și-o ascundă pe-a lui pentru a nu-i fi simțită în discurs sau citită pe chip.

Ancorarea degetului mijlociu de la mâna dreaptă

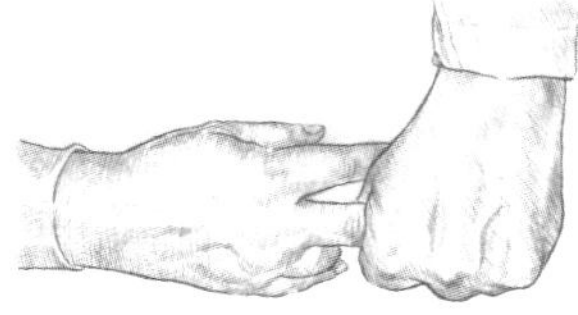

Mijlociul drept este sediul simbolic al credinței. Dacă e prizonier al celeilalte mâini, această ancorare ciudată indică un deficit de încredere în sine provenind dintr-o posibilă confuzie mentală.

Ancorarea degetului mijlociu de la mâna stângă

Mâna dreaptă care strânge mijlociul stâng trădează o pierdere a respectului de sine sau teama de a nu face impresie proastă. Imaginea socială poate fi devalorizată, lucru semnalat prin recurgerea repetată la acest gest.

Ancorarea inelarului stâng

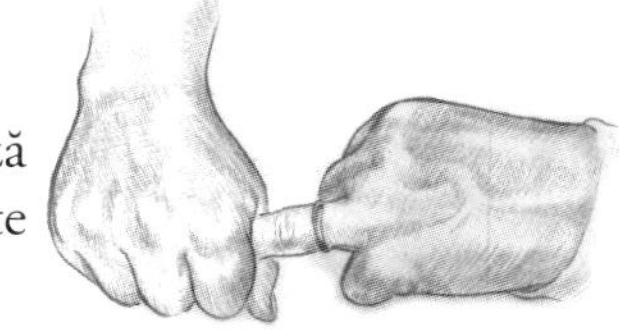

Inelarul stâng sechestrat în mâna dreaptă evidențiază frica de a nu pierde afecțiunea anturajului. Acest gest este făcut adesea de tinerele adolescente.

Ancorarea inelarului drept

Inelarul drept simbolizează schemele voluntare. Determinarea este pusă între paranteze. Adolescentele ale căror scheme voluntare sunt perturbate au tendința de a reproduce acest gest de ancorare. Dacă inelarul drept este prizonier al mâinii stângi, gestul ar putea da de înțeles că subiectul se teme că nu este destul de perseverent sau de tenace pentru a-și asuma situația.

Ancorarea repetată a inelarului drept este un semn clinic de abulie, adică de apatie.

Ancorarea degetului mic de la mâna stângă

Subiectul care face acest gest se agață de experiența sau de amintirile lui pentru a se proteja de progresele care îl destabilizează. Deget al copilăriei și al imaturității, al trecutului și al memoriei, degetul mic de la mâna stângă este prizonier în mod repetat în cazul unui personaj imatur care se teme că nu va fi la înălțimea sarcinii sau a misiunii care îi este încredințată.

În terapia prin programare neurogestuală, blocarea programată a degetului mic de la mâna stângă liniștește copilul care mai există încă în dumneavoastră. Acest cod este considerat așadar o blocare gestuală calmantă.

Ancorarea degetului mic de la mâna dreaptă

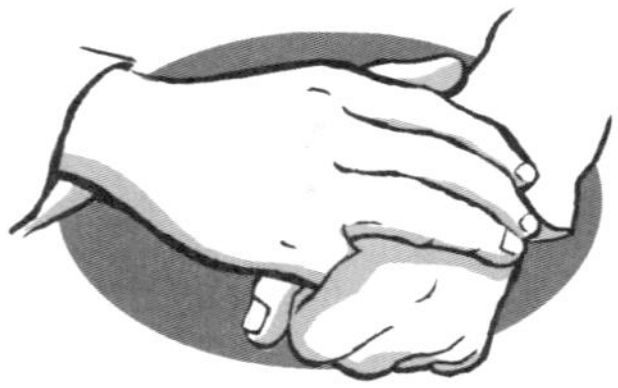

Îi e frică pentru viitorul său sau se teme să se angajeze într-o aventură fără continuare. În programare neurogestuală, blocarea programată a degetului mic drept protejează ambiția de sentimentul eșecului sau de îndoiala care îi favorizează apariția. Aceste zăvorâri ideomotoare vă pot părea anodine, dar nu sunt. Stăpânindu-le, veți simți perfect efectele calmante sau antisceptice ale acestor două zăvorâri.

DEGETELE MARI

Un copil care-și suge degetul mare de la mâna stângă va fi un adult epicurian și senzual, cel care-și suge degetul mare de la mâna dreaptă va fi mai interesat de reușita socială. Dacă trece cu indiferență de la unul la altul, așteptați să se hotărască pe care-l alege. Degetele mari sunt degete gemene care simbolizează două sentimente interdependente.

Degetul mare drept este sediul simbolic al dorinței, al motivației și al sexualității. Cât despre degetul mare stâng, el este sediul simbolic al imaginației, al plăcerii și al sensibilității. Fără dorință nu există plăcere, iar fără plăcere, dorința se transformă în frustrare.

Sediul plăcerii

De la senzualitate la vis trecând prin disponibilitate, imaginar, plăcerea de a fi, fără a-ți pune întrebări inutile, sau lipsa stresului, degetul mare stâng este el singur un paradis digital. Simbol al eternității clipei, al desăvârșirii, degetul mare stâng este degetul epicurienilor și al petrecăreților, deci al hedoniștilor pentru care căutarea plăcerii se asociază cu căutarea fericirii.

Toți indivizii care sunt dotați cu o imaginație fertilă sunt puțin hedoniști, dar acest lucru nu este un cusur, liniștiți-vă. În refrenul gestual invariabil al încrucișării degetelor, degetul mare stâng dominant indică o libertate emoțională ușor de descifrat.

Sediul dorinței

Trebuie să vă treziți motivația și să nu uitați de promisiunile făcute copilului care erați și pe care n-ați putut să le țineți.

Dacă lăsăm deoparte dorința sexuală, ce reprezintă, în sens larg, dorința, simbolizată prin degetul mare drept? Motivația, entuziasmul, zelul, tentația, încântarea, extazul... Dorința este ambivalentă, altruistă și sadică, perversă și autentică în același timp. Este o forță fabuloasă când se exprimă și un teribil handicap când se reduce la minimum. Motivația îl învață pe om să-și trăiască visele în loc să-și viseze viața, după celebra formulă a poetului și filosofului suedez Gunnar Ekelöf. Când un interlocutor își încrucișează degetele sub nasul vostru, dacă degetul mare drept este dominant, veți ști că aveți de-a face cu un subiect mai mult rațional decât creativ, mai riguros, mai mult sobru decât sensibil, care respectă mai mult regulile și îndatoririle sale.

Lungimea degetelor mari vă determină alegerea în viață

Aveți ambele degete mari de aceeași lungime? Această observație este determinantă pentru viziunea voastră despre viață. Luați în considerare pliul principal aflat la baza degetului mare.

Dacă degetul mare drept este puțin mai mare decât stângul, vă preocupă mai mult dorințele decât plăcerile. Veți fi ambițios sau pasionat până în ultima clipă a vieții. Ceea ce nu înseamnă că în cele din urmă veți trece linia de sosire. Dar viața dumneavoastră va fi o aventură dacă trăiți prezentul fără să vă gândiți la efectul actelor voastre. Sunteți un individ temporal.

Dacă degetul mare stâng este puțin mai mare decât dreptul, vă preocupă mai mult plăcerea pe care o obțineți din actele dumneavoastră decât dorința care vă împinge de la spate. Sunteți regele sau regina sărbătorii care este viața. Nu contează decât plăcerea, visul, imaginarul sau vocația care va fi pista fericirii personale. Sunteți un individ spațial.

Egale în lungime, deci izomorfe, este aproape imposibil!

Degetele mari cu inele

Degetele mari cu inele sunt niște stâlpi indicatori ai indivizilor foarte interesați de sexualitatea lor, ba chiar de dorințele lor în sensul general al termenului și de plăcerile pe care le obțin din ele. Ceea ce nu înseamnă neapărat că sunt atât de dependenți de sex, încât sar peste preambuluri și preliminarii.

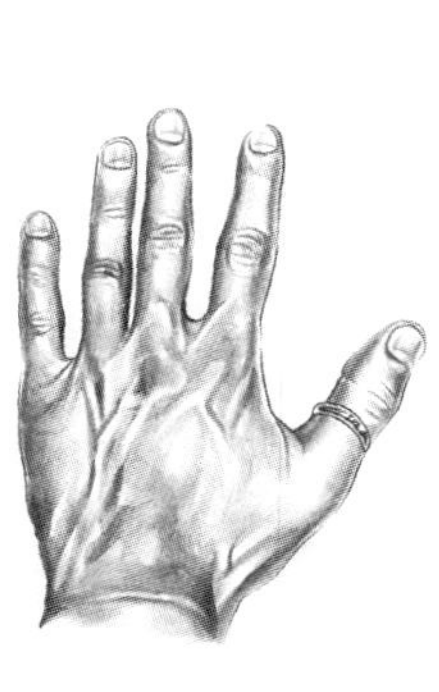

Suport simbolic al creativității, imaginarului, sensibilității și senzualității, degetul mare stâng este degetul plăcerii în sens larg prin opoziție cu degetul mare drept, care este degetul dorinței. Fetele sau femeile tinere care poartă inele pe degetul mare stâng își afișează astfel nevoia nepotolită de dezmierdări, de mângâieri, de fantasme de tot felul, dar nu neapărat de sex. Sunt femei neîmplinite, pe cât de hipersensibile, pe atât de susceptibile. Ambiția sentimentală a degetului mare stâng cu inel este puerilă și afișată ostentativ. La testul balanței, un deget mare stâng mai puternic decât dreptul (la un dreptaci) dezvăluie un visător cam utopic, chiar idealist, dar și un tip creativ autentic.

Dacă purtați un inel pe degetul mare stâng, modul dumneavoastră de comunicare este condițional, bazat pe tendința de a amâna, pe superstiție și pe urmărirea plăcerii în sensul larg al cuvântului. Toate inițiativele sunt condiționate de firea hedonistă pe care o aveți. Dacă ele au ca rezultat plăcerea, sunt acceptate fără restricție. Plăcerea (degetul mare stâng) joacă o festă dorinței (degetul mare drept).

Modul de comunicare al degetelor mari cu inele este foarte evident la adolescenți, băieți sau fete. Cred că această evidență nu e întâmplătoare. Tinerii își controlează din ce în ce mai greu frustrările care le diminuează energia libidinală (sexualitate, motivație, ambiție). Angoasa unei societăți profesionale aflate în derută, persistența șomajului masiv reprezintă cauzele acestui fenomen.

Degetele mari în acțiune

Caruselul degetelor mari

Cu degetele încrucișate pe burtă, interlocutorul își rotește degetele mari.

Într-un context profesional, gestul indică o cruzime rafinată. O răutate gratuită și perversă exprimată cu o virtuozitate inegalabilă. Dar dezvăluie totodată și o stare de oboseală.

Degetele mari se rotesc unul în jurul altuia în sensul acelor de ceasornic, indicând nevoia celui care face gestul de a accelera timpul pentru a se debarasa de o neplăcere care-l agasează. Reprodus în fața unui interlocutor, gestul își depășește sensul inițial, devenind un semnal de cruzime anunțată.

Când degetele se încrucișează, dar degetele mari nu intră în contact, așa cum se întâmplă în cazul acestei atitudini, noțiunile de dorință sau de motivație (degetul mare drept) nu conduc niciodată la plăcerea desăvârșirii (degetul mare stâng). Gestul devine din acel moment un soi de refuz indirect. Producătorul gestului va aștepta de altfel sfârșitul întrevederii pentru a-și decapita interlocutorul.

Degetul mare și sărutul simulat

Rezemat în coate, cu degetele încrucișate în fața gurii, interlocutorul își sprijină degetele mari unul lângă altul pe buze.

Sprijinirea degetelor mari pe buze dovedește o atitudine batjocoritoare.

Degetele mari ghilotinate

Interlocutorul vostru își strecoară adesea degetul mare, stâng sau drept, între mijlociul și arătătorul de la aceeași mână.

Îl demotivați. Își împrăștie în cele patru vânturi puțina energie pe care o mai are, implicându-se în cruciade inutile sau făcând cele mai proaste alegeri posibile. Acest gest exprimă îndeosebi o lipsă de combativitate.

Dacă este făcut în mod regulat cu mâna stângă, fiți atent unde puneți piciorul. Degetul mare stâng (plăcerea) este sechestrat între arătător (gelozia) și mijlociu (imaginea de sine). Accesul la plăcere este subordonat unei imagini narcisiste care nu suportă succesul altuia. Repetarea gestului trădează un subiect invidios prin definiție. „De ce el, de ce nu eu?“ Deloc bine pentru sistemul gastro-intestinal. Invidioșii sunt predispuși la ulcere și la tulburări ale tranzitului intestinal.

Când gestul este făcut în mod regulat cu mâna dreaptă, dacă nu faceți exces de zel, ați pierdut deja partida. Degetul mare drept (motivația) este înțepenit între arătătorul drept (afirmarea de sine) și mijlociul drept (încrederea în sine). Motivația este implicată total într-o afirmare narcisită a personalității. Veți fi victima vulpoilor care te vor face să scapi cașcavalul pe care îl ții în cioc, dragul meu corb. Este portretul intelocratului psihologizant. În general, lateralitatea este invariabilă, dar am văzut deja înlocuiri între stânga și dreapta.

Interlocutoarea își strecoară degetul mare între degetul mijlociu și inelar.

Dacă face acest gest cu mâna dreaptă:

Se comportă ca o persoană cerebrală veritabilă, total insensibilă la emoțiile celorlalți. Poate fi totodată vorba de viziunea ei despre sexualitate, pe care și-o exprimă gestual. Abordarea ei va fi mai mult platonică decât tonică din punct de vedere sexual.

Frustrarea face parte din meniul festivităților pe care vi le-ar putea propune. Gestul prevestește o concluzie care nu va fi neapărat pe placul vostru. Motivația subiectului (degetul mare drept) este influențată de dorința (inelarul drept) de a-și analiza din perspectivă psihologică (mijlociul drept) relațiile sociale sau amoroase.

Dacă preferă mâna stângă:

Vă agitați degeaba. Obiectivul pierde teren pe măsură ce discuția avansează. Implicarea afectivă (inelarul stâng) și trecutul amoros (degetul mic stâng) sunt tăiate de plăcere (degetul mare stâng). Mai pe-nțeles: gestul prevestește o ruptură sau o despărțire temporară sau definitivă. Această interpretare este valabilă pentru un context amoros. În orice altă situație, putem reinterpreta factorii prezenți: implicarea asociată cu experiența împiedică realizarea proiectului, barează drumul obiectivului. Uneori, inserția degetului mare între mijlociu și inelar este reprodusă în serie după separarea unui cuplu.

Inserția degetului mare între inelar și degetul mic

Interlocutorul dumneavoastră își strecoară în mai multe rânduri degetul mare între inelar și degetul mic.

O situație rară și un semnal gestual de anorgasmie globală. Am observat această variantă de mai multe ori la paciente dezorientate, ba chiar la femei nevrozate și surmenate (doar la subiecți de sex feminin).

Dacă gestul este făcut cu mâna dreaptă:

Degetul mare drept (motivația) este subordonat bunăvoinței inelarului drept (dorința) și a degetului mic drept (ambiția). Prinsă între dorința de a reuși și o ambiție nemăsurată (arivism), motivația se epuizează, împingând individul la eșec. Profilul sabotorului nu e departe.

Dacă gestul este făcut cu mâna stângă:

Degetul mare stâng (plăcerea) este implicat (inelarul stâng) într-o căutare frenetică sau într-o întoarcere nevrotică în trecutul sau în copilăria subiectului (degetul mic drept). Subiectul va avea un comportament imatur pentru a-și impresiona apropiații.

Piciorul de lampă

Interlocutoarea își sprijină bărbia pe degetul mare drept sau pe cel stâng.

Dacă interlocutoarea își susține în mod regulat bărbia cu degetul mare drept, vă provoacă să o convingeți. Vă amintesc că degetul mare drept este sediul simbolic al dorinței (motivația și ambiția fac parte din ea).

Dacă își susține bărbia cu degetul mare stâng, dă de înțeles că preferă să exploreze alte căi decât cele analizate în cursul întrevederii. Rețineți că degetul mare stâng reprezintă plăcerea.

Degetele la cutie

Când colega strânge pumnii, degetele mari i se adăpostesc în interiorul degetelor îndoite.

Degetele mari la cutie trădează o tulburare profundă legată de incapacitatea subiectului de a-și trăi visele (degetul mare stâng) sau de un sentiment de neîmplinire (degetul mare drept). Dorințele și plăcerile sunt interzise. Intelectul funcționează ca vai de el. Motivația și imaginația sunt inhibate de o trăire mai mult frustrantă decât excitantă. Am observat acest refren gestual la numeroase persoane care își pierduseră nădejdea că-și vor găsi o slujbă.

Degetele ascunse

Degetele mari ale interlocutorului sunt ascunse în spatele zidului format de celelalte degete încrucișate.

În psiho-anatomie, degetul mare de la mâna dreaptă reprezintă visul sau imaginarul, iar cel de la mâna stângă, motivația sau suma dorințelor. Simplul fapt de a-ți ascunde degetele mari indică așadar că plăcerile sau dorințele sunt sancționate sau cenzurate.

Degetele inerte

Subiectul observat își încrucișează degetele, cu cele mari puse unul lângă altul fără ca vreunul să fie dominant.

Absența dominanței unuia sau a altuia dintre degetele mari atunci când degetele se încrucișează semnalează o lipsă de convingere și o imaginație pasivă. Din fericire, gestul este rar întâlnit. Se observă la persoanele care nu mai au niciun obiectiv în viață sau la indivizii care trec printr-o perioadă de incertitudine. Subiectul are senzația că nu mai există în propriii ochi. Este izolat complet de cei din jurul său. Acest gest indică o atitudine mentală defetistă, ba chiar o confuzie intelectuală. Nici dorință, nici plăcere! Nici motivație, nici vis! Nici sex, nici juisare! Degetele mari sunt inerte. Inerția recurentă a degetelor mari este o dovadă de demotivare vitală.

Degetele marionete

Interlocutorul își ține degetele încrucișate, în timp ce degetele mari se depărtează unul de altul și revin în contact în mod regulat pentru a-i puncta argumentația.

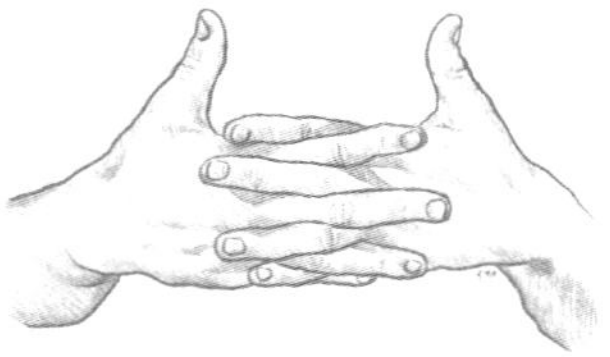

Îndepărtarea regulată a degetelor mari trădează lipsa de convingere a vorbitorului sau puținele cunoștințe pe care le are despre subiectul pe care pretinde că-l stăpânește. Brațele (simbol al libertății de acțiune sau de gândire) și mâinile (simbol al comunicării) sunt prizoniere în gestul încrucișării degetelor. Așadar, dacă dăm la o parte libertatea de acțiune, comunicarea și creativitatea (degetele), ce mai rămâne? Un simulator și un mincinos, ceea ce înseamnă același lucru! Încrucișarea degetelor și depărtarea regulată a degetelor mari seamănă cu un gest de protejare a teritoriului mental, gest făcut adesea de indivizii care trec printr-o situație stresantă sau un examen. Dar folosirea intensivă a gestului dezvăluie înainte de toate profilul celui care îl face: un trișor ce manipulează informația pe care o livrează.

Degetele lipite

Sprijinit în coate sau pe antebrațe, interlocutorul îți ține degetele încrucișate, cele mari rămânând în contact, de parcă vârfurile lor ar fi lipite.

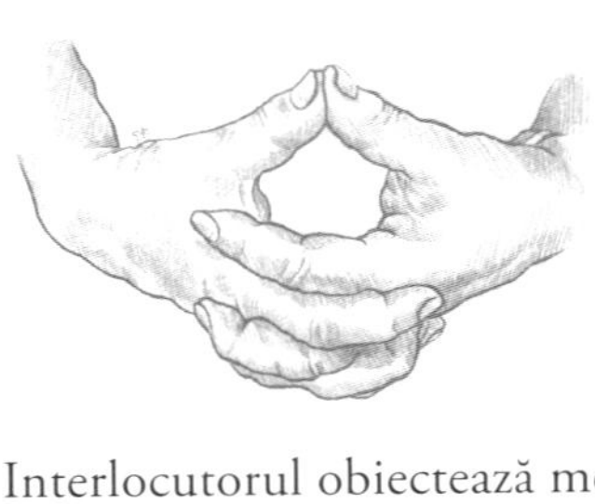

Sediile simbolice ale dorinței și plăcerii – în cazul de față, degetele mari – sunt înțepenite. Degetele, surse ale creativității, sunt prizoniere în gestul încrucișării, iar mâinile (comunicarea) rămân nemișcate, puse pe un suport oarecare. Este o atitudine de refuz „gestualizat". O opoziție totală și o respingere a celuilalt sau a contextului. Interlocutorul obiectează mental, dar nu-și exprimă totuși refuzul. El își afirmă adeseori simpatia nemăsurată, dând o impresie înșelătoare de bunătate firească. Dar va spune mereu contrariul a ceea ce gândește cu o rea-credință desăvârșită.

Indivizii care reproduc această secvență gestuală ca refren se declară pentru cei ce sunt împotrivă și împotriva celor ce sunt pentru. Degetele mari lipite nu exprimă nici dorință, nici plăcere. Ele sunt neutre și trădează un temperament psihorigid în 99% din cazuri. Genul de personaj mărginit și chițibușar care va prefera un proces urât în locul unei înțelegeri amiabile. Dacă degetele mari încep să se miște, întoarceți-vă cu gândul la interpretarea degetelor marionete.

Degetele mari în programare neurogestuală

Sediu al plăcerii, dar și al fantasmei, după cum am mai spus, degetul mare stâng blocat conform programării neurogestuale stimulează totodată imaginația sau inspirația. Degetul mare drept, sediu al dorinței și al sexualității, blocat după același procedeu ideomotor, permite revigorarea sexualității, dar și a motivației slăbite. Cât despre blocarea simultană a celor două degete mari, aceasta favorizează o mai bună stăpânire a impulsurilor libidinale.

De reținut:

În psiho-anatomie, degetul mare stâng este sediul simbolic al plăcerii și al imaginarului.
Degetul mare drept este sediul simbolic al dorinței și al motivației.
Degetele mari luate împreună simbolizează energia libidinală și instinctul de supraviețuire.

DEGETELE ARĂTĂTOARE

Arătătoarele în acțiune

Arătătorul guru

Cu palma întoarsă spre interior, subiectul îndreaptă arătătorul în direcția interlocutorului său, ca și cum ar amenința un copil neastâmpărat.

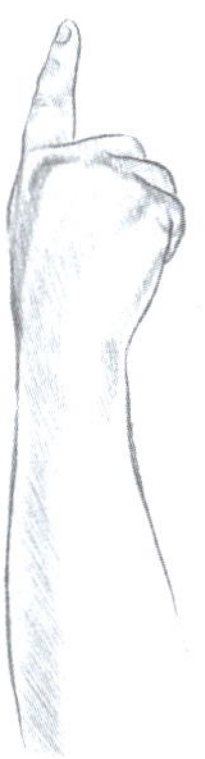

Folosirea degetului arătător într-o discuție aprinsă nu este niciodată lipsită de semnificație.

Acest gest trădează lașitatea celui care îl face. Este genul de individ care îi va împinge pe ceilalți s-o facă pe războinicii kamikaze în timp ce el va apăsa pe butonul de comandă de la distanță. E un soi de avertisment gestual foarte întâlnit la falșii profeți, la micii guru de serviciu și la toate broaștele care vor să ajungă mari cât un bou, la fel ca cea din fabula lui La Fontaine.

Dar arătătorul drept este diferit de arătătorul stâng. Arătătorul preferat de un orator este adeseori același, dar nu întotdeauna. Gelos și manipulator la stânga, arătătorul este autoritar și afirmativ la dreapta și mai ales simbolizează gradul de influență al celui care abuzează de el. Folosirea recurentă a arătătorului stâng este așadar singurul mod care semnalează un manipulator adevărat.

Arătătorul ratat

Interlocutorul dumneavoastră stă pe scaun și își freacă mașinal degetul arătător de muchia mesei.

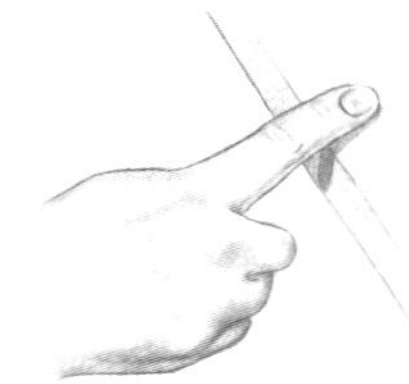

Se îndoiește că este în măsură să-și prezinte cu succes proiectul de suflet, gândindu-se că poate ar fi mai bine să tacă. Secvența gestuală indică o conduită de eșec și de auto-agresivitate! Care poate fi transferată evident la persoana a doua singular. „Se îndoiește că ești în măsură..." Acest tic gestual trădează un individ ratat.

Arătătoarele îndrăgostite

Sprijinit în cot, interlocutorul își încrucișează degetele și își lipește arătătoarele unul de altul, perpendicular pe buze, îndreptate spre tavan.

Tradusă exact, această secvență gestuală înseamnă „O să te lucrez pe la spate". Nu există nicio excepție de la regulă, din câte știu eu. M-am lăsat păcălit de atâtea ori, încât până la urmă m-am învățat minte. Interlocutorul care pare atât de simpatic și de motivat încât sunt gata să cedez și să semnez este de fapt un iluzionist abil care sfârșește prin a se da de gol reproducând, printre alte gesturi trădătoare, gestul arătătoarelor îndrăgostite în timp ce se preface că mă ascultă cu evlavie.

Această figură poate să-și schimbe semnificația, rămânând în același timp un avertisment gestual major. Imaginați-vă că vă aflați la o reuniune pe care o conduceți și că o colaboratoare reproduce des gestul arătătoarelor îndrăgostite fără vreun mobil aparent! Puteți fi sigur că această colegă vă pregătește o festă urâtă sau că în scurt timp își va exprima îndoielile în gura mare. Deși până mai ieri vă era aliată, a schimbat macazul pe neașteptate.

Secvența arătătoarelor îndrăgostite este un clasic al genului. N-am asistat niciodată la o dezbatere politică televizată fără ca unul dintre invitații din platou să nu reproducă acest cod gestual. În mod ciudat, cel căruia îi era adresat gestul era întotdeauna, fără excepție, un adversar politic sau un vorbitor din tabăra adversă.

Într-o situație de seducție, mesajul este perfect clar, dar nimeni nu-l înțelege. Și chiar când știm conținutul mesajului, este periculos să-i acordăm credit fără să ne temem c-o dăm în bară. Acest gest înseamnă „Te doresc". Îmi imaginez că gestul Carlei Bruni îi era adresat soțului ei, de care era în mod clar îndrăgostită. Fostul președinte nu va nega acest lucru. Dar același gest poate fi anulat printr-o încrucișare de picioare repulsivă (piciorul drept încrucișat peste stângul în cazul unei femei dreptace) sau prin orice alt refren gestual alternativ reductor care va contrazice mesajul inițial.

Arătătorul „barbișon"

Arătătorul este pus sub buza inferioară, celelalte degete formând un soi de barbă care ascunde bărbia.

E vorba de un arătător suspicios aparținând unui individ foarte sceptic. Gestul este destul de prețios, așa încât, făcut în permanneță, se situează la limita caricaturii. Intelectualii prinși în flagrant delict cu arătătorul-barbișon sunt afectați și psihorigizi. Par să aprecieze această postură care le dă aerul că știu mai mult de-o grămadă.

E vorba așadar de un arătător dubitativ al unui individ care se întreabă cum să procedeze ca să vă convingă sau să vă influențeze. El poate să mai exprime îndoiala sau suspiciunea. Și cum nimeni n-o poate ignora, îndoiala este cancerul credinței.

Arătătorul drept sau arătătorul stâng?

Arătătorul-barbișon drept aparține în special unui individ sceptic. Nimeni nu găsește iertare în ochii lui, nicio teorie n-are valoare dacă nu emană de la el sau de la cei care fac parte din tabăra lui. Trebuie să faceți distincție între cel care recurge la arătătorul-barbișon ocazional și cel care-l reproduce în mod sistematic.

Dacă faceți parte din a doua categorie, scepticismul vă apără poate de o naivitate subiacentă, caz în care nu e nevoie să schimbați nimic, căci arătătorul-barbișon vă apără de propriile slăbiciuni. Dar dacă această atitudine mentală vă jenează sau vă devalorizează în ochii interlocutorilor, puteți schimba arătătorul-barbișon adoptând sprijinul pe degetele strânse ca o labă de animal sălbatic, un cod gestual bazat pe stăpânirea de sine, respectul de sine, încrederea în sine.

Arătătorul-barbișon stâng exprimă un recul sau o suspiciune. Subiectul nu are încredere în vorbele dumneavoastră. Dacă sunteți cel care face gestul, să știți că barierele de apărare vă sunt în alertă. Cineva încearcă să facă presiune asupra dumneavoastră sau să vă influențeze. Dacă credeți că acest cod gestual vă defavorizează, revin cu sfatul de mai înainte: sprijinul pe degetele strânse ca o labă de animal sălbatic sau degetele în unghi drept care încadrează fața pe jumătate sunt substitutele care vă vor oferi o imagine mai bună.

Arătătorul care blufează

Degetul arătător îi ascunde buzele celui din fața dumneavoastră, li se substituie într-o oarecare măsură.

Gest tipic al celui care blufează, căutând o portiță de ieșire sau o minciună credibilă prin care să-i dea o lovitură puternică interlocutorului. Acest gest foarte folosit trădează cinismul individului. Este totodată o atitudine critică ce se substituie unei obiecții verbale. Arătătorul care blufează este tipic unei conduite bazate pe impostură.

Când arătătorul stâng blufează

Arătătorul stâng, sediu simbolic al geloziei, este asociat cu plăcerea, reprezentată de buze. Această întâlnire senzuală se traduce prin plăcerea de a-ți poseda sau deposeda aproapele. În ambele cazuri, aproapele rămâne hoțul care ți-a fost complice. Când arătătorul stâng ascunde buzele, gestul evidențiază o atitudine invidioasă. El indică totodată un sentiment de frustrare.

Când arătătorul drept blufează

Arătătorul drept disimulator trădează un individ care va încerca să se folosească de influența lui pentru a vă determina să-i acceptați condițiile, chiar dacă ele sunt inacceptabile. Escrocii abuzează de acest refren gestual alternativ și într-un sens, și în celălalt. Corupătorii la fel.

În cazul în care vă surprindeți făcând gestul arătătorului care blufează, cu stângul sau cu dreptul, conștientizați mesajul pe care-l transmiteți interlocutorului și luați-vă degetul de la gură. Evident, dacă arătătorul care blufează a devenit un tic gestual, indiferent dacă vă considerați sau nu un impostor, va trebui să scăpați de acest gest care vă va altera credibilitatea în ochii persoanelor pe care doriți să le convingeți cu bună sau rea-credință. Și chiar dacă escrocați sau corupeți pe cineva, măcar s-o faceți fără să anunțați acest lucru gestual.

Arătătorul în sprijin

Interlocutorul își lasă greutatea corpului pe degetele arătătoare care se sprijină pe masă. Evident, interlocutorul stă în picioare la masa respectivă.

Arătătoarele în sprijin indică o pierdere a puterii sau imposibilitatea de a stăpâni situația. Subiectul se ascunde în spatele supra-eului său și îi cere să nu renunțe la prejudecăți pentru a bloca discursul încâlcit al interlocutorului. Rețineți că degetele arătătoare simbolizează suma mesajelor parentale integrate în conduitele adulte.

Arătătorul-floretă

În timp ce vă vorbește, interlocutorul se preface că vă străpunge abdomenul cu degetul său arătător.

Este un gest de dispreț. Individul care abuzează de arătătorul său pentru a-și „străpunge" interlocutorul își manifestă în general dorința de a-i strivi pe ceilalți. Și se comportă ca un animal de pradă. Trageți în el de cum îl vedeți! De regulă, arătătorul amenințător este utilizat mai ales de fanfaronii care o fac pe durii și de hărțuitorii care nu se pot lipsi de acest procuror gestual.

Arătătorul mustață

Rezemat în cot, interlocutorul își lipește arătătorul deasupra buzei superioare, ca o mustață. Degetul mare este în sprijin pe bărbie sau sub ureche, iar celelalte degete sunt îndoite în interiorul mâinii.

Cel care face acest gest este un om fără credință, fără lege și fără cuvânt! Arătătorul-mustață este un cod gestual foarte des întâlnit și vă sfătuiesc să-i rețineți semnificația. Sunt sigur că acest efort vă va scuti de necaz într-o bună zi.

Arătătorul-mustață denotă un personaj care știe să fie ferm, mai ales când nu este sigur de nimic, se teme de gura lumii și învârte o mulțime de afaceri în același timp fără a fi preocupat câtuși de puțin de succesul lor. Este plin de prejudecăți și de idei preconcepute pe care le născocește de altfel după cum îi cășună fără să le mai repună niciodată în discuție. În general, credibilitatea sa se datorează scepticismului pe care îl afișează ca și cum îndoiala ar fi un act religios.

Patronul cu mustață

Acest cod gestual aparține unui patron exigent cu el însuși, despot cu colaboratorii apropiați, rapace în cadrul negocierilor și care știe să-și pună interlocutorii în încurcătură. De altfel, are o plăcere răutăcioasă de a-și înspăimânta colaboratorii pentru a-i face să lucreze mai cu tragere de inimă. Un portret precis rezultat dintr-o lungă practică a reuniunilor de întreprindere și a dezbaterilor politice. Dar acest gest poate fi făcut și de un personaj care se preface că râde de propriile glume, comportându-se ca un tip perfid. Este în mod evident lipsit de umor, căci nu râde decât de ironiile lui. Este fără îndoială singurul moment în care este sincer, fără să-și dea seama. Acest refren gestual este specific și individului indecis.

Arătătorul mustață stâng

Buza superioară este sediul simbolic al minciunii, iar arătătorul stâng cel al geloziei. Un cocteil exploziv pe care îl livrați aluziv: sunteți un tip gelos și un mincinos fără scrupule. Două calități de toată frumusețea care vă vor devaloriza fără ca interlocutorul să le înțeleagă sensul.

Arătătorul mustață drept

Semnificația buzei superioare a rămas aceeași, ne aflăm tot pe teritoriul minciunii. În schimb, arătătorul drept este degetul afirmării de sine. Asociat cu buza superioară, gestul arată că vă prefaceți că sunteți siguri pe voi.

Arătătorul „omerta"

> *Așezat în fața dumneavoastră, interlocutorul își pune degetul arătător perpendicular pe buze, mimând tăcerea.*

Arătătorul omerta stâng dezvăluie la cel care face gestul dorința de a poseda în sens larg. El visează să vă deposedeze. Arătătorul stâng nu intră în contact cu buzele pentru a vă respecta timpul de vorbire, ci pentru a pregăti argumentele cu care o să vă dea gata. Este un deget manipulator.

Arătătorul omerta indică nevoia individului de a se afirma, de a exista în propriii ochi sau în ochii adversarilor săi. Este arătătorul unui tip care își refulează agresivitatea. Nu vă lăsați înșelat niciodată de calitatea zâmbetelor lui. Sunteți deja terminat, dar nu știți încă. Este un arătător prădător.

Arătătorul biberon

Arătătorul biberon stâng aparține unui tip invidios care pândește cea mai mică greșeală a adversarilor. Dar poate să exprime punctual și indecizia lui în fața unei situații care necesită o luare de poziție clară.

Cât despre arătătorul biberon drept, gestul este făcut de un tip care și-a pierdut din autoritate și caută o portiță de ieșire ca să n-o zbârcească și mai rău; și totuși, în vremuri normale, este un lider. Incapacitatea punctuală de a se afirma în fața unui adversar mai puternic decât prevăzuse poate genera acest tip de reacție.

Să știți că nu e indicat să vă sugeți arătătorul drept sau stâng decât pentru a implora inspirația să se manifeste, mai ales atunci când sunteți în pană de argumente în fața unui adversar care are o viziune asupra realității pe care n-o împărtășiți.

Arătătorul paratrăsnet

Transformarea degetelor arătătoare în paratrăsnete (îndreptarea lor spre cer) este un tic gestual foarte apreciat de toți cei care dau lecții, ca și de profesorașii care-și caută o tribună pentru a-și impune propriile idei oamenilor de rând. Acești indivizi fac uz de indignare, de compasiune și își supun auditoriul unui crez pe care mai mult îl impun decât încearcă să-l împărtășească.

De obicei, arătătorul drept este cel îndreptat spre cer. Este arătătorul unui predicator sever, fără suflet și fără religie.

Arătătorul paratrăsnet stâng corespunde unui om al credinței care își transpune emoțiile în discursul său.

Degetele arătătoare în programare neurogestuală

Sediu simbolic al conservării, al instinctului de supraviețuire sau al vocației, arătătorul stâng blocat după principiul ideomotor al PNG inhibă poruncile sau influențele materne din conduită și calmează sentimentele de gelozie morbidă. Sediu simbolic al afirmării de sine, arătătorul drept blocat conform protocolului PNG șterge progresiv influența constrângerilor paterne din comportamentele adulte. El calmează conduitele autoritare, ba chiar revendicatoare și contestatare, și stimulează capacitatea de afirmare. Blocarea ideomotoare a ambelor arătătoare în același timp ajută subiectul să se elibereze de imaginile parentale omnipotente. Aceste blocări ideomotoare sunt inițiate în stagiile de programare neurogestuală de la școala gesturilor.

Lungimea degetelor arătătoare

Deși indispensabil, arătătorul nu este decât al treilea deget al mâinii, ca mărime. În general, este mai mic decât degetul mijlociu și decât inelarul. Totuși, la 22% dintre bărbați și 45% dintre femei, este al doilea ca mărime la cel puțin una dintre cele două mâini, lăsând inelarul pe locul al treilea (conform cifrelor raportate de Desmond Morris). Această diferență în funcție de sex este semnificativă, dar rămâne un mister. Ipoteza pe care o propun se bazează pe simbolistica psiho-anatomiei.

Perseverența sau arătătorul drept mai mic decât inelarul drept

Dacă arătătorul drept este mai scurt decât inelarul de la aceeași mână, asta ar putea însemna că sunteți mai stăruitori sau mai perseverenți și mai puțin orgolioși. Faptul că originea acestei diferențe de lungime a degetelor ține de ereditate nu schimbă cu nimic interpretarea.

Orgoliul, sau arătătorul drept mai mare decât inelarul drept

Dacă arătătorul vostru drept este mai lung decât inelarul drept, veți căuta să vă afirmați cu orice prilej. Veți fi mai manipulator decât în primul caz. Scopul va scuza întotdeauna mijloacele. Ca lider, veți fi autocrat și uneori tiranic, urmărind doar reușita personală. Arătătoarele drepte dominante trăiesc, iubesc și se căsătoresc adesea în funcție de cariera lor. Sunt niște luptători. Au viciul victoriei printre atâtea virtuți. Pacienții cu alexitimie[1] pe care i-am cunoscut aveau și ei degetul arătător dominant. Ceea ce mă face să cred că această lacună emoțională ar putea avea origini ereditare.

Afecțiunea, sau arătătorul stâng mai mic decât inelarul stâng

Dintre cele două degete inelare, cel mai mare este adeseori inelarul stâng la majoritatea femeilor. Această comparație se face în funcție de diferența de mărime care există între arătătorul și inelarul de la fiecare mână. Ceea ce ar putea să sugereze că majoritatea femeilor sunt mai degrabă afectuoase și altruiste decât geloase și egoiste. Această constatare este valabilă evident pentru ambele sexe.

Arătătorul stâng dominat determină subiecți afectuoși atunci când iubesc și de temut atunci când încep să urască. Nu trebuie trădați.

Gelozia, sau arătătorul stâng mai mare decât inelarul stâng

Arătătoarele stângi mai lungi aparțin unor indivizi mult mai fuzionali. Ei reușesc în general mai bine pe plan profesional decât cei cu arătătoarele scurte. Sunt în mod inevitabil mai posesivi. Poți avea un arătător stâng dominant și un arătător drept dominat: fuzional și tenace; și viceversa, un arătător stâng dominat și un arătător drept dominant: altruist, dar orgolios.

Degetele egale

Egalitatea în lungime între degetele arătătoare și inelare există. Ce-i drept, este mai rară. Egalitatea între arătătorul și inelarul de la mâna dreaptă ar indica o persoană tenace și perseverentă. Dorința de a reuși este pusă în mod constant pe primul plan.

[1] Incapacitatea de a-și exprima propriile sentimente sau de a le simți pe ale celorlalți. (N. a.)

Aceeași egalitate la mâna stângă s-ar putea traduce printr-un spirit invidios și refuzul de a se angaja care împiedică adeseori individul să progreseze în viață. Cum nu se poate apela la chirurgia estetică pentru a scăpa de această distorsiune digitală, e suficient să conștientizăm handicapul pentru a reuși să învingem îndoiala și să găsim încrederea care ne lipsește. Cred cu tărie că nimic nu este bătut în cuie și niciun obstacol nu e de neînvins.

DEGETELE MIJLOCII

Degetele mijlocii în acțiune

Degetul indecent

Cel care își ridică mijlociul stâng, oricare ar fi orientarea degetului, își exprimă frustrarea și lipsa de inteligență punctuală în situația la care trebuie să reacționeze foarte rapid.

Așa ceva ni se întâmplă tuturor, dar când arătarea unuia dintre degetele mijlocii devine un tic sau o reacție cronică, avem motiv de îngrijorare. Sindromul *loser*-ului este pe cale să se instaleze în conduita celui care face gestul. Mijlociul stâng este sediul simbolic al respectului de sine, iar ridicare lui în sus anulează respectul reproducătorului gestului față de receptor. Arătarea degetului mijlociu drept cuiva înseamnă „Du-te dracu'!" oricare ar fi poziția degetului.

Degetele mijlocii strânse

Imediat după alegerile europarlamentare, o să ne mobilizăm pentru bătălia alegerilor municipale, afirmă un politician cu mâinile unite în rugăciune; doar degetele mijlocii sunt strânse.

Mâinile în rugăciune, cu degetele mijlocii strânse, este un gest pe cât de rar, pe atât de atipic pentru un adult. E vorba într-adevăr de un joc digital infantil sau mai degrabă neașteptat din partea unui responsabil politic. Degetele mijlocii sunt sediile simbolice ale respectului de sine (mijlociul stâng) și ale încrederii în sine (mijlociul drept). Când aceste degete sunt strânse, calitățile desemnate de ele sunt inoperante.

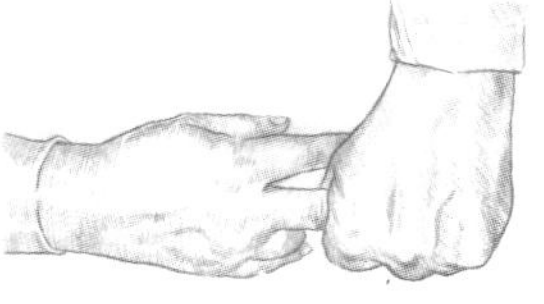

Oaspetele își sechestrează degetul mijlociu drept în căușul palmei stângi.

Persoana din fața dumneavoastră se simte în mod evident în inferioritate intelectuală. Gestul este foarte întâlnit la adolescenți aflați în situația de eșec școlar. Cât despre cel care își încarcerează mijlociul stâng în mâna dreaptă, acesta trădează lipsa de încredere în el.

Interlocutorul își îndreaptă degetul mijlociu înspre voi în timp ce-și păstrează celelalte degete strânse.

Să-ți folosești degetul mijlociu, în vreme ce arătătorul rămâne îndoit, e un mod foarte ciudat de a-ți expune argumentele când știi ce semnificație simbolică are mijlociul ridicat. Dacă e vorba de mijlociul drept, aveți de-a face cu un intelectual autentic pentru care nu sunteți decât un ignorant. Mijlociul stâng dezvăluie un amărât de comunicator care încearcă să se impună folosindu-se de degete ca de un revolver.

Sprijinit în cot, interlocutorul își ține degetul mijlociu pe marginea buzelor.

Mijlociul drept arată că subiectul observat încearcă să-și facă ordine în gânduri.

Mijlociul stâng trădează o persoană care evaluează impactul imaginii sale în ochii dumneavoastră. Personaj narcisist, este foarte preocut să se remarce pentru a nu fi ignorat.

Interlocutorul își mușcă ușor unghia sau buricul degetelor mijlocii.

Atitudine rigidă sau reacționară a unui individ confuz (mijlociul drept) sau rănit în orgoliul propriu (mijlociul stâng).

Sprijinit în cot, interlocutorul își lipește unul dintre degetele mijlocii sub nara corespondentă, cu arătătorul pe obraz, bărbia susținută de degetul mare și celelalte degete în evantai.

Întâlnirea de gradul trei între un deget mijlociu și o nară nu este un clasic al genului. Mijlociul drept simbolizează încrederea în sine, nasul este sediul simbolic al abilității, dar nara dreaptă în special ne-ar putea lămuri în privința sensului exact al acestui cod gestual? Conform indienilor, nara dreaptă ar fi sediul simbolic al capacității de evoluție prin învățare și prin flexibilitatea mecanismelor de înțelegere.

A învăța înseamnă și întărirea încrederii în sine, nu-i așa?

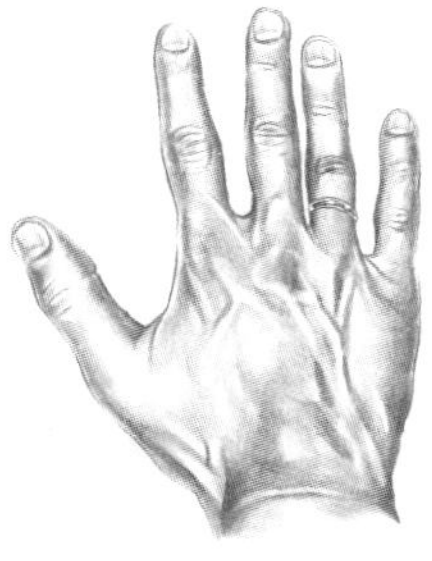

Lungimea degetelor mijlocii

Deși mijlociul e cel mai lung dintre toate degetele mâinii, se întâmplă totuși să fie ajuns din urmă ca mărime de arătător sau de inelar. Aceste variante sunt semnificative în limbajul simbolic al psiho-anatomiei.

Dacă inelarul drept este la fel de lung ca mijlociul drept (deget al încrederii în sine), încrederea pe care o aveți se bazează pe schemele voluntare. Dacă arătătorul drept e la fel de lung ca mijlociul drept, atunci încrederea se bazează pe nevoia de a vă afirma.

Degetul mijlociu stâng reprezintă respectul de sine. Dacă arătătorul stâng îi este echivalent ca mărime, înseamnă că acest respect trece printr-un caracter posesiv. Ceea ce este un excelent motor al reușitei. Dacă inelarul stâng este la fel de lung ca mijlociul stâng, respectul de sine depinde de nivelul narcisismului investit în imaginea pe care o oferim celorlalți.

Degetele mijlocii și inelele

Printre combinațiile cele mai răspândite, am constatat o frecvență importantă în cazul următoarelor trei.

Mijlociul stâng și mijlociul drept: încrederea în sine este precară, dar organizarea intelectuală a persoanei „cerebralizează" sau „psihologizează" problema în loc să accepte să se reanalizeze. Emoțiile sunt sub control, la fel și soluția.

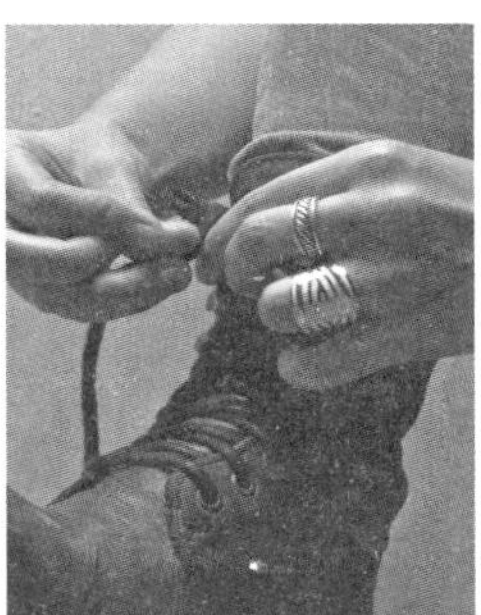

Mijlociul și inelarul de la mâna stângă: o pereche de inele clasică care trădează un temperament foarte narcisist, de tipul „Îmi place imaginea mea socială". „Orice lingușitor trăiește pe cheltuiala cui îl ascultă", scria Jean de La Fontaine. Maxima se potrivește destul de bine tinerelor femei care adoptă acest cuplu de inele deosebit. Ele vă ascultă cu toată atenția atunci când le vorbiți despre ele.

Mijlociul drept și inelarul stâng: combinație care dezvăluie o persoană cerebrală foarte preocupată de performanțele ei intelectuale și mândră de cunoștințele ei reale sau presupuse, indiferent de nivelul său de instrucție. Ceva de genul „Eu știu totul", dacă înțelegeți ce vreau să spun.

Degetele mijlocii în programarea neurogestuală

Trăim într-o societate pentru care stăpânirea de sine, respectul de sine și încrederea în sine sunt foarte importante. Trei materii care nu sunt predate în nicio școală, trei atuuri majore pe care nicio diplomă nu le atestă. E de ajuns ca unul să lipsească și fragilul echilibru pe care se bazează șansele de succes, sau de fericire, să se prăbușească. Programarea neurogestuală dă posibilitatea remedierii acestui lucru. Stimularea respectului de sine se poate efectua în special printr-un training cotidian de blocare ideomotoare a mijlociului stâng integrat după protocolul PNG. Trainingul blocării mijlociului drept va stimula încrederea în sine. Blocarea concomitentă a ambelor degete mijlocii permite alungarea gândurilor parazite sau primejdioase, ajutând la reconstituirea echilibrului psihic.

INELARELE

În vocabularul psiho-anatomic de bază, inelarul stâng corespunde simbolic afectelor, dar și capacității de a te implica în propriile pasiuni; inelarul drept reprezintă schemele voluntare și coordonarea automatismelor. Împreună, inelarele marchează capacitatea de realizare care se bazează pe energia afectivă. Afectul este un sentiment subiectiv, a nu se confunda cu emoția, care este expresia lui neurovegetativă.

Inelarul stâng, sau degetul pasiunii

Deget al pasiunii, al emoțiilor și al implicării afective, inelarul stâng este și cel pe care punem verigheta. Implicarea afectivă nu înseamnă doar sentiment. Amintiți-vă că inelarul stâng este degetul emoțiilor în sens larg, unul din iluștrii reprezentanți ai creierului limbic în exteriorul corpului uman.

Inelarul drept, sau degetul voinței

Inelarul drept este un barometru care evaluează starea schemelor voluntare, un termen generic care înglobează determinarea, tenacitatea, perseverența și alte predispoziții asemănătoare. La un individ veleitar, osatura acestui deget este adeseori mult mai fragilă decât cea a degetului mic vecin. O fragilitate confirmată de o greutate net inferioară celei a omologului său de la mâna stângă, după cum a reieșit din testul balanței.

Simbolistica inelelor purtate pe degetele inelare

Combinațiile de inele sunt multiple. Vi le prezint pe cele mai frecvent observate, trei la număr, în care se află inelarul drept sau stâng.

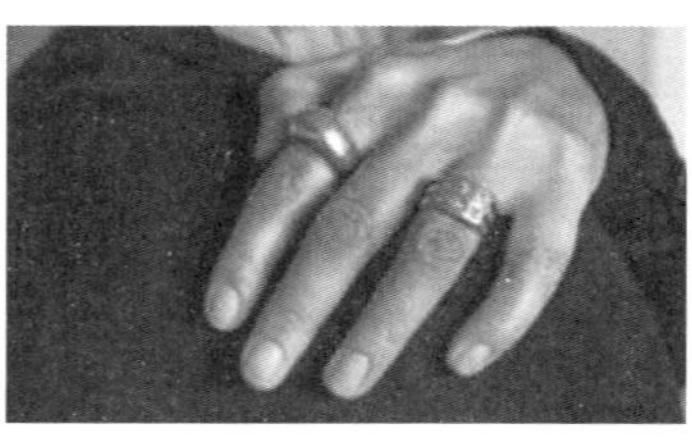

Perechea de inele numită „a Cenușăresei" (inelarul și mijlociul de la mâna stângă) trădează frica de a displăcea.

Perechea posesivă (inelarul și arătătorul de la mâna stângă) dezvăluie un individ fuzional, uneori foarte atașat de prerogativele sau de puterile lui, dar și foarte fidel și devotat celor care au încredere în el.

Perechea romantică (inelarele stâng și drept) semnalează un subiect psihotonic, sincer, benevol și dotat cu o ușurință de adaptare socio-afectivă. Această pereche de inele indică și o fidelitate care rezistă în timp.

Inelarele în acțiune

Așezat în fața computerului, sprijinit în cot, tipul își suge vârful inelarului drept în timp ce-și recitește proiectul.

Este un temperament voluntar care se teme că nu-și va putea atinge obiectivele. Se va încăpățâna așadar, chit că se va repezi direct în zidul care se ridică în fața lui.

În timp ce ascultă argumentele interlocutorului său, își suge vârful inelarului stâng.

Este gata să se implice afectiv într-o acțiune sau într-o relație care se va termina inevitabil cu o poveste sentimentală. Este o persoană tandră.

Deși tocmai și-a aprins o țigară, interlocutorul își suge inelarul stâng.

Atitudinea dezvăluie o implicare fragilizată. Interlocutorul se simte depășit de evenimente.

Sprijindu-se în cot, cu țigara înțepenită între degetul arătător și cel mijlociu, colega își suge vârful inelarului drept.

Inelarul drept semnalează că și-a pierdut determinarea. Dorința de a încheia afacerea nu este la fel de fermă pe cât ar putea s-o afirme cu voce tare.

Folosindu-și degetul inelar (stâng sau drept), subiectul observat se scobește cu minuțiozitate în nas.

Exercițiu prețios din partea unui individ timid sau care nu se simte în largul lui în societate.

Oaspetele meu își pune ambele inelare pe muchia mesei din fața lui. Celelalte degete sunt îndoite sub masă. Stă în picioare, de cealaltă parte a mesei lungi de conferință. De fapt, tocmai s-a ridicat pentru a da greutate argumentelor lui. Sprijinul lui pe degetele inelare mi se pare cam fragil. Știu că inelarele reprezintă simbolic, cel drept, schemele voluntare și cel stâng, capacitatea de a se implica, adică pasiunea. „Știți", îi spun, „faptul de a vă ridica așa cum tocmai ați făcut-o și de a vă sprijini pe degetele cel mai puțin independente ale mâinilor trădează o lipsă de... să zicem... de determinare sau de interes pentru proiectul pe care vi l-am propus... Așa este?" Adaug un zâmbet sardonic. Reacție foarte stupidă din partea mea. Mai bine m-aș fi abținut.
Este un pic deconcertat, dar își revine foarte repede: „Deloc", trâmbițează el triumfător, ca și cum m-ar fi prins pe picior greșit cu știința mea gestuală. Se așază înapoi pe scaun, un pic jenat, și în cele din urmă îmi confirmă, constrâns și forțat, că subiectul proiectului meu editorial îl interesează, dar că o să se mai gândească la oportunitatea de a-l publica.
„Trebuie să discut și cu asociatul meu", adaugă el, oferindu-mi un zâmbet ipocrit. Ridicându-mă să plec, îi spun calm: „Aștept telefonul dumneavoastră." Probabil că mi-a pierdut numărul când am ieșit din biroul lui.

Subiectul cu inelarele telescopice este superstițios și ipohondru. Își va face întotdeauna prea multe griji pentru sănătatea lui pentru a se lansa în aventuri fără viitor. Dacă vreți să-l influențați, faceți în așa fel ca discuția să alunece pe neobservate pe terenul jocurilor de noroc, povestindu-i o anecdotă autentică, inventată de fapt în întregime (de exemplu, cum ați câștigat sume mari la Loto în mai multe rânduri). O să vă asculte deja cu mai multă atenție și ar putea să-și spună că un tip norocos ca dumneavoastră merită poate un mic sacrificiu. Inelarele telescopice sunt victimele favorite ale mincinoșilor profesioniști. Ei se sprijină pe degetele lor inelare pentru a stimula cocteilul „pasiune & perseverență" care le lipsește. De unde și atracția pentru ritualuri magice.

Degetele inelare în programare neurogestuală

Blocarea inelarului stâng în PNG întărește capacitatea de a deveni pasionat de ceva sau de a te implica. Blocarea inelarului drept stimulează schemele voluntare, adică perseverența, rezistența, voința, tenacitatea și sinonimele asociate. Blocarea simultană a ambelor inelare intensifică nevoia de a te realiza sau de a deveni fidel unui crez, unui obiectiv, unei ambiții. Deprinderea blocărilor ideomotoare presupune sesiuni de inițiere în PNG organizate de școala gesturilor.

De reținut:

În psiho-anatomie, inelarul stâng este sediul simbolic al afectelor și al pasiunilor.
Inelarul drept este sediul simbolic al schemelor voluntare.
Împreună, inelarele simbolizează capacitatea de realizare.

DEGETELE MICI

Degetele mici luate împreună simbolizează capacitatea de situare în timp sau ceasul biologic intern, dar indică și instinctul de vânător. Flerul care se bazează în special pe experiența dobândită nu le displace ezoteriștilor distinși. Degetele mici sunt în concluzie reprezentanții indicatorilor noștri somatici, acele reacții interne care ne avertizează când suntem amenințați de un pericol.

Degetul mic de la mâna dreaptă sau degetul viitorului

„Mi-a spus-o degețelul meu"[1] mărturisește mama sigură de sursele ei. Și copilul se întreabă cum poate maică-sa să comunice cu degetele. Dar mai întâi, la care dintre cele două se referă? Probabil la degetul mic de la mâna dreaptă!

Acest deget simbolizează totalitatea dorințelor refulate în subconștient, ceea ce face din el reprezentantul exclusiv al ambițiilor. Este degetul vanității, dar și cel al viitorului, al proiecției asupra mediului înconjurător, al viselor și al planurilor care uneori se realizează. Împodobit cu un inel, dezvăluie un personaj mai ambițios decât media și uneori mai vanitos și/sau pretențios. Ambițiile lui sunt câteodată prost adaptate potențialului lor, de unde posibilul derapaj spre arivism.

Frontiera dintre motivație și ambiție este destul de vagă. Pentru a le deosebi este suficient să ne amintim că motivația este un sentiment dinamic care se manifestă pe termen scurt în timp ce ambiția presupune suflu și o tenacitate extraordinară.

Degetul mic de la mâna stângă sau degetul memoriei

Degetul mic stâng a început să-și cultive amintirile cu mult înainte ca degetul mic al mâinii drepte (sau motrice) să se implice în viitorul său. Logic, îmi veți spune, în măsura în care trecutul debutează întotdeauna înaintea viitorului. Dar de ce degetul mic stâng este degetul care simbolizează trecutul și nu inelarul, mijlociul sau...?

Pentru că trecutul este începutul istoriei și degetul mic stâng este degetul cel mai îndepărtat de prezent care se situează între cele două degete mari, între gardienii dorinței și al plăcerii. Degetul mic stâng este totodată și degetul copilăriei, micuțul deget

---

[1] În original, *C'est mon petit doit qui me l'a dit*, expresie al cărei echivalent românesc este „Mi-a șoptit o păsărică". (N. tr.)

neîndemânatic al mâinii stângi a dreptaciului. Un deget preferat de aristocrați, care își poartă pe el inelul cu blazon. Rădăcinile familiale și-au găsit refugiu aici în mod firesc.

Lungimea degetelor mici

Și dacă destinul vă este înscris în degete? Aveți un destin liber sau dominant? Este poate o chestiune de lungime a degetelor mici?

Aproape întotdeauna sunt mai scurte decât celelalte degete, dar niciodată nu sunt egale între ele. Trebuie să le lipiți unul lângă altul, având grijă ca al treilea pliu, acolo unde degetul se unește cu palma, să fie exact în dreptul pliului de la celălalt deget mic. Marcați pliurile cu un stilou pentru a fi în linie dreaptă!

Dacă aveți degetul mic stâng mai scurt decât cel drept

Asta înseamnă că degetul mic drept îl domină pe cel stâng. Sunteți mai liber să vă alegeți drumul care vă va permite să vă dezvoltați. Greutatea eredității apasă mai puțin asupra libertății de a evolua decât în caz contrar. Această libertate provine dintr-o lipsă de congruență în experiențele moștenite de la strămoși. O lipsă benefică, fiindcă vă permite să vă alegeți singur drumul.

Dacă aveți degetul mic drept mai scurt decât cel stâng

Degetul mic stâng îl domină pe cel drept, de unde rezultă în mod logic că ereditatea este determinantă în manifestarea talentelor de care dispuneți. Adică, mai pe șleau spus, patrimoniul genetic vă duce de nas. O ereditate este încărcată atunci când un număr important dintre strămoși v-au lăsat o experiență comună, fie ea culturală, comportamentală, legată de talent sau de altă natură. Vă simțiți atras fără să vreți de o profesie sau de o activitate anume pe care n-o veți putea evita.

Greutatea degetelor mici

Asociate, degetul mic drept și cel stâng simbolizează timpul. Cum vă gestionați timpul? Vă permiteți să vă faceți timp pentru a vă trăi viața (timp subiectiv) sau vreți ca existența să se supună dictaturii timpului care trece, numit „timp obiectiv"?

La testul balanței, un deget mic drept care atârnă mai greu decât alter egoul său de la mâna stângă indică un subiect implicat în viitorul său. Cu cât diferența de greutate este mai mare, cu atât investiția în calitățile simbolizate de cele două degete mici va fi mai prezentă în conduitele subiectului. Degetul mic drept preponderent desemnează un personaj mai mult proactiv decât regresiv.

Degetul mic stâng predominant arată un individ care își privește viitorul în oglinda retrovizoare, individ care consideră că trecutul este rădăcina viitorului. Adică un tip mai mult nostalgic decât progresist.

O greutate mai mult sau mai puțin echivalentă a celor două degete mici indică un subiect epicurian, foarte implicat în prezent și dispunând de un fler sau de o inteligență intuitivă (sau emoțională) gata de acțiune.

Degetele mici în programare neurogestuală

Așa cum am mai spus, blocarea ambelor degete mici în programare neurogestuală este un balsam pentru intuiție sau empatie. Este mariajul între ambiție, curiozitate și memorie din care se naște intuiția, sau flerul. Căci aceste două calități depind strâns de gestionarea timpului subiectiv și nu de cea a timpului obiectiv. Inspirația care servește drept îngrășământ acestor calități nu se poate exprima dacă vă înscrieți acțiunea în linia timpului obiectiv: o oră pentru a termina o lucrare, cu orice preț, o lună pentru a termina un tablou la comandă etc.

Inspirația își trage geniul din timpul subiectiv, timpul resimțit care se dilată în funcție de nevoi. Să-ți umpli mai bine timpul care trece nu depinde de acele ceasornicului, ci de nivelul de concentrare.

Această blocare se practică la sfârșit cu un blocaj ocular prealabil ca modalitate de mediere și cu un cronometru pentru a măsura timpul catalepsiei digitale.

Timpul de blocare spontană a fiecărui deget mic vă dă nivelul operațional al memoriei sau al curiozității dumneavoastră intelectuale, al stimulării trecutului, motor al ambiției. Un timp de blocare mai mic de 3 minute indică o fragilitate a acestor structuri primordiale. Timpul ideal este de circa 7 minute de blocare.

Vă sugerez să consultați și cartea mea precedentă, *Gesturile care vă vor schimba viața*[1], și, pentru mai multe informații, site-ul școlii gesturilor.

Simbolistica inelelor purtate pe degetele mici

Un inel purtat pe degetul mic stâng anunță o personalitate nostalgică față de un trecut de mult apus, un subiect regresiv chinuit de amintirile din copilărie sau de nostalgia unui neam din care se trage. Pe degetul mic stâng, aristocrații poartă șevaliera pe care le sunt gravate inițialele sau blazonul.

Un inel purtat la degetul mic drept indică un mod de seducție/comunicare bazat pe oportunitățile pe care alții sunt susceptibili să le afere, deci un mod manipulator.

Inelele purtate la ambele degete mici trădează un subiect extremist, cu un nivel de intoleranță ridicat, mai ales dacă nu pare deloc așa la prima vedere.

Degetele mici în acțiune

Interlocutorul își bea cafeaua cu degetul mic ridicat (stângul sau dreptul).

[1] *Ces gestes qui vous changerons la vie*, Flammarion, 2010.

Acest gest trădează un seducător pasiv. Interlocutorul încearcă să placă, dar nu va face niciun efort pentru a seduce.

Subiectul observat se scobește în ureche cu degetul mic stâng sau drept.

Este degetul ideal, din motive pur tehnice, care te ajută să scapi de o mâncărime a urechii interne sau de o țiuitură pe cât de jenantă, pe atât de neașteptată. O țiuitură persistentă în urechea stângă ar putea fi consecința sonoră a unui traumatism mai vechi prost tratat, în timp ce o țiuitură persistentă în urechea dreaptă ar putea semnifica frica de viitor. Aceste piste n-au fost niciodată investigate de psihoterapeuți sau de hipnoterapeuți, dar ele ar putea să le ofere surprize plăcute pacienților care suferă de asemenea tulburări foarte ciudate.

Interlocutorul se scobește meticulos în nas cu degetul mic.

Folosirea degetului mic pentru scobitul în nas evidențiază un fond de prețiozitate, ba chiar de snobism. Veți avea dreptul la disprețul lui, dar nimic mai mult.

Interlocutorul se scobește în strungăreața dintre incisivi cu unghia unuia dintre degetele mici.

Un reflex tipic unei personalități de pervers narcisist.

Colega de birou își scarpină în permanență fața cu unul dintre degetele mici, pe care-l preferă celorlalte.

Un semn de imaturitate dacă e vorba de degetul mic de la mâna stângă și de indiscreție dacă e vorba despre degetul mic de la mâna dreaptă.

Interlocutorul își scarpină comisurile buzelor cu degetul mic drept sau stâng.

O secvență gestuală care vă informează că nu are conștiința împăcată. Doar dacă nu se pregătește să vă trădeze încrederea. Îi e teamă să nu facă vreo gafă și să-și taie singur craca de sub picioare.

Interlocutorul își roade unghia sau buricul degetelor mici în special.

Gest represiv care denotă o atitudine de eșec, foarte folosit de intelectuali înainte sau după, dar niciodată în timpul preocupărilor lor. E vorba de tipul de intelocrat blazat pentru care orice reușită nu este decât premisa unui eșec.

Sprijinit în cot, interlocutorul își suge degetul mic stâng sau drept.

Suptul degetului mic drept trădează un individ oportunist cam arivist și foarte ambițios, fără a avea întotdeauna mijloacele. În schimb, suptul degetului mic stâng evidențiază un tip revizionist, cel care reface istoria după cum îi convine, suprimând în trecere câteva adevăruri care îl deranjează.

De reținut:

În psiho-anatomie, degetul mic de la mâna stângă este sediul simbolic al memoriei, al trecutului și al copilăriei.
Degetul mic de la mâna dreaptă este sediul simbolic al ambiției și al viitorului.
Împreună, degetele mici simbolizează capacitatea individului de a se situa în timp.

UNGHIILE

Ce dezvăluie aspectul unghiilor noastre?

Respectul pe care-l avem față de regulile sociale. Lungi și îngrijite, unghiile sunt semne de feminitate, după ce au simbolizat lenea. Tăiate scurt sau murdare, unele rupte, altele lungi și cu lacul de unghii cojit, trădează indolența. Prost tăiate, evidențiază o stare depresivă. Roase, o stare de stres permanent. Corectați-le imperfecțiunile.

O secretară ale cărei unghii sunt întotdeauna îngrijite impecabil este o veritabilă carte de vizită pentru patronul ei, în măsura în care acest detaliu, oricât de neînsemnat vi s-ar părea, consolidează puterea patronului în firmă în ochii vizitatorilor săi. Timpul consacrat pentru a-și face un retuș de imagine nu este o pierdere de vreme, indiferent ce cred micii șefi geloși pe privilegiile doicii patronului.

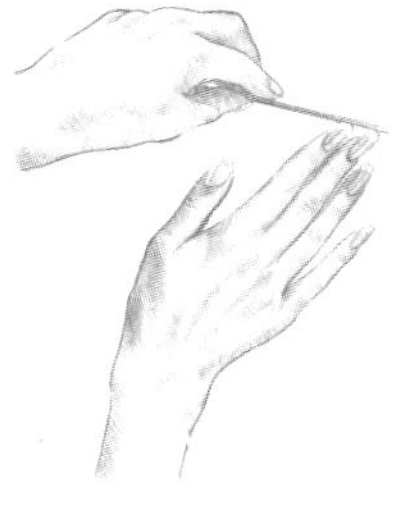

Moda unghiilor false decorate cu motive originale este o binecuvântare pentru domnișoarele care au tendința să-și roadă unghiile sau să le neglijeze. Odată cu unghiile făcute impecabil, ele își recapătă rapid și autodisciplina care le lipsea. Vă dezvălui o definiție interesantă a disciplinei: *Disciplina este mama bună a tuturor artelor și mama vitregă a tuturor puturoșilor.* Meditați la asta când veți avea timp liber!

Sedii simbolice ale ordinii și metodei, unghiile spun adeseori multe despre modul în care individul respectă sau nu regulile jocului și despre nivelul său de autodisciplină. Unghiile pătrate nu au aceeași semnificație ca unghiile cu manichiura făcută, tăiate scurt sau murdare ori ca unghiile foarte lungi, plate, bombate sau rupte. Dar știința gestuală nu analizează aceste detalii morfopsihologice, ci rolul unghiilor în calitate de susținători ai degetelor sau a altor părți ale corpului.

Unghiile în acțiune

Interlocutorul își curăță unghiile în timp ce vă ascultă distrat.

Aveți de-a face cu un impostor, capabil să vă ducă cu zăhărelul de la un capăt la altul al întrevederii.

Interlocutoarea își roade mașinal unghiile.

Of, mania asta de care nu poți scăpa! Onicofagia, obișnuința de a-ți roade unghiile, este semnul unei tulburări pasagere sau cronice. Fie prezența dumneavoastră o face să se simtă stânjenită, fie climatul ei mental anarhic intră în conflict cu dispozițiile haotice. În mintea ei, domnește o confuzie totală. În ambele cazuri, e mai bine să amânați discuția. Individul care-și roade unghiile este la fel cu cel pe care-l roade ceva la inimă.

Sprijinită în cot, interlocutoarea dumneavoastră se cufundă în contemplarea propriilor unghii.

Această manieră de a te preocupa de unghiile tale în mod exagerat este un mecanism de apărare dublat de o senzație de jenă sau chiar de neîncredere.

Interlocutorul dumneavoastră își linge unghiile cu vârful limbii.

Atitudine deplasată din partea unui parvenit fără coroană. E de ajuns să-i spuneți prea mult sau nu suficient pentru a se hotărî să nu vă dea speranțe. Evident, dacă îi prezentați beneficiile, s-ar putea să se răzgândească în fix trei minute, cu ochii pe ceas. Este un gest reductor din partea unui individ profitor. Un mod gestual destul de banal care exprimă disprețul pe care interlocutorul îl manifestă față de toți cei care au șansa să se poată apropia de el.

Subiectul observat își mușcă ușor pielița unghiilor.

Această manie denotă un temperament vindicativ. Personajul n-are niciun pic de minte și niciun strop de umor.

Încă de la începutul discuției, interlocutorul se concentrează pe o pieliță moartă de la degetul arătător.

Este în mod evident prea puțin interesat de ceea ce spuneți. Ia distanță și se închide în sine, exprimându-și chiar prin asta puținul interes pe care vi-l acordă.

Așezată în fața jurnalistului, își mângâie compulsiv unghia arătătorului stâng cu buricul degetului mijlociu de la aceeași mână.

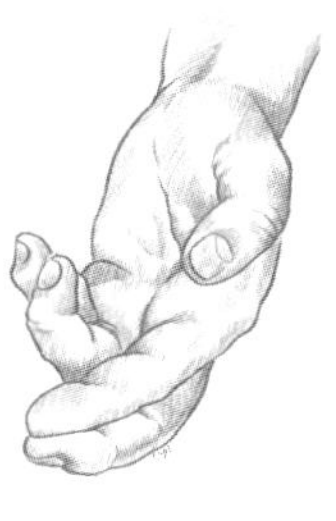

Mijlociul stâng este sediul imaginii de sine, al orgoliului și al narcisismului. Arătătorul stâng reprezintă temperamentul posesiv, gelozia sau dorința, care sunt cele trei motoare preferate ale ambiției.

Interpretarea acestei secvențe gestuale este următoarea: orgoliul lingușește gelozia, imaginea de sine se suprapune peste dorința de a străluci în ochii celorlalți. Cel care face gestul își trădează nevoia de a plăcea sau de a seduce prin atuurile sale naturale, sau artificiale, evident.

Interlocutorul își mângâie compulsiv unghia arătătorului drept cu buricul degetului mijlociu de la aceeași mână.

Mijlociul drept, simbol al organizării mentale, asociat cu arătătorul drept, care trimite la nevoia de a se impune, de a domina discuția, indică un tip chițibușar, șicanator, cârcotaș, pretențios și meschin, care nu va înceta să vă vâneze cea mai mică inadvertență pentru a vă prinde în capcană cu prima ocazie.

Cu buricul arătătorului stâng, interlocutorul își mângâie unghia degetului mare de la aceeași mână.

Vă reamintesc pe scurt că degetul mare stâng este sediul simbolic al plăcerii, al fantasmei și al visului. Arătătorul stâng este sediul posesiei și al geloziei în sens larg. Gestul trădează un temperament epicurian, o ființă senzuală, voluptuoasă, hedonistă și care se bucură de viață. Este totodată un gest antistres prin excelență.

În timp ce se întreabă dacă a luat decizia bună, își mângâie unghia degetului mare de la mâna dreaptă cu buricul arătătorului drept.

Degetul mare de la mâna dreaptă, sediu simbolic al dorinței, mângâiat de arătătorul drept, simbol al nevoii de a-și domina sau de a-și stăpâni competențele, indică un mental slăbit de un obiectiv considerat ca fiind de neatins. Acest gest tonic tinde să mărească producerea de energie și să remotiveze îndrăznelile rămase în pană. Un gest care trebuie făcut neapărat atunci când spiritul combativ e la pământ.

Instalat comod în fotoliul său, cu degetele încrucișate, colegul își mângâie unghia degetului mare de la mâna stângă cu buricul degetului mare de la mâna dreaptă și viceversa.

Când degetul mare stâng, sediu simbolic al plăcerii, mângâie dorința reprezentată simbolic de degetul mare drept, e vorba de o cerere nonverbală de tandrețe și de afecțiune adresată celei sau celui care vă însoțește. Când dorința mângâie plăcerea, cererea este mai directă și mai erotică. Această secvență gestuală a fost în principal observată în situații de seducție sau în relații de cuplu.

Interlocutorul își mângâie unghia arătătorului stâng cu buricul degetului mare de la aceeași mână.

Făcând acest gest, interlocutorul vă informează cu inocență că este mai invidios decât ar vrea să pară.

Interlocutorul își mângâie unghia arătătorului drept cu buricul degetului mare de la aceeași mână.

Acest gest vă avertizează că cel cu care aveți de-a face este foarte motivat s-o facă pe micul șef sau pe marele patron, mai ales dacă nu este niciodată decât un amărât de șef XXS. Într-un context mai intim, gestul ar putea evidenția un temperament dominator atât pe plan amoros, cât și sexual. Degetul mare drept (dorința) mângâie arătătorul drept (nevoia de a domina).

Interlocutorul își mângâie unghia degetului mijlociu drept cu buricul degetului mare de la aceeași mână.

Caută în mod clar o lacună în raționamentul dumneavoastră bine elaborat. Plăcerea sau motivațiile lui sunt perfect cerebrale.

Interlocutoarea își mângâie unghia degetului mijlociu stâng cu buricul degetului mare de la aceeași mână.

Acordă mare importanță respectului de sine, afară de cazul în care e foarte interesată de imaginea ei publică. Plăcerea simbolizată de degetul mare stâng mângâie orgoliul sau imaginea de sine reprezentată de mijlociul stâng. Gestul exprimă nevoia de a-și revaloriza imaginea în ochii celor din anturajul său ori în proprii ochi. În lipsa puterii de seducție, interlocutoarea vrea să (se) placă.

Interlocutoarea își mângâie unghia inelarului stâng cu buricul degetului mare de la aceeași mână.

Când plăcerea, simbolizată de degetul mare stâng, iese în întâmpinarea capacității de a se implica sau de a iubi, inelarul stâng, care simbolizează pasiunea, este prezent la întâlnire.

Interlocutoarea își mângâie unghia inelarului drept cu buricul degetului mare de la aceeași mână.

Asocierea dintre voință, reprezentată de inelarul drept, și dorință sau motivație, simbolizată de degetul mare drept, este un semnal gestual predictiv. Subiectul observat încearcă să-și trezească ambițiile adormite. În curând, o să freamăte de nerăbdare.

Subiectul observat își mângâie unghia degetului mic stâng cu buricul degetului mare de la aceeași mână.

Plăcerea de a-și aminti, de a se întoarce pe tărâmul copilăriei pentru a regăsi fericirea de altădată, acesta este sensul simbolic al asociației dintre degetul mare și degetul mic de la mâna stângă.

Tânăra își mângâie unghia inelarului drept cu buricul degetului mare de la aceeași mână.

Când dorința se cuplează cu ambiția, dau naștere unui arivism lipsit de scrupule.

Unii consideră mângâierea unghiei cu buricul degetului un gest compulsiv.[1] Ea este însă în primul rând un cod antistres, ca orice mângâiere, auto sau hetero, al cărei obiectiv constă în a (-ți) atribui o doză de afecțiune. Destinată să calmeze un sentiment de anxietate, de stres ori de agresivitate, fiecare mângâiere corespunde unei caracteristici a comportamentului, identificată cu ajutorul vocabularului psiho-anatomiei.

BURICELE DEGETELOR

A atinge cu degetul... A pune degetul pe... Degețelul meu mi-a șoptit... A ști un lucru ca pe degete... A fi la două degete de... Expresiile idiomatice digitale dau năvală pentru a deschide calea empatiei, numită și știința înnăscută.

Sensibilitatea este prima dimensiune a inteligenței umane. Cea care se află în vârful fiecăruia dintre degete probabil că nu v-a scăpat. În simbolistica anatomică, buricele degetelor echivalează cu empatia, această sensibilitate intuitivă a sentimentelor care vă permite să simțiți ceea ce simte un altul, ca și cum egourile individuale ar fi interconectate. Empatia „din vârful degetelor“ este foarte utilă în mai multe domenii, dintre care chineziterapia nu e cel mai puțin important. Dezvoltarea și succesul considerabil al osteopatiei și a tuturor tehnicilor de palpare sau de masaj întărește ideea că buricele degetelor nu sunt destinate doar să le permită criminaliștilor să vă arhiveze amprentele digitale în baza lor de date. În afară de nivelul de sensibilitate, buricele degetelor reprezintă simbolic compasiunea. Dar trebuie să constatăm că puține gesturi cu adevărat semnificative sunt asociate cu această parte anatomică. Cel mai des

[1] Compulsivitatea este o tulburare obsesională de caracter, tulburare care provine dintr-o interdicție a plăcerii libidinale prin mesajele înscrise în supraeul individului. Mângâierea unghiilor este un semn clinic al acestei patologii și totodată un mijloc de a se elibera de constrângerea pe care ea o reprezintă. (N. a.)

întâlnit este „clopotul", postura digitală preferată de majoritatea politicienilor atunci când se scaldă în ape tulburi.

Palmele sunt depărtate, dar buricele degetelor rămân în contact. Este ticul gestual al tuturor celor care nu-și stăpânesc subiectul. Aceștia vorbesc cu ușurință despre ceea ce nu știu, bazându-se pe logoreea lor pentru a induce în eroare. Folosirea abuzivă a gestului trădează un individ simulator care recurge cu inocență la acest subterfugiu. Vă trimit înapoi la postura clopotului (vezi *Degetele în acțiune*).

De reținut:

În psiho-anatomie, buricele degetelor reprezintă sediul simbolic al empatiei.

BAZINUL

Este vorba mai exact de micul bazin, partea inferioară a bazinului propriu-zis, la nivelul căreia se situează rectul și organele genito-urinare.

În țările mediteraneene, femeile late în bazin sunt considerate ca fiind foarte fertile. Anatomiștii au constatat că femeile cu bazinul lat au mușchii uterini mai supli. Ceea ce explică lucrurile!

Dacă sunteți în căutarea unei femei care să fie o mamă desăvârșită, alegeți-vă consoarta în funcție de lățimea bazinului. Pe plan gestual, o femeie tânără care își pune des mâinile pe partea de sus a bazinului suferă că nu poate face copii sau, dacă e mai în vârstă, își afirmă rolul de *mater familias.*

De reținut:

În psiho-anatomie, bazinul este sediul simbolic al fecundității.

ȘOLDURILE

Primele imagini care-ți vin în minte când te gândești la șolduri sunt cele ale dansatoarelor hawaiiene de hula și ale huriilor, dansatoare din buric din țările musulmane care-și rotesc hipnotic șolurile. Ansamblul gesturilor sau posturilor în care intervin șoldurile te face să crezi că acestea sunt mai mult un rug al vanităților decât un altar al fecundității.

Ce crede Desmond Morris despre șolduri

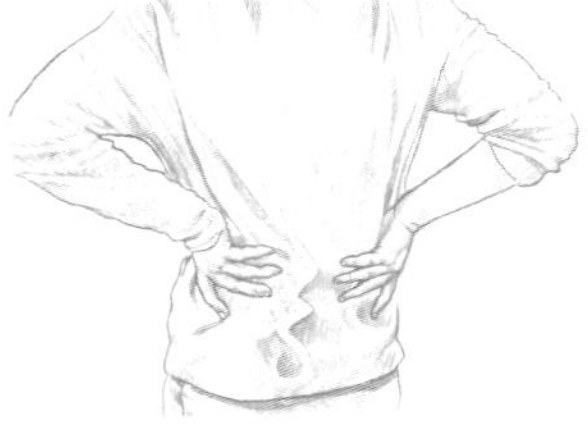

„Gestul cel mai important este fără îndoială cel care constă în a-ți pune mâinile în șolduri. Se spune, în general, că acest gest marchează autoritatea, disprețul sau obrăznicia, dar lucrurile sunt mai complexe. E vorba de o atitudine antisocială, contrariul brațelor întinse, care sunt o invitație la îmbrățișare. Ne punem mâinile în șolduri atunci când vrem să refuzăm sau să respingem, și de aceea acest gest exprimă disprețul. (...) El exprimă totodată și autoritatea; persoana care o deține și vrea să o afirme trebuie să iasă în evidență neocupând spațiul altora și neadoptând atitudinea lor. În mijlocul unui grup, cel care-și pune mâinile în șolduri le spune celorlalți să rămână la locul lor. Gestul este făcut și de oamenii care tocmai au suferit o decepție. (...) Aceștia nu caută consolarea semenilor săi."

Desmond Morris adaugă: „Când vrei să te delimitezi de un grup situat de exemplu la stânga ta, îți pui doar mâna stângă în șold. Dacă simți oarece afinități cu un grup situat la dreapta ta, brațul corespondent rămâne pe lângă corp. Aceste atitudini evidențiază rapid relațiile pe care oamenii le au între ei."

Nu sunt întru totul de acord cu viziunea lui asupra lucrurilor, dar consider că trebuia s-o prezint pentru a vă permite dumneavoastră să decideți în funcție de propriile observații sau trăiri.

Legănarea șoldurilor

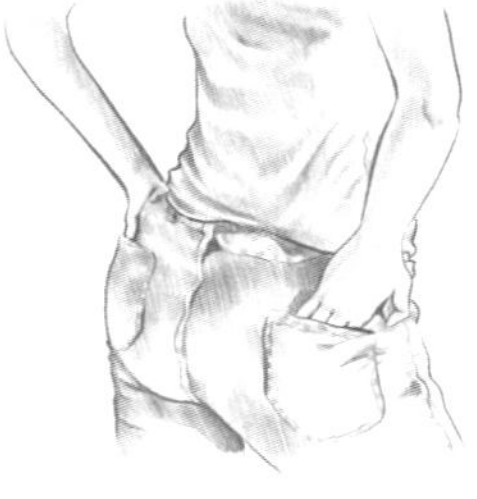

Lăsarea greutății corpului pe un picior, cu mâna pusă pe șoldul corespondent, este un gest clasic al provocării vulgare. Femeia își scoate fesa în evidență pentru ca partenerul să-i poată da o palmă, afirmându-și dreptul de a o plesni peste fund, care, după cum ar trebui să se știe, este anticamera dreptului de a poseda sexual. Acest gest care presupune scoaterea fesei în afară este tipic pentru femeile care sunt în căutarea unei relații sadomasochiste mai satisfăcătoare, după părerea lor, decât clasica relație sexuală sentimentală. Este o conduită sugestivă de seducție, la fel cum rotirea umerilor este o conduită agresivă din partea unui individ frustrat.

Șoldurile pline

Legănarea șoldurilor este pentru femeie ceea ce sunt umerii lați și musculoși pentru bărbați. O legănare frumoasă este un atu incontestabil, mai ales dacă aveți șoldurile mai late, ca Jennifer Lopez. Multe femei vor să aibă șolduri plinuțe, tendință prea generală pentru a fi accidentală. Ea are probabil o justificare biologică. Unul din motivele invocate adeseori este acela că femeia cu șolduri late poartă mai bine sarcina. Argumentul poate influența subconștientul alesului inimii voastre. Numai că această teorie nu se susține: adaosul adus lățimii pelviene nu înseamnă un spațiu mai mare al oaselor din jurul bazinului, el provine din stratul mai gros de grăsime (corpul femeii conține în medie 28% grăsime, iar cel al bărbatului 15%).

În toate cazurile, femeile late în șolduri sunt mai provocatoare din punct de vedere sexual decât femeile cu șolduri înguste.

Scoaterea în evidență a șoldului drept
Șoldul drept este al nerăbdării, iar cel stâng al vanității. Nimic nu te împiedică să fii în același timp și vanitos, și nerăbdător. Tuturor actrițelor le place să-și arte șoldurile, vanitatea și nerăbdarea. Ceea ce vreau să vă spun este că postura este foarte senzuală, iar mâna pusă pe șoldul drept indică o așteptare care trebuie satisfăcută fără întârziere, dacă aveți ceva rezerve în portmoneu.

Mâna pe șold
Punerea mâinii sau a mâinilor pe șolduri, cu degetele îndreptate spre înainte, este o postură clasică a narcisimului, fie că e vorba de femei sau de bărbați. Un gest care marchează talia și rotunjește șoldul. Acest gest este și o formă de invitație destinată pretendentului care ar dori să pună mâinile acolo, ca să „îndulcească asperitățile".

Simbolistica șoldurilor
Mâna stângă pusă pe șoldul corespondent dezvăluie un subiect posesiv, ba chiar intolerant. Posesivitatea este un sentiment foarte feminin, dar care atinge și mulți bărbați. Șoldul stâng depinde de creierul afectiv, sau emoțional. În principiu, această postură simbolizează frivolitatea, mai ales când este reprodusă în fața fotografilor care mitraliază starul din toate unghiurile.

Mâna dreaptă pusă pe șoldul corespondent semnalează o ambiție amestecată cu un strop de vanitate. Șoldul drept este totodată și sediul simbolic al nerăbdării, deci al exasperării, de exemplu când e vorba de un orator care constată că publicul nu-l ascultă. Vanitatea este sentimentul masculin al frivolității, atribuită în mod forțat femeilor. Fiindcă vanitatea, la fel ca și orgoliul de altfel, este un sentiment rațional, nu emoțional, deci dependent de zona stângă a creierului.

Șoldurile în acțiune

Stând în picioare în fața dumneavoastră, își pune o mână pe șoldul corespondent.

Postura este tipică pentru temperamente ariviste sau parveniți care abuzează de această atitudine în situații în care ar avea tot interesul să uzeze de ea cu moderație.

Stând în picioare, interlocutorul își pune amândouă mâinile pe șolduri.

Această secvență gestuală corespunde unei puneri în valoare a imaginii sociale, asociate cu un sentiment de inferioritate sau cu o lipsă de siguranță punctuală, în măsura în care revine în mod curent în vocabularul corporal al interloctorului.

Stați în fața colegului și vă puneți mâinile pe șolduri.

Îl provocați să vă seducă. Îi propuneți un schimb: „Dacă ești în stare să mă seduci, o să te urmez, dacă nu, o să fug de tine!"

În funcție de contextul în care este adoptată poziția, cele două mâini puse în șolduri mai pot semnifica furia, orgoliul sau mândria celui sau celei care face în mod regulat acest gest.

Ea își pune mâinile în șolduri, cu pumnii strânși, prefăcându-se că-l ceartă pe băiețel.

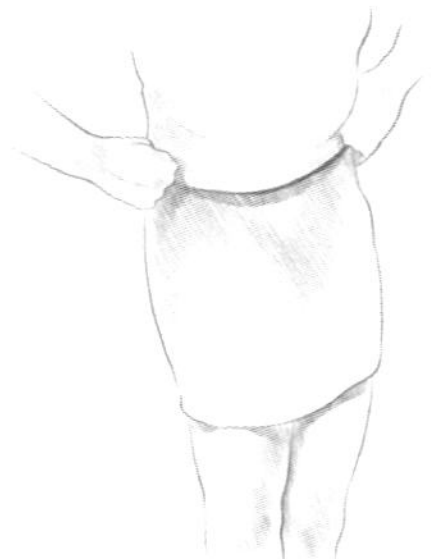

Mâinile puse în șolduri, cu pumnii strânși, sunt ceea ce eu numesc un „gest-antonim". Un gest care exprimă contrariul a ceea ce se presupune că reprezintă. Atitudinea este pseudo-ostilă. Un zâmbet neașteptat, abia stăpânit, dezminte în general rapid furia jucată și susținută de reproșul verbal.

Ea își pune dosul mâinilor în șolduri.

Este atitudinea caricaturală a scorpiei, reluată de numeroși umoriști. De cele mai multe ori, e vorba de o postură-antonim, așa cum am văzut în cazul pumnilor strânși. Cel sau cea care o reproduce se preface că se supără.

Interlocutoarea are mâinile puse pe șolduri, cu degetele orientate spre înapoi sau spre partea de sus a fesierilor.

Degetele orientate spre înapoi arată că interlocutoarea e sătulă până-n gât de toate, dar nu face decât să mimeze această stare punându-și mâinile în dreptul rinichilor.

Interlocutoarea are mâinile puse pe șolduri, cu degetele orientate spre sol.

Degetele orientate spre sol trădează o hipersensibilitate socio-afectivă. În general, femeile rezervate sau timide reproduc cel mai des această postură gestuală. Postură care arată că persoana observată se află într-o situație jenantă.

Interlocutorul are mâinile puse pe șolduri, cu degetele orientate spre înainte.

Degetele orientate spre înainte exprimă nevoia de afirmare sau punerea în evidență a atuurilor proprii. Cel care face gestul simte nevoia să impună respect.

În rezumat, nevoia de a vă pune mâinile în brâu sau pe șolduri de fiecare dată când vă confruntați cu cineva nu este un gest anodin. Trebuie să impui respect, să te remarci pentru a nu fi ignorat, să te impui pentru a nu suporta. Pe scurt, trebuie să vă puneți în valoare imaginea publică. Punerea mâinilor pe șolduri vă ridică ușor umerii. Postura dă de înțeles că vă simțiți discreditat într-un context care vă tulbură, că sunteți probabil victima unui puternic complex de inferioritate. Încercați să vă afirmați cu orice preț. Cu cât vă veți pune mai des mâinile pe șolduri sau în brâu, cu atât veți accepta mai mult să vă supuneți fatalității sau puterii. După cum vedeți, acest cod gestual nu este chiar atât de valorizant precum pare.

De reținut:

În psiho-anatomie, șoldul drept este sediul simbolic al nerăbdării și al exasperării.
Șoldul stâng este sediul simbolic al vanității.
Împreună, cele două șolduri simbolizează mândria, orgoliul.

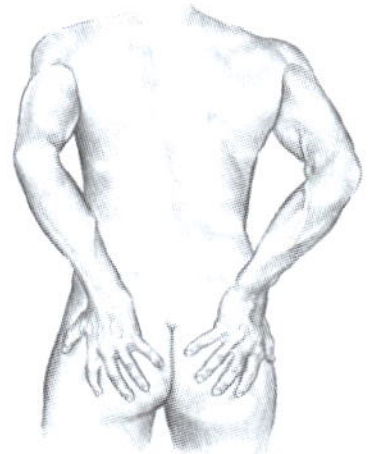

FESELE

În limbajul simbolic gestual, fesele sunt sediul provocării, dar și al violenței cu toate formele ei, precum cruzimea, sadismul, răutatea, persecuția, tirania. Suntem departe de erotismul pervers pe care-l degajă această parte anatomică foarte deosebită.

Fese grase sau fese frumoase?
Fesele sunt sânii pupei, iar sânii, fesele prorei.

O femeie conștientă de rotunjimea atrăgătoare a feselor ei va face în așa fel ca să le pună în valoare, nu doar pe plan vestimentar, ci și printr-o balansare a șoldurilor care va atrage privirile multor bărbați. Aceștia n-o vor vedea decât din spate, dar o vor depăși și îi vor admira prora. Din păcate, s-ar putea ca ea să fie mai în vârstă decât și-au imaginat. Cu toate acestea, vor continua să-i admire unduirea feselor. Seducția nu depinde întotdeauna de un fizic perfect.

Când un artist contemporan transformă fesele feminine în „superfese", el nu face decât să accentueze un fenomen care exista deja. În perioada preistorică, se pare că femeile aveau fesele enorme, iar bărbatul de azi ar putea să mai reacționeze încă în mod inconștient la acest aspect.

Paleontologii susțin că, în perioada preistorică, în îndepărtata epocă a vânătorii, era ceva obișnuit ca femeile să aibă fesele planturoase. Potrivit etnologilor, aproape toate figurinele din epoca de piatră reprezintă femei atinse de ceea ce grecii numeau *steatopygia* (literal: „fese grase") și acest tip de siluetă se mai regăsește încă la boșimani și la hotentoții din Africa, fără a mai pune la socoteală nenumăratele statuete africane care se vând pe piețele cu produse artizanale. Fenomenul steatopygiei s-a perpetuat mai aproape de noi, în epoca victoriană, când posteriorul femeilor era uimitor pus în valoare prin turnura care se purta pe sub rochii, la spate, mai jos de talie. Realitate sau caricatură exagerată a unui peisaj anatomic atât de evocator și stimulant pe plan erotic, încât reprezentarea lui statuară a aprins imaginația sculptorilor antici? În dansurile rituale ale Africii negre, femeile își arcuiesc spatele pentru a-și scoate în evidență rotunjimea feselor. Trebuie știut că africanii nu consideră pieptul un obiect încărcat de erotism, precum occidentalii sau asiaticii. Pentru ei, numai fesele au această putere de sugestie și o femeie cu fesele proeminente are mai multă valoare în ochii lor decât o pereche frumoasă de sâni a căror funcție este în principal de a alăpta. În ochii africanilor, un piept frumos înseamnă niște sâni care ajung până la brâu și ale căror mameloane sunt îndreptate în jos.

La origine, erotismul feselor era atât de puternic în Antichitate, încât grecii aveau un cuvânt pentru a-l desemna: *kallipyge*. Ridicaseră chiar și un templu închinat „zeiței cu fese frumoase": Afrodita Kallipygos. Statuia care o reprezenta nu-i ascundea deloc nurii. O putem vedea în zilele noastre la Muzeul din Napoli. Din acea epocă încoace, artiștii și-au pus fără încetare modelele să pozeze în așa fel încât să-și scoată în evidență partea posterioară a trupului. Mascând cu grijă detaliile genitale și anale ale liniei care separa cele două fese, ei au atras atenția supra curbei deosebit de frumoase a regiunii pelviene a femeii, reducându-i sexualitatea la un rol esențial estetic. Totuși, forma feselor vehiculează ea singură un puternic semnal erotic, datând din epoca în care masculul o penetra pe femeie pe la spate. Cum semnalul erotic și-a păstrat toată forța, postura n-a pierdut nimic din atracția ei voluptoasă. De altfel, are reputația de a fi mai orgasmică decât poziția clasică a misionarului.

Fie că sunteți dotată cu fese bine proporționate, fie că nu, nu ezitați să vi le cambrați când vă așezați în fața partenerului. Un pic de exagerare nu poate dăuna puterii dumneavoastră de seducție, doamnelor.

Invitația fesieră

Zonă erogenă prin excelență, pe care moda pantalonilor scurți a readus-o în vogă spre delectarea tuturor voyeurilor care dormitează în fiecare bărbat, fesele reprezintă o zonă corporală supralicitată. Multe gesturi și atitudini asociate cu ele evidențiază cu asupra de măsură climatul mental punctual al individului care își investește fesele cu putere de seducție. O tânără femeie în stația de autobuz își mângâie sau se face că-și mângâie fesele trecându-și palmele peste blugi. E vorba bineînțeles de o invitație involuntară la un menuet la patru mâini care vă este probabil adresată.

Fesele la masculin

Când un bărbat își pune palmele pe fese, își trădează fără s-o știe sensibilitatea anală, ceea ce nu înseamnă că este atras de alți bărbați.

Poate să fie perfect heterosexual și să-i placă să fie mângâiat pe fese de partenera lui. Sensibilitatea anală este tipică seducătorilor creativi, cam feminini în felul în care percep femeia, dar foarte virili totuși.

Unele femei mângâie cu plăcere și cu aerul cel mai firesc din lume fesele partenerului, în intimitate sau în public. Este un gest de provocare și o invitație discretă care exprimă o cerere nonverbală de sex adresată unui partener lipsit de inițiativă.

Niște fese frumoase și tonifiate sunt un regal vizual pentru aceste doamne și pentru homosexuali. Ele sunt sinonime cu mișcări regulate și puternice în timpul actului sexual. Dar fesele tonifiate sunt afrodiziace mai ales pentru femeile care au trecut de treizeci de ani fără să fi văzut niciodată așa ceva la amanții lor pasageri, la partenerul lor sau la prima iubire din tinerețe. Întâlnim multe fese de genul ăsta în sălile de fitness, la modă în mediul urban. Din păcate, acești efebi sculptați sunt mai îndrăgostiți de trupul lor decât de cel al frumoaselor voyeuriste care-și delectează privirile cu el. Mai rămân fesele de categoria a doua, lăsate sau grăsane, care e mai bine să nu fie privite în lumină, fie ea și filtrată. Căci, în definitiv, doamnelor, frumusețea estetică a feselor nu garantează cu nimic nivelul performanței sexuale a amantului.

Fesele în prim-plan

Fără portjartiere, chiloți tanga și ciorapi negri prinși cu jartiere, fesele domnișoarelor n-ar mai fi așa de excitante. Acest gen de vestimentație este stilul adoptat în general de femeile narcisiste (ca profil psihogestual). Ele juisează deja în momentul în care își expun trupul în fața bărbatului care va profita din plin de priveliște. Fesele dezgolite sunt culmea erotismului, mai mult decât sânii, care nu sunt decât „fesele din față". Căci între sâni nu mai e nimic de explorat, în timp ce între fese poarta infernului se învecinează cu cea a paradisului.

Fesele în acțiune

Stând în picioare, interlocutorul își sprijină frecvent fesele pe marginea unei mese sau a biroului său.

Atitudinea este curentă și adeseori interpretată în mod abuziv ca fiind familiară, când, de fapt, denotă pur și simplu o dorință de a zdrobi adversarul punându-l în inferioritate.

Interlocutorul se scarpină des între fese.

Repetarea acestui gest este un semn de anxietate prin excelență. Bineînțeles, acest comportament puțin atrăgător ar putea foarte bine să se datoreze unui prurit accidental.

Tânăra care vă studiază din priviri își mângâie partea de sus a feselor fără falsă pudoare.

Atitudinea domnișoarei este provocatoare și, în consecință, premeditată.

Mergând relaxat, subiectul observat vine pe trotuar din sens invers, cu mâinile înfundate în buzunarele din spate ale blugilor.

Deși vă pare total pacifist, să știți că individul respectiv caută gâlceavă.

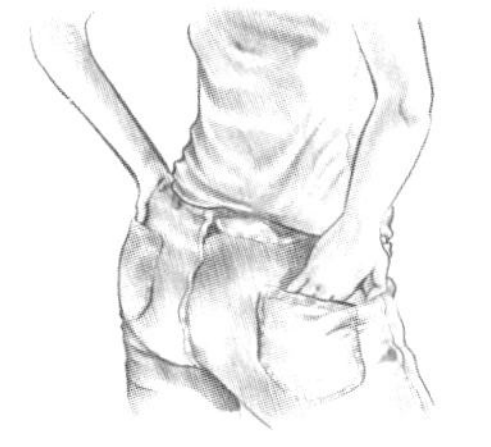

Iubita, partenera sau soția vă pune în mod regulat mâna pe fese.

Își exprimă, uneori fără să vrea cu tot dinadinsul, dorința de sex, ba chiar frustrarea sexuală. Este un semnal gestual pe care n-ar trebui să-l neglijați.

Apucați cu ambele mâini fesele parteneri.

Vă afirmați dreptul de a o poseda sau de a avea un contact sexual cu ea fără a-i cere să treceți la fapte. Fesele sunt adeseori mai sensibile la atingere decât sânii. Dacă luăm în considerare faptul că natura (sau Dumnezeu[1]) a prevăzut ca bărbatul și femeia să înfăptuiască actul sexual stând față în față, această sensibilitate mi se pare logică.

Mâinile puse în jurul gâtului partenerei, pe spate sau pe fese nu transmit același mesaj. Puse în jurul gâtului, evidențiază o cerere de tandrețe foarte erotică; pe spate, exprimă o dorință de securitate afectivă. Cât despre mâinile care apucă fesele, ele semnalează o invitație la înfăptuirea actului sexual.

De reținut:

În psiho-anatomie, fesele sunt sediul simbolic al provocării.

FLANCURILE

„Îmi bat flancurile".[2] Semnificația acestei expresii cam vechiuțe este că faci eforturi zadarnice și inutile fără să obții niciun rezultat. Oare din acest motiv autoritățile franceze care au ales cocoșul ca emblemă națională au făcut din Franța o țară ubuescă, în care te zbuciumi de pomană înainte de a fi jumulit de Stat? Expresia este o aluzie la cocoșul care-și bate flancurile cu aripile. Cocoșul este arhetipul animalelor vanitoase. Ce alegere proastă!

Oare francezul este modelul omului vanitos? Asta cred majoritatea străinilor pe care i-am întâlnit. Când îți expui flancul criticii, te expui la eșec. Flancul unei armate

[1] Dacă aveți ocazia, puneți-i ministrului cultelor întrebarea următoare: „Cine a inventat sexualitatea: Dumnezeu sau diavolul?" Răspunsul s-ar putea să vă surprindă. (N. a.)

[2] Traducerea literală a expresiei „Je m'en bats les flancs" al cărei echivalent românesc este: „Mă zbucium de pomană". (N. tr.)

este punctul vulnerabil al dispozitivelor de luptă. Întotdeauna trebuie să-ți protejezi flancurile înainte de a te lansa într-o acțiune. Cei vanitoși nu țin cont de așa ceva și, de cele mai multe ori, ăsta e motivul nereușitei lor.

Prietenul meu Jules își scarpină flancurile în permanență. Ai zice că-i o gorilă care-și măsoară vidul intersideral al stărilor de suflet. „Mai durează mult?" întreabă el. Și adaugă: „Am impresia că așteptăm degeaba." Jules este un pic frustrat. Nu vorbește mult, întrucât nu-i place să umple spațiile goale. În schimb, este o sursă gestuală fabuloasă. Ar fi trebuit să-i ascult impresiile sau să-i interpretez gestul predictiv reprezentat de scărpinatul flancurilor, un gest care înseamnă, în mare, că viitorul este împiedicat. Într-adevăr, am așteptat degeaba.

Dar ce legătură este între vanitate și această anecdotă? Vanitatea omului (sau complexul său de superioritate) se află la originea angoaselor sale iraționale. Dacă oamenii ar fi fost în armonie cu natura și totodată cu natura organică din ei, dacă ar fi învățat să-și respecte propria lor natură, angoasele de care se plâng – și care se află la originea unui număr considerabil de afecțiuni psihosomatice – n-ar fi avut loc. Nu vă mai vindeți la un preț excesiv, dar nici la jumătate din valoarea reală!

Flancurile în acțiune

Subiectul observat își scarpină flancurile pentru a-și omorî timpul, ca și cum n-ar avea altceva mai bun de făcut.

Urmăriți cu atenție maimuțele închise în cuștile lor de sticlă: își scarpină flancurile în permanență.Trebuie spus că defilarea acelor bizare ființe omenești care se deplasează în grupuri și le observă râzând n-are nimic amuzant pentru maimuțe. Ne scărpinăm mereu flancurile atunci când ne plictisim.

Ea își încrucișează brațele și își pune palmele cu degetele răsfirate pe flancuri.

Este o postură mai ales feminină care confirmă incapacitatea de a iubi a persoanei care o reproduce. N-are nimic de-a face cu orgoliul sau vanitatea, doar că uneori iubirea se poate dovedi a fi zadarnică atunci când celălalt vă ignoră. Protecția flancurilor cu palmele indică, într-adevăr, că subiectul care reproduce această secvență gestuală nu este sigur că iubirea îi va fi împărtășită.

De reținut:

În psiho-anatomie, flancurile sunt sediile simbolice ale orgoliului și vanității.

ABDOMENUL INFERIOR

Și dacă gândurile parazite nu sunt decât flatulențe ale spiritului?

Poluarea mentală este mai nocivă decât poluarea ecologică, aceasta din urmă nefiind decât o formă obiectivă a ceea ce se petrece în capul dumneavoastră. Îngrijind-o pe cea dintâi, poluarea mentală, ați putea s-o încetiniți, ba chiar s-o eradicați, pe cea de-a doua, poluarea ecologică.

Din păcate, simțul iresponsabilității umane atinge trei sferturi din omenire. Nu ne-a trecut niciodată prin cap că respectul pentru teritoriul ecologic începe prin respectul pentru teritoriul mental.

Abdomenul inferior este sediul simbolic al poluării psihice. Când vă simțiți balonat, faceți un tur prin gândurile dumneavoastră și curățați imaginile parazite sau sentimentele poluante care locuiesc acolo în permanență. Pariez că o să scăpați de acele balonări neplăcute.

Gândiți pozitiv, reacționați, nu vă lăsați doborât, chiar și atunci când lucrurile nu merg așa cum sperați. Când ești muncit de gânduri negre, nu poți scoate capul din apă!

Abdomenul inferior în acțiune

Stând așezat, colegul își încrucișează degetele pe abdomenul inferior, ca și cum ar avea nevoie de un suspensor pentru a-și proteja sexul. Tocmai s-a certat cu patronul.

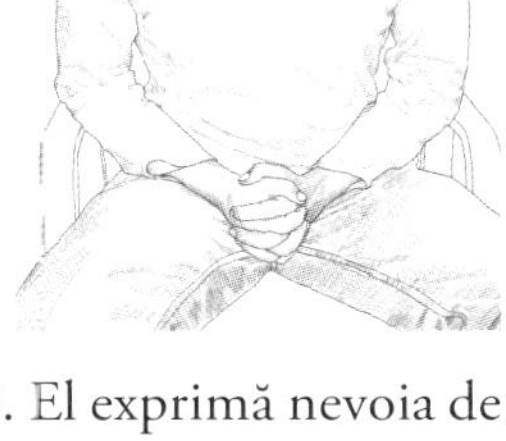

Acest gest inconștient se observă frecvent la indivizii rotofei. El exprimă nevoia de a-și proteja abdomenul inferior de o eventuală agresiune, fie ea doar verbală.

Merg cu mâinile împreunate pe abdomenul inferior. Tocmai am aflat că banca îmi refuză un credit de care am nevoie urgentă. Mă și gândesc deja la faliment, căci sunt într-o situație critică. Trebuie să-i spun soției mele, dar mi-e teamă de reacția ei.

Acest mers ciudat este caracteristic atitudinii de eșec.

Patronul stă în picioare în fața biroului meu și își sprijină în mod regulat abdomenul inferior de marginea mesei care ne desparte.

Acest tip de atitudine trădează o motivație falsă. Abdomenul inferior are nevoie să fie stimulat pentru ca motivația să crească. Individul nu crede în proiectul dumneavoastră, dar intră în joc pentru a ști cât mai mult posibil înainte de a vă concedia, făcându-vă o promisiune vagă, în caz că e vorba de un superior sau de un client.

De reținut:

În psiho-anatomie, abdomenul inferior este sediul simbolic al gândurilor parazite și al poluării psihice.

PICIOARELE

Cea mai mare dificultate constă în a-ți asculta corpul (autoscopie corporală) cât mai des posibil. Scopul urmărit este în mod evident interpretarea propriilor mișcări în timp real. Nu toate mișcările sunt semnificative, și numai acelea care se repetă merită să fie reținute. Dacă îmi refugiez în mod sistematic piciorul drept sub scaun, ce vrea să însemne acest lucru? Picioarele reprezintă simbolic stăpânirea de sine sau controlul de sine. Mai exact, piciorul drept corespunde stăpânirii de sine la un bărbat dreptaci, iar piciorul stâng la un stângaci. Trebuie să vă reamintesc că un individ care se stăpânește nu simte nevoia de a se controla și că un individ care se controlează nu-și stăpânește reacțiile? La femeia dreptace, stăpânirea corespunde piciorului stâng și controlul piciorului drept. Pentru stângace, trebuie să inversați, ca de obicei.

Picioarele care se încrucișează și se descrucișează

Cel mai vizibil și mai lizibil dintre toate refrenele gestuale alternative este încrucișarea picioarelor. Se pare că încrucișarea picioarelor sau a coapselor este un mecanism de protecție împotriva unei eventuale castrări, în sens larg și foarte simbolic al cuvântului, se-nțelege! Complexul castrării este o amintire instituțională și intolerabilă de care puțini bărbați sau femei au scăpat în timpul copilăriei lor. Frica irațională de a-ți pierde sexul în cazul în care, copil fiind, ți-l atingi prea des, amenințările stupide și variate proferate de mama virtuoasă sau de tatăl puritan, șocați că plozii lor își ating organele genitale chiar înainte de a ști să vorbească, sentimentul de rușine al adultului care constată plăcerea sexuală pe care o simte atingându-se, toate aceste motive stau la originea fricii că vei suferi o pierdere esențială. Frica de castrare trimite la moartea plăcerii în sensul cel mai larg al termenului.

Meteorologia picioarelor

Încrucișarea picioarelor este un adevărat barometru al fluctuațiilor climatului mental. Picioarele, sedii simbolice ale stăpânirii de sine, sunt așadar sinonime cu libertatea de acțiune. E vorba de stăpânirea mișcării, a distanței, a direcției de atac sau de fugă, a alergării sau a mersului. Pe scurt, a libertății mișcărilor. Stăpânirea mișcării este substratul logic al stăpânirii de sine și al capacității de a-ți apăra teritoriul corporal sau mental de invazia celorlalți. O femeie dreptace care-și încrucișează mereu picioarele cu dreptul peste stângul trăiește o situație de constrângere care îi diminează capacitatea de stăpânire a evenimentelor. Ea suportă niște circumstanțe care o indispun și își exprimă acest sentiment printr-o încrucișare de picioare decalată. De exemplu, simplul fapt de a fi obligată să mascheze adevărul pentru a nu-și răni interlocutorul în orgoliu este o constrângere care se traduce automat printr-o încrucișare a picioarelor sau a gleznelor. Totuși, este toată numai zâmbet și pare că se simte în largul ei în timpul discuției.

Codurile gestuale reflexe alternative, precum încrucișarea picioarelor, sunt niște indicatori perfect fiabili ai atmosferei climatului mental individual. Energiile atractive și repulsive sunt expresiile gestuale ale sentimentelor de simpatie sau de antipatie pe care le simțim aprioric în fața unor necunoscuți. Presupun că această încrucișare este așadar rezultanta unui fenomen empatic, fie el conștientizat sau nu.

Încrucișarea picioarelor este un refren gestual alternativ care exprimă temperatura dispozițiilor în timp real. Ea este comandată de amigdala creierului, deci de emoții, ele însele filtrate de emisfera stângă sau dreaptă a creierului. Dacă sunteți un bărbat dreptaci, vă încrucișați picioarele cu dreptul peste stângul atunci când vă simțiți în armonie (sau în simpatie) cu celălalt. Aceasta este poziția atractivă. Dacă chiar și această situație vă indispune, veți trece automat în poziția repulsivă, piciorul stâng peste cel drept. Pentru stângaci, e suficient să inversați raporturile. Dacă sunteți femeie, este invers. Sunteți în poziție atractivă cu piciorul stâng peste cel drept și în poziție repulsivă cu piciorul drept peste cel stâng.

Picioarele în poziție repulsivă

Este ușor să decodați climatul mental al subiectului care reproduce această încrucișare sub ochii voștri. Încrucișarea repulsivă (un bărbat dreptaci își pune piciorul stâng peste cel drept) indică fie o pierdere a controlului, fie un sentiment brusc de antipatie. Mai ales dacă interlocutorul continuă să zâmbească larg prefăcându-vă că vă ascultă. Indispoziția respectivă nu se afișează niciodată la nivelul mimicii, ci sub cureaua pantalonilor. Căci, dacă este în măsură să-și controleze fața sau mâinile, nu la fel se întâmplă cu gambele, gleznele sau laba piciorului. Corpul și cuvântul nu sunt în aceeași categorie. Partea de jos a corpului nu face decât cum o taie capul, în timp ce partea de sus se află sub cenzura imperfectă a conștiinței.

Polaritatea emoțiilor

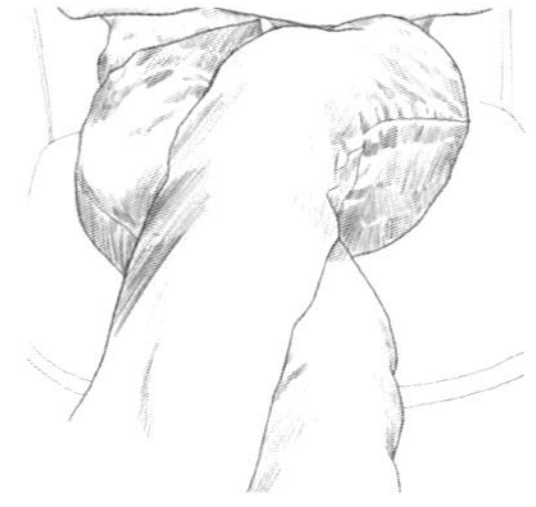

O femeie dreptace își integrează energiile pozitive în partea stângă a corpului și energiile negative în partea dreaptă. De ce? Pur și simplu fiindcă femeia este identificată sexual cu *anima*, sau elementul feminin al cărui model ar fi înscris în emisfera cerebrală dreaptă. Și această emisferă comandă așadar partea stângă a corpului. Un bărbat dreptaci își integrează energiile pozitive în partea dreaptă a corpului și energiile negative în partea stângă. El este identificat sexual cu *animus*, sau elementul masculin, care este înscris în emisfera cerebrală stângă. Un bărbat dreptaci care își încrucișează picioarele cu stângul peste dreptul își exprimă deci negativitatea (repulsivitatea). Când își pune piciorul drept peste cel stâng, trece în modul pozitiv (atractivitate). Un subiect feminin care își încrucișează picioarele cu stângul peste dreptul este deci în poziție atractivă. Invers, când își pune piciorul drept peste cel stâng, este în poziție repulsivă, deci deloc în largul ei, mai ales dacă vă lasă o impresie contrară.

Observați jocul de picioare al interlocutorului și reacționați imediat dacă trece în poziție repulsivă. Întrebați-l despre subiectul care îl interesează și veți constata că-și va descrucișa picioarele pentru a adopta modul atractiv! Scopul jocului este să vă păstrați interlocutorul în poziție atractivă pentru a putea încheia afacerea sau pentru a-l convinge să treacă în tabăra dumneavoastră. Postura neutră, care corespunde picioarelor neîncrucișate, este și ea favorabilă.

Orice încrucișare este simptomul unui stres sau al unui sentiment de anxietate. Primul reflex mental care trebuie format constă în descrucișarea sistematică a gambelor sau a gleznelor imediat ce au tendința să se suprapună. Faptul de a reacționa în acest sens nu duce în mod automat la o anulare a stresului, dar este un început de stăpânire a situației trăite. Refrenul gestual alternativ este o reacție mecanică, deci poate fi controlat de conștiință. A-ți elibera picioarele din încrucișare înseamnă a-ți debloca climatul mental!

Deprogramarea încrucișării picioarelor în PNG

Blocarea piciorului în programare neurogestuală are o eficacitate extraordinară împotriva tuturor încrucișărilor intempestive de gambe sau de glezne. Blocarea piciorului antrenează o catalepsie musculară a gambelor la care se adaugă un blocaj al rotulei genunchilor. Stăpânirea blocării piciorului împiedică orice mișcare voluntară a gambelor. Picioarele sunt ancorate în sol. Această blocare este indusă după un blocaj ocular. Ea reprezintă cea mai bună metodă antistres cunoscută la ora actuală.

Blocarea piciorului este recomandată cu ardoare în contextul unei întrevederi comerciale, de recrutare sau într-o situație de examen oral. Ea scade procentul de angoasă sau de stres care interacționează în mod sigur cu interlocutorul. Programați-vă blocarea piciorului când vă aflați față în față cu cineva și veți constata foarte repede schimbarea de atitudine a persoanei respective. Ea va adopta o atitudine mai puțin agresivă, mai puțin rigidă decât dacă vă țineți gleznele sau gambele încrucișate.

Picioarele încrucișate – poziții

Interlocutorul stă așezat cu picioarele încrucișate, ținându-și un picior sprijinit de marginea mesei.

Poziția de protecție a teritoriului este evidentă. Interlocutorul vă consideră prea invadator și își apără în mod simbolic teritoriul, sprijinindu-se de marginea mesei, care îl protejează.

Stând așezat, bărbatul din față își încrucișează picioarele la înălțimea coapsei. Piciorul drept îl acoperă pe cel stâng.

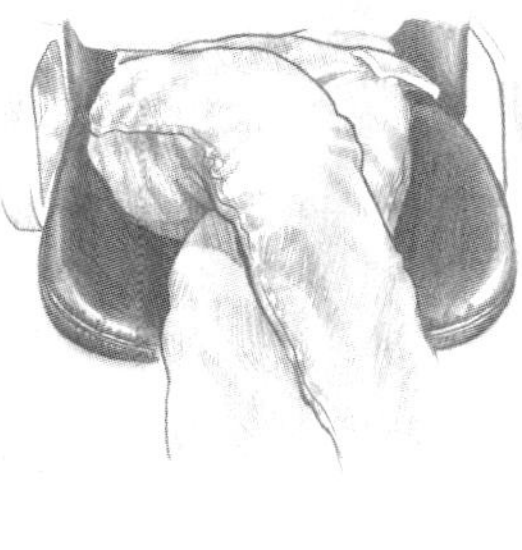

Subiectul are impresia că stăpânește situația. Atmosfera este destinsă și el se simte în largul său. Piciorul drept este comandat de emisfera cerebrală stângă, adică de creierul rațional. Dacă rațiunea domină emoțiile, piciorul drept înlocuiește piciorul stâng în codul gestual.

Prezența dumneavoastră pare să-l deranjeze. Continuați să-i observați poziția picioarelor! Dacă le descrucișează pentru a le încrucișa imediat în celălalt sens, înseamnă că l-ați pierdut pe drum.

Stând așezat, bărbatul din fața dumneavoastră își încrucișează picioarele la înălțimea coapsei. Piciorul stâng îl acoperă pe cel drept.

Subiectul încearcă să se controleze, atmosfera este mai puțin plăcută decât pare la prima vedere. Piciorul stâng este comandat de emisfera cerebrală dreaptă, sediul emoțiilor care, prin definiție, sunt versatile. Subiectul își marchează retragerea strategică.

Stând așezată, interlocutoarea din fața dumneavoastră își încrucișează picioarele la înălțimea coapsei. Piciorul stâng îl acoperă pe cel drept.

Persoana se simte în largul ei. Consideră că atmosfera e lipsită de pericol, ba chiar foarte plăcută. Piciorul stâng aparține părții feminine a corpului. Suprapunerea piciorului stâng peste dreptul la femei este un mod de a scoate în evidență statutul sexual. Totul este cât se poate de bine în cea mai bună dintre lumile posibile atâta vreme cât interlocutoarea nu-și schimbă poziția picioarelor.

Stând așezată, interlocutoarea din fața dumneavoastră își încrucișează picioarele la înălțimea coapsei. Piciorul drept îl acoperă pe cel stâng.

Cea pe care o observați își exprimă involuntar anxietatea și încearcă să controleze situația. Piciorul drept fiind sediul imaginii masculine, subiectul feminin nu se poate simți bine într-un rol care nu este al său. Ea își exprimă instinctiv dezacordul în acest fel. Caz invers al combinației precedente. Ați pierdut-o pe drum.

Picioarele încrucișate în retragere

Stând așezată, interlocutoarea dumneavoastră își pune piciorul stâng peste coapsa dreaptă sau invers, în timp ce unul dintre picioare i se refugiază puțin mai înapoi, sub scaun.

Atitudine manifestă de indisponibilitate și/sau refuz al unui dialog mai intim. Această postură vă semnalează că v-ați făcut iluzii în vreme ce ea nu-și dă seama nicicum unde vreți să ajungeți. Picioarele în retragere indică întotdeauna nevoia de a fugi de luptă. Fuga este în mod evident mimată de corp fără știrea mentalului conștient.

Atitudine reprodusă curent de subalterni în fața superiorului lor ierarhic. Într-o întâlnire de lucru, este ușor să descoperi personalitățile puternice și alți indivizi dominanți în funcție de acest criteriu deosebit. Indivizii care se supun își duc picioarele sub masă, încrucișându-și gleznele sau gambele.

Retragerea picioarelor sub scaun este un mod de a da înapoi sau de a te ascunde pentru a nu fi nevoit să înfrunți realitatea.

Picioarele în X

Adolescentele sau femeile care își încrucișează picioarele stând în poziție verticală uzează de un refren gestual destul de întâlnit. Acțiunea de a încrucișa degetele, picioarele, brațele exprimă nevoia de a te proteja împotriva propriilor angoase sau un mod de a fugi de ele. Alegerea piciorului care domină depinde de context. Adulții care adoptă această postură suferă de o carență afectivă sau de o întârziere afectivă. Ca, de exemplu, o fixare definitivă la nivelul unei adolescențe care s-a încheiat prost. Dar care este piciorul dominant?

Dacă, de obicei, dreptul este încrucișat peste stângul prin față, e vorba de o femeie cerebrală în relațiile pe care le are.

Ea își protejează sensibilitatea punând relațiile amicale pe un plan mai cerebral și relațiile amoroase pe unul mai platonic. Va încerca să păstreze întotdeauna o distanță de fugă față de orice acțiune de seducție a cărei țintă ar putea fi.

Dacă piciorul stâng trece în fața piciorului drept, aveți de-a face cu o fugară perfect versatilă, a cărei dispoziție este la fel de schimbătoare ca barometrul sentimentelor ei, dar și foarte impulsivă. Această atitudine este în general observată într-o situație de seducție pasivă. Femeia vrea foarte mult să placă celor care o însoțesc, dar, în afara unei expresii de satisfacție pe chipu-i frumos, nu-și dorește deloc ca acțiunea de seducție să devină serioasă. Se poate întâmpla ca subiectul observat să treacă de la o încrucișare la alta. Oricum ar fi, dacă apare această alternativă, înseamnă că interlocutoarea nu mai știe ce reacție să aibă.

Într-un context social sau profesional

Piciorul stâng este încrucișat peste dreptul prin față atunci când emoțiile sunt perturbate.

Piciorul drept este încrucișat peste stângul prin față atunci când subiectul încearcă să se agațe de spiritul său logic. Această postură este și un semn de timiditate.

Picioarele depărtate sau strânse

Stând așezat, interlocutorul ține picioarele depărtate.

Vă avertizează că dorința lui de a reuși ar trebui să fie vizibilă cu ochiul liber. Știe perfect ce vrea sau până unde se va lăsa sedus de propunerile dumneavoastră. Nu veți obține nimic în plus față de ceea ce a decis să vă acorde. Este postura clasică a țăranului șmecher care nu-și încrucișează niciodată picioarele, fiindcă știe perfect de unde vine și încotro merge.

Stând așezată, interlocutoarea își ține picioarele strânse.

Tânăra care tocmai s-a așezat pe scaunul din fața dumneavoastră este pisăloagă, insuportabilă, prefăcută, enigmatică și inflexibilă, ca să nu enumerăm decât câteva din trăsăturile ce o caracterizează. Dacă poartă fustă, o putem absolvi de aceste păcate, dar, dacă poartă taior cu pantaloni, blugi sau o rochie amplă, diagnosticul riscă să se adeverească. Ușa este zăvorâtă și sentimentele femeii sunt închise înăuntru. Picioarele strânse cu talpa pe pământ indică un mental mărginit și refractar la orice sugestie, în afară de cazul în care picioarele sunt înclinate.

În poziție așezat, stați cu picioarele ușor depărtate, în prelungirea bazinului, și tălpile pe pământ.

Semnificația acestei poziții mi se pare evidentă. Sunteți perfect zen, chiar dacă nu sunteți conștient de acest lucru. Depărtarea picioarelor, cu tălpile înfipte în pământ, este un semn de echilibru emoțional. Gleznele sau gambele vi se încrucișează automat la prima rafală de vânt. În schimb, dacă postura este firească, aveți noroc, căci vă impuneți fără să vă străduiți. Nu schimbați nimic, totul e bine!

Piciorul în echer

Poziția piciorului în echer este o secvență gestuală defensivă într-o situație de negociere. Ea mărește teritoriul corporal al individului așezat și îi servește oarecum de barieră defensivă lărgită.

Piciorul în echer exprimă o atitudine rigidă în fața unei primiri pseudo-ospitaliere. În mod evident, nu (mai) sunteți binevenit. Și mai ales nu vă încredeți în vocea cristalină a interlocutorului.

Postura picioarelor în echer trădează un complex de inferioritate atunci când este reprodusă în mod exclusiv de subiectul observat. Punctual, ea semnalează că cel care o adoptă și-a pierdut șirul ideilor în fața unor detractori nemiloși.

Piciorul stâng în echer

Dacă sunteți dreptaci, mesajul pe care îl transmite subconștientul nu este mai bun decât postura inversă. El arată o posibilă incertitudine, ba chiar o perturbare a mecanismelor de decizie, în măsura în care acest cod gestual revine cu regularitate. Fiți foarte atenți, căci subconștientul vă semnalează că v-ați prins piciorul într-o capcană.

Postura este foarte inconfortabilă și trădează o atitudine mentală tragică la un tribun ținut în șah de adversarii săi politici. În general, această poziție evidențiază un nivel de stres puțin propice unei discuții echilibrate și profitabile. Cu atât mai mult cu cât piciorul stâng este identificat cu imaginea feminină sau maternă și bărbatul este în mod logic identificat sexual cu tatăl său. Această postură indică deci că subiectul nu mai stăpânește deloc situația.

Piciorul drept în echer

În principiu, această poziție este o dovadă de retragere sau de apărare împotriva unui sentiment de invadare a teritoriului. În realitate, este mai mult decât atât, și indivizii care recurg la ea, într-un sens sau în altul, nu bănuiesc conținutul mesajului pe care li-l transmite subconștientul lor. Semnal gestual barometric, piciorul în echer anunță adesea, dacă nu cumva aproape întotdeauna, o înfrângere sau un eșec în cadrul unei negocieri. Dacă sunteți atent la acest tip de semnal corporal, puteți redresa balanța în timp real.

Picioarele se destind

Postura de destindere este însoțită adesea de încrucișarea degetelor sau de o ancorare a încheieturii. Marea întrebare este însă ce înseamnă alternanța încrucișării gleznelor în această poziție deosebită. Piciorul stâng simbolizează mecanismele de fugă, piciorul drept reprezintă stăpânirea de sine. O încrucișare de tip „dreptul peste stângul" ar putea semnala că persoana se relaxează pentru a-și recăpăta stăpânirea de sine. În acest caz, ar fi o poziție antistres. De ce nu?

O încrucișare inversă, „stângul peste dreptul", ar semnala nevoia de a evada din prezent pentru a vă reîncărca bateriile. „Faceți-vă timp pentru voi" este mesajul subliminal gestual pe care vi-l trimite subconștientul dacă reproduceți încrucișarea „stângul peste dreptul" așezați la birou dumneavoastră de lucru, în fața computerului. Detașați-vă sau luați distanță!

Picioarele neliniștite

Agitația motrică indică întotdeauna un temperament agresiv. O agitație care se remarcă adesea la nivelul picioarelor fără astâmpăr. Ele trădează un individ inadaptat social. Picioarele sunt sediul simbolic al stăpânirii de sine și cea mai mare problemă a unei persoane cu tulburări de comportament este legată tocmai de incapacitatea ei de a se stăpâni. Ceea ce explică agitația picioarelor. Acest tip de comportament se observă în general la adolescenți. În acest caz, el nu exprimă nimic altceva decât o formă de nerăbdare cât se poate de normală în această perioadă a vieții. Dacă agitația persistă, înseamnă că subiectul observat n-a ieșit încă din această perioadă zbuciumată a vieții. Putem deci considera că rămâne un individ imatur, mereu grăbit să ajungă la punctul de sosire înainte chiar de a lua startul.

Unghi ascuțit sau unghi obtuz?

Înainte de a evalua, în timp real, nivelul de disponibilitate a unui interlocutor, e suficient să observați unghiul pe care-l formează picioarele lui la sol atunci când stă în poziție așezat.

Subiectul pe care îl observați își poziționează picioarele în unghi ascuțit. Ele sunt retrase sub scaun, sprijinite în degete, în timp ce tălpile și călcâiele sunt dezlipite de sol. Această retragere seamănă cu cea care te face să te ridici sau să sari în sus de pe scaun. Nu numai că subiectul nu este disponibil mental, dar se și teme de reacțiile interlocutorului său.

Picioarele subiectului pe care îl observați sunt în unghi obtuz, poziția fiind una de relaxare. Picioarele sunt puse cu tălpile pe sol în fața scaunului, înclinația gambelor depășind adesea 45^0 . Această poziție denotă o bună disponibilitate mentală.

Picioarele subiectului pe care îl observați sunt în unghi drept. Picioarele sunt îndoite în echer, cu tălpile lipite pe sol, poziție care dovedește o disponibilitate mentală totală. Subiectul se simte relaxat.

Aceste observații sunt elementare, dar puțini oameni sunt atenți la ele și își pierd adeseori timpul ca să convingă niște interlocutori indisponibili, care nu îndrăznesc să-și exprime deschis lipsa de disponibilitate.

Piciorul cariatidă

Dacă emoțiile dumneavoastră o iau razna, piciorul stâng face un pas în față. El este comandat de creierul afectiv. Perturbarea emoțiilor provoacă în mod automat o cădere a tonusului muscular al piciorului stâng comandat de creierul afectiv, moment în care piciorul drept îl înlocuiește automat și susține greutatea corpului până când vă reveniți.

Dacă spiritul logic este perturbat, piciorul care iese în față este cel drept, cel comandat de creierul cognitiv. În acest caz, are loc o cădere a tonusului muscular al piciorului drept. Dacă vă temeți că o să vă pierdeți controlul asupra emoțiilor, piciorul drept va face un pas în față și greutatea corpului va fi susținută de piciorul stâng rămas mai în spate. Trebuie să vă întăriți controlul asupra creierului afectiv ca să diminuați impactul unei fragilități emoționale asupra conduitelor voastre.

Când ambele emisfere ale creierului sunt atacate, vi se taie picioarele din cauza emoției și a incapacității de a reacționa rațional și atunci trebuie neapărat să găsiți un scaun ca să vă așezați. Aceste fenomene nu sunt conștientizate, ci „gestualizate" fără știrea conștiinței, deci proprioceptive.

Cunoscându-vă profilul afectiv sau cognitiv[1], lăsați-vă întotdeauna greutatea corpului pe piciorul corespunzător: individul afectiv va prefera piciorul stâng, cognitivul – piciorul drept. De ce? Pentru că punctul slab al individului afectiv sunt emoțiile, iar punctul vulnerabil al cognitivului este nevoia lui de a explica rațional totul. Lăsându-vă greutatea corpului pe piciorul preferat, vă canalizați energiile implicate în facultățile creative sau în facultățile cognitive, la alegere. Nu e mai puțin adevărat că greutatea repartizată pe cele două picioare rămâne postura cea mai echilibrată. Echilibrul ponderal pe ambele picioare este un semn de dinamism.

Stăpânire sau control de sine?

Stăpânirea de sine și autonomia mișcării, acestea sunt cele două sensuri simbolice pe care le au picioarele. Piciorul drept simbolizează stăpânirea de sine și piciorul stâng, autonomia de mișcare și controlul de sine.

Piciorul cariatidă stâng semnalează că aveți mai degrabă chef să vă părăsiți interlocutorul sau că sunteți obligat să vă controlați fiindcă vă cuprinde nerăbdarea. Dacă piciorul stâng suportă instinctiv greutatea corpului în fața interlocutorului, acest lucru dă de înțeles că sunteți sub influența lui. Nu mai stăpâniți partida.

Piciorul cariatidă drept arată că vă stăpâniți nerăbdarea. Spiritul critic rămâne pe poziție, ceea ce înseamnă că încercați să controlați situația, dar că rămâneți în defensivă. Pentru a fi în măsură să contraatacați, trebuie să vă proptiți pe amândouă picioarele și deci să împărțiți greutatea stăpânirii de sine.

Trecerea frecventă de pe un picior pe altul evidențiază instabilitatea dispozițiilor.

Piciorul boa

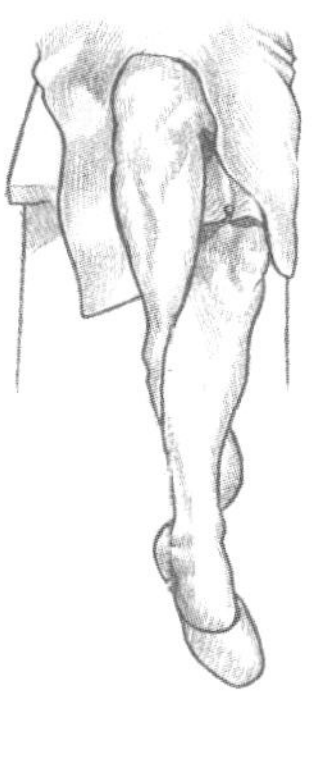

Poziția care face referire la șarpele boa este un refren gestual invariabil.

Piciorul care se agață de celălalt ca o iederă sau o liană, așa-zisul „picior boa", exprimă un grad de gelozie evidentă la cea care reproduce această secvență gestuală. Este o atitudine esențial feminină, aproape imposibil de imitat de către un subiect masculin, afară numai dacă are picioare foarte lungi și destul de subțiri.

Această postură prefigurează o acaparare simbolică a puterii, dublată de o frustrare virtuală sau reală. Atitudinea evidențiază și un sentiment de angoasă pe care piciorul care se răsucește se presupune că îl controlează.

---

[1] E suficient să stabiliți care este degetul mare dominant atunci când vă încrucișați degetele. Degetul mare dominant stâng determină un individ afectiv; degetul mare dominant drept determină un individ cognitiv. (N. a.)

Piciorul boa drept dezvăluie o femeie intransigentă care își sublimează gelozia printr-o acaparare a puterii, pe care o exercită asupra anturajului său. O femeie autoritară, o conducătoare cu pulpe de oțel pe care nu e bine s-o contrazici pe timp de furtună.

Memoria picioarelor

În programare neurogestuală, se folosește levitația picioarelor asociată cu catalepsia genunchilor ca indicator al activității de memorare. Picioarele rămân în catalepsie atâta timp cât memoria înmagazinează datele în contextul unei imersiuni lingvistice, de exemplu. Prin această tehnică de învățare i se oferă elevului o garanție a rezultatului.

Există într-adevăr o legătură strânsă între memorare și mișcarea picioarelor sau masa musculară a acestora. E vorba evident de o constatare empirică. Subiecții care au fost constrânși să memoreze o limbă străină în acest fel au obținut un succes deplin. Imaginați-vă un profesor de muzică care nu înțelege o iotă în japoneză în luna iunie și care vine la începutul anului școlar, în septembrie, și le vorbește elevilor în limba țării soarelui răsare. Anecdota este autentică. Profesorului i-au trebuit douăzeci de zile de curs pentru a învăța o tranșă de 2000 de cuvinte curente sub forma unor fraze scurte în limba respectivă.

De reținut:

În psiho-anatomie, piciorul drept este sediul simbolic al automatismelor, al reflexelor și al stăpânirii de sine.
Piciorul stâng este sediul simbolic al mecanismelor de fugă și al controlului de sine.
Împreună, picioarele simbolizează capacitatea de progres și memorarea.
Gamba dreaptă este sediul simbolic al pedepsei.
Gamba stângă este sediul simbolic al culpabilității.
Împreună, gambele simbolizează frustrarea.

COAPSELE

Reevaluarea se reduce la o alternativă: toleranță sau intoleranță. Cel care tolerează nu este totuși tolerant. În limbajul simbolic al corpului, coapsa stângă este sediul toleranței. Coapsa dreaptă este sediul intoleranței. Luate împreună, coapsele reprezintă reevaluarea. Dar coapsele constituie totodată și o zonă erogenă puternică și foarte erotizată de modele vestimentare, mai ales de cele estivale. Multă vreme am crezut despre coapse că reprezintă dorința amoroasă în sensul larg al cuvântului. Mă bazam pe logică și greșeam. Deschiderea coapselor este un semn de toleranță, iar închiderea lor, un semn de intoleranță. Și, după cum cu siguranță ați remarcat, picioarele încrucișate reprezintă norma în toate grupurile sociale, iar coapsele sunt puternic înrădăcinate în poziția „intoleranță" în cea mai mare parte a timpului.

Căutarea plăcerii este adesea privilegiată de cel sau cea care întreține o relație gestuală importantă cu această parte a corpului. Copiilor care n-au ajuns la pubertate le place această zonă corporală. Ei adorm mai cu ușurință strecurându-și mâinile lipite una de alta între coapsele strânse. Este un gest de reasigurare. Un cod gestual destinat să protejeze copilul de propriul complex de castrare, după părerea lui Desmond Morris.

Dar coapsele nu sunt doar ambasadoarele plăcerilor noastre carnale. Nicidecum! În contextul unei negocieri, ele joacă rol de barometru. Vă informează despre întorsătura pe care o ia discuția.

Dacă interlocutorul, aflat în poziție așezat, obișnuiește să-și pună mâinile pe coapse sau pe una dintre ele, să le strângă între degetul mare și arătător în timpul discuției, aveți grijă! Rețineți într-un ungher al memoriei că e vorba aici de o atitudine de respingere sau de refuz pe care încă nu și-a exprimat-o verbal.

Coapsele în acțiune

Noua dumneavoastră iubită își mângâie distrată coapsele cu o mișcare regulată de du-te-vino.

Gestul vorbește de la sine. Simularea penetrării este evidentă pentru toată lumea în afară de cel care refuză s-o vadă.

Corpul este înclinat în față, antebrațele se sprijină pe coapse.

Subiectul este contemplativ. Se mulțumește să asiste la discuție fără să participe.

Fiul adolescent vă anunță ultima boacănă pe care a făcut-o. Și nu cea mai mică. Înainte de a sări ca ars din fotoliu, vă loviți cu putere coapsele.

Faptul de a-ți lovi coapsele, împins de un sentiment de nerăbdare, de rușine, de furie sau de amărăciune, este un cod gestual care răspunde unei emoții bruște și violente. O atitudine care poate fi și expresia unei bucurii intense. Unii își lovesc coapsele râzând.

Interlocutorul stă picior peste picior, strecurându-și o mână între coapse înainte de a vă răspunde.

Tocmai a schimbat macazul fără să vă avertizeze. Inserția mâinilor între coapse este un semn de versatilitate. Venind de la un bărbat adult, această postură trădează un temperament imatur sau incapacitatea de a stăpâni situația de stres punctual de tip „situație de examen". Atitudinea dumneavoastră îl pune în încurcătură. Gestul lui este fondat pe un sentiment de instabilitate sau pe imposibilitatea de a stăpâni situația în care se află. Este posibil și ca dorința sau speranțele lui să fie orientate spre un obiectiv complet utopic.

Această penetrare este totodată și un gest de protecție și de reasigurare într-un context destabilizant. Mâna înțepenită astfel între coapse este mereu aceeași. Dar se mai întâmplă câteodată ca unii indivizi să simtă nevoia de a-și băga ambele mâini între coapse pentru a se proteja mai bine de agresivitatea pe care o percep pe drept sau pe nedrept. Este în mod evident un gest-relicvă pe care subiectul îl face atunci când încrederea lui în sine sau stăpânirea de sine sunt zdruncinate punctual sau durabil. Mâna stângă între coapse ca refren gestual trădează un individ foarte emotiv. Mâna dreaptă între coapse dezvăluie un individ supus. Această interpretare este valabilă și pentru copilul care reproduce acest gest în mod repetat.

Când mâna stângă este strecurată între coapsele încrucișate și piciorul drept îl acoperă pe cel stâng, dacă e vorba de un bărbat dreptaci, asta înseamnă că toleranța e programată. Dacă e vorba de o femeie dreptace, intoleranța are întâietate.

Când mâna dreaptă este prinsă între coapse, intoleranța este programată dacă e vorba de un bărbat dreptaci și toleranța este în program dacă e vorba de o femeie dreptace.

Stând picior peste picior (modul atractiv sau repulsiv, nu contează), ea își pune palmele, cu degetele încrucișate, sub coapsa dominantă.

Dacă degetele sunt încrucișate în general sub coapsa stângă:

Inadaptată social, trăiește „în lumea ei", pretextând că este fericită așa. Dacă reproduce frecvent acest tip de postură, este în mod evident în criză.

Dacă degetele sunt încrucișate în general sub coapsa dreaptă:

Este rea și perversă, reavoitoare și lipsită de scrupule, fără a mai pune la socoteală înclinația către bârfă. Femeia frumoasă care îmbătrânește suferă cumplit.

Ancorarea coapselor

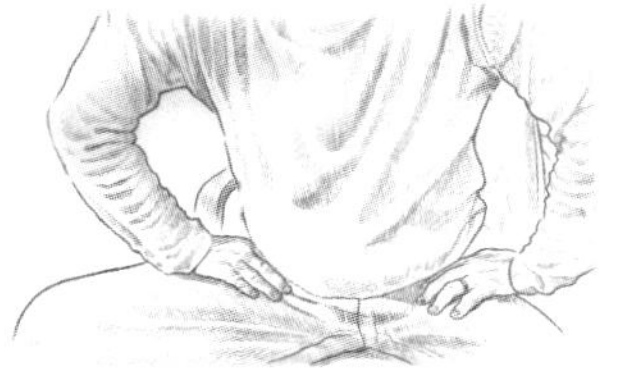

Întrucât coapsele reprezintă o zonă erogenă prin excelență, secvențele gestuale care le implică au uneori semnificații de tip sexual.

Ancorarea celor două coapse cu mâinile, în timp ce coatele sunt proiectate în afară, semnalează o reevaluare.

Consilierul care vă primește ca să-i prezentați noul proiect este așezat în fața dumneavoastră și își strânge coapsele cu mâinile.

Interlocutorul vă semnalează gestual că punctele dumneavoastră de vedere sunt ireconciliabile. E vorba de o atitudine predictivă: mersul înainte al comunicării, simbolizat de picioare, este întrerupt de mâini. Oricare ar fi motivul care a suscitat această postură, sunteți deja eliminat din joc înainte ca partida să înceapă.

Acest cod gestual este adeseori greu de sesizat. Trebuie să fiți atent la el, căci este expresia în timp real a obiecțiilor pe care interlocutorul le coace în secret în mintea lui: „Cum c să-i anunț decizia mea?" El își punctează reflecția prin ancorarea unei coapse sau a ambelor preț de o clipă, înainte de a trece la atac.

Pe de altă parte, este posibil ca atitudinea lui să vă dea impresia unei adeziuni. O să vă spună „da", chiar dacă nu aderă. Și asta fiindcă este incapabil să spună „nu". Dacă vă bazați pe el, o să vă abandoneze exact când v-o fi lumea mai dragă. Cu cât mâinile strâng mai tare coapsele, cu atât mentalul este mai potrivnic. Interlocutorul nu spune ce gândește și nu gândește ce spune. Totul este fals, dar el este incapabil să adopte o atitudine sinceră, fie ea și negativă. Strângerea coapselor cu mâinile arată că intoleranța este dominantă.

De reținut:

În psiho-anatomie, coapsa stângă este sediul simbolic al toleranței.
Coapsa dreaptă este sediul simbolic al intoleranței.
Cele două coapse simbolizează reevaluarea.

GENUNCHII

Genunchiul nu este considerat o zonă anatomică importantă pe plan estetic, totuși frumusețea piciorului depinde de el. Genunchii care se ating în timpul mersului sau cei nu prea bine conturați nu sunt reperați adesea fiindcă picioarele sunt admirate în general din spate. Moda cizmelor înalte a permis unor staruri precum Brigitte Bardot să-și ascundă genunchii urâți și să-și scoată în evidență coapsele superbe.

Genunchiul stâng este sediul simbolic al supunerii. Când subiectul observat își pune piciorul stâng peste cel drept ținându-se de genunchi, el arată că este descumpănit sau tulburat emoțional. Se agață de genunchiul stâng pentru a se supune influenței interlocutorului său.

Genunchiul drept este sediul simbolic al agresivității. Când o persoană își pune piciorul drept peste cel stâng, ea se simte agresată de interlocutor și încearcă să se protejeze simbolic acoperindu-și genunchiul cu degetele încrucișate.

Genuflexiunea

Îndoirea genunchilor este asociată cu o atitudine de supunere (imposibilitatea de a fugi) – reverența sau îngenuncherea în fața personajelor importante. Dar fiți atent!

Îndoirea genunchiului drept este un act de supunere înșelătoare și agresivă, cea a genunchiului stâng, un act de supunere autentică. De ce?

Poziția cu genunchiul drept în pământ și genunchiul stâng în sus marchează respectul față de un personaj important căruia cel îngenunchiat i se supune. Întrucât genunchiul drept este simbolul agresivității, dacă este îndoit, el semnalează că sediul agresivității este dezactivat.

Poziția cu genunchiul stâng în pământ și genunchiul drept în sus marchează o ostilitate înfrânată și un refuz nedeclarat de a se supune. Genunchiul drept ridicat indică o agresivitate gata să se manifeste.

Ancorarea genunchilor

Vă plictisiți sau dați bir cu fugiții?

Ancorarea genunchilor cu degetele încrucișate sau cu mâna este un refren gestual observat frecvent. „Mi-e teamă să nu primesc o lovitură de picior“ este sensul simbolic al acestei atitudini.

Genunchiul drept este sediul simbolic al agresivității, după cum am spus deja, dar și al mobilității și al nerăbdării. Genunchiul stâng este sediul simbolic al supunerii, ca și cel al anxietății și al fugii. Când ne aflăm în fața unui pericol, fugim întotdeauna prin stânga. Degetele încrucișate pe genunchiul drept indică un ecran de protecție împotriva dușmanului sau un context defavorabil care tinde să vă facă să stați pe loc. Degetele încrucișate pe genunchiul stâng evidențiază o constrângere în fața căreia prima reacție instinctivă ar putea fi fuga. Și poate că instinctul n-a greșit în totalitate dându-vă acest sfat. Încrucișarea degetelor pe genunchiul stâng trădează aproape întotdeauna o situație de manipulare perversă a cărei țintă sunteți. Ancorarea genunchiului este de fapt un semnal gestual predictiv.

Interlocutorul își pune piciorul stâng peste cel drept și își ține genunchiul stâng cu mâna dreaptă.

Se simte obligat să se supună bunăvoinței dumneavoastră sau evenimentelor. Mâna dreaptă este mâna timpului. Interlocutorul estimează că este pe punctul de a și-l pierde pe-al său în compania dumneavoastră. De fapt, vă pierdeți timpul reproșându-vă mental că abuzați de-al său.

Stând așezat, interlocutorul își pune piciorul drept peste cel stâng și își ține genunchiul cu mâna stângă.

Își ascunde ostilitatea simbolizată prin genunchiul drept. Mâna stângă este mâna spațiului, interlocutorul se simte la strâmtoare. Îi furați spațiul vital sau libertatea cuvântului.

Stând așezat, subordonatul își ține unul din genunchi cu degetele încrucișate.

Acest cod gestual intervine atunci când ascultătorul nu mai reușește să-l urmărească pe vorbitor. El nu-i mai înțelege discursul. Se ține de genunchi pentru a nu cădea pradă tulburării. Se simte depășit de evenimente, dar nu va îndrăzni niciodată să v-o mărturisească.

De reținut:

În psiho-anatomie, genunchiul drept este sediul simbolic al agresivității.
Genunchiul stâng este sediul simbolic al supunerii.
Genunchii simbolizează interdicțiile sau tabuurile.

GAMBELE

Femeia este combativă de la natură, bărbatul are nevoie de o mână de ajutor pentru a deveni. Nu există combativitate fără curaj, nici curaj fără combativitate. Aceste două caracteristici emoționale se completează. Când mușchii gambelor sunt slăbiți, combativitatea este la pământ. Întrucât gambele sunt locuri afectate de tensiuni și crampe nocturne, structura lor neuro-musculară evoluează sau involuează în funcție de nivelul de combativitate. Dacă sunteți victima unei crampe la pulpa dreaptă, suferiți de o lipsă de constanță sau de perseverență. O crampă la pulpa stângă ar putea însemna că treceți de la obstinație la încăpățânare prostească. Niște pulpe dureroase semnalează o lipsă de tonus a combativității. Odată cu vârsta, dacă vă dați bătut în fața vieții, vigoarea pulpelor slăbește. În schimb, dacă acționați în continuare, dacă vă stăpâniți destinul și rămâneți activ sau sportiv, ele continuă să se restructureze până la o vârstă destul de înaintată. Revenind la crampele nocturne, acestea reprezintă un semnal clar că vă pierdeți combativitatea. Nu faceți destul efort pentru a înainta pe drumul pe care vi l-ați trasat sau vă lăsați cuprinși de descurajare. Virusul mental cel mai nociv pentru sănătatea combativității voastre este fără doar și poate nevoia de a măsura orice efort făcut contra cronometru. Este o chemare la ordine a subconștientului dumneavoastră.

Gambe combative sau deprimate?

Fiți atent la pulpele picioarelor! Dacă simțiți niște dureri musculare, chiar discrete, atunci când urcați o scară sau când pedalați pe bicicleta de apartament, acesta este un semnal pe care nu trebuie să-l neglijați. El arată că aveți o combativitate precară sau că sunteți ușor depresiv. Combativitatea depinde de implicarea afectivă. Dacă sunteți puțin sau prost implicat în activitatea profesională sau în viața privată, combativitatea va pierde puncte, în ciuda eforturilor dumneavoastră de sportiv la domiciliu sau în exterior. Dar mai presus de toate, dacă măsurați în mod constant distanța pe care o aveți de străbătut pentru fiecare dintre inițiativele dumneavoastră, vă asumați riscul de a scădea valoarea tuturor eforturilor pe care le faceți pentru a vă menține combativitatea la un nivel ridicat. Curajul nu este o energie inepuizabilă. Ca și banii, trebuie să-l economisim sau să-l investim cu cap.

Gambele în acțiune

Stând așezată picior peste picior, vă mângâiați pulpa gambei.

Atitudinea este critică și mai ales foarte ciudată. Acest semnal gestual este însă mai frecvent decât s-ar putea crede. În orice caz, el sugerează că aveți nevoie de timp pentru a reflecta. Dacă vi se întâmplă des să vă scărpinați pulpa, de acum înainte veți ști ce înseamnă acest mesaj – combativitatea refuză efortul pe care trebuie să-l facă. Aveți nevoie de puțină detașare.

Interlocutorul își scarpină mecanic pulpa piciorului.

Gest recurent care trădează un temperament pesimist. Interlocutorul nu vă găsește foarte convingător, dar, cum are timp destul la dispoziție, i-ar părea rău să vă întrerupă. Oricum, n-are nimic să vă ofere.

Când merge, interlocutoarea își pune călcâiele pe pământ cu atâta hotărâre, încât pulpele picioarelor îi vibrează...

Această caracteristică indică un temperament autoritar și puțin înclinat spre fantezie, genul de șefă cu gambe de oțel.

De reținut:

În psiho-anatomie, gamba dreaptă reprezintă sediul simbolic al constanței și al perseverenței.
Gamba stângă reprezintă sediul simbolic al rezistenței și al obstinației.
Musculatura gambelor simbolizează combativitatea.

GLEZNELE

În psiho-anatomie, glezna dreaptă este sediul eșecului. Glezna stângă, cel al anxietății. Gleznele luate împreună sunt sediul motivației.

Când glezna stângă o blochează pe cea dreaptă, sentimentul de eșec este dominant și împiedică motivația să se exprime. Această constatare este valabilă în toate cazurile în care gleznele se încrucișează. Indiferent dacă asta se întâmplă sub scaun, în fața scaunului, când stăm în picioare, lungiți pe un șezlong sau culcați în pat. Când glezna dreaptă o blochează pe cea stângă, situația trăită de cel sau cea care face gestul este percepută ca fiind psihorigidă, deci defavorabilă sau contrariantă.

Refrenurile gestuale alternative, precum încrucișarea gleznelor, sunt întotdeauna barometrice. Ele arată în permanență starea dispozițiilor exprimate prin intermediul tonului vocii, al gesturilor și al atitudinilor corporale. Este imposibil să păstrezi glezna stângă peste cea dreaptă dacă atmosfera nespusă sau nu atât de evidentă conduce la catastrofă. Glezna dreaptă va reveni sistematic peste stânga. Amintiți-vă ce înseamnă asta: rigiditatea relației și eșec previzibil! Vă recomand să fiți deosebit de atent când vorbiți la telefon, așezat la birou sau la o masă într-o cafenea. Vă va trebui mult timp ca să recunoașteți justețea observației mele, căci acest lucru vă obligă să rămâneți obiectiv când e mai convenabil să credeți că totul este posibil în cea mai bună dintre lumile posibile.

Gleznele în acțiune

O femeie se lasă în jos pentru a-și mângâia gleznele, dând astfel la iveală adâncimea decolteului său.

Acest cod gestual semnalează totodată că ea dorește să obțină o satisfacție sexuală din partea celui care îi vorbește și care pierde din vedere esențialul. N-are de gând să aștepte până când o să vă hotărâți să-i oferiți ceea ce vrea. Mângâierea sau scărpinarea gleznelor este un indicator libidinal în măsura în care gleznele sunt sediul motivației și deci al dorinței.

Stând în poziție așezată, iubita își pune degetele încrucișate peste una dintre glezne cu piciorul ridicat la înălțimea pieptului.

Atitudinea este introvertită. Ea își strânge piciorul în brațe așa cum făcea în copilărie cu o păpușă sau cu o jucărie de pluș. Este o postură care invită la apropiere.

Tânăra stă rezemată cu spatele de zid, ținându-și gleznele încrucișate.

În situație de seducție, dacă aleasa inimii își ține glezna stângă peste cea dreaptă, înseamnă că este psiho-flexibilă, ceea ce dă de înțeles că vă place, probabil. Dacă stă cu glezna dreaptă peste cea stângă, se arată psihorigidă, ceea ce indică o oarecare neîncredere, ba chiar un refuz nemărturisit de a continua relația începută. Dacă vă încăpățânați s-o seduceți, o s-o dați în bară.

Gleznele barometrice reprezintă una dintre cele mai importante posturi alternative pe care e bine să le aveți în vedere în toate împrejurările existenței. Această postură vă informează, în timp real, despre drumurile pe care trebuie s-o luați și despre cele pe care trebuie să le evitați cu orice preț. Credeți-mă, o spun din experiență!

Alternanța gleznelor în timpul încrucișării poate trăda un sentiment de incapacitate în a găsi o soluție sau în a adopta o poziție clară atunci când vă aflați în fața unei dileme.

Încrucișarea gleznelor sub scaun și nu în față este alternativă.

Ea exprimă trăirea care animă climatul mental al individului. Atenție! Există o diferență fundamentală între încrucișarea gleznelor sub scaun și cea care se produce atunci când picioarele sunt întinse. Prima este un cod gestual reflex, a doua este un cod de intenție care semnalează nevoia de a se destinde sau plictiseala.

În poziție așezată, ea își încrucișează gleznele, cu picioarele puse într-o parte, pe muchii.

E pe cale să simtă un puternic sentiment de nesiguranță. De ce? Pentru că îi e frică să nu pară ridicol în ochii celor din anturaj. Preferă să se lase călcat în picioare decât să-și afirme autoritatea. În felul acesta, nimeni nu va putea spune despre el că nu-și iubește aproapele. Teama asta de ridicol este handicapul cel mai grav, fiindcă îl obligă să facă multe ocoluri pentru a nu fi nevoit să-și exprime refuzul în mod direct.

Vă încrucișați gleznele sub scaun, sprijinindu-vă unul dintre picioare pe vârful degetelor.

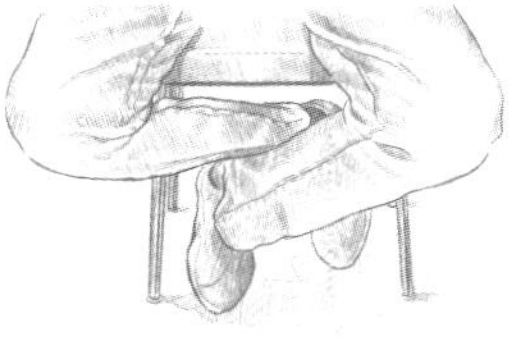

Gleznele reprezintă motivația, care e sursa oricărui progres. Faptul de a le adăposti sub scaun este un mod de a refuza să mergeți spre celălalt pe plan afectiv sau de a vă înfrâna entuziasmul.

Vă încrucișați gleznele sub scaun în timp ce stați singur într-un loc public.

Această atitudine indică un sentiment de indispoziție sau o atitudine de retragere față de necunoscuții care vă înconjoară. La origine, crucea simboliza alungarea ghinionului. Încrucișarea la toate nivelele corpului (degete, brațe, picioare) este un mod infantil de protecție împotriva castrării.

În timp ce caut inspirație pentru a-mi continua textul, îmi pun piciorul stâng în spatele gleznei drepte. Picioarele îmi sunt retrase sub scaun.

Această poziție seamănă cu cea a cocostârcului care își îndoaie un picior și îl ascunde în puf, rămânând în echilibru pe celălalt. Este în așteptare.

Imobilizarea gleznei stângi mai poate trăda și un climat mental năpădit de un sentiment de frustrare. Cât despre imobilizarea gleznei drepte, ea ar putea semnala o incapacitate de a acționa sau de a reacționa la o situație de blocaj. Eu unul mă surprind adesea încrucișându-mi gleznele, stânga blocând-o pe dreapta atunci când sunt în pană de inspirație.

Ca să rezumăm:

Dacă aveți tendința de a încrucișa glezna stângă peste cea dreaptă sub scaun, vă exprimați inteligența interpersonală care vă face sensibil față de ceilalți, tolerant și dotat cu empatie. Emotivitatea dumneavoastră este descătușată și se adaptează ușor. Sunteți în faza psiho-flexibilă.

În schimb, dacă vă încrucișați glezna dreaptă peste stânga, deveniți rațional și cunoașterea intuitivă a altora nu vă mai interesează. Abordarea punctuală este mai rațională, mai controlată, mai puțin tolerantă și mai ales mai lipsită de încredere. Sunteți în faza psihorigidă. Formidabil în privința gleznelor este faptul că o să vă chinuiți în zadar să le schimbați încrucișarea în mod intenționat, ele se vor repune instinctiv în poziție psihorigidă sau psiho-flexibilă fără să vă dați seama.

Ancorarea gleznelor

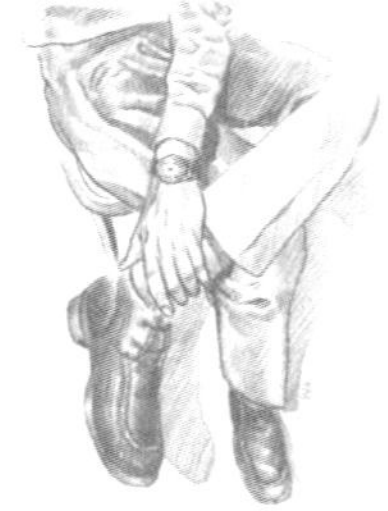

Acest tip de ancorare se practică în poziția așezat, așa-numita postură a „picioarelor în echer“ (vezi capitolul despre picioare). Dacă mâna stângă apucă glezna dreaptă, înseamnă că mâna spațiului încearcă să flexibilizeze mentalul. Dacă e vorba de mâna dreaptă, mentalul subiectului este complet înțepenit.

Ancorarea gleznei stângi

Indivizii de sex masculin care suferă de tulburări sexuale au tendința să facă același gest încrucișându-și degetele peste glezna stângă. Această alternativă indică în toate cazurile un sentiment de angoasă care nu are neapărat legătură cu performanțele libidinale. La baza acestui gest poate sta și o lipsă de motivație.

Când mâna dreaptă este pusă peste glezna stângă, lucrurile stau prost. Timpul și flexibilitatea nu fac niciodată casă bună. Mâna stângă pusă peste glezna stângă, gest mai rar, indică nevoia de a regăsi o motivație pierdută din vedere.

Ancorarea gleznei drepte

Am observat în mai multe rânduri că persoanele care suferă de tulburări ale schemelor voluntare aveau tendința să-și încrucișeze degetele pe glezna dreaptă în poziția picioarelor în echer.

Raportul simbolic dintre glezna dreaptă și teama de eșec este clar. Apucându-și cu mâna glezna dreaptă, subiectul își pune motivația la adăpost.

Când o femeie își prinde cu mâna glezna dreaptă, ea se teme că ar putea să displacă sau că nu va reuși să fie pe placul celorlalți, ceea ce înseamnă același lucru. Încrucișarea degetelor pe glezna stângă sau apucarea ei cu mâna poate trăda și o lipsă de entuziasm sau o lipsă de motivație. Nu toate gesturile sunt neapărat freudiene!

De reținut:

În psiho-anatomie, glezna dreaptă este sediul simbolic al eșecului.
Glezna stângă este sediul simbolic al anxietății.
Împreună, gleznele simbolizează motivația.

LABA PICIORULUI

Laba piciorului are o structură uimitor de complexă. Este compusă din 26 de oase, 114 ligamente și 20 de mușchi care asigură funcționarea mecanică a fiecărui picior. Leonardo Da Vinci spunea despre laba piciorului omenesc că este o „capodoperă a mecanicii". Suntem atât de obișnuiți să mergem, încât nu ne mai dăm seama că o suprafață atât de mică, chiar și înmulțită cu doi, reușește să asigure echilibrul întregului corp. Pentru un bărbat care poartă la pantofi mărimea 42, sunt două suprafețe de aproximativ 234 cm^2 care susțin un corp de 70 de kilograme și cu o înălțime medie de 1,70 m, adică 18 000 cm^2 de suprafață la un adult.

Laba piciorului drept este simbolul răbdării. Este pozitivă, dar nu prea întreprinzătoare și nu prea influențabilă. Ea trădează o personalitate rigidă, dar lucidă. Laba piciorului stâng este simbolul revoltei și al inițiativei. Este rebelă, anarhistă, dar progresistă. Când ne ridicăm sprijinindu-ne pe laba piciorului stâng... înseamnă că dormim pe partea stângă a patului. Un individ care își pune ambele picioare pe sol este în postura de ascultare. Când talpa unui picior părăsește solul, ascultarea este alterată sau devine pasivă.

Curbura senzuală a labei piciorului

Curbura labei piciorului este un semn de senzualitate pe care femeile frumoase îl pun în evidență purtând pantofi sau sandale cu tocuri cui foarte înalte. Bărbații care au ca fetiș laba piciorului femeii se delectează cu această arcuire convexă încadrată de protuberanțele maleolelor bombate. Dar acești fetișiști sunt puțini la număr.

O curbură proeminentă a labei piciorului este un adevărat pașaport pentru paradisul senzualității femeii (și al partenerului ei care beneficiază de el). Poate veți fi mai atent la acest aspect de acum înainte. Căci picioarele frumoase, sânii mari și fermi și zâmbetele ireproșabile nu sunt mereu garanția unui libidou fantastic. Însă curbura labei piciorului, da! Cu cât laba piciorului este mai arcuită, cu atât pubisul este mai primitor, căci a găsit ce-i trebuia. De unde și expresia „a găsi pantof pe măsură“, a cărei semnificație inițială era „a-și găsi jumătatea“!

Laba piciorului și plăcerea

În limba franceză, există două expresii care consacră puterea ocultă a labei piciorului în materie de seducție: *prendre son pied* (literal: „a-și lua piciorul“), care înseamnă „a avea o plăcere intensă, a juisa“, și *faire du pied*, adică a pipăi pe cineva cu piciorul pe sub masă, făcându-i avansuri discrete. Precum și expresia *C'est le pied!* (E belea/super!), pentru fericirea absolută!

Sensibilitatea tălpii piciorului indică o vascularizare puternică a acestei părți anatomice a corpului nostru. Or, cine zice vascularizare zice și sensibilitate erotică! Francezii au o expresie: *être bête comme ses pieds* („a fi prost ca propriile-i picioare“)![1] Picioarele n-au creier cu care să se fălească, în schimb, au o relație foarte strânsă cu sexul, după cum o să vedem. Toți bebelușii care-și sug cu încântare degetele mari de la picioare simt o plăcere nemaipomenită de „a-și lua piciorul“ (în gură).

Transpirația picioarelor este sărată precum apa mării. Din cauza acestei salinități, unii câini ling picioarele stăpânilor. Senzația percepută de stăpân este foarte plăcută. Imaginați-vă că această operațiune canină ar fi efectuată de partenerul dumneavoastră și închipuiți-vă urmarea acestei operațiuni foarte erotice! Pun pariu că începeți să înțelegeți semnificația expresiei „a-și lua piciorul“. Simbolismul general al piciorului este sexual. Potrivit unei credințe larg răspândite, un bărbat care are laba piciorului mare este dotat cu un penis ieșit din comun. O femeie cu laba piciorului mică se presupune că are un vagin strâmt. Poate că e doar o extrapolare, dar pantoful a fost considerat adesea simbolul organelor genitale ale femeii. Odinioară, femeile din Sicilia care vroiau să se mărite dormeau cu un pantof sub pernă. Amanții romantici ai secolului al XIX-lea beau șampanie din pantofii metreselor de-o noapte. Mai există și astăzi un obicei anglo-saxon care constă în a agăța pantofi scâlciați de bara din spate a mașinilor tinerilor însurăței.

Tot de natură sexuală era și atracția pentru picioarele bandajate ale tinerelor chinezoaice. Pe vremea aceea, se credea că, cu cât picioarele erau mai mici (și deci total deformate), cu atât pliurile vaginului erau mai fascinante. Această credință n-avea niciun fundament, dar tortura impusă femeilor le convenea de minune bărbaților. Într-adevăr, chinezoaicele astfel handicapate fizic nu mai puteau practic să meargă (private de libertate) și rămâneau la bunul plac al soților foarte geloși, cramponați în privilegiile lor.

---

[1] Echivalentul românesc al expresiei este: „a fi prost ca o cizmă“. (N. tr.)

Oricum ar fi, dacă alesul sau aleasa inimii vă privește pe sub sprâncene în timp ce-și masează talpa piciorului, v-a prins în mreje. Dacă observați că prietena își masează picioarele, reacționați imediat: e clar, vrea să vă seducă.

Limbajul picioarelor

După cum subliniază Desmond Morris, pe planul limbajului corporal se constată un fapt interesant: piciorul este fără nicio îndoială partea cea mai onestă a corpului, căci mișcările și schimbările lui de poziție, oricât de neînsemnate, ne spun totul despre starea de spirit a persoanei în cauză. Și asta pur și simplu fiindcă, de cele mai multe ori, nu ne gândim ce facem cu picioarele (în orice caz, cu partea inferioară a corpului nostru). Când cunoaștem alți oameni, ne concentrăm pe fața lor, știind că și ei fac la fel cu noi, astfel că mințim ca niște experți, zâmbind sau încruntând din sprâncene... Pe măsură ce privirea coboară de-a lungul corpului, limbajul corporal devine din ce în ce mai sincer. Mâinile se situează la jumătatea drumului, așa că ele spun adevărul doar pe jumătate. Nu suntem decât vag conștienți de acțiunile lor, dar putem totuși să mințim folosindu-ne de ele. Cât privește picioarele, situate la extremitatea opusă a corpului în raport cu fața, ele sunt lăsate să facă ce vor și de aceea sunt atât de interesante de studiat.

Soldatul

Odinioară, piciorul drept era considerat bun și drăguț în timp ce piciorul stâng era rău și ostil. Se credea că Dumnezeu își făcuse lucrarea cu ajutorul piciorului drept, iar diavolul cu stângul. Desmond Morris menționează motivul fundamental pentru care toți militarii pornesc în marșul de defilare cu piciorul stâng. După el, piciorul ostil ar fi în mod intenționat scos la înaintare pentru a arăta agresivitatea soldaților.

Vă propun o altă interpretare a acestei opțiuni pedestre. Un dreptaci fuge întotdeauna prin stânga și își agresează adversarul prin dreapta. Preferând plecarea cu piciorul stâng, ofițerii îi împiedică pe soldați să fugă din fața pericolului. Iată două ipoteze diferite care merită să fie confirmate sau infirmate.

Piciorul care dă startul

Dacă porniți cu dreptul, sunteți activ și întreprinzător. Dacă preferați piciorul stâng, sunteți creativ sau meditativ, asta în cazul în care sunteți dreptaci. Pentru stângaci, trebuie să inversați. Acestea fiind spuse, reacția în cauză face parte din familia refrenelor gestuale alternative.

Dacă sunteți comerciant, observați-vă clienții! Care este piciorul cu care pornesc atunci când pleacă din magazin? Clientul care pornește cu dreptul este puțin influențabil. Cel care pornește cu stângul, dimpotrivă, poate fi sedus de o mică reducere de preț la următoarea vizită în magazin. Ceea ce înseamnă că clientul care pornește cu piciorul drept va fi mai rigid decât cel care pornește cu stângul.

Acest tip de observație este interesant în măsura în care alegerea piciorului are aproape întotdeauna legătură cu comportamentul general al subiectului observat. Când coborâți din autobuz sau din tramvai, când ieșiți din vagonul de metrou, care este piciorul pe care îl puneți primul pe sol? Dacă vă simțiți bine, veți pune automat piciorul stâng primul. Dacă sunteți preocupat de ceva sau îngrijorat, veți pune întâi picior drept. Piciorul care dă startul depinde de ceea ce se întâmplă în mental. Dacă domină rațiunea, va fi piciorul drept. Dacă domină emoțiile, va fi piciorul stâng.

Laba piciorului în acțiune

Așezat sau în picioare, subiectul observat apasă cu talpa piciorului stâng peste piciorul drept sau invers.

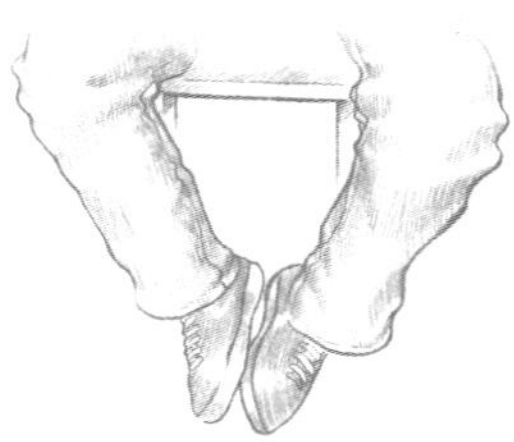

Rar întâlnită în mediul profesional, atitudinea exprimă ruperea totală de realitate. În unele împrejurări din categoria situațiilor de excepție, un individ care face acest gest trădează nevoia de a fugi de o trăire care nu corespunde cu ceea ce simte sau cu ceea ce speră.

Când subiectul observat își strivește laba piciorului stâng cu talpa de la dreptul, el se controlează. Se simte într-o situație critică și gestul său trădează o nevoie de a fugi inhibată prin apăsarea cu talpa pe laba piciorului. Dacă apasă cu talpa piciorului stâng peste dreptul, vă aflați în fața unui individ impulsiv.

Picioarele dansatoare

Stând în picioare, interlocutorul își încrucișează picioarele la nivelul gambelor, sprijinindu-și laba piciorului din față pe vârful degetelor.

La drept vorbind, picioarele dansatoare nu reprezintă o atitudine seducătoare. Cele două variante posibile se traduc printr-o figură de dans (piciorul stâng pe vârfuri) sau prin teama de eșec (piciorul drept pe vârfuri). Nu vă sfătuiesc deci să recurgeți la acest gest în fața iubitei. Mesajul tacit vă poate devaloriza în ochii ei fără să fie conștientă de acest lucru. Și să ratați ocazia pentru un gest inutil ar fi aiurea.

Acest refren gestual este alternativ. Când talpa piciorului pierde contactul cu pământul, înseamnă că tipul are o problemă la mansardă! Își dorește să vă placă sau poate că îl intimidați. Încercați să aflați!

Nevoia de a-ți dezechilibra corpul nu este un gest gratuit, făcut pentru a părea o persoană amabilă. Această postură socială este frecventă la indivizii care au tendința clară de a face diferența între a fi și a părea sau de a încălca regulile jocului. Prin extindere, ea este întâlnită în mod curent la clienții barurilor care fac schimb de banalități și confirmă faptul că fiecare e cu mintea la ale lui fără a se preocupa de ceea ce gândește vecinul. Adoptăm cu toții acest gen de postură, și veți constata că ea se impune mai ușor atunci când suntem intimidați. Ca și cum am căuta, în mod paradoxal, o siguranță kinestezică ce ne lipsește momentan pe plan mental.

Interlocutorul își lasă greutatea pe piciorul drept, sprijinindu-și piciorul stâng pe vârful degetelor.

Când un individ se sprijină în mod frecvent sau regulat pe vârful piciorului stâng, el se simte devalorizat, este tulburat, simte o constrângere. Pe scurt, se retrage din joc pentru a nu fi nevoit să-și înfrunte defectele. Această atitudine nu este un refren invariabil, ea își poate schimba polaritatea în funcție de împrejurări. În concluzie, este victima unei figuri de dans sau a unui sentiment de neîmplinire.

Pe plan barometric, trebuie să știți că dacă interlocutorul repetă de mai multe ori acest gest în prezența dumneavoastră, pur și simplu nu este interesat de compania dumneavoastră sau de ceea ce spuneți. Dacă sunteți autorul codului gestual cu pricina, subconștientul vă avertizează că vă pierdeți timpul cu domnul sau doamna care vă bate la cap și nu vă lasă să plecați.

Mai puteți reproduce acest gest și din cauză că gândurile vi se învălmășesc în minte. E suficient să nu vă mai gândiți la nimic pentru ca poziția picioarelor dansatoare să se deprogrameze în mod firesc. Încercați!

Interlocutorul își lasă greutatea pe piciorul stâng, sprijinindu-și piciorul drept pe vârful degetelor.

Lăsarea greutății corpului pe piciorul stâng duce la activarea emisferei cerebrale drepte (imaginația). Sprijinirea pe vârful degetelor de la piciorul drept semnalează o ruptură temporară de creierul rațional. Încordat, nervos, îngrijorat de turnura evenimentelor sau de rezultatele unei întâlniri care se anunță catastrofală, interlocutorul intră deja în panică, însă aceasta nu este încă vizibilă cu ochiul liber. Pentru a se proteja de remușcările care-l cuprind, dă din gură, dar nu spune ceea ce gândește și nu mai gândește ceea ce spune. Vorbește doar ca să scape de ghinionul care îl urmărește sau de consecințele actelor sale. Se teme să n-o dea în bară.

Dacă adoptați această poziție, luați-vă tălpășița cât mai repede sau ciuliți urechile în caz că aveți nevoie de persoana cu care vă întrețineți, căci eșecul proiectului vă așteaptă la cotitură.

Puteți face apel la această secvență gestuală în mod punctual, atunci când interlocutorul vă agasează cu confidențele lui sau cu stupide cugetări de cafenea. Sentimentul de inferioritate sau anxietatea bruscă se exprimă în surdină în diverse împrejurări fără a se afișa ca un coș pe vârful nasului. Poziția picioarelor dansatoare este suficientă, într-o primă fază, pentru a devia aceste sentimente perturbatoare spre sol. Picioarele în sprijin acționează ca niște prize cu împământare. Piciorul drept va evacua sentimentul de inferioritate, un complex care depinde în întregime de creierul cognitiv. Piciorul stâng va încerca să elimine anxietatea irațională, furnizată exclusiv de zona dreaptă a creierului.

Picioarele în retragere

Stați cu picioarele retrase sub scaun, sprijinite eventual pe vârful degetelor, fără ca tălpile să atingă pământul.

Dacă aveți obiceiul să vă refugiați picioarele sub scaun, de parcă v-ați teme de șoricei, imediat ce vă aflați în fața unei alte persoane, va trebui neapărat să exersați blocajul cizmei în programare neurogestuală, adică o fixare a picioarelor pe sol. Sunt necesare mai multe zile de exerciții cotidiene pentru a reuși să-l realizați într-o manieră autonomă și adaptată situației. Ce beneficiu obțineți? Simțul competiției, o mai mare determinare, interdicția de a eșua, rezistența la frustrare, rapiditatea reflexelor și stimularea capacității de detașare. Prostul obicei de a vă încrucișa picioarele sau gleznele sub scaun atunci când sunteți confruntat cu o situație de examen este un cod gestual viral.

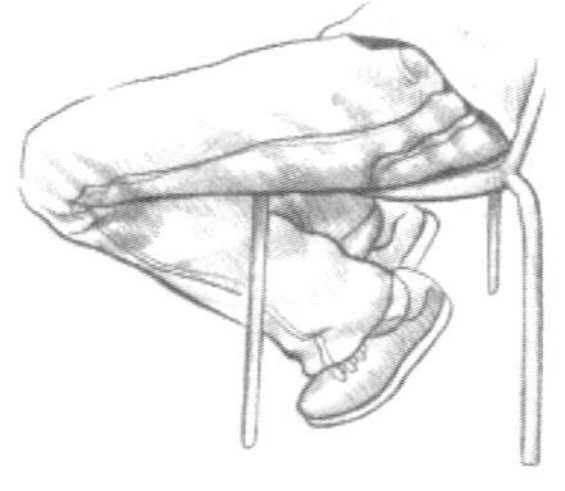

De reținut:

Când piciorul drept se refugiază sub scaun și stângul rămâne în față, subiectul își pierde răbdarea. El rezistă cu greu la frustrare.
Când piciorul stâng se refugiază sub scaun și dreptul rămâne în față, inițiativa este blocată sau sentimentul de revoltă este inhibat.
Când ambele picioare se refugiază sub scaun, subiectul se află într-o situație de supunere.

Picioarele perpendiculare

Interlocutoarea se postează în fața dumneavoastră, ținându-și laba piciorului drept perpendiculară pe cea a piciorului stâng.

Poziția cu labele picioarelor perpendiculare este destul de frecvent adoptată de adolescenții care se vor – în mod inconștient sau nu – disponibili pe plan amoros. Această postură este un semnal fierbinte de seducție, întrucât corpul se răsucește, punând bustul în valoare.

Piciorul stâng perpendicular pe dreptul trădează în general o persoană hipersensibilă, hipersusceptibilă și foarte narcisistă. Un soi de Lolita care adoră să fie admirată, dar care nu este întotdeauna pregătită să se aventureze într-o poveste de dragoste toridă cu un logodnic trecător.

Piciorul drept perpendicular pe stângul evidențiază un caracter mai îndrăzneț și mai direct în materie de sentimente, o tânără care știe perfect ce vrea, pe dumneavoastră în cazul de față, și care reproduce în mod sistematic poziția în prezența și în atenția dumneavoastră. Piciorul drept este comandat de zona stângă a creierului, mai calculată și mai oportunistă decât cea dreaptă, care este mai impulsivă.

N-am văzut niciodată tinere cu tocuri înalte stând cu picioarele în unghi drept. Numai cele încălțate cu bascheți sau cu pantofi fără toc adoptau această poziție. Ceea ce mă face să cred că atitudinea este tipică pentru fetele sau femeile tinere „disponibile". Cele care poartă tocuri înalte sunt disponibile când „simt" bărbatul cu bani sau bărbatul influent.

Tălpile opozabile

În poziție așezată, cu genunchii depărtați, consoarta stă cu tălpile picioarelor lipite una de alta.

Această secvență gestuală este o atitudine imatură și contestatară de tip adolescentin. Vă pierdeți timpul degeaba, căci a tăiat efectiv orice legătură cu pământul și plutește visând cu ochii deschiși.

Talpa piciorului este sediul serenității, dar și al realității pe care ochii refuză s-o vadă, de unde și motivul pentru care ea nu-și pune tălpile pe pământ.

Picioarele ancorate în pământ întăresc capacitatea de ascultare și o confirmă. Dimpotrivă, când tălpile părăsesc solul sau când picioarele sunt în imponderabilitate (fără contact cu pământul), capacitatea de ascultare este redusă. Așadar, vorbiți la pereți.

În timp ce stați la birou, remarcați că ultimul candidat care se prezintă își încrucișează gleznele, ținându-și labele picioarelor puse pe muchie.

Simplul fapt de a pune labele picioarelor pe muchie dezvăluie un puternic sentiment de inferioritate din partea subiectului sau teama de a nu părea ridicol. Incapabil de a-și afirma autoritatea, va tărăgăna mult lucrurile, pentru a nu fi nevoit să refuze un post care în mod evident nu-i convine.

Realitate și serenitate sub talpa piciorului

Tocmai am sărbătorit împlinirea vârstei de 66 de ani și am avut impresia că mă apropii tot mai mult de moarte. Această realitate îmi îngheață sângele în vine. Când mă gândesc la asta, am senzația că viața mi s-a șters asemenea unei urme de creion. Mi se pare că am trăit un vis, nu o viață liniștită. Totul a trecut prea repede, am îmbătrânit fără să-mi dau seama, nu conta decât cariera mea, mândria de a avea o familie, de a-mi vedea copiii crescând. Și apoi, am fost aruncat la gunoi ca o baterie consumată, ca un obiect uzat care nu mai e bun de nimic. Realitatea m-a izbit în plin. M-am simțit luat pe sus de o tornadă și fantasma existenței mele mi-a apărut ca o evidență ce m-a rănit profund.
Mi-am pus picioarele pe pământ asemenea unui marinar ce coboară din barca lui veche. Pentru prima oară am înțeles că pământul e sub picioarele mele și că acest pământ este sursa serenității. Cea care ne face să rezistăm în lume, cea în care voi dormi somnul de veci. Pământul acesta este singura realitate care mă face să-mi conștientizez umanitatea regăsită. Simt pe neașteptate nevoia să trăiesc o altă viață, să schimb scenariul pentru ca drumul să continue în loc să se întrerupă brusc. Simt nevoia să înfrunt realitatea și să mă bucur de calm și de liniște, ca să nu mor ca un prost.

În vocabularul psiho-anatomiei, tălpile picioarelor sunt sediile echilibrelor corporal și psiho-somatic. Ceea ce justifică utilitatea reflexoterapiei plantare, care vizează reechilibrarea energiilor și a fluidelor corporale prin masarea tălpii piciorului. Sediul simțului realității asociat cu sereninatea, ce combinație ciudată!

La fel de sensibile ca și palmele, dacă nu mai mult, boltele plantare sunt adeseori private de atingerea pământului din cauza maniei noastre de a ne încrucișa picioarele, gambele sau gleznele. Or, aceste bolte sunt sediul simbolic al liniștii sufletești pe care o căutăm cu toții și pe care o călcăm în picioare fără să știm. Pământul este chiar dedesubt. Și acest pământ care asigură echilibrul corpului reprezintă simțul realității și al liniștii în sensul cel mai larg al termenului.

Cel sau cea care se așază pe scaun încrucișându-și în mod sistematic picioarele își trădează automat lipsa de realism dacă unul dintre picioare părăsește solul. Dar poate fi și mai rău! Poziția așezat în care subiectul își strânge ambele picioare sau doar unul sub fund este o poziție total imatură.

Reprodusă la vârsta rațiunii, acestă poziție trădează un temperament superstițios din partea unui individ uneori pasionat de parapsihologie, adeseori fragil.

Mergeți de dimineața până seara fără să vă dați seama că o suprafață de doar 568 cm^2 (tălpile ambelor picioare) vă susține în echilibru corpul, care cântărește mai multe zeci de kilograme. S-a estimat că tălpile picioarelor ating pământul de peste 10 milioane de ori în timpul unei vieți active, dar fără excese. Mersul este un miracol cotidian care vi se pare totuși banal. Echilibrul și motricitatea corpului vostru depind, înainte de toate, de sănătatea tălpilor și de instinctul de supraviețuire.

Boltele plantare, sau stabilitatea dispozițiilor

Realitatea se află chiar sub picioarele dumneavoastră și pacea interioară nu este decât o chestiune de miros (urât). Bolta plantară dreaptă corespunde realismului dur. Bolta plantară stângă este sediul liniștii sufletești.

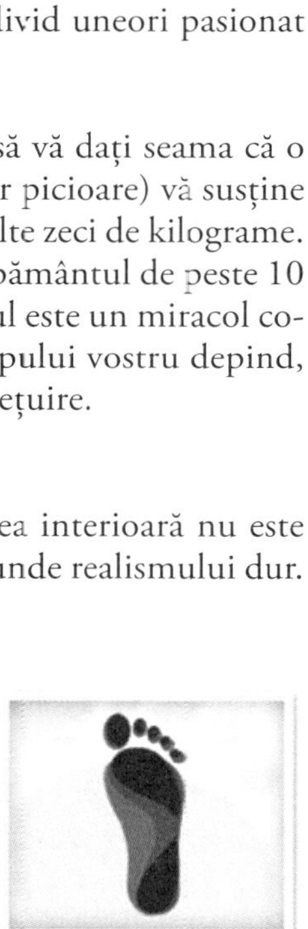

Există trei tipuri de bolte plantare. Persoanele care au tălpile plate sau cu o boltă plantară puțin arcuită au tendința de a avea o supra-pronație. Supra-pronația intervine atunci când talpa piciorului alunecă prea mult spre interior în timpul mersului sau al alergării. Invers, persoanele care au o boltă plantară foarte arcuită vor avea tendința de a avea o supinație. Supinația intervine atunci când laba piciorului nu alunecă spre interior în timpul mersului sau al alergării. Dacă aveți o boltă plantară normală, atunci și pronația va fi fără îndoială tot așa. Testul amprentei (sau *wet test*) este o modalitate simplă de a afla ce tip de boltă plantară aveți.

Testul amprentei

Umpleți un lighean cu apă, apoi puneți o foaie de hârtie chiar lângă el. Hârtia de culoare închisă e cea mai bună.

Stați în picioare în lighean, apoi ieșiți și puneți-vă picioarele ude pe foaia de hârtie uscată.

Observați amprentele pe care le-ați lăsat pe foaie.

Dacă pe amprentă apare practic toată talpa piciorului, aproape fără curbă interioară în locul unde e situată bolta plantară, înseamnă că boltele plantare sunt puțin arcuite și că aveți tălpile plate. În schimb, în cazul în care curba situată între vârful piciorului și călcâi este mare, atunci bolta plantară este foarte arcuită.

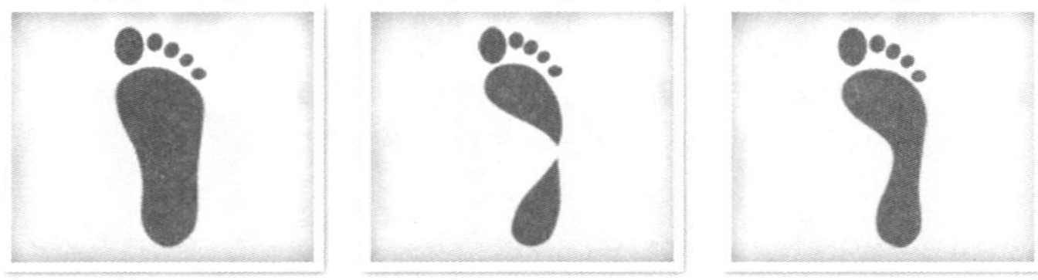

Dacă piciorul se situează între descrierile de mai sus, aveți boltele plantare normale: curba interioară există, dar nu e prea mare.

Dacă veți recurge în mod frecvent la blocajul cizmei, veți reuși să ajungeți la o liniște sufletească și la o stabilitate afectivă pe care încrucișarea sistematică a picioarelor n-o să vi le ofere niciodată. Blocajul cizmei este o tehnică de programare neurogestuală (PNG).

Evacuați-vă energiile negative prin boltele plantare

Există un exercițiu PNG pentru evacuarea energiilor negative în pământ: înrădăcinarea picioarelor, numită și „blocajul cizmei". E vorba de o catalepsie[1] a tălpilor lipite de pământ cu incapacitatea de a ridica picioarele pe toată durata exercițiului. Excelent pentru evacuarea PH-ului acid al transpirației picioarelor, exercițiul permite și ușurarea durerilor provocate de *hallus valgus* (deviație a degetului mare spre interior), afecțiune cunoscută popular sub denumirea de „monturi", sau de *hallus varus* (deviație a degetului mare spre exterior). Repetat zilnic, exercițiul mai oferă un avantaj incontestabil – diminuează varicele până a le face să dispară definitiv. În fine, acest exercițiu deosebit vă reamintește de pământul pe care călcați.

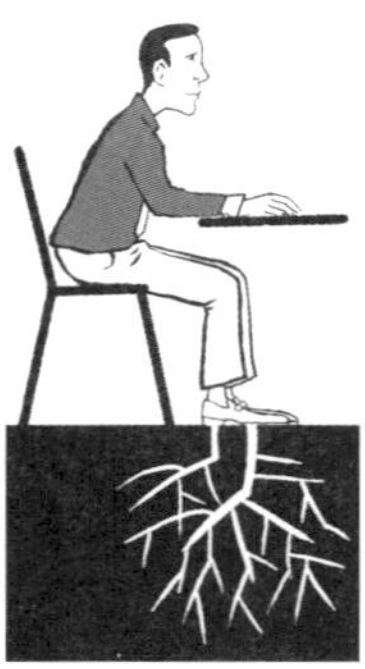

Stați cu tălpile lipite de pământ și conștientizați prostul obicei pe care-l aveți de a vă încrucișa picioarele, gest prin care una dintre emisferele cerebrale este deconectată de la realitate. Încrucișarea piciorului drept peste stângul afectează creierul cognitiv (cel care analizează), iar încrucișarea piciorului stâng peste dreptul încetinește funcționarea creierului afectiv (cel care imaginează). Ruptura contactului cu pământul este un tic gestual incontrolabil. El se produce instinctiv de fiecare dată

[1] Catalepsia este o înțepenire sugerată a articulațiilor corpului. (N. a.)

când un individ se află într-o situație de confruntare cu un altul sau când este asaltat de gânduri parazite.

DEGETELE DE LA PICIOARE

Degetele de la picioare sunt zone foarte erogene, dar puțin valorificate. Nu întâmplător, fabricanții de pantofi propun în fiecare vară o vastă ofertă de sandale cu tocuri înalte care pun în valoare degetele, cambrura labei piciorului precum și aspectul general al piciorului femeii. Picioarele perfecte sunt mult mai rare decât fețele fără niciun defect, ca să nu mai vorbim de degetele de la picioare.

În vocabularul psiho-anatomiei, degetele de la picioare sunt sediul simbolic al frustrării și al insatisfacției sexuale.

Degetele unui bebeluș sunt de douăzeci de ori mai abile în a apuca un obiect decât cele ale unui adult. La majoritatea adulților, degetele de la picioare sunt părți corporale inactive. În schimb, la un dansator, forța originală a degetelor de la picioare îi va condiționa cariera. În mod obișnuit, piciorul n-are de efectuat activități care să necesite precizie, precum mâinile, dar, cu un antrenament special putem reuși să scriem sau să pictăm cu picioarele. Este o activitate la care au fost nevoiți să se rezume unii adulți. E vorba de cei a căror naștere a fost afectată de talidomidă, numiți și bebelușii Softenon, după numele medicamentului care conținea respectiva substanță și care era prescris ca sedativ femeilor însărcinate în anii '60. Medicamentul a provocat malformații la mii de bebeluși, care s-au născut fără brațe sau fără mâini.

Degetele de la picioare în evantai

Cunoașteți cu siguranță expresia „a avea degetele picioarelor în evantai"[1]. Scoateți-vă șosetele când ajungeți acasă și răsfirați-vă degetele de la picioare în evantai timp de câteva zeci de secunde, ba chiar un minut, înainte de a vă apuca să citiți ziarul sau să vă pregătiți cina. Veți constata rapid că sentimentul de satisfacție este mai puternic decât cel de frustrare. N-aveți decât să nu mă credeți. Dar, dacă vreți să testați exercițiul, vă veți da seama că uneori nu-ți trebuie mare lucru ca să te eliberezi de un sentiment parazit precum frustrarea.

Degetele de la picioare în acțiune

Simțiți niște mâncărimi inexplicabile între degetele de la picioare.

[1] Expresie idiomatică însemnând a fi relaxat, fără nicio grijă sau a simți o mare plăcere sexuală, a juisa. (N. tr.)

Totuși, igiena dumneavoastră este ireproșabilă. Este posibil ca aceste mâncărimi să fie expresia unei insatisfacții sexuale sau a unei lipse de motivație. Aceste reacții epidermice sunt ceea ce specialiștii în comunicarea nonverbală numesc indicatori somatici.

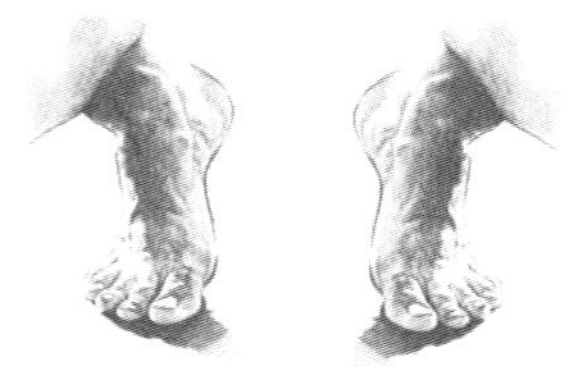

Simțiți mâncărimi doar la degetele de la piciorul drept? Înseamnă că sunteți nerăbdător să vă atingeți obiectivul, dar lucrurile trenează și, cu cât avansați, cu atât viitorul devine mai neclar.

Simțiți mâncărimi doar la degetele de la piciorul stâng? Înseamnă că ați vrea să vă revoltați împotriva situației prezente, dar vă impuneți să n-o faceți, deși nimeni și nimic nu vă împiedică.

Simțiți mâncărimi la degetele de la ambele picioare? Poate că sunteți victima unui dezechilibru afectiv sau sexual. Pe scurt, după toate aparențele, sunteți excitat.

Tânăra pe care o observați de câteva minute poartă un inel pe degetul mare de la piciorul drept.

Acest inel este o dovadă de frustrare sexuală. Purtat pe degetul mare de la piciorul stâng, ar trebui să indice același gen de carență.

Consoarta se ridică pe vârfuri turtindu-și degetele de la picioare.

Deși degetele de la picioare au o importanță esențială în menținerea echilibrului corporal, pe plan gestual, ele sunt mult mai puțin elocvente. Totuși, această poziție a degetelor se observă uneori la o femeie care și-a scos pantofii din picioare. Este o atitudine care indică adesea dorința de a repune lucrurile în discuție. Această secvență gestuală semnifică nu doar supunerea, ci și frustrarea.

Tânăra are degetele de la picioare date cu lac de unghii roșu carmin.

Vopsirea unghiilor de la picioare în culori aprinse trădează nevoia de senzualitate și nu dorința de a-și scoate în evidență degetele.

Interlocutorul își ține picioarele retrase sub scaun, sprijinite pe vârful degetelor turtite, fără să atingă pământul cu călcâiele.

Este o secvență gestuală clasică ce evidențiază un sentiment de inferioritate la interlocutorul dumneavoastră și teama de nu face impresie proastă. Cel care adoptă această postură este sau se comportă întotdeauna ca un subaltern. Degetele „turtite“ reprezintă o poziție-relicvă a copilului care se supune.

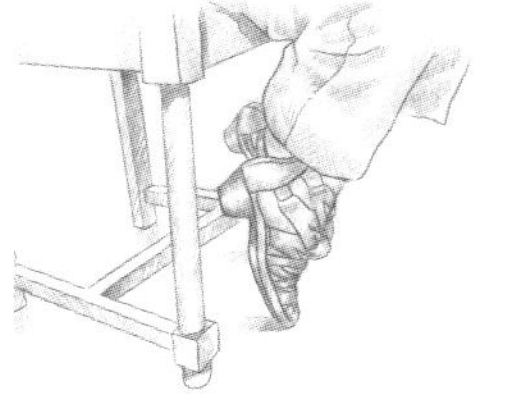

Stând în picioare sau așezat, interlocutorul apasă cu călcâiul stâng peste degetele de la piciorul drept sau invers.

Vă aflați în prezența unui provocator care își caută o victimă. Imaginați-vă că el este călcâiul, iar dumneavoastră jucați rolul degetelor!

CĂLCÂIELE

Călcâiele sunt arcurile corpului. Reușita se ascunde sub călcâie. Sedii ale reușitelor sau ale celor mai usturătoare eșecuri, călcâiele simbolizează capacitatea de a reacționa. Vocația se cuibărește sub călcâiul stâng, în timp ce călcâiul drept este unul dintre sediile credinței. O durere la călcâi poate prevesti o situație de eșec. Călcâiele merită o atenție deosebită. Uneori este necesar să strivești eșecul cu călcâiul pentru ca reușita să revină.

Indivizii aflați în situație de eșec târăsc picioarele, evitând să pună călcâiele pe pământ când pășesc. Picioarele lor alunecă de parcă ar merge pe niște perne de aer sau pe ouă. Cu cât călcâiele bat pasul mai apăsat, cu atât reușita celui care merge este mai evidentă. Femeile sigure de frumusețea lor sau de efectul pe care-l au asupra bărbaților tind să lovească puternic în pământ cu tocurile lor cui.

Ați observat vreodată cu atenție călcâiele oamenilor dintr-o braserie la ora aperitivelor? Faceți experiența și veți constata că majoritatea călcâielor clienților sunt dezlipite de pământ și că foarte puține rămân lipite pe pământ. Proporția este în jur de 90% călcâie dezlipite față de numai 10% călcâie lipite. Ceea ce corespunde mai mult sau mai puțin cu procentul oamenilor care reușesc în acțiunile lor (10%) și cu al celor care eșuează sau refuză să-și asume riscuri (90%). Așadar, dacă vreți să reușiți în viață, știți ce vă rămâne de făcut: impuneți-vă să stați cu picioarele pe pământ în orice împrejurare. Veți vedea că nu e chiar așa de simplu. Blocările ideomotoare din cadrul programării neurogestuale (PNG) fac această operațiune posibilă.

Tocirea tocurilor de la pantofi vă dă de gol

Să vedem acum cum vi se tocesc tocurile de la pantofi. Acest lucru poate să spună multe despre comportamentul dumneavoastră.

Tocirea marginilor exterioare ale tocului

Este tocirea datorată mersului de cowboy. Subiectul observat fie are tulburări de comportament, fie este foarte combativ. De altfel, una n-o exclude pe cealaltă. Indivizii ambițioși își tocesc adeseori marginile exterioare ale tocurilor.

Tocirea marginilor interioare ale tocului

Trădează un individ timid și/sau închis în sine și nu neapărat o persoană cu picioarele în X. Când merge, parcă se lasă târât împotriva voinței lui. Ambiția nu e punctul său forte, este un om afectiv și nu carierist. Omul carierist trăiește doar pentru cariera lui, se împlinește în viața profesională; omul afectiv nu-și va găsi fericirea decât în sânul rețelei sale de relații afective, amicale sau familiale.

Tocirea marginii din spate a tocului

Vă încetiniți adesea mersul fără să vă dați seama. Ați avut parte de atâtea decepții în viață, încât subconștientul vă trage înapoi de fiecare dată când o porniți mai repede; capul o ia înainte, dar picioarele rămân de căruță.

De reținut:

În psiho-anatomie, curbura labei piciorului este unul dintre sediile simbolice ale senzualității.
Bolta plantară stângă este sediul simbolic al liniștii sufletești.
Bolta plantară dreaptă reprezintă sediul simbolic al realismului.
Boltele plantare reprezintă stabilitatea dispozițiilor.
Laba piciorului drept este sediul simbolic al răbdării și al lucidității.
Laba piciorului stâng este sediul simbolic al revoltei și al inițiativei.
Luate împreună, labele picioarelor simbolizează echilibrul și autonomia.
Degetele de la picioare sunt sediile simbolice ale frustrării și insatisfacției sexuale.
Călcâiul stâng reprezintă sediul simbolic al vocației.
Călcâiul drept reprezintă sediul simbolic al credinței.
Împreună, călcâiele simbolizează capacitatea de reacție.

Pielea

PĂRUL DE PE CORP

Părul dorinței

Ce se întâmplă atunci când trupurile a doi necunoscuți care se plac sunt gata să se atingă? Polaritatea umană intră în joc; funcționăm cu toții ca niște magneți cu polaritate inversă care se atrag sau cu polaritate identică ce se resping. Intimitatea care se instalează provoacă un soi de de vibrație emoțională care nu este altceva decât o traducere neurologică a dorinței brutale sau a pasiunii fatale. Intervenția masivă a hormonului dorinței sexuale, LH-RH, joacă un rol biochimic evident în această atracție. Uneori, polaritățile se inversează în ultimul moment. Frica intervine ca o pojghiță stratosferică protejându-i pe unii indivizi de nebunia unei pasiuni iraționale; uneori, un simplu detaliu care trecuse neobservat inversează polaritățile amoroase. Buza superioară a noii iubite este aspră și prost rasă. Ups! Părul de pe picioare vă înțeapă. Au! Tipul este păros ca o maimuță! Nuuuu! Părul de pe corp poate fi foarte erotic pentru unii, dar și foarte dezagreabil pentru alții. Cum vă simțiți când sărutați o femeie cu barbă?

Epilează-mă!

Femeile au mai puțin păr pe corp și pe membre decât bărbații, explică Desmond Morris. De aceea, ele încearcă să-și sporească finețea pielii prin folosirea de unguente și loțiuni și prin masaje. Totodată, femeia se epilează folosind diverse procedee, toate acestea pentru a acentua diferențele dintre sexe. Epilarea s-a practicat în numeroase culturi, cu mii de ani în urmă, la unele triburi primitive, dar și în Grecia Antică. Femeile din acea epocă își înlăturau până și părul pubian. Și-l smulgeau cu mâna, „ca și cum ar fi cules niște ramuri de mirt“, și îl ardeau la flacăra unei lămpi sau cu cenușă fierbinte. Epilarea cu ceară este cunoscută din cele mai vechi timpuri. Femeile arabe își turnau pe piele un sirop gros făcut din zahăr și apă în părți egale, la care se adăuga puțin suc de lămâie, îl lăsau să se usuce, apoi înlăturau, cu păr cu tot, crusta care se forma. Bărbații n-au această problemă, dar trebuie să se bărbierească dacă nu vor să poarte barbă. Un bărbat care se bărbierește regulat petrece circa 2 000 de ore în timpul vieții ca să-și radă părul de pe față. Adică 83 de zile, aproape un trimestru petrecut în fața oglinzii.

Durata creșterii părului de la subsuori este de 28 de săptămâni, față de 20-25 de săptămâni pentru cel de pe picioare și de 4 până la 14 săptămâni pentru mustață, cu o accelerare a timpului de creștere în timpul verii.

Părul supraviețuirii

În semantica anatomică, părul de pe corp reprezintă sediul simbolic al instinctului de supraviețuire. În vremurile îndepărtate, părul des ca o blană proteja corpul de frig. El garanta rezistența sporită a vânătorilor care străbăteau câmpiile în căutare de vânat. Trebuie să ne imaginăm că și femelele erau probabil la fel de păroase ca masculii. Un individ spân ar fi fost condamnat dinainte. Blana reprezenta așadar un mijloc de supraviețuire în niște condiții climatice foarte aspre.

Generațiile de oameni care au trăit apoi într-un oarecare confort au ajuns până la urmă să-și piardă această blană destinată la origine să-i protejeze împotriva frigului. Această constatare conduce la o alta: lipsa dificultăților vitale slăbește instinctul de supraviețuire la toți indivizii care beneficiază de condiții de viață securizate. Indivizii care provin din familii foarte protejate de un statut social sau de o bunăstare financiară au deci un instinct de supraviețuire slab. Ei au un deficit de rezistență. Suferința este o sursă de consolidare a instinctului de supraviețuire. Legătura între dispariția părului de pe corp și slăbirea instinctului de supraviețuire este cât se poate de evidentă. Cu cât un bărbat sau o femeie este mai păros (femeia va încerca totuși să-și ascundă pilozitatea), cu atât instinctul său de supraviețuire moștenit este mai eficace. O pilozitate absentă de la natură la un bărbat bine făcut este în mod paradoxal un semn de fragilitate a constituției lui. Nu s-a realizat niciodată un studiu pe această temă. Un individ păros este oare mai combativ decât unul care și-a pierdut puful la naștere?

Părul de pe corp în acțiune

Așezat la birou, colegul dumneavoastră își trage de firele de păr de pe piept în timp ce vă ascultă!

Cu ce mână preferă să facă acest gest?

Dacă subiectul observat recurge la mâna dreaptă, vă aflați în prezența unui falocrat experimentat; dacă preferă mâna stângă, atitudinea este mai degrabă seducătoare decât macho.

Acest gest, tipic masculin, care constă în a-ți mângâia pieptul mai mult sau mai puțin păros este echivalent cu mângâierea sânilor femeii cu vârful degetelor. Aceste automângâieri cu puternice conotații erotice sunt niște invitații mascate. Ele indică totodată și o autosatisfacere din partea subiectului care reproduce în mod obișnuit această secvență gestuală.

De reținut:

În psiho-anatomie, părul de pe corp reprezintă sediul simbolic al instinctului de supraviețuire.

Partea a treia

Dicționar de acțiuni și poziții

Acțiunile

A APLAUDA

Totul a început cu niște aplauze, mă refer la interesul meu pentru știința gesturilor. Curiozitatea pentru gesturi mi-a fost stârnită într-un centru psiho-medical pentru care lucram la începutul anilor 1980. Directorul îmi ceruse să țin un ciclu de conferințe pe diverse subiecte. Fondurile asociației erau foarte scăzute și trebuia să atrag publicul interesat de metodele de dezvoltare personală. Declicul s-a produs după o intervenție deosebit de reușită – sala era plină –, când am observat că auditorii nu aplaudau toți în același sens. Nimeni nu-mi mai aplaudase intervențiile până atunci. Eram mai degrabă uluit decât încântat. I-am aruncat o întrebare psihiatrului centrului, care mi-a răspuns că este fără îndoială o chestiune de lateralitate. Punct. În ceea ce mă privește, rememorând sfârșitul conferinței mele din ziua aceea, consideram că participanții erau majoritatea stângaci și că dreptacii erau în minoritate. Mă gândeam că un dreptaci aplaudă în mod obligatoriu lovindu-și palma stângă cu dreapta, iar stângaciul procedează invers. În timpul conferinței următoare, am cerut publicului să aplaude și fiecare să conștientizeze modul de aplaudare. Cine era stângaci, cine era dreptaci? Din douăzeci de persoane, numai trei erau stângace. În schimb, treisprezece aplaudau cu palma dreaptă peste stânga și patru cu stânga peste dreapta. Mai rămâneau cei trei stângaci care aplaudau și ei cu stânga peste dreapta. Aveam de-a face cu treisprezece stângaci la patru dreptaci? Statistic, era imposibil! După ce m-am informat, am aflat că cele treisprezece persoane care loveau cu palma dreaptă peste stânga erau într-adevăr dreptace. Cele patru care loveau cu stânga peste dreapta, la fel.

Ce repede te zăpăcești!

Repetând experiența de mai multe ori, am ajuns la concluzia că aceste două moduri de a aplauda nu depindeau în mod absolut de lateralitatea ascultătorilor care formau micul meu public. Încurajat de această constatare, m-am dus glonț la psihiatru și i-am vorbit din nou. El m-a ascultat politicos, apoi s-a scuzat, pretextând că e ocupat. „Descoperirea“ mea nu-l impresiona deloc. Odată cu înmulțirea conferințelor și a pacienților pe care îi primeam în cabinetul meu de-atunci și pe care îi supuneam la testul aplaudării, s-a conturat o explicație care a reușit să străpungă stratul de indiferență. Dar dincolo de acest refren gestual specific, am început să observ persoanele din anturajul meu profesional și am întocmit o listă a gesturilor recurente, alternative sau nu, pe care le făceau toți cei pe care îi întâlneam. Încet-încet, privirea mea de psihiatru s-a orientat către o altă dimensiune prea puțin explorată în perioada despre care vă vorbesc: știința gesturilor.

Reflex înnăscut sau dobândit?

Aplaudarea este un reflex dobândit sau înnăscut? Un cimpanzeu poate fi învățat să aplaude pentru a-și manifesta bucuria simulată sau reală. Eu unul cred că e vorba de un reflex înnăscut care intervine în mod firesc, fiindcă mâinile sunt, alături de „cleștele" format de degetul mare și arătător cu care putem apuca, singurele unelte opozabile ale ființei umane; așa se explică faptul că bebelușul de un an este capabil să-și folosească degetul mare și arătătorul pentru a apuca un obiect mic fără ca cineva să-l învețe. La un bebeluș, nevoia de a-și exprima bucuria se manifestă prin râs sau prin țipete. El va începe să bată din palme puțin mai târziu pentru a-și intensifica această nevoie desosebită. Lovirea palmelor este un mod simbolic de a se bucura de fericirea trecătoare pe care o simte, de a stimula energia plăcerii în sensul larg al cuvântului.

Palma disprețului

Când un individ care obișnuiește să aplaude cu palma stângă peste dreapta își inversează modul de aplaudare, el o face cu bună-știință, pentru a-și manifesta ironia sau lipsa de entuziasm. La fel stau lucrurile și cu individul care obișnuiește să aplaude cu palma dreaptă peste stânga. Faceți încercarea și veți constata că această inversare a lovirii palmelor nu corespunde deloc unei adeziuni sincere. Inversarea poate fi observată la aleșii din Adunarea Națională atunci când aplaudă, pasămite discret, un adversar pentru a-i dezaproba intervenția sau discursul. Este o aplaudare falsă al cărei sens convențional ironic nu scapă nimănui.

Invariabil sau alternativ?

Aplaudarea este un cod gestual invariabil și reflex. Aplauzele reprezintă o veritabilă emanație a inconștientului colectiv, iar instrumentul care le măsoară intensitatea este termometrul cel mai fiabil și mai democratic din lume. În mare, există trei moduri de a aplauda: prozelit, critic și entuziast.

Prozelitul

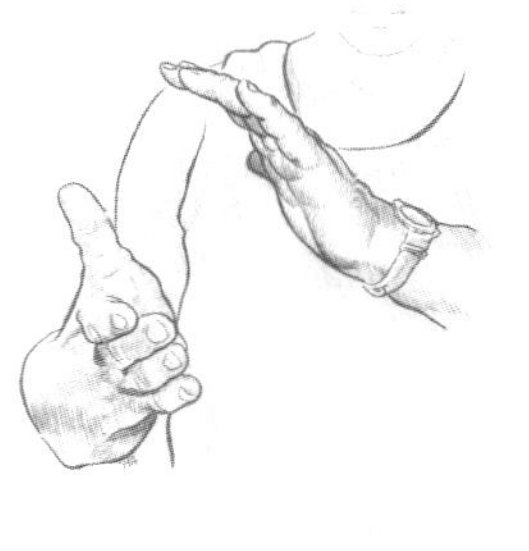

Când palma stângă lovește palma dreaptă, modul de implicare este favorabil sau binevoitor (emoția domină rațiunea). Acest mod de a aplauda este invariabil. Subiectul care aplaudă în felul acesta este în mod fundamental un prozelit. Este ușor de mulțumit și mai ales foarte festiv. Apreciază prestația în loc să judece valoarea artistului.

Criticul

Când palma dreaptă lovește palma stângă, modul de implicare este evaluator, depreciator, ba chiar critic. Acest mod de a aplauda dezvăluie un spectator sau un auditor mai greu de satisfăcut. El judecă valoarea artistului în loc să aprecieze valoarea prestației.

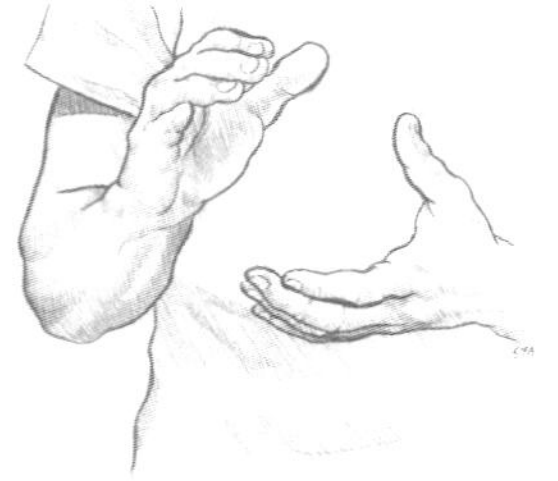

Entuziastul

Mai există și un al treilea mod, care constă în a lovi amândouă palmele la jumătatea distanței, chiar în față. Este modul universal de a ne manifesta entuziasmul de care toți putem fi cuprinși atunci când suntem bulversați din cauza emoțiilor. Toți copiii aplaudă în felul acesta, dar și unii adulți. Ei intră tot în categoria „publicului ușor de mulțumit" reprezentată de prozeliți.

A ASCUNDE

Acțiunea de a ascunde o parte a corpului semnalează un temperament simulator. Disimularea se manifestă mai ales la nivelul mâinilor și al gurii. Cel care își ascunde mâinile sub masă în timp ce vă ascultă n-are conștiința împăcată. La fel în ceea ce-o privește pe interlocutoarea dumneavoastră care pare să vă soarbă cuvintele, dar care își acoperă buzele cu degetul arătător sau cu palma.

Pentru cei care se ascund e prea dureros să privească în față adevărul, nu le place. Sunt secretoși, dar și foarte misterioși!

A ATINGE

Testul mâinii

Un studiu experimental realizat de Nicolas Guéguen, cercetător la universitatea Bretagne-Sud, demonstrează că un simplu gest, anodin în aparență, stimulează o dispoziție pozitivă. „Ce vreți să beți, domnule?" întreabă chelnerița, atingându-i discret brațul. „O cafea." Când își achită nota de plată, clientul îi lasă un bacșiș. La masa vecină, un alt client își bea berea. El n-a fost atins, așa că nu lasă bacșiș. Scena se petrece într-un restaurant din orașul Vannes (departamentul Morbihan). Fără știrea lor, 143 de consumatori – 97 de bărbați și 46 de femei – au fost supuși „testului mâinii": 24,6% au lăsat bacșiș dacă chelnerița le-a atins brațul și numai 10,8% în caz contrar. Atingerea chelneriței sau a patronului restaurantului îl fidelizează pe client. Mesajul poate fi tradus în felul următor: „Te ating pentru că te apreciez." Atingerea este un semn de înțelegere tacită care generează o pseudo-intimitate între doi necunoscuți.

În politică

În mod conștient sau nu, politicienii abuzează de atingeri. *Touché, c'est gagné!* L-ai atins, l-ai câștigat! Cunoașteți această zicală: orice alegător atins este un alegător câștigat. Solicitarea atingerii vine adesea din partea militanților și a simpatizanților care se înghesuie în jurul alesului aflat în campanie electorală. Politicianul apucă brațe, mâini, îl bate pe umăr pe alegător, strânge mii de mâini, împarte îmbrățișări și sărutări băloase. Acest comportament este gajul realegerii lui, căci atingerea rămâne cel mai bun mijloc de a transmite propria energie altuia și de a-l fideliza. Este totodată și o chestiune de pulbere de stele. Puterea este hipnotică pentru un simplu om de rând, așa cum este și celebritatea. Omul de putere vindecă plăgile, așa cum o făcea regele Franței în ziua încoronării. În realitate, această atingere își are originea într-un dispozitiv hipnotizator biologic. Când un militant sau un simpatizant se apropie de alesul aflat în campanie electorală sau de un candidat la președinție, de exemplu, el aspiră la un contact care trebuie să-l îmbogățească pe plan spiritual. Dacă este atins de grație, adică de ales, va păstra această clipă magică în memoria lui afectivă și va simți că are misiunea să-l voteze.

În aceeași oridine de idei, bărbații care se folosesc de atingere pentru a seduce femeile au mai multe șanse să-și atingă scopul decât cei care evită contactul în perioada preliminară relației. Dar cei care ating sunt percepuți totodată și ca niște intruși atunci când folosesc aceste apropieri în afara contextului de seducție. În afaceri, mai ales, nu vă sfătuiesc să recurgeți la acest tip de contact dacă nu vreți să provocați o reacție de apărare din partea clienților.

Revenind la „testul mâinii", nu este același lucru să atingi cu mâna dreaptă sau cu mâna stângă.

A atinge ușor pe cineva cu mâna dreaptă este, în mod paradoxal, o modalitate de a te distanța de persoana respectivă. În timp ce contactul cu mâna stângă este perceput mai bine. În experimentul lui, Guéguen n-a ținut seama de această distincție. Dar eu da! Potrivit unui studiu de teren pe care l-am realizat pe un eșantion de 100 de persoane, bacșișurile datorate contactului cu mâna stângă au fost date de aproximativ 50% dintre consumatori. Cele datorate contactului cu mâna dreaptă nu reprezentau decât 20,5%.

A BEA

Diferitele moduri de a bea

Sunteți un băutor olimpic sau un băutor care își savurează cafeluța neagră de dimineață fără a se grăbi? Viteza sau modul în care vă beți cafeaua arată cum vă gestionați timpul.

Indecis, vă goliți cu înghițituri mici ceașca, uitându-vă pe fundul ei.

Sunteți probabil un tip fatalist. Ziua care începe va fi la fel cu precedenta și asemănătoare cu următoarea. Zațul de pe fundul ceștii n-o să vă spună nimic în plus.

Dați pe gât cafeaua, golind ceașca până la fund.

Sunteți un tip dependent de muncă, pregătit să începeți ziua cu o energie debordantă.

Amestecați cu lingurița în ceașca de cafea, privind în jur.

Sunteți mai mult contemplativ decât activ, ba chiar un pic distrat uneori.

Vă lăsați cafeaua să se răcească, după care o dați pe gât strâmbându-vă că e amară.

Nu m-ar mira prea tare să fiți un tip neglijent.

Interlocutorul ține ceașca de cafea de toartă cu degetul mare și cu arătătorul, ridicându-și degetul mic drept într-o manieră afectată.

Când își pune ceașca la loc pe farfurioară și începe să vorbească, vorbele care îi ies pe gură sunt pline de dispreț. Polemica este câmpul lui de luptă predilect.

Foarte grăbit, după ce a comentat actualitatea mai bine de-un sfert de oră, cu ceasul în mână, el își golește paharul de bere dintr-o înghițitură și dispare fără să-și ia la revedere.

Maniera în care interlocutorul își golește paharul sau își soarbe cafeaua evidențiază modul în care își gestionează timpul în viața de zi cu zi. Nu există o clasificare precisă în această privință, totul e o chestiune de observație. În orice caz, cel care își golește paharul sau ceașca dintr-o înghițitură este întotdeauna grăbit să-și atingă scopul fără să depună niciun efort. El face precum iepurele din fabulă.[1] Apreciază distanța înainte să o fi parcurs. În schimb, subiectul care își rezervă timp să-și savureze paharul de vin sau cafeaua străbate distanța înainte de a o aprecia. Evident, această interpretare nu se aplică individului care-și dă pe gât, pe nerăsuflate, berea când afară e foarte cald.

[1] Aluzie la fabula *Iepurele și broasca țestoasă* de La Fontaine. (N. tr.)

Colegul uită mai mereu să scoată lingurița din ceașcă atunci când își bea cafeluța de dimineață. Și de fiecare dată, e cât pe ce să-i intre în ochi.

Această omisiune repetată trădează un individ stresat și mai degrabă dezordonat decât creativ.

Interlocutorul își apucă ceașca de cafea când cu mâna dreaptă, când cu mâna stângă.

Este un semn clar de tulburare psihologică la care nu suntem niciodată destul de atenți. În general, folosim întotdeauna aceeași mână pentru a ține ceașca de cafea.

Subiectul observat își ține cel mai adesea ceașca sau paharul cu mâna dreaptă.

Trădează un temperament mai degrabă autoritar decât consensual, dacă este dreptaci.

Subiectul observat își ține ceașca sau paharul cu mâna stângă.

Tipic pentru un temperament sociabil sau consensual, dacă este dreptaci.

Subiectul observat la masa vecină neglijează paharul care tocmai i s-a adus și bea berea direct din sticlă.

Dacă paharele sunt la dispoziție, atitudinea este regresivă. Ea caracterizează adultul care visează să se întoarcă la biberon.

A CĂSCA

Vă dau un sfat: nu căscați la birou. Dacă, întâmplător, colegii au auzit de teza lui Wolter Seuntjens, s-ar putea să vă privească ciudat. Pentru acest psiholog olandez care a petrecut optsprezece ani ca să adune toate datele disponibile despre acest subiect (în medicină, biologie, filosofie, artă, semantică, poezie...), căscatul ar avea o dimensiune esențialmente erotică. În mod conștient sau nu, el ar reprezenta o invitație la sex. În sprijinul tezei sale, Seuntjens amintește că, la macaci, căscatul este un semn de dominație sexuală, și deci de superioritate (de unde agasarea superiorilor atunci când căscați la ședință). Căscatul, susține psihologul, provoacă orgasme spontane în asociere cu unele antidepresive. Aviz amatorilor. (*On Yawning or the Hidden sexuality of the Human Yawn*, Wolter Seuntjens, 27 octombrie 2004. Teză de doctorat susținută la Universitatea din Amsterdam.)

Căscăm atunci când suntem obosiți sau când ne chiorăie stomacul de foame. Totuși, uneori, căscatul exprimă agresivitatea sau plictiseala.

Dacă excludem căscatul sonor care-l cheamă pe Moș Ene, căscatul repetat al unui interlocutor nu semnalează neapărat că organismul lui are nevoie de o binemeritată odihnă. Repetarea intempestivă a căscatului ar putea însemna că subconștientul interlocutorului îl împinge să-și exprime un sentiment refulat de agresivitate. El nu cască fiindcă se plictisește, ci fiindcă cel din fața lui îl plictisește. În consecință, dacă ascultătorul dumneavoastră cască în mod repetat, gândiți-vă să întrerupeți discuția cât mai repede. Degeaba se va scuza el că nu și-a făcut somnul; dacă discursul îl plictisește de moarte sau dacă argumentele îl enervează, trebuie să vă pregătiți urgent ieșirea din scenă.

Pune mâna la gură!

Motivul pentru care oamenii care cască pun mâna la gură nu este oare decât o chestiune de politețe, de eleganță sau de igienă? Adevăratul motiv datează din timpurile străvechi, când se credea că sufletul poate să iasă din trup odată cu răsuflarea dacă deschizi gura prea mare. Era deci esențial să pui o mână protectoare la gură atunci când căscai de oboseală, pentru a evita plecarea prematură a sufletului. Această mână binevoitoare servea totodată și de paravan, împiedicând duhurile rele să profite de ocazie și să intre în corp.

Căscatul în acțiune

Interlocutorul cască ținând gura închisă.

Acest tip de căscat este adesea reflex. În orice caz, el trădează scepticismul tuturor celor care cască fără a-și dezlipi buzele. Interlocutorul se îndoiește de buna dumneavoastră credință, în special, și de cea a tuturor celorlalți, în general.

Interlocutorul cască cu gura larg deschisă.

Căscatul fără a pune mâna la gură este o atitudine de dispreț sau o lipsă de educație. E preferabil să știi la ce să te-aștepți din partea celor cu care ești nevoit să ai relații profesionale. „Ideea dumneavoastră este genială", zice el reprimându-și un căscat.

Sensul totalmente dispreţuitor al căscatului asociat cu un compliment n-ar trebui să vă scape pe viitor, chiar dacă o astfel de scenă se derulează la telefon.

Interlocutorul cască în mai multe rânduri, acoperindu-și gura cu dosul uneia dintre mâini pe jumătate închise.

Căscatul repetat este un semn de plictiseală pe fondul unor mecanisme de refuz exacerbate. Interlocutorul nu se simte interesat. Trageţi cortina! Gestul este un semn de ostilitate.

Interlocutorul cască întruna, acoperindu-și gura cu vârful degetelor și lovindu-și ușor buzele.

Ca și cum degetele ar da ordin gurii să tacă pentru a nu prelungi discuţia.

Interlocutorul cască acoperindu-și gura cu pumnul pe jumătate închis.

Secvenţa gestuală este în mod clar o atitudine de respingere! Închiderea mâinii este întotdeauna un semn de agresivitate.

A FRECA

Este acţiunea care permite producerea electricităţii statice, pentru a trezi o motivaţie adormită, de exemplu. Să ne imaginăm frecarea dosului palmei stângi! Dosul palmei stângi este sediul simţului improvizaţiei. Nu poate exista improvizaţie fără o inspiraţie care să o alimenteze. Improvizaţia este expresia sălbatică a libertăţii creative, ba chiar o formă de delincvenţă a ideilor, și obiectivul ei constă în zdruncinarea ordinii stabilite. Este la fel de instinctuală ca instinctul de viaţă care o guvernează. Tacticienii sunt mari improvizatori, maliţioșii de asemenea. Ceea ce mă face să cred că simţul improvizaţiei este o calitate foarte apropiată de inteligenţa practică a vulpii din fabulă. Frecarea este și un mijloc de a te remonta. Ne frecăm palmele înainte de a începe treaba. Un gest antic pe care-l mai întâlnim și azi la muncitori sau la agricultori. Altfel spus, la cei care fac muncă manuală. Frecaţi-vă palmele una de alta din când în când. După câteva secunde, veţi simţi căldura pe care o degajă acest gest, precum și senzaţia tonică ce decurge din el.

A ÎNCRUCIȘA

Simbolistica încrucișării

Teoretic, gesturile care presupun încrucișare sunt atitudini de apărare a teritoriului mental. Dar cine zice „apărare“ subînțelege „atac“! Or, mi-a fost dat să constat de ani de zile că frecvența încrucișărilor corporale crește în proporții considerabile atunci când un individ se află într-o situație de urgență, de examen sau de excepție. Fie că e vorba de o dezbatere televizată, de o conferință cu circuit închis, de un stagiu de dezvoltare personală sau de orice alt context în care indivizii sunt confruntați unii cu alții, încrucișarea este o regulă inevitabilă. Facem gesturi care presupun încrucișare pentru a ne apăra de alții și sfârșim prin a le reproduce când suntem singuri pentru a ne apăra de presiunea exercitată de propriul spirit. Când un bebeluș de 14-16 luni încrucișează brațele, acesta nu este un gest mimetic! El învață deja să-și protejeze teritoriul mental agresat de stres sau de angoasele părinților săi. *Don't act!*

Orice încrucișare corporală este un cod de protejare a teritoriului mental. Fie că e vorba de încrucișarea degetelor la ceafă sau pe una din glezne, fiecare individ se protejează împotriva invaziei potențiale a teritoriului său mental începând din momentul în care se încearcă exercitarea unei influențe asupra gândurilor sau conduitelor lui. Agresivitatea sau ostilitatea ambiantă poate și ea să favorizeze apariția încrucișării. Gest-barieră după Desmond Morris, încrucișarea este fals securizantă, dar total reflexă. Ea este singura armură de care dispune corpul pentru a-și proteja conștiința.

Lăsând la o parte hainele pe care le purtați, nicio platoșă naturală sau artificială nu vă protejează corpul. El este total vulnerabil. În societatea noastră, agresiunea fizică a cedat locul agresiunii verbale. Aceasta nu vizează corpul, ci spiritul. Și cum să vă protejați în mod simbolic mentalul dacă nu prin toate gesturile de încrucișare posibile? Ostilitate, dispreț, ironie, manipulare etc., toate antrenează inevitabil acest tip de reacție gestuală. Corpul este fortăreața mentalului chiar dacă rămâne vulnerabil la un atac fizic.

A MASA

Acțiunea de a face masaj este o modalitate de a destinde tensiunile reale sau imaginare, deci fizice sau mentale. Dar nu numai. Atingerea sau mângâierea măresc producția de dopamină, hormonul plăcerii și al recompensei.

E o nebunie să li se facă masaj deținuților?

Importanța spatelui în menținerea unui echilibru psiho-afectiv este esențială, dar n-a fost niciodată pusă în evidență. Dacă s-ar face masaje ale spatelui în instituțiile psihiatrice, beneficiul lor ar putea reduce în mod sensibil procentul agresivității de aici. La fel în închisori, posibilitatea de a li se face deținuților masaje de către kinetoterapeuți ar putea avea consecințe constructive, preventive și considerabile asupra relațiilor conflictuale pe care deținuții le întrețin cu gardienii sau cu colegii lor de celulă. Dar are Ministerul Justiției mijloacele necesare pentru așa ceva? „Nici să nu vă gândiți", îmi răspunde un funcționar al acestui minister. „N-ați vrea și vizite săptămânale ale prostituatelor pentru a satisface nevoile sexuale ale acestor domni?" Confuzia între masaj și sex este încă prezentă în mentalitatea oamenilor. În momentul în care atingem corpul altuia, contactul este considerat tabu.

A (SE) MÂNGÂIA

Cel dintâi semn de stimă sau de iubire pe care fiecare individ îl integrează în cadrul său de referințe, mângâierea este un dispozitiv hipnotizator înscris în memoria sugarului. Ea este un răspuns automat al mamei la suferința bebelușului. Observăm adeseori persoane care își mângâie în mod distrat o parte a feței sau a corpului. Acest gest atât de comun nu este legat neapărat de o carență afectivă. Mângâierea pe care ne-o oferim nouă înșine este cel mai adesea cea pe care decența ne împiedică s-o oferim interlocutorului nostru. Prima declanșează procesul care o provoacă pe cea de-a doua. Or, de la creativitate la senzualitate nu e decât un pas. Dar așa cum unele lovituri sunt considerate de psihologi mângâieri deghizate, și unele mângâieri pot fi „lovituri discrete".

Femeile sunt mai tactile decât bărbații, mai vizuale sau mai auditive. Ele își mângâie cu plăcere bărbatul în public pentru a-și afirma dominația amoroasă asupra lui. Bărbatul ia în stăpânire, în posesie corpul partenerei lui, dar simte mai puțin această nevoie de atingere. În orice caz, cele care oferă mângâieri în intimitate sunt femei fidele, pe care partenerii lor le părăsesc cu greu. Cât despre cele care oferă mângâieri în public, acestea sunt partenere geloase și adeseori măritate cu soți infideli.

În ceea ce privește simbolistica mângâierii, vă trimit la părțile anatomice la care se referă mângâierile respective (fața, mâna, degetele).

A MÂZGĂLI

Dacă vi se întâmplă să mâzgăliți bucățele de hârtie atunci când vorbiți la telefon, este posibil să fiți victima unei constrângeri sau să fiți șantajați subtil de interlocutorul dumneavoastră.

Fiți atent la acest tic! Un corespondent telefonic care vă poluează mentalul nu este o situație anodină. Ceea ce intră pe o ureche nu iese pe cealaltă, căci între cele două urechi se află un creier căruia îi vine greu să se protejeze dacă îl obligați să asculte vorbe care nu vă spun nimic nou. Fiți ferm! Încheiați rapid conversația, recurgând la un pretext oarecare pentru a vă proteja mentalul. Asta vă va scuti totodată de o risipă inutilă de enregie.

Această manie compulsivă de a desena tot felul de chestii pe o bucată de hârtie este specifică unui sentiment de insatisfacție generală. Subiectul consideră că nu se află la locul lui sau că „zeii" îi sunt potrivnici. Fenomenul poate să apară punctual la fiecare dintre noi și să dispară la fel de brusc. Dacă sunteți avertizați de semnificația lui, acest lucru o să vă ajute să vă faceți un examen de conștiință și să urcați din nou, până nu e prea târziu, în trenul ambițiilor.

A MERGE (MERSUL)

Mersul feminin

Mersul unei femei este un atu seducător primordial care poate șterge multe mici imperfecțiuni fizice. Uitați-vă cum dau din fund femeile care vă depășesc pe stradă. Veți remarca, fără îndoială, că două mișcări specifice caracterizează mersul feminin. Ați observat o primă categorie de femei ale căror fese urcă și coboară alternativ, legănarea lor fiind verticală.

Această mișcare deosebită vizează focalizarea privirilor pofticioase ale bărbaților pe fesele celei care o reproduce în mod conștient sau nu. Legănarea verticală a feselor este seducătoare.

În a doua categorie intră femeile ale căror fese se mișcă de la stânga la dreapta, legănarea lor fiind orizontală. Această mișcare a feselor este mai devalorizantă decât legănarea verticală. Ea trădează o insatisfacție afectivă sau sexuală. Legănarea orizontală este alternativă. Ea denotă un refuz clar de a seduce.

Strâns legată de climatul mental al femeii observate, legănarea feselor este fie seducătoare, fie devalorizantă. Legănarea devalorizantă va fi specifică unei femei furioase, de exemplu, care tocmai și-a părăsit partenerul. Pentru a-și evidenția furia, ea își va orienta în mod spontan laba picioarului spre exterior. În timp ce picioarele unei femei care vrea să seducă vor fi orientate spre interior sau spre înainte. Mersul acesteia din urmă va fi mai relaxat, ba chiar mai manierat. Legănarea feselor va fi mai seducătoare. Trebuie menționat că alegerile vestimentare, ca și cea a pantofilor, influențează în mod sigur mersul adoptat. Pantofii cu toc înalt denaturează mersul natural al acestor doamne, astfel că fesele li se leagănă mai mult ca de obicei. Un mijloc redutabil de a atrage privirile admiratorilor asupra rotunjimilor posteriorului lor. În plus, legănarea ritmică a bazinului este un dispozitiv hipnotizator care îi subjugă pe toți masculii.

Mâinile în timpul mersului

Invidioșii merg cu degetele îndoite sau cu mâinile închise, iar agresivii cu pumnii strânși. Persoanele compătimitoare și indivizii echilibrați se deplasează cu mâinile deschise, palmele fiind orientate spre șolduri. Narcisiștii merg cu mâinile deschise și palmele proiectate în față. Fataliștii înaintează cu mâinile deschise și palmele îndreptate spre înapoi. Ai zice că duc toată nenorocirea lumii pe umerii lor. Îți vine să crezi că fataliștii se trag din familii de hamali.

Dacă sunteți recrutor, formator sau director de resurse umane, această informație este prețioasă, căci vă permite să știți imediat în ce categorie puteți include persoanele cu care vă întâlniți, cu care lucrați sau pe care trebuie să le formați.

Dacă doriți să vă schimbați orientarea mâinilor, vă recomand programarea neurogestuală ca ultimă soluție. Căci modificarea acestui cod gestual vă poate da într-adevăr mare bătaie de cap. Logic. E vorba de modificarea unui program comportamental, ceea ce în mod sigur nu e chiar atât de simplu. A-ți schimba orientarea mâinilor în timpul mersului înseamnă a-ți schimba totodată și viziunea despre viitor.

Mersul în acțiune

Uitați-vă la oamenii care merg pe stradă și veți remarca foarte repede că există mai multe stiluri de mers, de ținută sau de cadență. La acestea, mai adăugați și participarea obligatorie a anumitor părți ale corpului, cum ar fi de exemplu mâinile băgate în buzunarele pantalonilor. Trebuie să faceți diferența între mers și statul pe loc în poziție verticală. Modul în care mergeți este strâns legat de personalitatea dumneavoastră de bază. El poate fi influențat de context, dar variația intervine în principal în atitudine și cadență.

Vi s-a întâmplat cu siguranță să recunoașteți un prieten sau un membru al familiei din spate, doar după mersul lui. Într-un parc de distracții, la ieșirea din școală sau din liceu, în mijlocul a zeci de copii, vă recunoașteți fiul sau fiica doar după felul în care merge. Mersul unui individ este unic în măsura în care este lipsit de orice piedică, uniformizare sau constrângere. El aparține personalității corporale tot așa cum calitățile și defectele fac parte din profilul psihologic individual. Arătați-mi cum mergeți și-o să vă spun cine sunteți!

Aveți impresia că interlocutorul o să cadă pe spate în timp ce merge.

Înaintează în viață împotriva curentului. Dacă ar putea merge de-a-ndăratelea, ar fi perfect fericit. Își va afișa mereu pesimismul în mod ostentativ, ca pe o floare la butonieră.

Aveți impresia că interlocutorul o să cadă în față în timp ce merge.

Superstițios și mare amator de soluții magice, excesiv, neobosit și obositor, incapabil să respecte teritoriul altora, interlocutorul afișează un dispreț total față de cele mai elementare reguli sociale. Este întotdeauna grăbit să termine și ratează toate oportunitățile din cauza nerăbdării exagerate.

„Remarcasem că tipul mergea adesea cu pumnii strânși", îmi spune ea.

Cei care merg „cu pumnii strânși" își exprimă în felul acesta sentimentul de agresivitate refulată într-un mediu pe care-l consideră ca fiindu-le ostil. Ei își desfac întotdeauna pumnii atunci când întâlnesc un prieten la colțul străzii. În schimb, cei care merg cu mâinile deschise sunt amabili și mult mai sociabili. Dacă trebuie să cereți o informație unui necunoscut pe stradă, alegeți unul care merge cu mâinile deschise. Veți fi mai bine primit.

În timp ce mergeți pe stradă, corpul exprimă, prin felul său de a se mișca, mai multe lucruri decât ați putea bănui. Există o mie și una de modalități de a merge, dar ceea ce mi se pare esențial este deschiderea mâinilor. Mâini deschise sau pumni strânși!

Bărbații merg cu brațele depărtate de corp, în vreme ce femeile țin brațele pe lângă corp, cu antebrațele dezlipite începând de la cot. Bărbatul care își lipește brațele de corp este efeminat, iar femeia care își depărtează brațele de corp va avea o atitudine devalorizantă și virilă.

Tipul merge cu brațele ușor depărtate de corp, legănându-se de la stânga la dreapta, ca și când ar fi gata să scoată pistolul.

Încearcă să se convingă că este cel mai puternic în caz că întâlnirea dumneavoastră s-ar termina cu o încăierare, de exemplu. Acest tip de atitudine nu este întâlnit decât la indivizii grosolani.

Își balansează în mod exagerat brațele în timp ce merge.

Gestul arată că individul domnește asupra unui teritoriu mental limitat. Visul lui este să se facă remarcat. Dacă îl ajutați să se ridice, verificați înălțimea plafonului! S-ar

putea întâmpla un accident. Această atitudine ar trebui să vă amintească de puștii care merg la pas, imitându-i pe soldați în timpul defilărilor militare.

Tipul merge cu o mână în buzunar și cu cealaltă la spate, agățată de cureaua de la pantaloni.

Se ține de curea de frică să nu se lase copleșit de emoții.

Interlocutorul merge cu brațele lipite de corp.

În general, ne lipim brațele de corp atunci când alergăm. Simte nevoia să fugă de realitatea care îl chinuie.

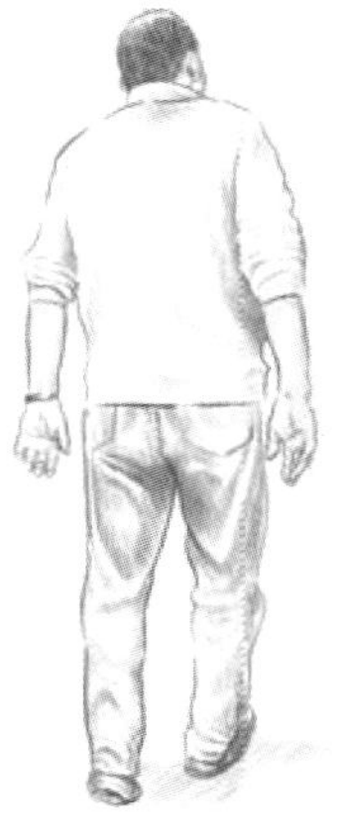

De când am ieșit pe stradă, merge cu brațele încrucișate.

Se protejează împotriva oricărei inițiative îndrăznețe prin definiție. Încrucișează brațele pentru că este incapabil să spună „nu".

Interlocutorul merge în cadență, fără a se sinchisi de ritmul dumneavoastră.

Este un temperament psihorigid, limitat și disciplinat.

Cu mâinile la spate, agățate de curea, interlocutorul merge în tăcere alături de dumneavoastră.

Se mulțumește să vă asculte distrat. Brațele imobilizate trădează un spirit indiferent, ba chiar o indiferență afectivă.

Interlocutorul merge cu nasul pe sus.

Despre un asemenea personaj, se spune adesea că e cu capul în nori. Visătorii adoptă acest stil de mers, la fel și femeile care refuză privirile libidinoase aruncate de bărbații cu care se întâlnesc pe stradă.

Interlocutorul merge alături de dumneavoastră, cu degetele mari băgate la cureaua pantalonilor.

Întrucât degetul mare drept este sediul dorinței, iar degetul mare stâng al plăcerii, blocarea lor indică o penalizare a acestor două funcții emoționale. Postura trădează o persoană potrivnică și invidioasă.

Interlocutorul merge alături de dumneavoastră cu ochii ațintiți asupra pantofilor.

Mersul trădează un temperament nu foarte puternic, ba chiar temător. El denotă o tendință de a trăi prin alții. Reacția interlocutorului ar putea fi interpretată în felul următor: „Îmi calc în picioare competențele și respectul datorat persoanei mele."

În timp ce merge, individul aruncă priviri neliniștite în jurul lui.

Un stil de mers care decurge dintr-un temperament suspicios sau dornic să placă. Totul depinde de vârsta și de lookul persoanei în cauză.

Interlocutorul merge alături de dumneavoastră privind drept în fața lui.

O rigiditate care dezvăluie un climat mental depresiv. Ar putea fi vorba de un individ care are probleme personale.

Ea merge pe stradă ca și cum ar fi pe arcuri.

Acest mers deosebit trădează nevoia de a-și recăpăta încrederea în sine, care a fost grav zdruncinată.

Cu mâna băgată în buzunarul de la pantaloni, interlocutorul face să sune mărunțișul aflat la fund.

Secvență gestuală care indică o angoasă legată de teama unei pierderi financiare. Indivizii risipitori reproduc adesea acest tic gestual.

Interlocutorul merge cu mâinile împreunate sub burtă.

Acest mers este o atitudine clasică de eșec. Mâinile împreunate sub burtă sau mai jos (depinde de lungimea brațelor) reprezintă în mod simbolic un obstacol care împiedică mersul.

Tânăra merge cu brațele îndoite în unghi drept.

Mersul este tipic adolescentelor care vor să epateze în fața iubiților. El poate fi întâlnit și la femeile adulte care au uitat să crească și se poartă ca niște adolescente. E o postură simbolică a trupului feminin ca ofrandă!

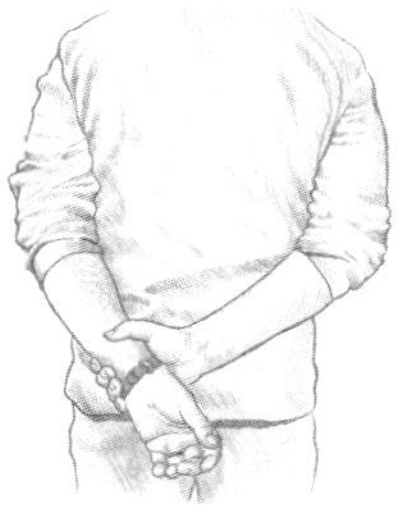

Interlocutorul merge ținându-și încheietura stângă cu mâna dreaptă sau invers.

Este nesigur și se pare că are nevoie să se liniștească reproducând o scenă din copilărie: mama sau tata îl apucă de încheietură pentru a-l împiedica să facă o prostie.

Mergeți pe stradă alături de el, cu amândouă mâinile băgate în buzunare.

Când mergeți cu amândouă mâinile în buzunare, vă dezactivați ambele emisfere cerebrale. Este o atitudine de demobilizare totală, de neimplicare prin excelență. Vă aflați acolo, dar mintea vă este în altă parte. Sunteți absenți. Atitudine de antistres total, băgarea ambelor mâini în buzunare semnalează că toate bateriile sunt debranșate și curentul nu mai trece. Sunteți în întregime disponibil numai pentru voi înșivă, chiar dacă dați impresia că vă ascultați interlocutorul. Acestea fiind zise, postura este profitabilă atunci când trebuie să dați bir cu fugiții.

Babord sau tribord

Când mergeți pe stradă ori pe culoarele firmei în care lucrați alături de un coleg sau de un superior ierarhic, alegeți-vă partea și impuneți-o interlocutorului. Nu acceptați cu inocență lateralitatea care îi convine lui! Dacă mergeți în mod normal în partea stângă (babord) și el reușește să vă trimită în dreapta lui, latura tribord (partea dreaptă) vă dezavantajează automat. De ce? Pentru că mecanismele de apărare depind de emisfera cerebrală stângă, cea a creierului cognitiv, iar poziția la tribord nu vă permite să vă includeți vecinul în arcul de cerc care depinde de creierul cognitiv. Fiecare emisferă cerebrală acoperă partea laterală opusă, adică creierul afectiv (drept) acoperă porțiunea de teritoriu care se situează la stânga dumneavoastră și creierul cognitiv (stâng) acoperă porțiunea de teritoriu care se situează la dreapta voastră.

Dacă obișnuiți să stați la dreapta partenerului, deci la tribord, veți dezvolta un mod de apărare al teritoriului mental pornind de la creierul afectiv, cel care comandă partea stângă a corpului, și cuprinzând extensia geografică a acestei lateralități corporale. De exemplu, dacă doriți să vă simțiți detașat în mijloacele de transport public, aveți interesul să stați pe scaunul dinspre culoar în sensul de mers și pe scaunul de la fereastră în sensul contrar mersului trenului sau autobuzului.

Subiectul babord preferă o comunicare factuală sau intelectuală; individul tribord comunică într-un mod mai afectiv sau mai emoțional. Acestea sunt diferențele esențiale între cele două profile.

Sunteți tribord sau babord?
Pentru a afla ce lateralitate preferați, întoarceți încet capul spre stânga fără a vă mișca bustul! Efectuați o rotație lentă, care să ajungă cât mai departe posibil fără să vă suciți totuși gâtul. Faceți apoi exercițiul în celălalt sens! Care este rotația cea mai suplă din punct de vedere muscular?

Poate va trebui să refaceți exercițiul de mai multe ori pentru a vă da seama care este lateralitatea cea mai confortabilă. Dacă rotația spre stânga este mai suplă din punct de vedere muscular, sunteți tribord. Dacă rotația spre dreapta este mai suplă, sunteți babord.

„Pe stradă, mergeam de obicei la dreapta lui Joseph. Îl țineam puternic de mâna dreaptă cu mâna mea stângă. Când i se întâmpla să-mi propună să merg la stânga lui, refuzam. Mă simțeam mult mai bine în partea cealaltă. La locul meu. Femeie tribord înainte de toate!"

Lateralitatea babord/tribord nu se aplică doar la mers, regula e valabilă și atunci când trebuie să luați loc la o masă sau să stați pe o canapea, și asta indiferent de relația pe care o aveți cu subiectul care se așază alături.

A RÂDE

Râsul este o expresie spontană a bucuriei, o eliberare punctuală de constrângerile pe care le suportăm în viața de zi cu zi. Umorul sau ironia sorții ne face să râdem și ne permite să ieșim, pentru o clipă, din starea de vigilență în care suntem în permanență. Hohotul de râs ne transportă la un alt nivel de conștiință, exact ca orgasmul care este punctul culminant al actului sexual. Râsul stimulează. Bucuria provoacă un aflux hormonal masiv care declanșează o explozie energetică puternică de eliberare a corpului și a spiritului. Cu cât râdem mai mult, cu atât acest sentiment de eliberare este mai persistent și ne transformă conduita.

Cu decizia nu-i de glumit

Dacă există un mod de exprimare pe care nu-l putem falsifica, acesta este felul nostru de a râde. El este în mod evident înnăscut. Și în ciuda acestui fapt, râsul trădează un aspect esențial al personalității. Felul în care râdeți este traducerea simbolică a modului în care funcționează spiritul de decizie. Fie că sunteți indecis sau hotărât în viață, modul în care luați deciziile este deja înscris în infrastructura ereditară a personalității. Modul în care faceți alegerile în viață, modul în care le evitați, le amânați pe a doua zi sau le înfruntați este dezvăluit de gesturile care însoțesc râsul.

Nimeni nu devine o persoană decisă pentru că așa a decis. În privința spiritului de decizie, lucrurile stau ca și cu urechea muzicală sau cu talentul la matematică – el există deja în patrimoniul genetic sau nu va fi deloc. Ereditatea are multe de spus când e vorba de predispozițiile noastre. Bineînțeles că această constatare nu împiedică nicidecum un individ indecis să se lanseze în afaceri. Va reuși fără îndoială mai bine decât unul decis și impulsiv, dar niciodată la fel de bine ca cel cu spirit de decizie înnăscut.

Pentru ca spiritul de decizie să poată fi operațional și să scape de obstacolele îndoielii, el trebuie să fie eliberat de aceasta din urmă. Căci îndoiala este antiteza râsului și râsul, antidotul îndoielii. Indivizii care își afișează în mod ostentativ scepticismul nu râd niciodată spontan. Ei rânjesc sau recurg la un râs forțat, sarcastic. În fine, toată lumea știe că umorul este un puternic argument eliberator. „L-ați făcut deja să râdă? Ați câștigat!" Ceea ce înseamnă de fapt că l-ați eliberat, că poate să scape de îndoielile pe care le avea și să ia o decizie adesea favorabilă.

Zona stării de bine

Râsul, ca și zâmbetul, este un mod de calmare a angoasei simțite față de celălalt, adică o modalitate de a neutraliza agresivitatea unei relații conflictuale. Dar nu e numai asta.

Neurologul Henri Rubenstein a descoperit că un minut de râs este urmat de o stare de relaxare ce durează 45 de minute. La rândul său, profesorul William Fry de la Universitatea Standford a observat că, după circa o sută de hohote de râs, țesuturile erau la fel de oxigenate ca după o ședință de zece minute de tras la fiare. Studiile arată că râsul, chiar dacă nu e deosebit de vesel, declanșează o puternică activitate cerebrală în zona prefrontrală a emisferei stângi, numită „zona stării de bine".

Râsul antistres

Râsul este o acțiune la care corpul participă în întregime. El este eliberator, deschis și producător de dopamină, așa-zisul neurotransmițător al fericirii. Un corp prizonier nu poate să râdă liber. Râsul provoacă o ruptură de tensiune, veritabil efect de relaxare tonică ce poate contribui la lupta împotriva stresului. El apropie indivizii între ei și asigură o fuziune socio-afectivă, chiar dacă se exercită uneori pe seama unei a treia persoane.

Tipurile de râs pe care le prezentăm aici nu se referă la tonalitate, ci la formă; cea dintâi este ereditară, în vreme ce a doua se adaptează la context. Râsul eliberează neuromediatorii biochimici ai plăcerii. Aceștia acționează asupra dispozițiilor noastre ca niște substanțe euforizante și dezarmează agresivitatea. Singurele efecte secundare ale râsului sunt doar benefice. Putem să murim de râs, dar această moarte este întotdeauna urmată de o înviere.

Râsul în acțiune

Persoana cu care vorbiți la telefon chicotește după fiecare frază.

Această manie des întâlnită dezvăluie un personaj complex și mai ales incapabil de a se afirma.

Interlocutorul râde acoperindu-și nasul cu mâna.

Această secvență gestuală universală este expresia unui râs jenat asociat cu o aluzie sexuală sau cu o glumă licențioasă.

Subiectul observat râde protejându-și fața cu mâna ținută ca un paravan.

Un râs complice din partea unui prieten fals.

Interlocutorul râde pișcându-și nările cu degetul mare și arătătorul.

Acest mod de ilaritate este frecvent observat în societatea occidentală, unde sexul și căutarea iubirii ideale înseamnă cam același lucru. Amatori de glume licențioase, indivizii care râd în felul acesta sunt foarte interesați de sex, chiar dacă uneori atitudinea lor pare să dezmintă acest lucru. Ei nu iau niciodată decizii fără să fie însoțite de precauții și de suficientă ipocrizie, astfel încât să poată schimba macazul în modul cel mai firesc din lume și cu cea mai desăvârșită rea-credință.

Directoarea agenției, cu care stați de vorbă, își dă capul pe spate în mai multe rânduri și râde în hohote.

Râsul în hohote este un râs fără constrângere. El arată că interlocutoarea știe să ia decizii fără niciun fel de ezitare. Acest râs lipsit de orice jenă aparține în general persoanelor cu putere de decizie.

De câte ori izbucnește în râs, interlocutoarea își ascunde în mod sistematic partea de jos a feței cu mâna stângă.

Această secvență gestuală indică vulnerabilitatea subiectului observat și incapacitatea lui de a face o alegere fără ajutorul celor din anturaj. Reprodus în mai multe rânduri, acest gest vă informează că interlocutoarea este o indecisă dovedită. În schimb, dacă preferă să-și mascheze partea de jos a feței cu mâna dreaptă atunci când râde, își exprimă un sentiment de rușine sau de jenă. Deși mâna dreaptă dezvăluie o persoană cu spirit de decizie, aceasta se folosește de obicei de anumite pretexte, în spatele cărora se ascunde, pentru a-și justifica refuzul.

Când asociatul râde, seamănă cu o găină care cotcodăcește. Gura îi rămâne închisă în timp ce corpul îi este scuturat de spasme în serie.

Subiectul care adoptă „râsul găinii“ nu ia niciodată o decizie fără a consulta oracolele sau fără a se sfătui cu toți prietenii, colegii și cunoștințele.

Tânăra din fața dumneavoastră își pleacă în mod sistematic capul într-o parte atunci când râde.

Este un râs emotiv care vă informează că, atunci când subiectul observat face alegeri, acestea depind în principal de preferințele lui.

Foarte entuziasmat, colegul râde mai tot timpul, lovind puternic cu palmele în propriile coapse, ba chiar și în cele ale vecinului sau vecinei lui.

Un pic macho, dar mai ales viclean ca un vulpoi, colegul nu ia niciodată decizii fără să fi analizat problema sau situația pe toate părțile.

Prietenul din copilărie nu s-a schimbat, tot se mai agață de brațul dumneavoastră sau de cel al persoanei de lângă el atunci când izbucnește în râs.

Fără îndoială, îi place să-și împărtășească bucuria. Nu e mai puțin adevărat că face parte dintre acei indivizi care sunt jucători înnăscuți și pariori împătimiți. Prietenul nu știe să ia decizii rapide decât atunci când credibilitatea îi este în pericol.

Interlocutorul se întoarce în mai multe rânduri spre colegii săi pentru a le împărtăși râsul și buna lui dispoziție.

Această secvență gestuală este tipică persoanelor care au o nevoie fundamentală de aprobare, ca toți elevii buni. Sunt totodată niște indeciși care cultivă îndoiala în grădina lor secretă. Dar să știți că interlocutorul este un generos prefăcut, căci nu va împărți nimic altceva cu ceilalți decât buna lui dispoziție.

Tânăra din fața dumneavoastră râde cu ochii închiși în cea mai mare parte a timpului.

Persoanele care închid în mod sistematic ochii atunci când râd au o plăcere egocentrică. Deciziile pe care le iau depind în general de simpatiile lor. Râsul cu ochii închiși îți permite să tai sunetul pentru a te bucura de unul singur. Este râsul egoistului.

Interlocutoarea rămâne cu ochii deschiși chiar și atunci când râde cu poftă.

Indivizii care își țin ochii deschiși în timp ce râd sunt subiecți care rămân vigilenți în orice împrejurare. Cel care își lasă garda oculară în jos atunci când râde poate fi luat prin surprindere precum un somnoros adormit. Interlocutoarea este prea neîncrezătoare din fire pentru a se hotărî dintr-odată.

Interlocutorul își pune mâna streașină la gură pentru a râde discret.

Individul care are obiceiul să râdă acoperindu-și gura cu mâna este un lingușitor, asemenea curtezanilor de altădată.

Când râde, interlocutorul își pune mâna streașină la ochi.

Această modalitate, frecvent observată, de a râde evidențiază fie o jenă din partea interlocutorului, fie un râs de complezență.

Cu degetul arătător sub nas în chip de mustață, interlocutorul se preface că râde de propria-i glumă.

Această secvență gestuală amintește oarecum de râsul unui clovn. Dacă atitudinea se repetă, aveți grijă unde puneți piciorul.

Interlocutoarea își punctează în mod sistematic vorbele cu un râs jenat.

Subliniindu-și cuvintele printr-un râs care n-are legătură cu ceea ce spune, interlocutoarea afișează un complex persistent de inferioritate. Când devine o punctare recurentă a discursului verbal, râsul poate fi un simptom de nevroză socială, legat adesea de o timiditate prost controlată. Interlocutoarea se poartă ca un copil care stă de vorbă cu un adult atotputernic. În cadrul unor anumite structuri puternic ierarhizate unde există o groază de șefi, râsul acesta cu rol de punctare este unul din elementele limbajului de supunere față de autoritate.

Interlocutorul se forțează să râdă zgomotos.

Acest râs contrafăcut trădează un expert al răutății gratuite și perverse. Foarte servil în fața superiorilor săi ierarhici, cel care uzează și abuzează de această secvență gestuală este totodată gata să-i facă să plângă pe subalternii din jurul lui.

Interlocutorul vă aprobă în mai multe rânduri printr-un râs politicos.

Râsul foarte interesat al interlocutorului este unul forțat. Individul face parte din clubul celor care, folosindu-se de asemenea grimase, au ajuns mari personalități.

De când ați început conversația, interlocutorul nu râde decât de propriile lui glume.

Prin acest tip de râs se urmărește un singur lucru: obținerea aprobării sau a sprijinului celui din fața ta.

Interlocutorul râde arătându-și dinții de jos.

Apropo de asta, Desmond Morris ne învață să fim prudenți și să ne îndoim de sinceritatea unui individ care obișnuiește să-și arate dantura inferioară atunci când râde sau vorbește în fața unui public. Este adevărat că tensiunea imprimată comisurilor buzelor în acest tip de zâmbet este tipic indivizilor care își mușcă simbolic interlocutorii.

A RUPE (HÂRTIE)

Interlocutorul smulge foaia anulată din carnetul său și o rupe în bucățele mici, pe care mai apoi le aruncă la coș.

Faptul de a rupe hârtia trădează o nevoie inconștientă de a eradica trecutul în timp ce faptul de a o mototoli, de a o face ghemotoace, corespunde nevoii de a conserva acest trecut după ce a fost distrus în mod simbolic.

A (SE) SCĂRPINA

Limbajul mâncărimilor

Faptul de a te scărpina frecvent este în mod evident o manifestare de stres, dar nu numai. Dacă interlocutorul se scarpină prea des în prezența dumneavoastră, să știți că sunteți cauza și că e preferabil să vă despărțiți în relații bune în loc să-l obligați să vă suporte.

Oricine se poate trezi pe neașteptate cu mâncărimi pe toată suprafața corpului, și asta în locurile cele mai rușinoase. Bărboșii se scarpină adesea cu o oarecare plăcere fără a simți în mod conștient imboldul nervozității. Ceea ce nu înseamnă că sunt în general indivizi calmi și stăpâniți. Vedem totodată și persoane care-și scarpină chelia în semn de perplexitate atunci când sunt confruntate cu o problemă.

Mâncărimea este un indicator somatic. Un semnal adresat conștiinței de către subconștient. Obligându-vă să vă scărpinați nasul în mod repetat, subconștientul vă informează că vă lipsește flerul. O mâncărime la nivelul sprâncenelor vă semnalează că ar trebui să fiți mai creativ și să analizați problema dintr-un punct de vedere mai agresiv sau mai prudent etc. O mâncărime este un micromesaj al subconștientului care se folosește de sistemul nervos pentru a vă trezi perspicacitatea. Or, sistemul nervos este dispozitivul de transmisie care excită întregul corp omenesc, ceea ce e bine.

Mâna cu care se scarpină este aceeași la bărbat și la femeie?

Fiecare preferăm o mână în detrimentul alteia pentru a ne scărpina. Mâncărimile se pot manifesta atât în partea dreaptă, cât și în cea stângă a corpului. Cum e mai logic – să apelăm la mâna corespondentă sau la mâna alternă pentru a ne scărpina?

Mâncărimile din partea stângă a corpului sunt asociate cu creierul afectiv, după cum probabil bănuiți, și reprezintă niște microsemnale emoționale. Mâncărimile din partea dreaptă trădează o tulburare a spiritului logic. Aceasta este ipoteza de lucru. Ne scărpinăm cu amândouă mâinile, dar una dintre mâini este mai activă decât cealaltă în această privință. Autoscopia nu e suficientă pentru a evalua această frecvență, trebuie să fii filmat pentru a putea trage niște concluzii întemeiate. Scărpinatul este atât de anodin sau atât de frecvent, încât nici măcar nu-l mai remarcăm în afara unui document filmat.

Acesta este motivul pentru care prefer să mă focalizez pe degetele care sunt active în privința asta.

Femeile își folosesc mai mult degetele de la mâna stângă pentru a-și calma mâncărimile care le supără, în timp ce bărbații le folosesc pe cele de la mâna dreaptă.

Cu ce deget preferați să vă scărpinați? Iată simbolistica degetelor cu care ne scărpinăm:

Degetul mare drept

Vă ucideți entuziasmul.

Arătătorul drept

Nu stăpâniți situația sau vă temeți că nu veți putea să vă afirmați. Subconștientul vă obligă să vă detașați și să reflectați. Arătătorul drept este sediul stăpânirii de sine și vă aflați mai degrabă în faza de control. De reținut: cel care se controlează nu se stăpânește; cel care se stăpânește n-are nevoie să se controleze.

Mijlociul drept

Încrederea în sine este zdruncinată. Subconștientul vă sfătuiește să căutați un mijloc strategic de a vă opune adversarilor sau celor care vă critică. Nu vă lăsați stăpâniți de prejudecăți, riscați să vă fragilizați capitalul de încredere.

Inelarul drept

Nu sunteți foarte hotărât. Subconștientul vă sugerează s-o faceți pe mortu-n păpușoi. Inelarul drept este sediul schemelor voluntare. Determinarea dumneavoastră s-ar putea să dea rateuri.

Degetul mic drept

Vă mărturisiți curiozitatea, dar nu și interesul. Sunteți curios să știți unde vă vor duce inițiativele pe care le aveți. Nu ezitați să mergeți mai departe! O să vă lămuriți rapid. Degetul mic drept este degetul curiozității și al ambiției.

Degetul mare stâng

Plăcerea este absentă.

Arătătorul stâng

E degetul care vă trădează concupiscența sau gelozia. Atenție, scărpinatul cu arătătorul stâng e preferat de invidioși! Iar gelozia nu e cel mai bun mijloc de a atrage norocul. Vă este stârnită gelozia pentru a vă face să vă pierdeți cu totul simțul critic.

Mijlociul stâng

Avezi impresia că nu sunteți apreciat așa cum trebuie, că sunteți luat drept imbecil și aveți nevoie să vă impuneți sau să vă dovediți adevărata valoare. Greșiți! Mai bine continuați s-o faceți pe naivul! Cei cu gura mare sfârșesc întotdeauna pe tușă. Nu căutați stima sau prietenia lor, n-au nimic de oferit, sunt doar niște lăudăroși care fac promisiuni deșarte!

Inelarul stâng

Aveți impresia că sunteți respins sau neînțeles. Vă încearcă un sentiment de lehamite. Simțiți dorința să luați o pauză? Aerisiți-vă neuronii! Vă implicați prea mult și energia consumată nu vă aduce beneficii pe măsură.

Degetul mic stâng

Vă simțiți tratați ca niște copii. Și ăsta e tot un semn de dispreț. Subconștientul vostru vă semnalează că astăzi nu sunteți la înălțime. Degetul mic stâng este degetul trecutului și al copilăriei. Vă scărpinați cu el atunci când soluția unei probleme vă ia prin surprindere.

În ceea ce privește interpretarea gesturilor, vă sugerez să revedeți partea anatomică la care face referire „mâncărimea" respectivă.

A SCUIPA

A scuipa este expresia unui dezgust de sine proiectat uneori asupra celuilalt. Saliva este un antiseptic puternic care poate fi asemuit cu veninul șarpelui. Bărbatul care-și scuipă în față adversarul îl otrăvește la modul simbolic.

A ZÂMBI

Zâmbetul este un cod universal care face parte dintre indicatorii eredității umane. Procesul biochimic complex care conduce la realizarea zâmbetului prin activarea numeroșilor mușchi bucali și oculari din zona arcadei zigomatice nu poate avea o origine recentă în evoluția speței umane. Se știe sigur că zâmbetul exista deja la hominizii din care se trag strămoșii noștri. Putem de altfel conchide că, dacă zâmbetul n-ar fi existat, n-am fi ajuns niciodată la civilizația pe care o cunoaștem astăzi. Evident, evoluția cuvântului a fost și ea fondatoare a civilizației omenești. Dar, după părerea mea, aportul zâmbetului a fost determinant în apariția unui sentiment esențial, care este totodată și un antidot al cruzimii: compasiunea.

Zâmbetul este o dovadă de disponibilitate, un semn de bun-sosit. Căci zâmbetul, care reprezintă prima interacțiune cu lumea a nou-născutului, este totodată și un pașaport social inevitabil într-o societate care se vrea civilizată, ca a noastră. Ceea ce se știe mai puțin este faptul că zâmbetul este și ultima interacțiune a muribundului care a suferit mult și pleacă la ceruri ușurat, cu sufletul împăcat. Morții zâmbesc uneori în momentul trecerii în lumea cealaltă și acest zâmbet reflex și ciudat i-a făcut pe credincioși să spună că aceștia intră în paradis.

A doua armă fatală de seducție în sensul larg al cuvântului, după privire, care rămâne campioană la toate categoriile, zâmbetul țese instantaneu o legătură de complicitate sau de înțelegere tacită între două persoane care se întâlnesc, preț de o clipă, și care nu se vor mai vedea poate niciodată. Acest schimb empatic le-a permis să împărtășească un scurt moment de liniște sufletească. Au trecut, într-o clipă, de la un nivel de conștiință introspectiv, adică prizonier al egoului, la un nivel de conștiință extrovertit, adică eliberat de ego. Orice zâmbet șterge predominanța egoului în avantajul unui scurt schimb energetic interindividual. Intrăm, ca să zic așa, în rezonanță vibratorie cu celălalt. Liniștea sufletească pe care o simțim pentru scurt timp este antonimul agresivității naturale a speței umane. Putem deci considera zâmbetul ca un soi de dispozitiv hipnotizator biologic destinat să paralizeze impulsurile agresive pe care oricine le simte în mod firesc în fața unui străin sau a unui intrus care pătrunde în teritoriul său fără a fi invitat.

Zâmbetul corespunde vitezei luminii sociale care ne apropie unii de alții, el este singurul mod de a micșora distanțele care ne despart. Este anticamera serenității și un indiciu al sănătății sociale. Putem considera că servește îndeosebi la stabilirea unor raporturi mai omogene între diferitele grupuri etnice care formează populația. Diferențele dintre noi ne îndepărtează uneori, dar zâmbetul ne apropie de ceilalți. O populație care uită să zâmbească este un grup social în criză.

Există diverse moduri de a zâmbi, dar noi nu folosim decât unul, cel mult două. Or, zâmbetul este una dintre armele cele mai eficace de care dispunem pentru a plăcea sau a ne seduce interlocutorii pe plan profesional. E vorba de seducție în sens larg, fără conotație sexuală.

Zâmbet larg sau zâmbet reținut?

Există în general două feluri de a zâmbi: cu gura închisă și buzele strânse sau cu gura deschisă și dinții la vedere. Reflex gestual alternativ, modul de a zâmbi poate să depindă de atmosfera sentimentelor, de context sau de temperamentul individului. Unii subiecți nu-și descleștează niciodată buzele atunci când zâmbesc, alții le întredeschid în mod constant.

Buzele strânse

Subiecții care nu-și descleștează practic niciodată buzele atunci când zâmbesc fac parte din marea familie a indivizilor care se stăpânesc. Ei își exprimă foarte puțin sau deloc emoțiile, și le inhibă sau și le reprimă până când acestea sunt refulate cu totul. Zâmbetele lor seamănă mai mult cu niște grimase de dispreț decât cu niște semnale de simpatie. Acești indivizi nu sunt de încredere, căci le lipsește inteligența emoțională. Să nu le acordați niciodată încredere de la prima vedere, și, de altfel, nici după. Majoritatea oamenilor influenți zâmbesc cu buzele strânse și fac promisiuni frumoase, acesta este de fapt motivul ascensiunii lor sociale sau profesionale. Cei care fac promisiuni găsesc întotdeauna destui naivi lacomi care să-i asculte și să-i urmeze și care, până la urmă, sunt trași pe sfoară.

Dinții la vedere

Cei emotivi deschid gura pentru a-și destinde mușchii zigomatici. Aceștia sunt în general indivizi sinceri, accesibili și disponibili. Puteți avea încredere în ei de la prima vedere, chiar dacă după aceea vă schimbați părerea. Bineînțeles, există și zâmbete false cu dinții la vedere și este indispensabil să puteți face diferența între un zâmbet sincer și un zâmbet trucat, comercial sau foarte *showbiz*.

În principiu, apariția ridurilor la colțul ochilor, așa-zisa labă de gâscă, este un criteriu determinant în identificarea unui zâmbet fals sau sincer. În practică, lucrurile sunt un pic mai complicate, căci strălucirea privirii și dimensiunea pupilelor contează și ele în producerea unui zâmbet sincer sau nu. Zâmbetul firesc mărește pupilele și luminează privirea ca expresie a unui sentiment de bucurie.

Zâmbetul mecanic

Departe de a destinde partea de jos a feței, zâmbetul mecanic crispează buzele accentuând ridurile sau pliurile de amărăciune ale gurii. Cu cât este mai solicitat, cum e cazul în unele meserii, cu atât seamănă mai mult cu o grimasă, ajungând să se transforme într-un rictus social lipsit de seducție din cauza rigidității maxilarelor.

Zâmbetul este sufletul chipului, el provoacă reacții inconștiente de repulsie la interlocutorul pe care îl vizează. De pildă, zâmbetul comerciantului. Acesta nu zâmbește niciodată fără motiv, zâmbetul este o armă ofensivă care nu se folosește niciodată la modul defensiv sau anxios. Un zâmbet caracteristic ce se poate transforma rapid într-un zâmbet mecanic!

De la zâmbetul fals la zâmbetul seducător

De câte ori zâmbiți instinctiv, vă relaxați fața. De câte ori afișați un zâmbet mecanic sau de circumstanță, vă diminuați frumusețea trăsăturilor și vă accentuați ridurile. Există tot felul de zâmbete, dar numai unul seducător, și acesta este cel autentic. Autenticitatea unui zâmbet se pierde însă adeseori la ieșirea din copilărie și uneori cu mult înainte. Ceea ce face ca majoritatea zâmbetelor pe care le vedeți la cei din anturaj să nu fie decât imitații, zâmbete false menite să calmeze frica de celălalt, precum acel zâmbet sec ce dispare la fel de repede cum apare.

Pentru a putea face diferența între un zâmbet autentic și un zâmbet fals, e suficient să observați luminozitatea privirii interlocutorului vostru. Unul dintre criteriile de evaluare a autenticității unui zâmbet este gradul de luminozitate perceput în fiecare ochi luat separat. Dacă ochiul drept este luminos și ochiul stâng puțin expresiv, zâmbetul este disprețuitor. Dacă ochiul stâng se luminează și ochiul drept rămâne puțin expresiv, zâmbetul este spontan, dar se bazează pe o versatilitate a sentimentelor. Dacă amândoi ochii sunt la aceeași temperatură ca mușchii zigomatici, zâmbetul este autentic și în armonie cu mentalul.

Cum să zâmbiți cu ochii

Când zâmbetul ajunge până la ochi, e semn că mentalul este purificat de gândurile parazite. Acest tip de zâmbet aparține oricărei persoane care se simte bine în pielea ei, nefiind contaminată de niciun complex ori sentiment nociv. Pe scurt, una care are încrederea în sine și respectul de sine, cele două cariatide ale personalității, în echilibru stabil. Pentru a reuși să zâmbiți în felul acesta, trebuie neapărat să faceți curățenie în climatul mental. Să nu mai aveți griji, gânduri parazite, regrete ori sentimente negative!

Cum să reînvățați să zâmbiți

Dacă vreți să seduceți și să aveți toate șansele de partea dumneavoastră, va trebui să reînvățați să zâmbiți lucrându-vă mușchii zigomatici prin intermediul transelor neurogestuale inițiate în cursul stagiilor PNG. Poate că numai cu prețul ăsta puteți obține un zâmbet autentic. Zâmbetul este o armă fundamentală în cursa către succes. Iar frica de eșec se vede mai ales la nivelul mobilității maxilarelor. Cu cât îndoiala se instalează mai bine, cu atât zâmbetul este mai crispat.

Zâmbetul ucide eșecul sau îl instalează definitiv în ridurile pe care le brăzdează pe față. Un zâmbet autentic luminează chipul, se citește în privire, se vede la marginea obrajilor și marchează chiar arcadele sprâncenelor sau fruntea. Frumusețea chipului nu depinde de o mască împietrită, ci de felul în care vă exprimă sentimentele sau impresiile. Zâmbetul reprezintă cireașa de pe tort. Și dacă cireașa și-a pierdut savoarea, nici tortul n-o să mai aibă valoare.

Zâmbetul în acțiune

Zâmbetul implacabil

Zâmbetul care lasă să se vadă dinții de deasupra este un zâmbet fără niciun pic de generozitate. Individul care zâmbește dezvelindu-și dinții de sus abordează viața ca un prădător egoist, sigur de dreptul lui sau de atuurile de seducător. Toți cei care lucrează pe platourile de televiziune sunt la fel. Zâmbetul pe care îl afișează este marca indispensabilă a imaginii lor publice.

Zâmbetul agresiv

Zâmbetul care dezvăluie doar dinții de jos este zâmbetul carnasierului care se înfruptă din infinitele plăceri ale existenței. Este generos, dar și impulsiv. Acest zâmbet este mai puțin strălucitor decât primul. Mai intimistă, dar și mai restrictivă, persoana care zâmbește „cu dinții de jos" nu trăiește pentru imaginea ei, ci pentru știința ei sau pentru iscusința ei. Lăsarea forțată a buzei inferioare și arătarea dinților de jos semnalează tot prădătorul.

Zâmbetul discret

Subiectul observat nu-și arată dinții, buzele îi rămân pecetluite, de parc-ar fi ferecate.

Acest tip de zâmbet trădează un individ nu prea sigur pe el și uneori un pic depresiv. Mai captivant decât primele două este zâmbetul unui om lipsit de simțul comunicării, chiar dacă știe mai mult despre asta decât toți ceilalți la un loc. Este zâmbetul unui om secretos, discret și rezervat.

Zâmbetul total

În semn de bun-venit, interlocutorul vă zâmbește larg, arătându-și toți dinții.

Zâmbetul cu toți dinții, și cei de sus, și cei de jos, trădează întotdeauna un star de cartier sau o primadonă de birou. Cel care zâmbește cu toată gura urmărește să facă impresie bună și se teme să nu fie dat uitării.

Zâmbetul în colțul gurii: un refren gestual invariabil

Zâmbetul în colțul gurii este adesea mai mult un semn de aroganță decât de dispreț. Este propriu manipulatorilor care sunt și seducători.

Încercați să reproduceți un zâmbet în colțul stâng al gurii! Reluați grimasa în colțul drept! În ce parte vi se pare mai ușor și mai firesc să zâmbiți?

Dacă zâmbiți în colțul stâng al gurii

Dacă vă este mai ușor să zâmbiți în stânga, sunteți mai mult zeflemitor decât cinic. Această lateralitate a zâmbetului în colțul gurii indică totodată că sunteți mai sociabil, mai receptiv la sentimentele spontane de simpatie sau de antipatie. E logic, fiindcă această parte a feței depinde de creierul afectiv. Zeflemeaua este o atitudine mai puțin critică decât cinismul. Zeflemistul n-are o bună rezistență la frustrare. Aceasta este pentru el călcâiul lui Ahile!

Dacă zâmbiți în colțul drept al gurii

Dacă vă este mai ușor să zâmbiți în dreapta, sunteți mai mult cinic decât zeflemitor. Mai bun observator al defectelor societății, cinicul își dezvoltă acest sentiment pe un fond de amărăciune. El știe să ia distanța necesară și suficientă acolo unde zeflemistul are o problemă. Cinicul este mai rigid din punct de vedere social decât zeflemistul. El se baricadează împotriva entuziasmului pentru a nu se lăsa antrenat în vreo plăcere sau fericire pe care ar putea s-o regrete după aceea. Cinicul dispune de o excelentă rezistență la frustrare. Acesta este în același timp punctul său forte și punctul său slab.

Cel care rezistă la frustrare știe totodată că plăcerea provoacă o fragilizare a barierelor de apărare, o slăbiciune care îi poate fi fatală. Iar cinicii detestă să simtă această slăbiciune care nu se potrivește deloc cu imaginea pe care și-au făurit-o.

Zâmbetul crispat

Zâmbetul rigid, ca să nu zic înțepenit, al interlocutorului seamănă mai mult cu o strâmbătură sinistră decât cu un zâmbet primitor.

Zâmbetul crispat face parte din familia zâmbetelor stereotipe. Acesta evidențiază gradul de scepticism al celui care uzează și abuzează de el.

Zâmbetul naiv

Așezată la birou, interlocutoarea vă adresează un zâmbet de o naivitate cel puțin tulburătoare.

E un zâmbet care și-a păstrat sufletul de copil. Observați zâmbetul de uimire al unui bebeluș. Nu întâmplător copiii învață mai repede să zâmbească decât să vorbească. Această grimasă umană este un calmant puternic. Zâmbetul cu parfum de copilărie dezamorsează stresul sau agresivitatea ambiantă.

Zâmbetul triumfător

Evident satisfăcut de întrevederea cu directorul, interlocutorul arborează un zâmbet impregnat cu o mândrie nedisimulată.

Dincolo de expresia de mulțumire care se citește pe chipul subiectului satisfăcut, zâmbetul triumfător este însoțit adesea de o bombare a pieptului. Chiar dacă sentimentul de satisfacție și de mândrie care decurge din asta este perfect justificat, zâmbetul triumfător trebuie evitat, fiindcă îi deranjează pe toți cei care nu reușesc să triumfe cu ușurință. Sentimentul de autosatisfacție este adesea perceput foarte prost și asimilat rapid cu orgoliul indecent.

Zâmbetul înțepat

Interlocutorul afișează un zâmbet înțepat, dublat de o grimasă rapidă pe care o realizează strângând din buze.

Semnificația acestei secvențe gestuale este că interlocutorul se teme că o să-l faceți să-și piardă timpul.

Zâmbetul amuzat

Interlocutorul vă adresează un zâmbet mai degrabă amuzat.

Acest tip de zâmbet marchează o distanță față de celălalt, considerat inferior din punctul de vedere al celui care reproduce zâmbetul respectiv. Mai clar, zâmbetul pe vi-l adresează interlocutorul este, potrivit normelor, unul condescendent.

Zâmbetul amar

Zâmbetul schimonosit care apare pe fața interlocutorului are forma unui castron răsturnat.

Transformarea zâmbetelor evidențiază în ce măsură gândurile noastre le influențează. În cazul de față, e vorba de un zâmbet trist și extrem de romantic. Dar și de un zâmbet impregnat de fatalism și resemnare.

Zâmbetul evanescent

Zâmbetul interlocutorului dispare la fel de brusc precum a apărut.

Efectul este adesea impresionant pentru o persoană neavizată. El provoacă un stres imediat care poate destabiliza pe oricine. Zâmbetele abia schițate și repede reprimate arată că v-ați ratat ținta. Trebuie să fiți atent. Acesta este motivul pentru care nu trebuie niciodată să vă luați ochii de la fața interlocutorului atunci când vă arătați cărțile. Fiecare mimică a lui vi se întipărește în minte, precum detaliile unui peisaj, și vor ieși din nou la iveală după întrevedere, dacă vă străduiți și aveți răbdare să vi le aduceți aminte.

Zâmbetul stereotip

Interlocutorul vă adresează un zâmbet stereotip, de parc-ați fi un fotograf care nu mai are film în aparat.

Nu toate zâmbetele sunt expresii de relaxare sau calm. Obligația socială de a primi un străin cu zâmbetul pe buze a transformat această manifestare de ospitalitate într-un sentiment de constrângere, de unde grimasa stereotipă care ia locul zâmbetului. Unii au devenit maeștri în arta de a exploata zâmbetul. Pentru a putea face diferența între un zâmbet autentic și un zâmbet-grimasă, trebuie să observați, așa cum am mai spus, luminozitatea privirii interlocutorului vostru. Aceasta trebuie să fie în mod obligatoriu în armonie cu masca de pe chip. Ochii trebuie să zâmbească în același timp cu gura, altfel, zâmbetul n-are nicio valoare.

Zâmbetul de bun-venit

Zâmbetul pe care vi-l adresează interlocutorul în chip de bun-venit pare scos direct dintr-o reclamă.

O altă viziune asupra acestui zâmbet de întâmpinare, numit și zâmbetul la comandă din reclamele publicitare la pasta de dinți, evidențiază faptul că zâmbetul de bun-venit sau de politețe, apropiat și depărtat totodată, vă face în mod spontan să vă simțiți bine, chiar dacă n-aveți nicio legătură cu cel care vă zâmbește. El nu intră direct în sfera dumneavoastră intimă, nu vi se adresează, ci vizează ceea ce e universal în dumneavoastră. „Un zâmbet sincer atinge în noi ceva esențial: sensibilitatea noastră congenital legată de bunătate", subliniază Dalai-Lama în *Înțelepciunea străveche și lumea modernă.*

Zâmbetul complice

„Îmi place să captez complicitatea privirilor și a zâmbetelor atunci când fotografiez necunocuți pe stradă", explică Steven, 25 de ani, fotograf taiwanez care colindă lumea. Zâmbetele pe care le surprinde sunt adesea cele mai frumoase amintiri din călătoriile lui.

Acest zâmbet deosebit exprimă apartenența la aceeași poveste. El dezvăluie o înțelegere strânsă, tacită. Zâmbetul complice dezarmează, generează încredere, seduce sau tulbură, el autorizează întâlnirea sau respingerea.

Zâmbetul defensiv

Când intru într-o încăpere unde nu cunosc pe nimeni, zâmbesc spontan, pentru a mă proteja.

Zâmbetul ne protejează de ceilalți sau ne apropie de ei, ne scuză sau ne acuză. În fața necunoscutului, zâmbetul este prima noastră armă, o formă de salvare menită să ne paralizeze impulsurile agresive și să le neutralizeze pe cele pe care ceilalți le pot simți față de noi. Este un semn de liniștire pe care îl împărțim cu toate civilizațiile lumii.

Zâmbetul îndrăzneț

E rândul dumneavoastră să interveniți. E timpul să demonstrați pertinența proiectului pe care-l propuneți. Neștiind cum o să procedați, vă hotărâți să începeți cu un zâmbet.

Dacă ne impunem să zâmbim, acest lucru ne face să reținem aspectele pozitive, să scoatem în evidență succesele noastre și nu eșecurile.

Zâmbetul ne ajută să controlăm mai bine stresul, să facem față schimbărilor cu mai mult calm. Un zâmbet generează alt zâmbet.

Zâmbetul jenat

Stagiarul venit să lucreze în firma dumneavoastră afișează um zâmbet confuz, tocmai a trimis o comandă urgentă la o adresă greșită.

Departe de a exprima întotdeauna plăcerea, zâmbetul poate marca și dorința noastră de a lua distanță: un zâmbet jenat ne poate apărea pe buze atunci când comitem o gafă și suntem cuprinși de rușine.

Zâmbeul oportunist

Este însoțit întotdeauna de o lipsă de inteligență și de o privire lacomă sau ușor provocatoare. E vorba de zâmbetul lubric conjugat la feminin. Evident, acesta este mai puțin vulgar decât cel al unui bărbat. Zâmbetul formal nu e chiar un zâmbet adevărat – îi lipsesc ridurile de expresie din colțul ochilor –, ci este un zâmbet oportunist a cărui țintă oportună sunteți chiar dumneavoastră.

Gimnastica zâmbetului

Considerați că este indispensabil să mergeți regulat la cursuri de fitness pentru a vă regăsi tonusul muscular pierdut, că trebuie să faceți abdomene pentru a scăpa de colăceii de pe burtă... Mă opresc aici cu exemplele care sunt absolut evidente. Dar, dacă vă mărturisesc că există exerciții de gimnastică izometrică pentru a reprograma un zâmbet, o să vă închipuiți că spun tâmpenii. N-aveți decât. Nu pot efectiv să v-o dovedesc în cadrul acestei cărți. Tehnica la care fac referire există însă cu adevărat.

Am practicat-o personal în cadrul stagiilor mele de programare neurogestuală. E vorba de o gimnastică psihotonică ce antrenează o serie de convulsii ale mușchilor orbiculari ai gurii și ai ochilor, ale obrajilor și ale mușchilor din jurul nasului. Această tehnică seamănă cu o transă a mușchilor subcutanați ai feței. Ea se programează cu ușurință la majoritatea oamenilor întrucât nu necesită nicio stare de conștiință deosebită ca în cazul sofrologiei sau al hipnozei. Aceste convulsii musculare sunt perfect involuntare. Zâmbetul nu este doar o grimasă socială, ci o armă indispensabilă pentru a vă atinge scopurile în viață.

Știți câți mușchi trebuie să se pună în mișcare pentru un simplu zâmbet?

Doisprezece de fiecare parte a feței, în timp ce unul singur (paralizat de Botox) e suficient pentru a vă da un aer posomorât.

A ZGÂRIA

Acțiunea de a zgâria ar putea corespunde unei nevoi de autopedepsire pentru a scăpa de o culpabilitate copleșitoare. Cel care se zgârie singur își pedepsește corpul fără să conștientizeze acest lucru.

Schimbând contextul, un copil îl zgârie pe altul pentru a se răzbuna pe el fiindcă l-a provocat. Copilul-pisică zgârie, copilul-câine mușcă. Identificarea copiilor cu aceste două animale de companie esențiale cred că nu miră pe nimeni. Fetele au tendința să zgârie, iar băieții să muște. Totuși, rolurile se pot inversa. Dacă îi cereți mai întâi unui copil să aleagă între un câine și o pisică, iar apoi îl întrebați dacă preferă să-și zgârie dușmanul sau să-l muște, veți avea o oarecare concordanță statistică între alegerea animalului și actul agresiv care se referă la el.

Pozițiile

AȘEZAT

Cercetarea ergonomiei gestuale este o modalitate originală de a influența în mod pozitiv psihismul sau de a restructura o personalitate fragilizată. Este totodată un mod creativ de a învăța să comunici mai eficace cu tine însuți și cu ceilalți.

Ne simțim confortabil sau nu în corpul nostru în funcție de gradul de conștientizare a funcționării lui. Dar acest corp precede, însoțește sau protejează discursul împotriva propriilor lui abuzuri. Gesturile decalate alternează cu atitudini ergonomice în funcție de contextul cu care se confruntă individul.

Se crede că ar exista circa 2 400 de poziții așezate diferite pe care ați putea să le adoptați pentru a vă liniști neuronii. Eu n-am găsit decât câteva zeci care să fie într-adevăr semnificative.[1] Comparativ cu cele 300 de posturi verticale existente[2] la care ați putea apela pentru a sta în picioare, diferența poate părea enormă. Omul, acest animal așezat care se ridică din când în când, o fi fost oare impropriu botezat „homo erectus" de către antropologi?

Dacă ne comparăm cu triburile primitive care încă mai existau la începutul secolului, remarcăm totuși că poziția așezată a omului este recentă din punct de vedere istoric. Pe de altă parte, faptul de a te așeza este în general legat mai mult de munca intelectuală decât de munca manuală. Ceea ce ne face să credem că, cu cât creierul este mai solicitat, cu atât corpul are mai multă nevoie de o poziție așezată confortabilă.

---

[1] O postură semnificativă este o atitudine tipică reprodusă de cea mai mare parte a oamenilor fără deosebire de cultură, vârstă sau religie, dar care poate varia în funcție de sexul indivizilor observați. (N. a.)

[2] Aceste cifre se bazează doar pe afirmații de genul „se spune că" făcute de diferiți autori, dar fără a menționa sursa exactă. (N. a.)

Cu cât omul gândește mai mult, cu atât gravitatea terestră îi îngreunează mai mult corpul la nivelul mușchilor fesieri.

Felul în care ne așezăm este întotdeauna unul dintre semnele distinctive ale personalității noastre, dar evidențiază totodată și climatul punctual al atitudinii noastre mentale.

Observați bustul interlocutorului în poziția așezat. Dacă este scos în față, îi e teamă să nu fie respins sau cenzurat. Dacă este tras în spate, își exprimă nevoia de libertate sau de detașare; înclinat la dreapta, trădează dorința de a reuși; înclinat la stânga, evidențiază instabilitatea dispozițiilor. Aplecat alternativ la stânga sau la dreapta, încearcă să vă seducă, în sensul larg al cuvântului.

Întrucât labele picioarelor și gambele sunt din ce în ce mai puțin puse la contribuție, anvergura fesierilor are tendința să crească în paralel cu burdihanul. Ca să fie bine, ar trebui să petreceți la fel de mult timp așezați ca și în picioare, pentru a vă întări musculatura gambelor și pentru a face sângele să circule. Dar, așa cum se întâmplă întotdeauna, n-aveți timp și probabil că firma pentru care lucrați n-ar vedea cu ochi buni aceste escapade făcute în folosul sănătății picioarelor. Ideal ar fi așadar să mergeți pe jos la serviciu și să vă întoarceți acasă folosind același mod de locomoție.

Pozițiile așezate

Poziția relaxată

Interlocutorul este așezat cu picioarele întinse în fața lui, cu gleznele încrucișate.

Contextul este liniștitor. Se simte bine-venit și își exprimă acest sentiment făcându-se comod. Putem vedea lucrurile așa sau putem vedea această atitudine sub un alt unghi. Dacă stă cu glezna stângă peste cea dreaptă, subiectul este relaxat. Nu mai participă la discuție. În schimb, dacă stă cu glezna dreaptă peste cea stângă, este încă dominat, oricare ar fi motivul.

Așezat în fundul fotoliului

Interlocutorul meu se retrage brusc până în fundul fotoliului, se afundă în el, se face mic, ai zice că se dezumflă ca o bășică.

Dacă interlocutorul se trage mai în spate sau se reazemă de spătarul scaunului înainte de a vă răspunde, asta înseamnă că ia distanță pentru a dezamorsa eventuala impulsivitate a unui răspuns la cald. Acest mic răgaz îi permite să pregătească un răspuns mai conformist, care lasă să se înțeleagă că poate apela la minciună pentru a evita să se lovească de susceptibilitatea voastră. Mișcarea înapoi însoțită de încrucișarea brațelor semnifică același lucru.

Premiantul clasei

Stând așezat pe scaun, interlocutorul își pune cu precauție mâinile pe coapse.

Atitudine pe care o întâlnim adesea la foștii premianți care nu s-au maturizat pe deplin și la persoanele care ocupă posturi de executanți. Nu este foarte sigur pe el și se va supune cu ușurință dacă dețineți puterea.

Micuțul croitor

Interlocutorul stă turcește[1]*, precum un croitor de altădată.*

De ce croitorii de altădată adoptau această poziție cu picioarele încrucișate? Fără îndoială, dintr-un motiv strategic legat de meseria lor. Își puneau toate accesoriile utile și necesare în jurul lor ca să nu mai fie nevoiți să se ridice pentru a le lua. Pe de altă parte, faptul că-și încrucișau picioarele sub corp le permitea să pună în scobitura coapselor partea de haină pe care o aveau de cusut, în așa fel încât stofa să nu alunece pe un suport neted.

În afară de croitorul care se folosește de această poziție din motive profesionale, indivizii care îl imită atunci când se află în fața sau în sânul unui grup sunt niște ființe virtuale care se consideră personalități, ucenici guru. Hoți de energie, ofensatori dar foarte susceptibili, parodici până la caricatură, aceștia sunt adesea niște sfătuitori

[1] În original, *assis en tailleur* (literal, „așezat ca un croitor"), expresie al cărei echivalent românesc este „a sta turcește". (N. tr.)

ale căror lecții sunt departe de a fi gratuite și ale căror păreri pot costa colectivitatea foarte scump.

E vorba de genul acela de „profesioniști" coborâți parcă din benzile desenate ale lui Lauzier! Am întâlnit o mulțime în sectoarele de activitate cu coloratură *new age*. Știu în general să-și rotunjească veniturile fără a se preocupa prea mult de foametea din lume. Nu vă încredeți în acești falși guru, ei nu adoptă decât litera, niciodată spiritul!

O femeie care se așază turcește pe o sofa în fața unui bărbat este o seducătoare activă. Poziția presupune deschiderea largă a coapselor, o invitație mascată, dar nu conștientă din partea femeii.

Așezat călare

> *Așezat călare pe o bancă veche de pe marginea unei șosele naționale, bătrânul călărește prin lumea viselor în timp ce contemplă viața care trece pe sub privirea-i decepționată. Degetele încrucișate țin frâiele amintirilor răzlețe pe care o rafală de gânduri parazite le va șterge în curând precum o urmă de cretă de pe o veche tablă neagră.*

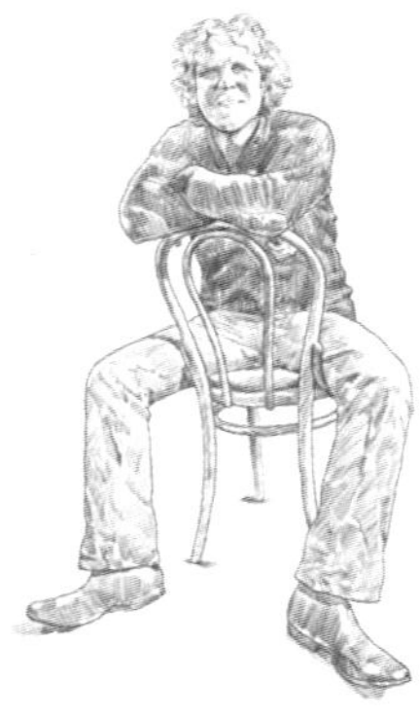

Atitudinea este pasivă, climatul mental contemplativ, iar subiectul care reproduce această postură nu se simte interesat de vorbele interlocutorului său. În schimb, când un interlocutor adoptă această poziție în cursul unei discuții, spătarul scaunului îl protejează în mod preventiv împotriva eventualelor critici care l-ar putea viza.

În acest caz, aveți de-a face cu un personaj cu spirit aventuros, ba chiar imatur. Un *day-dreamer*! Adică, tradus literal, un visător de zi. El își va uita foarte repede promisiunile pe care vi le-a făcut într-un frumos elan de entuziasm.

Agățarea cu mâinile de brațele scaunului

> *E suficient să-l contrazic ca să se agațe cu mâinile de brațele scaunului. Întrucât i-am remarcat manevra, mă amuză să-l contrazic sistematic ori de câte ori punctele noastre de vedere diferă.*

Când mâinile se agață de brațele scaunului, climatul mental se golește de orice motivație, ba chiar de orice simpatie față de interlocutor. E vorba de un semn evident de contrarietate. Gestul marchează o dezimplicare imediată din cauza une subite incompatibilități de dispoziție. Când mâinile sunt prizoniere, mintea se întunecă și ridică bariere de apărare împotriva atacului verbal a cărui țintă se consideră. Ne agățăm involuntar de brațele scaunului, de încheieturile mâinilor, de dreptul nostru, dar nu și de obligații, ne agățăm de prerogativele noastre, de avantajele noastre sociale, ne cramponăm de viață atunci când moartea ne dă târcoale etc. Agățarea este o ancorare mentală de propriile competențe sau prerogative. Este un semn al controlului de sine și nu al stăpânirii de sine. E nevoie să vă mai precizez că cel dintâi, controlul de sine, este o postură psihorigidă și că stăpânirea de sine este o atitudine psihoflexibilă?

Aripile desfăcute

Subiectul observat își pune sistematic brațele pe spătarele scaunelor vecine ca și cum și-ar desface aripile. Cu siguranță, are nevoie să-și mărească teritoriul, din lipsă de spațiu vital.

Să știți că, dacă această poziție se repetă frecvent, individul respectiv este foarte ambițios. Cei care simt mereu nevoia de a-și sprijini brațul pe un scaun din stânga sau din dreapta lor, nu fac excepție de la regulă. Gradul lor de ambiție este același, doar că le lipsește un scaun pentru a-l afișa 100%. E posibil ca subiectul să aibă nevoie să-și mărească teritoriul sau să și-l protejeze împotriva unei invazii. El vă avertizează că voința lui de a reuși ar trebui să fie foarte vizibilă. În orice caz, fiți sigur că este un tip vanitos.

Poziția amazoanei

Invitata se așază pe brațul unui fotoliu.

Dacă invitata venită pe neașteptate își pune fundul pe brațul fotoliului neocupat în loc să se așeze confortabil în el, asta înseamnă că nu este deloc sigură că subscrie la

programul care urmează. Se comportă precum amazoanele, care sunt prin definiție niște ființe nestatornice.

În cuplu, este o declarație de intenție sau o declarație de afecțiune pentru persoana care stă în fotoliu. În principiu, nu ne așezăm niciodată pe brațul unui fotoliu ocupat de un dușman. Dar putem vedea acest lucru și altfel! Faptul de a te așeza pe brațul unui fotoliu este un mod de a te înălța atunci când nu ești foarte sigur pe tine. Este o poziție de diversiune prin excelență! Ea semnalează o rupere de realitate. Când picioarele părăsesc solul, te ridici în aer și e mai ușor să pui țara la cale.

Balerina

Sunt atât de fericită, patronul m-a invitat la masă pentru prima oară de când lucrez pentru el. De zece ani. „Zece ani deja? Cum trece timpul, nu-i așa, micuța mea Barbier?" Îl aprob cu emoție, îmbujorându-mă de rușine și plăcere. Sub scaun, picioarele mele se sprijină pe vârfuri, executând poante precum balerinele. Mi-e atât de frică să nu-i fac o impresie proastă. „O cafeluță, Barbier?" „De ce nu?" Mă simt în al noulea cer, plină de mine, plutesc...

Numita Florence Barbier este orbită de decorul showbiz al restaurantului în care a invitat-o patronul ei. Nu-și imaginează nici măcar o clipă că această invitație ascunde altceva.

Și totuși, subconștientul ei încearcă să o avertizeze prin intermediul picioarelor. Când acestea se sprijină pe vârfuri, corpul vă semnalează că mergeți pe ouă, iar cojile ouălor sunt prin definiție fragile. Retrageți-vă înainte de a vă crea vreo obligație! Interlocutorul nu este așa cinstit cum pretinde sau cum vă închipuiți.

„Ăăă, uite ce e, Barbier! Vreau să-ți cer un serviciu", începe patronul meu. Sunt gata să fac orice pentru el, ca o enoriașă îndrăgostită în secret de parohul ei. „Fernel îmi face probleme", continuă el pe un ton confidențial (e vorba de secretara lui personală care-mi este șefă directă), „refuză să-și dea demisia. Mă întreb dacă n-ai putea să depui mărturie... în fața consiliului de conciliere a conflictelor de muncă, vezi tu, că întârzie cam des în ultima vreme și că activitatea secretariatului are de suferit..." Nu înțeleg de ce îmi cere asta. Christine Fernel este amanta lui, mă rog, era, fiindcă, din câte-am auzit, acum nu se mai înțeleg. M-a dus de nas, nemernicul. Și eu care credeam că m-a invitat ca să mă răsplătească pentru cei zece ani de muncă și loialitate.

Dacă predomină vârful piciorului drept

Nu vă simțiți în apele dumneavoastră, cea ce vrea să însemne că sunteți în încurcătură în fața unei situații pe care n-o controlați.

Dacă predomină vârful piciorului stâng

Este posibil să fiți victima unei manipulări sau a unei acțiuni de seducție. Această alternativă poate însemna totodată că sunteți contrariat.

Balonul captiv

Atitudine moștenită din copilărie. Este posibil ca tonul prea pedagogic al unui interlocutor să inducă o relație de tip dascăl-elev care să influențeze climatul mental și să provoace această secvență gestuală deosebită. Indecizia și anxietatea își dau coate reciproc. Două sentimente care se înțeleg între ele să vă împiedice să apelați la spiritul dumneavoastră de decizie. Tăiați mental picioarele scaunului pe care stați (nu se știe niciodată) sau amânați discuția pe altădată, dacă așteptați un rezultat concret.

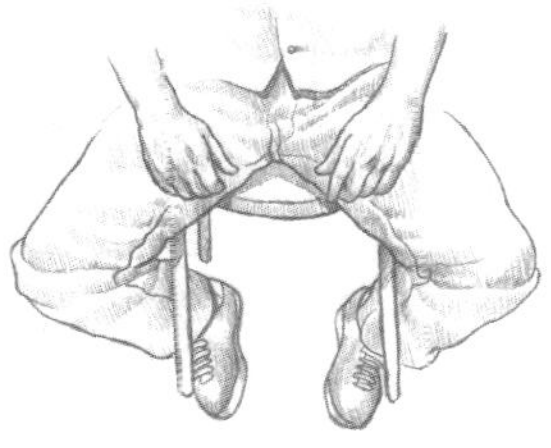

Simt că plutesc din cauza complimentelor pe care le primesc și care sunt exprimate cu atâta subtilitate de interlocutorul meu. Mă ung la suflet precum mierea pe o tartină cu unt! Picioarele mi se agață de picioarele scaunului. O să acccepte oare să semneze afurisitul ăsta de contract ca să pot termina de scris o carte la care țin foarte mult? Ei bine, răspunsul va fi „nu“! Complimentele erau un soi de abureală ca să mă facă să înțeleg că proiectul n-a fost pe placul comitetului său editorial, dar că el ar putea colabora cu mine pe alte subiecte. „Ar putea“, am auzit bine? Condiționalul e timpul care nu oferă nimic, e o gaură neagră care absoarbe materia (speranța), o strivește și o distruge.

Sunteți (prost) așezat și picioarele vi se agață de cele ale scaunului atunci când mintea are tendința să zboare în altă parte. Este un mod de a vă ancora sau de a vă îngreuna cu lest pentru a vă păstra eul pe orbită, în jurul buricului. Sunteți un balon captiv. Oricare ar fi situația, nu e semn bun. Trebuie să încheiați discuția sau să plecați cât mai repede.

Urmarea și sfârșitul dramei!

Înainte de a-mi comunica decizia lui, și-a încrucișat degetele sub bărbie, cu arătătoarele întinse, lipite unul de altul, peste buze: gestul este destul de evident. El semnifică faptul că interlocutorul meu se pregătește să mă tragă pe sfoară. Îmi desprind picioarele de cele ale scaunului și îmi reproșez în gând că am fost atât de prost, încât să cred că acest proiect se va realiza. Picioarele mă avertizaseră de această capcană încă de la începutul discuției.

Urâtă treabă! Postura de balon captiv este devalorizantă. Ea vă diminuează în ochii interlocutorului. Dacă vă surprindeți că o reproduceți, programați imediat un *blocaj al cizmei* (fixarea picioarelor pe sol) pentru a contracara acest tic gestual nociv pentru stima de sine. Poziția balonului captiv este asociată cu sentimentul de eșec. Ea face parte din registrul pozițiilor SADE (Stres, Anxietate, Depresie, Eșec).

Așezat, cu brațele sprijinite în unghi drept

Poziția cu coatele trase în spate, sprijinite pe un suport sau pe spătarul canapelei, de o parte și de alta a bustului, este un semnal de deschidere și de disponibilitate amoroasă. Când o femeie își scoate pieptul în față, ea își exprimă inconștient sau nu dorința de contact carnal. Mesajul este clar, dar cel căruia îi este adresat nu-l înțelege aproape niciodată, fiind prea ocupat să vorbească despre el însuși pentru a-și impresiona iubita. Bărbații sunt uneori cam aiuriți, nu prea reacționează și au nevoie să fie ghidați.

Scaunul basculant

Interlocutorul își balansează sistematic scaunul în spate.

De cum se așază, nu se poate stăpâni să-și balanseze scaunul în spate. Bascularea scaunului este o reminiscență din anii de școală. Ceva îl deranjează pe interlocutorul dumneavoastră în contextul discuției pe care o aveți și speră ca clopoțelul să anunțe sfârșitul întâlnirii. Simplul fapt de a se balansa pe scaun indică un sentiment de insatisfacție sau de frustrare. Școlarii se balansează cu plăcere pe scaun atunci când se plictisesc sau când clopoțelul le amintește cât de insipide sunt orele de curs.

Așezat într-o rână

Nu putem vorbi despre afirmarea de sine fără a menționa și oaia ei neagră: lipsa de siguranță, un sentiment care determină poziția așezat într-o rână pe un scaun, în timp ce unul dintre picioare stă pe brațul scaunului și o mână rămâne atârnată după spătar.

Adolescenții recurg la această poziție pentru a încerca să-și impună punctul de vedere atunci când nu sunt siguri de nimic. Orice poziție așezată care nu respectă ergonomia scaunului pune în evidență întotdeauna o stare de indispoziție a unui personaj neglijent. Cei care au tendința să-și amâne obligațiile până la Sfântu-Așteaptă preferă și ei astfel de poziții.

Interlocutorul încearcă să vă inducă în eroare, fiindcă, de fapt, el are mai degrabă chef să fugă sau să intre în pământ. Prezența dumneavoastră îl paralizează, nu mai are pic de curaj. Se simte prins în capcană ca pe vremea adolescenței, față în față cu un tată sever.

Mâinile-garou

Interlocutorul stă așezat și își strânge coapsele cu amândouă mâinile.

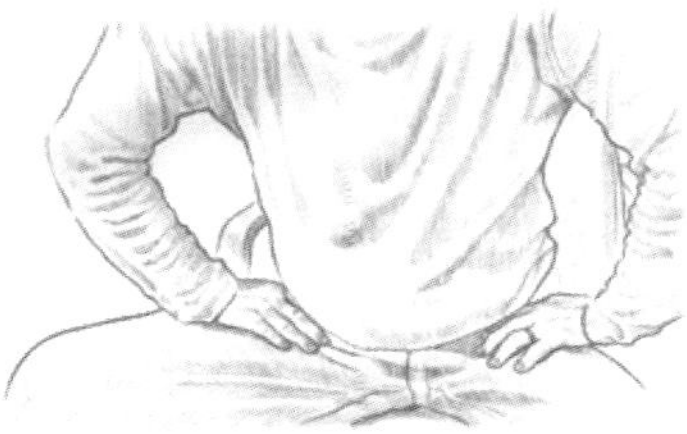

Iată o atitudine tipică de refuz al dialogului! Postura exprimă deopotrivă opoziția și invidia. Este remarcată adeseori la subalternii care întrețin relații pseudo-amicale cu superiorii lor ierarhici.

Afișând această secvență gestuală, interlocutorul vă semnalează că punctele dumneavoastră de vedere sunt ireconciliabile. Comunicarea ce v-ar putea duce pe calea progresului, simbolizată de picioare, este tăiată de mâini care se comportă ca niște garouri.

Așezat în imponderabilitate

Interlocutorul dumneavoastră își pune fundul pe marginea unei mese sau se așază efectiv pe ea.

Atitudinea este curentă, dar adesea greșit interpretată ca fiind paternalistă. E vorba de fapt de o poziție destinată să evidențieze autoritatea persoanei care o adoptă. Să o favorizeze în timpul unei luări de cuvânt în public... evitând încrucișarea brațelor.

Așezat în telescaun

Tânăra așezată în fața dumneavoastră își ține mâinile sub fund, cu palmele în jos, de parc-ar sta într-un telescaun.

Atitudinea este destul de frecventă la copiii care vor să crească repede. Adulții care adoptă această poziție sunt în sufletul lor niște copii care au ajuns adulți fără să vrea.

„Tandrețea, fir-ar să fie!"

Prietena dumneavoastră stă așezată și își încrucișează degetele peste picioarele ridicate la înălțimea pieptului.

Își ia piciorul (sau picioarele) în brațe așa cum ar face un copil cu o păpușă sau cu o jucărie de pluș. Postura trădează o cerere de tandrețe într-un context de intimitate. Mesajul este destul de clar, dar nu este înțeles de interlocutorul ei. Bărbaților le lipsește adesea empatia.

Bustul-giruetă

Modul în care ne așezăm exprimă climatul punctual al atitudinii noastre mentale. Cum te simți aici și acum? Observați bustul interlocutorilor când stau în poziție așezată.

Dacă bustul este scos în față, interlocutorului îi este teamă să nu fie respins sau cenzurat.

Dacă este împins în spate, își exprimă nevoia de libertate

Înclinat la dreapta în permanență, trădează dorința de a ajunge la un rezultat concret.

Înclinat la stânga în permanență, exprimă instabilitatea dispozițiilor.

Dacă bustul este înclinat alternativ la stânga sau la dreapta, interlocutorul încearcă să vă seducă, în sensul larg al cuvântului.

Bustul este giruețа sentimentelor.

Dubla încrucișare

E vorba de un tic gestual de superprotecție determinat de încrucișarea paralelă a brațelor și a picioarelor, în general în poziția așezat. O putem întâlni, mai rar, în varianta cu brațele încrucișate și picioarele inversate, și atunci când un individ stă în picioare. Acest refren gestual indică o retragere strategică, dublată uneori de o neîncredere totală din partea unui personaj care își petrece timpul violând teritoriul celorlalți: un hărțuitor. E paradoxal, dar perfect logic. Este legea rezultatului inversat!

Cu cât mă închid mai mult, cu atât îmi eliberez răutatea naturală. Această interpretare nu este valabilă decât în cazul reproducerii frecvente și automate a acestei poziții.

Insist din nou asupra acestui aspect al lucrurilor. Adoptăm cu toții o astfel de postură într-un moment sau altul, fără să fim neapărat hărțuitori.

Vi se va întâmpla în mod inevitabil să adoptați această poziție pentru a vă proteja de un atac prea virulent sau pentru a vă sustrage unei atmosfere ostile ori plictisitoare. Dubla încrucișare simulează o încarcerare a mentalului în prejudecăți sau un refuz total de a fi flexibil.

Încrucișarea dublă la bărbați

Există patru cazuri posibile de încrucișări duble pentru fiecare sex.

Primul caz

Dacă sunteți un bărbat dreptaci cu profil defensiv (vă încrucișați brațele cu stângul peste dreptul) și preferați să stați cu piciorul stâng peste cel drept, vă aflați într-o situație de refuz total. Dacă sunteți victima unui interlocutor care reproduce această dublă încrucișare stânga-stânga, vă învăț o șmecherie ca să vă apărați de el. Nu-l priviți niciodată în ochi, ci focalizați-vă privirea pe gura lui, ștergând mental tot ceea ce se află deasupra buzelor. Impuneți-vă să stați cu amândouă picioarele pe pământ și puneți-vă pumnii strânși pe coapse.

Privind altfel lucrurile, este posibil ca interlocutorul să exprime prin acest gest eșecul manevrei lui. Nu mai stăpânește situația și se închide în turnul său de fildeș pentru a se proteja. Profitați de acest lucru pentru a-i spune ce gândiți cu adevărat și nu-i lăsați timp să-și revină. Atâta vreme cât va păstra această atitudine, veți deține puterea și veți putea să-i zădărniciți planul de manipulare. Țineți minte poziția! Brațul stâng peste brațul drept și piciorul stâng peste piciorul drept. Stânga-stânga! Dacă e vorba de un bărbat stângaci, se încadrează la cazul nr. 2. Idem în ceea ce vă privește.

Al doilea caz

Dacă interlocutorul este un bărbat dreptaci defensiv care stă cu piciorul drept peste cel stâng, dubla încrucișare fiind deci stânga-dreapta, această alternativă arată că se teme să nu piardă controlul asupra situației. Ajutați-l să se împotmolească în propriile contradicții punându-i o mie și una de întrebări inutile!

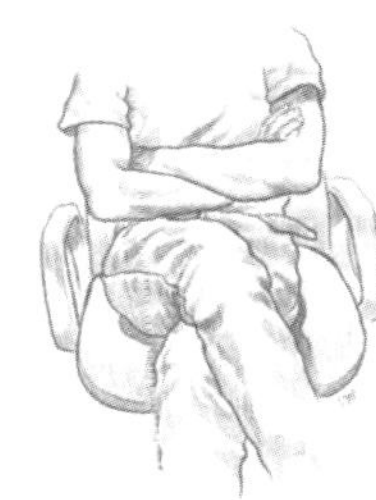

Dacă sunteți personajul în chestiune, deci braț stâng, picior drept dominante în permanență, gândiți-vă să urmați o ședință PNG pentru a vă corecta tirul[1] și a vă elibera de această condiționare reflexă.

[1] Programare neurogestuală învățată în atelier. Vezi site-ul www.ecoledesgestes.com. (N. a.)

Al treilea caz

Dacă sunteți un bărbat dreptaci ofensiv (vă încrucișați brațele cu dreptul peste stângul) și stați cu piciorul drept peste cel stâng, deci realizați dubla încrucișare dreapta-dreapta, vă exprimați plictisul sau disprețul într-o discuție care lâncezește. Dar atitudinea ar putea fi și calculată. Vă protejați de loviturile sub centură pe care adversarul vi le-ar putea da.

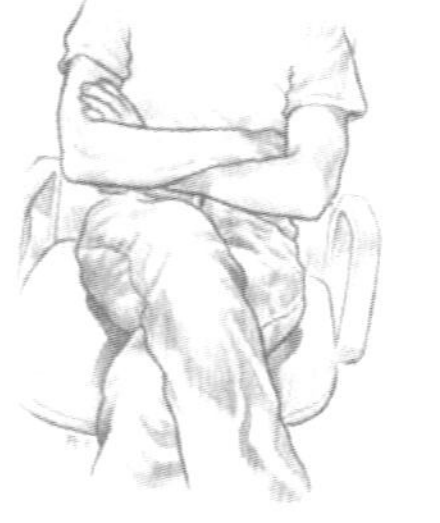

Lăsați-l să vorbească și evitați-i întrebările pentru a-l destabiliza! Celor care acționează din calcul nu le plac interlocutorii care sunt capabili să gândească. Asta înseamnă că ei pot să dea înapoi, deci să se opună. Dacă adversarul insistă, refuzați-l categoric, dar politicos. Și, mai ales, nu vă justificați niciodată!

Al patrulea caz

În fine, dacă sunteți un bărbat dreptaci ofensiv și stați cu piciorul stâng peste dreptul, ați câștigat un răgaz. Interlocutorul își arată frustrarea, simte că strategia lui nu operează în direcția dorită. Vă aflați în cazul unei duble încrucișări „drepta-stânga". E mai bine să încheiați discuția cât mai repede, căci vă pierdeți timpul cu un personaj plictisitor care vă bate la cap.

POZIȚIILE
Așezat

Încrucișarea dublă la femei

Primul caz

Dacă sunteți o femeie dreptace ofensivă (vă încrucișați brațele cu dreptul peste stângul) și stați cu piciorul stâng peste cel drept, realizând astfel o dublă încrucișare dreapta-stânga, vă exprimați în mod implicit nevoia de a pune capăt confruntării.

Dacă este vorba de interlocutoarea dumneavoastră, ea riscă să devină versatilă și să-și dea arama pe față, arătându-și sentimentele de respingere în ceea ce vă privește.

Al doilea caz

Dacă interlocutoarea este o femeie dreptace defensivă (încrucișează brațele cu stângul peste dreptul) care stă cu piciorul drept peste cel stâng, realizând deci o dublă încrucișare stânga-dreapta, să știți că a pierdut controlul asupra situației, dar se va încăpățâna să continue discuția.

Cazul al treilea

E vorba de o femeie dreptace ofensivă care stă cu piciorul drept peste cel stâng, realizând o dublă încrucișare dreapta-dreapta; părăsiți locul cât mai repede! Riscați să fiți mâncat cu fulgi cu tot, căci vă aflați în fața unei persoane foarte agresive. Aveți de-a face cu o interlocutoare chițibușară, genul sindicalistă, extremistă, de rea-credință! Dacă vă aflați în pielea unei astfel de persoane, învățați să stați cu piciorul stâng peste dreptul și nu invers, asta o să vă facă bine din punct de vedere moral și veți fi mai puțin înclinat să gândiți că toată lumea e rea, incompetentă și perversă.

Cazul al patrulea

Dacă interlocutoarea este o femeie dreptace defensivă care stă cu piciorul stâng peste cel drept, realizând o dublă încrucișare stânga-stânga, înseamnă că s-a închis într-o fortăreață inexpugnabilă, dar care ar putea fi cucerită dacă încrucișarea se produce într-un context de seducție. Atitudinea este apropiată de isterie.

Evitați pe cât posibil să realizați o încrucișare dublă. Veți face o impresie mai bună în fața interlocutorilor sau le veți părea mai dinamici adversarilor și, la urma urmei, vă veți simți mai bine în pielea dumneavoastră.

On the edge[1]

Stă așezat pe marginea scaunului. Îmi spun că riscă să cadă dacă mă ridic brusc ca să-i vorbesc. N-am înțeles niciodată de ce unii indivizi se tem să se sprijine de spătarul fotoliului lor, ca și cum această postură ar fi prea confortabilă.

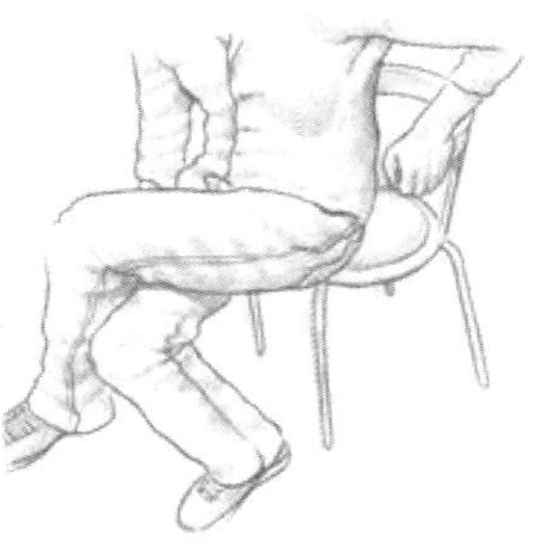

Persoanele de condiție modestă sau indivizii timizi adoptă adeseori această atitudine în prezența interlocutorilor care dețin o oarecare putere. Totuși, ea ar mai putea semnifica și faptul că vă faceți sânge rău degeaba. Latura refractară a interlocutorului n-ar trebui să vă scape, dacă sunteți mai atenți la ce spune el decât la ce spuneți dumneavoastră.

[1] „Pe margine“ (en. în original).

Așezat, cu degetele încrucișate

Stând așezat, interlocutorul își încrucișează degetele sub burtă ca și cum ar avea nevoie de un suspensor pentru a-și proteja sexul.

E vorba de un gest inconștient obișnuit la indivizii rotofei, cei care mai sunt numiți și „oameni de viață". El dezvăluie într-adevăr nevoia de a proteja pântecul de o eventuală catastrofă, fie ea doar verbală. Simplul fapt de a încrucișa degetele pe burtă este mărturia unei motivații fragilizate, indiferent dacă subiectul observat stă în picioare, culcat sau așezat.

Așezat, cu brațul îndoit ca un picior de păianjen

Antebrațul drept al interlocutorului este în repaus pe un suport în timp ce brațul stâng este îndoit ca un picior de păianjen și sprijinit pe masă sau pe coapsă.

Postura dă o falsă impresie de jovialitate. Este o poziție agresivă, deși nu pare. În mod evident, anunță o întâlnire sterilă. Subiectul riscă să fie nociv din punct de vedere psihologic dacă reproduce des această secvență în cursul unei întâlniri. Luați distanță înainte să se apropie el prea tare. Dacă n-aveți nimic mai bun de făcut cu interlocutorul dumneavoastră, plecați. Brațul îndoit ca un picior de păianjen, cu mâna sprijinită pe coapsă, este un semn de surmenaj sau de agresivitate relațională, asta dacă postura este reprodusă frecvent.

Așezată, cu picioarele în interior

Pare atât de bleagă, încât te întrebi dacă merită să te obosești să te duci până la ea. Dar aici greșiți. Nu-și pune niciun atu în valoare, dar, prin ancorarea bicepsului drept, transmite un mesaj a cărui semnificație este: „Îl aștept pe Făt-Frumos."

Actrița prefigurează o tânără romantică și naivă care ar vrea foarte mult să placă, dar nu reușește să seducă. Picioarele întoarse spre interior sunt poate o mărturie de nulitate intelectuală, dar nu și o constatare de nulitate sexuală. Aș spune chiar că, cu cât personajul este mai naiv, cu atât sexualitatea lui va fi mai liberă de tabuurile iudeo-creștine dictate de credincioși stupizi care pretind că au auzit cuvintele lui Dumnezeu, pe care de fapt le-au inventat ei înșiși.

Așezat, cu picioarele puse pe birou

Așezat la birou, interlocutorul vă arată tălpile pantofilor.

Este genul de personaj care nu respectă nimic și pe nimeni. Se crede mai presus de lege și de regulile bunei cuviințe și se vede ca un rege al petrolului. Dacă aveți încredere în el, o să regretați mai devreme sau mai târziu. În țările arabe, această postură este o insultă gravă. Semnificația ei este că nu valorați nici măcar cât praful de pe tălpile interlocutorului.

Turnul din Pisa

Interlocutoarea stă așezată. Corpul îi este înclinat spre dreapta sau spre stânga, sprijinit de brațul fotoliului.

Dacă se înclină spre dreapta, greutatea indeciziei sau a reflecției o împiedică să vadă clar situația.

Dacă se apleacă spre stânga, este motivată să acționeze, dar nu își dă seama cu adevărat la ce se angajează. În ambele cazuri, corpul aplecat este precum Turnul din Pisa, va trebui să susțineți convingerile sau motivația interlocutorului ca să nu se prăbușească.

Așezat pe trei sferturi

Stă așezat pe trei sferturi pe scaunul său, cu brațul stâng pus pe marginea biroului, cu piciorul drept îndoit în echer peste stângul și brațul drept pus în echilibru pe genunchiul drept.

Un invitat așezat pe trei sferturi pe scaunul său este gata să vă părăsească imediat. E vorba aici despre o atitudine caracteristică, ba chiar caricaturală, de pseudo-fugă. Dacă sunteți gazdă și stați în această poziție, ea îi sugerează, evident, invitatului vostru să nu mai întârzie (inutil). Postura informează că trebuie să terminați cât mai repede pentru a nu vă pierde timpul din cauza inoportunului care v-a vizitat (sau din cauza gazdei care regretă că v-a primit).

Violatoarea

Interlocutoarea mea stă cu coatele sprijinite pe masă, cu corpul aplecat în față, înspre mine. Îi simt parfumul cam puternic, dar plăcut. Păcat că avem o relație de afaceri, căci aș putea s-o invit la masă, cred că ne-am potrivi.

Această postură intruzivă seamănă cu o violare a teritoriului celuilalt. Poate că e utilă într-un context amoros, dar e neindicată atunci când trebuie să convingeți un client recalcitrant. Corpul este foarte arcuit, fesele sunt lipite de spătarul scaunului, dar restul bustului este proiectat în față, sprijinit în coate.

Așezat, cu picioarele retrase sub scaun

De ce majoritatea indivizilor pe care-i puteți observa într-un loc public simt nevoia să-și retragă picioarele sub scaun imediat ce se așază pe el?

Picioarele se refugiază sub scaun atunci când vă dați bătut înainte de a încerca să acceptați provocarea. Picioarele o iau adesea la fugă înainte de a fi avertizată conștiința.

Retragerea recurentă a piciorului stâng sub scaun evidențiază o tulburare a respectului de sine sau a imaginii sociale. Subiectului nu i se recunosc meritele.

Retragerea recurentă a piciorului drept sub scaun exprimă interdicția de a reuși, dar și de a eșua. Subiectul este blocat în pragul ușii. Această reacție devine semnificativă atunci când este repetitivă.

ÎN PICIOARE

Homo erectus

Este greu să ne închipuim că simplul fapt de a sta în echilibru pe propriile picioare reprezintă o performanță în sine.

Există în mod clar mai puține moduri de a rămâne în echilibru pe ambele picioare decât de a sta jos, ceea ce dovedește, pe de o parte, că poziția așezată tinde să capete superioritate asupra poziției verticale. Pe de altă parte, registrul profesional favorizează poziția așezată în detrimentul efortului sportiv pe care-l reprezintă în zilele noastre statul în picioare.

Așa stând lucrurile, vă invit să recitiți capitolele despre picioare și despre laba piciorului, unde veți regăsi poziții verticale curente în care aceste părți anatomice capătă o semnificație deosebită.

În picioare, cu spatele la perete

Tânărul se sprijină de peretele din spatele lui, își îndoaie piciorul și-l pune cu talpa lipită de zid.

Nu vă luați după aparențe, această atitudine implică un fond de fatalism sau de pasivitate față de un eveniment, dacă subiectul observat caută adesea un punct de sprijin atunci când stă în picioare în fața cuiva. Cu toții avem perioade în care simțim nevoia unui „punct de sprijin" și care traduc o stare punctuală de oboseală nervoasă sau mentală. Fiți atent, totuși, dacă postura este reprodusă față de anumiți colegi, iar față de alții nu. Poziția „punct de sprijin" intervine întotdeauna în fața așa-zișilor cronofagi (un cuvânt drăguț pentru a-i desemna pe hoții de energie).

În autoscopie
Dacă sunteți singuri, nevoia de a vă sprijini de perete indică un oarecare pesimism.

În poziție verticală, cu picioarele depărtate

Ați zice că o să-și scoată pistolul și-o să-l descarce în prietenul care vă însoțește. Este deja gelos înainte de a vă lua în căsătorie cu acte. Bărbații care se proțăpesc în fața cuiva cu picioarele depărtate sunt în general indivizi agresivi, mereu contra și gata să se încaiere (teoretic, liniștiți-vă) cu primul individ care o să se uite chiorâș la ei. Sunt niște cowboy jalnici de oraș!

În materie de seducție, sunt aroganți, scandalagii și, ca s-o spunem pe-a dreaptă, deloc buni la pat.

CULCAT

Preferați partea dreaptă atunci când stați în poziție culcat.

Poziția culcat poate varia în funcție de perioadele din viața noastră. Ne culcăm în general pe partea dreaptă într-o perioadă de schimbări fundamentale. Când deciziile sunt greu de luat, apelul la imaginea autorității pe care o reprezintă tatăl (partea dreaptă a corpului) este fără îndoială motivul care justifică interpretarea acestei poziții.

Preferați partea stângă atunci când stați în poziție culcat.

Nevoia de a sta culcat pe partea stângă corespunde unei cereri de afecțiune din partea partenerului sau unei carențe afective dacă cel care doarme este singur în patul lui. De reținut că partea stângă a corpului este identificată cu imaginea maternă și cu registrul emoțiilor și al afectelor.

Preferați să stați pe spate în poziție culcat.

A (a)dormi pe spate este un semn de echilibru psihic. Devenită o obișnuință, această modalitate de a sta culcat favorizează fluiditatea intelectuală, ca și producerea mai eficace de energie. Remarcați că veți adormi mai ușor dacă, după o masă bună, vă culcați pe spate la umbră în grădină, în toiul verii, cu fața ascunsă sub o pălărie.

Preferați să stați pe burtă în poziția culcat.

O postură pe care o întâlnim mai ales la adolescentele care cad pradă unui sentiment primejdios de instabilitate emoțională. Când aceasta din urmă persistă, ea semnalează o insatisfacție sau o frustrare în sens larg. Dar dumneavoastră? Cum dormiți în acest moment?

Cu participarea lui Nicolas Mesyngier pentru fotografii și a lui Sya & Grégoire Vallancien pentru desene.

MULȚUMIRI

Voi găsi oare cuvintele potrivite pentru a-mi exprima infinita recunoștință față de cei care au știut să-mi fie alături?...

Bineînțeles, aventura cu editura First nu datează de ieri, de azi. Prima ediție a cărții a apărut demult... Joseph era deja căsătorit cu editura First înainte de a fi cu mine, credeți-mă. În urmă cu douăzeci de ani, am cunoscut un om care visa să devină scriitor și, pentru că un editor a crezut în el, visul i s-a împlinit. În numele său și nu fără emoții, transmit editurii First recunoștința sa... eternă.

La apariția celei de-a șasea ediții a cărții, țin să-i mulțumesc călduros lui Vincent Barbare, director general al editurii First, pentru susținerea și încrederea lui fără de care acest proiect editorial ar fi rămas neterminat. Mulțumiri pe care le adresez în egală măsură și lui Valérie de Sahb, coordonatoarea colecției de cărți practice, lui Marie-Anne Jost-Kotik, directoarea editorială, ca și întregii echipe care mi-a fost alături în această încercare.

Îi mulțumesc lui Brigitte (poate că se va supăra pe mine, dar îmi asum riscul) pentru munca extraordinară pe care a făcut-o în condițiile haotice din vara lui 2012 și după aceea.

Grație profesionalismului său, neegalat decât de propriu-i zâmbet, această nouă ediție a putut vedea lumina tiparului la timp. Îi mulțumesc lui Franck pentru fraza asta drăguță pe care am împrumutat-o de la el. Îi mulțumesc lui Rémy pentru fidelitate, pentru talentul pe care și l-a pus în slujba științei gesturilor și pentru prietenia lui. Îi mulțumesc lui Daniel pentru prezența, entuziasmul și prozelitismul în PNG, pentru prietenia lui care ne-a readus zâmbetul pe buze în timpul lunilor zbuciumate în care am lucrat la această carte.

Ce-ar fi talentul scriitorului fără credința unui editor care să-l susțină, scria Joseph. Eu aș adăuga: Ce-ar deveni cărțile publicate fără fidelitatea cititorilor inițiați? Împreună cu scriitorul, ar fi distruse până la ultima. Dragi cititori și cititoare, vouă vă datorăm această a șasea ediție. Vă mulțumim, și eu, și Joseph.

Caroline Messinger

EPILOG

Douăzeci de ani.

Douăzeci de ani care nu se mai conjugă decât la trecut de când privirea mea, pironită în străfundul ochilor tăi albaştri, ţi-a întâlnit zâmbetul. Am plecat, dar tu ai revenit, nu m-am aşteptat la aşa ceva. M-ai ales pentru a interpreta rolul principal în lungmetrajul vieţii tale. Datorită ţie, şi numai ţie, trebuie s-o recunosc, am avut imensul privilegiu de a putea înţelege sensul verbului a iubi în accepţia sa cea mai importantă, o definiţie pe care niciun dicţionar n-o menţionează.

A iubi înseamnă a fi capabil să vezi în străfundurile fiinţei iubite ceea ce ei nu i-a fost dat să vadă. A iubi înseamnă totodată să descoperi comori îngropate la kilometri adâncime, sub straturi de mediocritate afectivă şi de educaţie superficială. A iubi mai înseamnă să-i permiţi celuilalt să ajungă la ceea ce ai mai bun în tine fără să ştii că ai.

Ai crezut în mine, în mine care nu credeam în nimic în afară de tine. Graţie iubirii tale, iubitul meu, străina pe care o purtam în mine a devenit femeia care mi-am dorit întotdeauna să fiu. Femeia vieţii mele? Tu eşti cel care o spui! Şi a vieţii tale? Te recunosc, îţi place să mă necăjeşti! La asta, îţi voi răspunde pur şi simplu că, acum douăzeci de ani, am întâlnit un om care visa să devină scriitor şi că astăzi îl admir pe acest om care a devenit autorul vieţii sale.

Şi cum o cântă atât de bine poetul: „Chiar dacă totul e mediocru, chiar dacă viaţa e un film prost, pasajul ăla era într-adevăr bun, pasajul ăla era bun..."[1].

Caroline Messinger

---

[1] Alain Souchon, *Le baiser*, albumul *Au ras des pâquerettes*, 1999 (N. a.)

Cuprins

Partea a doua: Corpul

Partea a treia: Dicționar de acțiuni și poziții